世界通史

李楠／主编

一部文明与蒙昧相交织，苦难与幸福并存的发展史

辽海出版社

壹

图书在版编目（CIP）数据

世界通史 / 李楠主编 . —沈阳：辽海出版社，2014. 12（文化百科）

ISBN 978-7-5451-3247-2

Ⅰ . ①世… Ⅱ . ①李… Ⅲ . ①世界史— 通俗读物 Ⅳ . ① K109

中国版本图书馆 CIP 数据核字（2014）第 262507号

世界通史

责任编辑：段扬华 柳海松 冷厚诚

责任校对：顾 季

装帧设计：马寄萍

出 版 者：辽海出版社

地 址：沈阳市和平区十一纬路 29 号

邮政编码：110003

电 话：024-23284473

E - mail：dyh550912@163.com

印 刷 者：北京一鑫印务有限责任公司

发 行 者：辽海出版社

开 本：787mm×1092mm 1/16

印 张：80

字 数：1280 千字

出版时间：2015 年 1 月第 1 版

印刷时间：2015 年 6 月第 2 次印刷

定 价：498.00 元（全四册）

《世界通史》编委会

前　言

　　历史是人类文明的表现形式，通过人类历史的不断积淀，才使人类文明获得了增长。虽然我们人类的历史是非常短暂的，但人类进化与文明的进程是一个非常有力的加速过程。从一万年前开始，人类在完成了从新人向现代人转变的同时，也迎来了自己文明的曙光，从那以后，相继经历了初始文明、农业文明、工业文明以及正在到来的后工业文明。

　　世界史是人类社会的进化史，更是人类文明的发展史，这部《世界通史》所记录的是自人类诞生至 20 世纪末的人类进化与文明发展的历程。《世界通史》全书共分上、中、下 3 卷，200 余万字，1000 余幅珍贵图片，系统地记载了人类历史上的重大事件、重要人物以及科技文化方面的突出成就，内容涵盖政治、军事、经济、文化、科技等各个领域，对整个人类文明的增长进行了详略得当的总结。

　　世界历史是历史学的一门重要分支学科，内容为对人类历史自原始、孤立、分散的人群发展为全世界成一密切联系整体的过程进行系统探讨和阐述。世界历史学科的主要任务是以世界全局的观点，综合考察各地区、各国、各民族的历史，运用相关学科如文化人类学、考古学的成果，研究和阐明人类历史的演变，揭示演变的规律和趋向。

　　在中国，约从 20 世纪 50 年代初开始，主要由于历史专业的分工，人们习惯于把中国史和世界史对举，几乎把世界历史作为外国历史的代称。实际上，世界历史绝非把中国历史排除在外的域外史，而中国历史也和所有其他国家历史一样，是人类历史发展为世界历史全过程的组成部分。

　　关于世界历史的分期，至今还没有完全一致的意见。早在文艺复兴时期，西方就已有了把历史分为"古代"、"中世纪"和"近代"的说法。这种主要基于欧洲历史的分期，在西方史学界长期沿用。有不少史学家又在三时期之后加上"当代"或"现代"，从而形成四阶段分期法。马克思主义史学也采用四阶段分期法，其基础是历史唯物主义关于社会经济形态发展的理论，与以政治兴替或其他"重大事件"为分期标准者有本质的不同。马克思主义历史学家对世界史的分期，一般都以"古代"相当于原始社会及奴隶社会阶段，"中世纪"相当于封建社会阶段，"近代"相当于资本主义社会阶段，而"现代"则是指以俄国十月社会主义革命为开端的一个新的时期。有的学者认为"中世纪"一词只适用于西欧历史，没有世界历史上的普遍意义，所以改用"中古"一词标示"古代"和"近代"之间的阶段。这种分期法从理论上说是完全可行的。但是人类历史的发展并不平衡，世界各不同地区进入某一社会经济形态有早有迟，在某一社会经济形态中经历的时间也有长有短。特别是自历史进入文明时期以后，很少看到绝对纯粹属于这一阶段或那一阶段的社会经济形态，也很少看到绝对整齐的、单一发展的由低级社会经济形态逐层向高级社会经济形态的过渡。因此在世界史的分期断限问题上，目前仍然存在着分歧。本书编者根据不同的研究结果，将世界历史分为上古文明史、古典世界史、中世纪世界史、世界近代史、世界现代史 5 个部分，系统的叙述了世界历史的发展历程。

本书为我们真实再现了人类进化过程中所取得的光辉历史成就，使我们能够站在一个全新的高度来审视全人类的优秀共同遗产，以能够更好地继承和发扬。本书采用图文对照的形式、通俗易懂的语言，按照历史演进的顺序，进行了生动、真实、客观、全面的反映。

由于编写时间仓促，编者水平所限，疏虞之处在所难免，恳请广大读者悉心指正。

本书编委会

目　录

上古文明史

古典世界史

中世纪世界史

世界现代史

目

录

七

上古文明史

走出非洲

古人类学因东非化石发现而发生变革

对人类历史最早阶段的研究，即人们所说的古人类学或人类化石学，由于在东非的一系列重大化石发现，在 20 世纪下半期发生了革命性变化。在这些发现问世之前，古人类学家推定人类起源于东南亚，现在他们则知道人类的起源地是非洲，在此之前他们以为最早的类人动物发源于约 100 万年前，现在他们则把这一数字翻了一倍。

利基家族的功劳

最激动人心的东非化石发现有多次是由英国一个著名的古人类学家之家即利基家族完成的；没有该家族的开创之功，也许不会有其他发现。路易斯·利基（1903—1972 年）是英国一位赴肯尼亚传教士的儿子，他在早年就决心在东非寻找早期人类化石遗存，这在当时被多数专家视为蛮干。（利基是位喜爱独来独往而不爱与人合作的人，他直到去世前不久仍令许多观察家惊奇：为了对初民祖先谋生的方式有直接感受，他不带任何武器就悄悄接近非洲野生动物。）1931 年，利基在坦桑尼亚（当时是坦噶尼喀）发现了原始手斧，确信自己寻找化石的路子走对了；这些手斧是由生活在大约 100 万年前

能人头盖骨。发现于非洲，年代在 180 万年前。

的一个早期人类种属制造的。由于身兼其他种种职务，再加资金缺乏，利基在其后四分之一多个世纪里在化石寻找方面进展甚微。随后，在 1959 年，一个巨大的突破出现了，但这不是利基本人而是由他的妻子和合作者玛丽·利基完成的。那年，玛丽在坦桑尼亚一个遗址进行细细搜寻过程中，发现了一些看上去像是人类的牙齿和头盖骨碎片；她把所有碎片拼凑在一起并进行年代测定，结果竟发现这是一个近乎完整的头盖骨，属于一个生活在 180 万年前大致与人相似的动物。由于玛丽发现的这一头骨下颌和牙齿很大，报界很快就把他称为"核桃夹子人"。

"核桃夹子人"其实并不是人，而是一种直立行走的高级猿类。路易斯和玛丽·利基自己也认识到这一点，因而就想弄清楚在附近能否找到更近似于人的动物化石；仅仅过了两年，他们的长子乔纳森就提供了一种确凿无疑的答案：他发现了一个生活在 180 万年以前、脑容量比"核桃夹子人"大得多的灵长目动物头骨遗存。路易斯·利基认出这些是一个与"核桃夹子人"不同的种类的化石，该种属显然是现代人类的直系祖先；因此他把它归入"人"类范畴而不是"猿"类范畴，称之为"能人"（Homo habilis），即"有才能的人"。

20世纪70和80年代在东非接二连三地有新发现

一旦人们清楚东非诸遗址是找到人类起源证据的最佳场所，其他惊人的发现以令人瞠目的快速度随之迅速产生。1972年，利基夫妇的次子理查德（利基家族中现今最著名的古人类学家）率领的一支队伍在肯尼亚发现了一个属于能人的头盖骨碎片，这一头盖骨比其兄长发现的那个头骨更加完整，也更加古老：比前者要早20万年。1974年，美国人康纳德·约翰逊率领的考古队在埃塞俄比亚发现了一个生活在325万年以前的直立行走的类人猿的整个骨架的百分之四十。（在宿营地清理该类人猿骨架时，收录机中正有人演唱甲壳虫乐队的歌曲"带着钻石的露西在空中"，约翰逊灵机一动，把这一动物命名为"露西"。）一年以后，约翰逊及其考古队发现了至少属于13个与"露西"同时代的类人猿的大量骨骼；又过了一年，玛丽·利基在坦桑尼亚发现了一个375万年前在那儿行走的直立类人猿的足迹。在本书撰写过程中，惊人的发现仍在不断涌现：1984年，理查德·利基所率考古队在肯尼亚发现了一个生活在160万年前的人类祖先的骨架；这一骨架十分完整，假如它是智人的骨架，那么几乎可以用它在医学学校上解剖课。

自然，发现头骨和骨架是一回事，解释这些物证是另一回事。毫不令人惊奇的是，在人类起源问题上仍有许多不确定因素和争论，同时，随着更好的论点的提出和新的物证的发现，人类起源学说在不断得到修正。但不管怎样，最近20年间提出的两个基本论点现在仍是无可置疑的。其一，导向现代人的进化链与包括所有现存类人猿在内的链条之间的第一次"分裂"与人们一度认为的脑容量大无关，而是与两足行走（bipedality）或直立行走有关。"露西"和约翰逊小组发现的与露西类似的其他直立类人猿化石证明了这一点，因为它们的臂骨和腿骨表明它们直立行走，其头骨则表明它们的脑容量不大，比黑猩猩的脑容量实际上多不了多少。具有本质意义的脑容量增大出现在"露西"之后125万年的化石上，由此看来，直立行走无疑出现得最早。

"露西"这一证据还表明，两足行走的好处并未马上表现在把双手解放出来制作和使用工具上，因为只有在脑容量增大之后这一便利才能显出威力。现在看来情况可能是，在生存斗争中直立类人猿较其他猿类占有优越，因为它们可以抓取食物，拿着食物疾行，随后在隐秘处食用。由于它们是在白天时这么做的，因而它们还要流更多的汗，这就是为什么最好的残存下来的直立猿类是些皮毛较少的猿。其实，一些古人类学家现在认为，脑容量大首先成为一种生物学上的优势，因为脑容量大可以更好地调解直立类人猿的体温。因而，由于有利的喂食而在遗传方面向直立行走的转化是下述事实的绝妙说明："自然之母"在设计人类进化时并非高瞻远瞩：把手解放出来固然可以导致工具制造，但这种情况在一二百万年后才开始出现。

直立行走和有利的喂食

恰如近来非洲的化石发现所表明的那样，"自然之母"也是草率的，因为她创造了许多像露西那样的不再存在的动物。这以另一种方式说明了有关人类进化的现已得到公认的第二个基本论点，即向人类进化的第二次遗传学"分裂"确实与脑容量有关。能人是现知向现代人进化的最早种属，它们早在 200 万年前就存在了，并有一个比像核桃夹子人那样的同时代直立类人猿大百分之五十左右的脑容量。毋庸置疑，正是这种大脑使得能人在 10 到 20 万年的时间内取代了直立类人猿，因为它使得它们能够使用工具。不言而喻，能人的工具极其简陋——兽骨，树木的枝干，最精致的无非是边缘经过打磨而变得锋利的石片。看来，这类工具与其说是用于狩猎，不如说有助于人类始祖挖掘块茎、砍伐植物、砸碎坚果和割去腐肉，从而增加他们的食物供应。但是，借助工具采集食物不仅使人类始祖得到更多和更丰富多样的食品供应，而且是人类向文明门槛迈进的第一步，因为它需要迄今在灵长目动物中尚不知晓的某种程度的集团协作。

由能人到智人

直立人

除了制造工具的能力外，我们对能人的活动知之甚少，他们看来在 160 万年前在非洲融入了在进化链中属于其后继者的直立人之中。不过我们对直立人的了解比对能人要多得多。直立人活动于大约 160 万年前到约 30 万年前，是最早自非洲外移并开始居住在地球各地的种属；另外，最早进行集体狩猎并学会用火方法的也是直立人。直立人还很善于适应他所生存的不同环境，因而他们存在的时间比我们现代人类即智人迄今所生存的时间要多五倍以上。

直立人体型更大，智力更发达

从体质的角度看，直立人与其前辈能人的区别非常大。能人的身高大概与俾格米人不相上下，直立人则与大多数现代人身材相当。理查德·利基小组 1984 年时发现的近乎完整的骨架是位年龄约为 12 岁的直立人男孩的骨架。从他已有大约 5.5 英尺高推断，成年时他可能会长到 6 英尺；确实，如利基所观察的那样，这个男孩十分健壮，"可以成为"史前大学代表队的"一名优秀的橄榄球运动员"。如果有机会，从其智力考虑，这位直立人男孩也会完成一种相当复杂的进攻性打法。直立人的脑容量比能人平均要多百分之四十，而且某一化石证据表明，直立人大脑的形状已朝着我们现代人的大脑的方向发生变化。

直立人的智力使他们可以自非洲移入欧洲和亚洲远东地区，并在迁移过程中适应了各种各样的气候条件。直立人分布的例子是所谓爪哇人和北京人，他们在大约公元前 50 万年就到了他们由以得名的地区。在 1926 至 1930 年间，考古学家在北京西南 25 英里的一个洞穴中发现了属于 40 多位北京人的骨架碎片。其后在同一地点的发掘发现了一些标本，但年代晚在 20 万年以后，在解剖学上与前者有重大不同：牙和上下颚变小，脑容量大增，多至百分之二十，表明人们的饮食习惯有所改变，智力有所提高。1949 年中华人民共和国成立以来所进行的如火如荼的考古研究表明，亚洲东部大片地区仍由 50 万年前首次到达这里的人种居住着。证据虽仍不完备，但表明早在公元前 65000 年智人就可能已在中国出现了。

智力和适应性

显然，直立人最重要的单项发明是语言的应用：最近对直立人喉部进行的复原（完成于 1982 年）表明，直立人可以发出我们现代人可以发出的大多数声音；此外，尽管语言没有留下任何直接的化石遗存，但几乎可以肯定，直

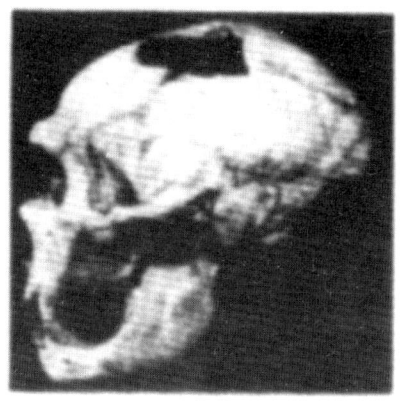

直立人头盖骨。年代在 100 万年前。

立人的工具是按一种只有通过语言才能长久存在的复杂的规则体系制造的。他们肯定知道如何在猎捕大型野兽、加工并分配从这些活动中获得的食物中进行合作。这类合作中最为突出的一点，就是在食物采集和食物加工过程中确立了互利性的男性和女性地位。最后，至少到了 40 万年前，直立人学会了使用火。他们是否学会了生火是个难以确定的问题，但他们已肯定可以控制火以取暖、驱逐对自己有威胁的野兽，也许还可以用火烹煮食物。直立人用火的证据在彼此相隔遥远的中国和西班牙都有所发现，这表明他们已具有足够的智力独立发明某些提高生活水平的基本手段。

由直立人向智人过渡

大约 30 万年前，直立人逐渐开始进化为智人——确实，这一进化过程十分缓慢，以致从现存遗物中很难分清前者何时结束，后者何时发端。可以肯定的是，从解剖学的观点看，在数十万年间体质的变化在颈部以上最为明显，因为尽管直立人的体格健壮得堪与橄榄球运动员相媲美，但他们的前额仍像猿类那样呈斜坡状，其脑壳容积平均约为我们现代人脑壳容积的七成。古人类学家倾向于同意，在直立人和完完全全的现代人种之间有两个过渡性的智人阶段——原始智人，生活在约 30 万到 12.5 万年前，以及"尼安德特人"，生活在 12.5 万年前到约 4 万年前。

尼安德特人阶段

由于在欧洲和近代有众多考古发现（"尼安德特人"骨骼最初是在 1856 年于德国尼安德河的尼安德特谷地发现的，故名），因而我们对尼安德特人这一智人过渡阶段有着远比对先于他们的任何种类的早期人类都要多得多的了解。最需要强调的也许是，尽管"尼安德特"经常被用作原始和愚蠢的同义词，尽管一部有关尼安德特人的好莱坞电影描述那时用"uggah-muggah"的方式交流，但在遗传学方面尼安德特人与现代人区别很小，类似于现代人各种族之间的区别。换言之，尽管尼安德特人的胸围比我们现代人要宽，其颅骨形状与现代人有些不同，但是，假如让一位男性尼安德特人穿上西方的公司制服站在华尔街或麦迪逊大道上，你不会感到有什么不协调。

工具制造与打猎

尼安德特人具有相当高超的制造工具技术，而且善于打猎。在他们之前类人动物往往依赖一两种可作各种用途的工具/武器，尼安德特人则发明了大约60种不同的专门工具，包括刀、凿、钻孔器和矛头。这些工具大多是用石头制成的，但他们还用骨头制造比较精致的工具，为此在操作时需要非常谨慎。此外，他们用树枝或骨头营建蔽身场所，或者，就便利用现成的洞穴栖身，并在洞内砌建庞大的石火炉。尼安德特人的狩猎活动十分成功，以致一些群体把自己限制在只捕猎一种猎物上，比如熊或鹿，而不是见到能猎的动物就捕杀。有些人类学家推断说，这些群体之所以具有这种狩猎习惯，主要是由于礼仪方面的考虑——可能尼安德特人以为他们是在尊重他们所喜爱的动物的魂灵。不论尼安德人是不是通晓礼仪的狩猎者，他们中的有些人确实是现知最早花费一些时间集体从事某种物质生存需要之外的活动的人。一些尼安德特人确实以与众不同的尊敬方式埋葬死者，以食物和用品陪葬，其意显然是想帮助死者在来世的旅行。

现代人和迁移

尼安德特人种是如何进化为完全现代的人种的，这是一个令专家头痛的问题，因为这一过程在或多或少不长的时间跨度内发生在东半球各地。（在尼安德特人居住在欧洲和西亚的大致同时，与尼安德特人相像的人种居住在非洲和东亚。）指出这一点也就足够了：在4万年前和3万年前之间，尼安德特人消失了，在东半球上居住的是在解剖学上与我们酷似的人。与此同时，这些新进化而成的人种移入了西半球；当时西伯利亚和阿拉斯加之间尚有陆桥相连，因此移入西半球不需要用船。由于澳大利亚在3万年前就已为人拓殖（方式不明），这样整个地球就像今天这样或多或少有人居住了。

早期人类艺术和早期人类遗存

早期人类艺术：洞穴壁画

除拓殖美洲外，现代人完成的最早的业绩之一是创造了整个人类艺术史上某些最令人叹服的绘画，此即完成于3万年前到1.2万年前之间的法国南部和西班牙北部的著名洞穴壁画，承认这一点无论如何是激动人心的。

在至今已发现的200多个洞穴中（其中最著名的是法国南部的拉斯科岩洞和西班牙的阿尔塔米拉岩洞），现知最早的艺术家创作了描绘腾跃的动物——公牛、马、矮种马以及牡鹿——的激动人心的壁画。这一洞穴艺术强调的无疑是运动。几乎所有的壁画描绘的都是骄傲的兽类在奔驰、在跳跃、在反刍，或者面对猎人作殊死拼斗。给人以动的感觉的独创性方法是加绘一些线条以显示动物的四肢或头部运动的区域。洞穴画家时常利用洞穴墙壁表面的自然隆起和凹痕成功地创造出惊人的三维效果。总的说来，今日有幸亲睹洞穴壁画的游客往往发现，它们和悬挂在世界最著名的艺术博物馆中的任何著名绘画一样引人遐想。

洞穴壁画，由智人中的一位代表创作，出自西班牙阿尔塔米拉洞穴

这些史前奇迹意图何在？美所带来的审美快感之说必须排除在外，因为洞穴壁画的绘制者通常生活在户外，而当他们真地把洞穴用作季节性的蔽身场所时，他们一般住在洞穴里别的地方（通常在入口处），而不是发现壁画的地方（壁画通常在洞穴的最黑暗、最难接近的区域）。另外，有不少证据表明，绘制壁画的人在壁画完成后对它们大多漠不关心，因为有许多壁画是绘在更早的壁画上面的。

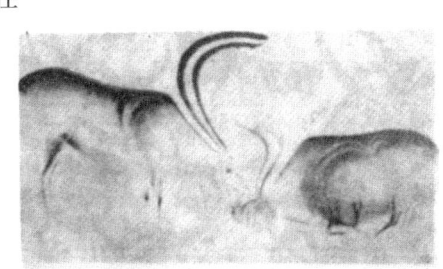

法国一洞窟壁上的驯鹿形象

对洞穴绘画的极端解释

把最极端的解释——纯粹的审美快感——排除在外，一些学者提出了另外一种解释，认为洞穴绘画是人类关系的深奥微妙的象征性表现。根据这一学说，洞穴画家是早期的社会哲学家，试图通过以象征手法把它们描绘出来进行解释以应付其社会结构的需求。在此条件下，洞穴骏聿并非真的指骏聿，而是指"女性"，马并非指马，而是指"男性"，聚集在大型动物身旁的小型动物形象则用来表示次要人物聚集在领袖人物周围。毋庸置言，由于没有文字记录，这种假说既无法得到证实，也无法被否定，但看来有些牵强附会。例如，骏聿身上并无十分明显的女性特征（其实，某些符号解释者则把骏聿看成"男性"，把马看作"女性"），而最重要的是，我们不理解为什么洞穴画家在打算描写人类现实的人时不绘人而绘动物。

把简单化和复杂化这两种极端解释都排除在外，我们认为，把洞穴艺术视为进行交感巫术的尝试是现有各种说法中最有说服力的一种。交感巫术建立在下述信仰上：模仿一种期望得到的结果就会出现那种结果。就洞穴艺术而言，史前画家在描绘骏聿被箭刺穿肋腹时，描绘这种场面本身就意味着确保箭真的刺穿骏聿，这在道理上是清楚的。有人对交感巫术说提出异议，认为现知所有洞穴壁画中只有大约百分之十描绘杀戮场面。但是，由于几乎所有洞穴绘画所描写的都是猎兽，因而可以这样答复上述异议：描绘大量腾跃的猎兽就意味着确保猎人会真的发现猎兽遍地都是，不可胜数。此外还有一个佐证：考古学家在绘有壁画的某些洞穴区中发现了举

法国拉科斯旧石器时代洞穴壁画

行祭仪活动的迹象。由此我们也许可以得出结论：在绘画的同时可能念咒语并举行祭典仪式，也可能所有这些巫术活动都是在狩猎进行过程中举行的。

劳动专门化和区分

最后还有一种推断，洞穴画家并不是狩猎者。尽管此绝非一个不争的事实，但可以肯定，产生了洞穴绘画的早期人类狩猎社会已达到了大规模的专业分工和社会分层的阶段。例如，严格从技术观点来看，洞穴绘画只可能由专业人士才能完成，因为这不仅需要用碳棒绘出黑色线条，用粘土似的矿沙（赭石）团绘出黄色、红色和棕褐色，而且需要把泥土色料同油脂掺合在一起（就像后来生产蛋黄颜料那样）并用羽毛或欧洲蕨作"画笔"。与此同时，同一社会中的手工艺人在制作工具方面发展出超常的技能，不仅用石、骨制造工具，而且用多叉鹿角和象牙制作工具。举例来说，在古代人类各种工具中，他们新增加了鱼钩、鱼叉、弓、箭及缝合兽皮的针等。

在3万前到1.2万年前之间，由于在狩猎宝库新增了一些巧妙的新技巧，狩猎活动也可能要求人进行专门训练。尤其是，此时的猎人学会了用短矛和箭射落飞鸟，用鱼钩和鱼叉捕鱼，并通过研究猎兽与生俱有的运动学会了惊散兽群以及设陷阱捕捉它们。由于他们主要依赖猎兽为生，他们随着猎兽的活动迁移居住地；而且，某些证据表明，他们并不是把有能力捕到的动物捕尽杀绝，而是遵循禁猎原则。不管怎样，年代在同一时期的考古遗址中屡屡见到的大批炭化的骨骼证实，大批猎兽被杀掉，随后被人在公共筵席上烧烤，这证明我们现在谈论的这些人不仅知道如何绘画和狩猎，而且知道如何分享食物。

村落、贸易和战争的产生

村落、贸易、战争和文明的出现

下面我们将集中考察西亚自食物采集转变到食物生产之后的发展情况。在该地区，向文明加速迈进的下一个步骤就是村落的出现、远距离贸易的兴起和血腥战争的产生。自约公元前 6500 年到约公元前 3500/3000 年一些村落逐渐变为城市之前，村落构成西亚地区最先进的人类组织。村落组织无可避免地引起远距离贸易，同样也无可避免地引发战争。毋庸置疑，战争与饥荒、疾病一直是危及人类生存的大敌，至少自农业村落产生以来是如此。不过在古代，战争的发育促进了经济和社会

早期村落陶器。该浅形碗出自西亚一村落遗址，年代在公元前 5000 年左右。

复杂化的加强，因而仍须把它视为导致文明产生的一个步骤。

社会组织和功能的进步

西亚由游荡无定的群体向村落乃至城市之社会组织方面的进步，就其本质而言是在功能上由采集食物向生产食物乃至从事以稳定的食物供应为先决条件的各种活动的进步。在每一个发展阶段，从典型意义上讲，社会组织都比过去变大了，不过我们也不能因此认为村落总是大于群落，总是小于城市。更确切地说，尽管典型的村落有居民1000人左右，但在西亚所谓"村落时代"的最早期，有些村落只有200名居民，比群落的平均规模还要小；而在村落时代的极盛期，一些村落拥有的居民在5000人以上，规模比随后出现的典型的城市还要大。

村落以定居和农业人口占多数为基础

因此，比较明智的做法是把规模置于考虑之外并坚决主张，倘若一个居民点的大部分居民没有定居下来，或者居住点中比例不小的强壮居民没有从事田间劳作，那么该居民点就不能看作是村落。自然，由于村落的农业劳动者总是寻求获得更高的劳动效率，生活得更舒适，因而，随着时间的推移，手工业开始发挥空前显著的作用，其地位仅次于农业。在一开始，所有村民都从事某种新手艺，但是随着某些手艺的技术变得更加复杂，专门的技术人员随之产生，他们逐渐成为专职的艺匠，不再从事农业劳动。不过，直到西亚村落时代临近结束时，此类专职手工艺匠依然非常少见，可能至多占成年人口的百分之一。

村落社会中的手工艺

1. 制陶

村落中最重要的手工艺包括制陶业、编织业、工具制造业和武器制造业。在这些手工艺中，制陶和编织业是转向定居生活带来的直接后果。人类一旦定居下来，就显然开始对储藏物品特别感兴趣；同样非常明显的是，他们不再需要担心贮物器皿是否适于迁移。因而，人类在很早很早之前可能就已知道如何制作粘土罐，不过他们并不想劳神去制作它们，因为粘土罐十分易碎，不便携带着迁移。然而村落出现以后，人们马上就制造罐状容器，因为他们发现它们是储存谷物及其他食物的理想用具。此外，粘土罐还可用于取水、存放水；有了陶器，人们可以在家中储存饮用水。这向着享受迈出了一步，其重要性或许可以与现代室内自来水管的发明相媲美。

2. 编织

编织业起初可能也是产生于人们对适用器物的追求，因为人们学会编织篮筐看

燧石短剑。发现于安纳托利亚，制作于公元前7000年左右。剑柄为骨制，上刻精致图案。

来在学会织布之前。从考古记录看，柳条筐在人类定居后不久就出现了。，在持续不断的迁移过程中，这种筐确实显得十分笨重、不结实，但与罐状物相比，它们更适于贮存某些物品，由于比罐类轻便，因而更便于从田地里运回收获的庄稼。人们在广泛掌握编织的原理后，就可轻而易举地把它运用到织布上，只要驯化后的绵羊可用来生产羊毛。有了羊毛织物，村落居民也就获得了比兽皮更可靠、更便于使用的衣料。（只是在公元前3000年左右埃及人培育出亚麻这种适于充当制造亚麻布的原料之后，人类才开始利用植物纤维织布。）

3. 工具和武器

与制陶和编织相对，制造工具和武器对村庄时代的人来说并不是什么新鲜事，但村民确实学会了如何用新材料制造工具和武器。随着农业的发展，人们比以往任何时候都更需要更锋利、更经久耐用的工具，比如说，早期村民希望得到最锋利的镰刀、最耐用的犁具。而且，虽然武器越来越少地用于狩猎，但在战争中使用得越来越多。一开始，希望得到利刃的亚洲村落居民认识到，利用某些岩石可以打制出较之其他岩石更锋利的刃口，因而只要有可能就使用这些岩石。随后，他们注意到有些"岩石"延展性能尤其突出，因而可用以制成锋利的尖头，在磨钝时也可使之重新锋利起来。自然，这种具有延展功能的"岩石"根本不是岩石，而是自然界天然存在小块铜。在公元前6500年至4500年之间，这种铜块比较少见，因而只能用来制作器物的尖头及诸如饰针之类的极小型的用具。但在后来，可能出于偶然，有人把一块具有延展性的石块丢进了陶窑，结果发现某些"岩石"（矿石）在高温下会分化出黄铜。

早期战争场面。左图是西班牙的一个洞穴壁画右图是瑞典的一个岩刻画。创作的具体年代不清，但几乎可以肯定均在定居农业出现之后。

不论这个人是谁，他或她发明了冶炼术；在其后近千年时间里，冶炼出来的铜在西亚被用来制作各种各样的容器、工具和武器。

远距离贸易产生于剩余产品

提到越来越多地利用不同的岩石和铜，必然要引出贸易这一话题，因为早期村落居民希望得到的坚硬岩石并非见于西亚各地，不得不由外地长距离运来。即便说有，采集狩猎者也很少进行远距离贸易，因为无力支付所需费用——换句话说，他们生产不出剩余产品。这些人由一地迁移到另一地，尽量少带随身用品，因而根本不可能生产出剩余产品。另一方面，村民们是天生的贮存者，在开始贮存粮食后不久，他们逐步认识到生产并贮存超出自己需要的东西，即可藉以抵御饥馑，也可提供东西进行实物交换。

尽管我们永远无法弄清相关的具体步骤，但看来建立在血亲集团关系上的短途赠礼和交换先于更具有商业形式的远距离贸易。譬如，生活在富裕村落中的一个血亲集团可能送给邻村挨饿的亲戚一些粮食，把它们仅仅作为礼物，或者换回一两件工具；可以想象得到，住在不同村落的亲属之间正常的送礼或者交换可能是作为承认家族纽带的礼仪性手段产生的。不过，随着交换和财富积累的继续进行，某些团体不可避免地会比其他团体富有，最终有财力派出商队进行远距离贸易，比如说到盛产优质而锋利的切割用石的地方换回这种石料。不管怎样，早在公元前6500年左右，西亚贸易就无疑已经扩展到非常远的距离之外。特别是，现知存在于伊朗和伊拉克的所有村落都能设法从400到500英里之外的今亚美尼亚地区产地得到稳定的黑曜石（这是一种火山喷发造成的玻璃状物，特别适于制造锋利的切割用具刀刃）供应，此外这些村落还从两倍于上述距离之外的安纳托利亚中部得到小块的黄铜。因此，岩石、金属、食物、编织物、兽皮和小装饰品等物品的交易空前繁荣；到村落时代结束时，人们既通过陆路，也通过船只由水路运输货物。

　　然而贸易并非获得物品的唯一手段，因为成功的劫掠可以更好地满足人们的欲望。没有人能够说清人类战争开始于何时，但越来越多的专家对下述说法，即侵略行为在生物学上是"编入"我们之中的一种"程序"表示怀疑。毋宁说，从严格的生物学意义讲，人类似乎既不偏向和平，也不偏向战争，而在转向定居农业之前，游荡不定的群落是爱好和平的。至至少少有一点是肯定的，冰河时代的任何洞穴壁画都没有描绘过人与人交战的场面，现知最早的表现战争的绘画与定居的村落生活同时出现。更引人注目的一个事实是，现知西亚最早的村落有许多都是带有防御设施的村落。显然，不论人类在过去时情况如何，自定居村落产生以来，其未来将是战争和杀戮。

村落生活与战争的关联

　　由于一些显而易见的原因，定居生活会引起持续不断的战争。游荡不定的群落的成员在狩猎和采集活动中需要互相合作，同时他们甚至很难见到其他群落的成员。假设一个群落偶然与另一个群落相遇，双方没有什么理由兵戎相见，因为获胜了也得不到什么或根本得不到战利品。与此相对，在村落里有战利品，同时受到攻击的村民会倾向于列队应战，而不是夹起尾巴匆忙逃窜；他们不仅要保护自己的财产，而且要保住自己历尽艰辛开垦出来并耕作的田地。地方性的战争可能是在由漫游生活至定居生活的过渡时期开始的，当时一些漫游群落变成了劫掠群落。此后，在众多村落出现之时，为了获得更多的财产和财富，一个居民点一定会动手攻打另一个居民点。

战争促进了技术和贸易的发展

　　具有讽刺意味的是，战端的开启促进了技术和贸易的进步。不论是出于防御还是出于进攻方面的考虑，西亚的早期村民们在武器设计和制造方面取得了重大技术进步，在短剑、战斧、长矛、投石器及钉头槌制造方面进行了尝试。进而言之，地方性的村落"军备竞赛"可能是促进冶金术进步的最重要因素，因为铜制矛尖和短剑比石制矛尖和短剑更锋利，而用青铜即铜锡合金——青铜制造在公元前3500年至3000年时得到完善——制造的各种武器都比铜制武器强得多。由于金属必须通过贸易来取得，因而参与军备竞赛的村民被迫提高生产效率，以生产出剩余产品来换取金属。就这样，对最好的武器的寻求即便造成了死亡和毁灭，却促进了经济生活的发展。

文明的诞生

城市与村落的区别

西亚史前史上最后一个重大发展是城市的出现。这一现象可追溯到约公元前3500年到3200年这段时期。由于一些村落是在大约五百年的时间里不知不觉地转变为城市的，因而根据城市何以在村落发展的末期产生来描述城市与村落的区别就比较容易了。与村落不同，城市里居住着各种各样职业的人士。早期城市里都有农民居住，因为城市周围的田地与其他田地一样需要有人耕种。此外，城市里还居住着少量工匠和商人，因为城市是在一些手工技艺变得非常专门化、贸易也正成为一种专门行当的时候成型的。但是城市里的显要人物是职业武士、行政官员和祭司，他们的存在确实决定了城市和村落的差异。

城市对村落；统治者对被统治者

概括说来，城市就是为了剥削村落而存在的。城市的第一流居民自己自然不会这样看问题。由于他们是职业武士、行政官员和祭司，因而他们会说他们的天职是通过军事手段保卫这片地区、通过出色的管理提高该地的生产力以及通过祈祷求得上帝的佑护。但是，既然这些人都不参加田间劳动，因而离开农业劳动者生产的剩余产品，他们肯定活不下去。换句话说，城市里居主要地位的居民是其社会的统治者，城市的其他居民和附属村落的村民是被统治者。

美索不达米亚城市：人口压力的产物

毫无疑问，西亚最早的城市产生于美索不达米亚或称两河流域，即位于今伊拉克的处于底格里斯河和幼发拉底河之间的地区。实际上，人们可以肯定，城市兴起的终极原因是人口压力。前面我们已经谈到，定居人口的繁殖能力比漫游无定者要高得多。的确，一旦西亚居民精于定居农业，食物产量就开始出现惊人的增长，人口也是如此。按照一个保守的估计，伊朗西部丘陵地带的人口在公元前8000年至4000年之间增加了50倍。在达到一定程度后，过量的人口为了生存必须迁移到新的地区，这在早期农业生产者中尤其如此。由于对作物轮作制或施肥技术一无所知，他们会逐渐耗尽地力。在西亚，这一时刻在公元前4000年来到了，当时伊朗和伊拉克的过剩人口开始大批移入先前无人居住的底格里斯河和幼发拉底河河谷地带。

美索不达米亚建立政府和实行强制的趋势

农业要想获得成功，必须具备两个条件：肥力，以及水分。西亚最早的农业聚居地位于原先生长野生谷物的丘陵地区。这些地区的土地并不是特别肥沃，但至少足以应付作物种植刚开始时的需要，而且那里确实从降雨中获得充足的水分。另一方面，美索不达米亚谷地极其肥沃，但在一年的很长时间里十分缺乏水分，以致如果不引入人工灌溉系统，就不可能进行农业生产。然而，兴建和维持灌溉系统却需要一定程度的规划以及人类社会至那时为止从无先例的繁重而协调一致的劳动。此处所谈的灌溉系统最初见于公元前 4000 年至 3000 年这一千年间。要建成这种灌溉系统，就要由底格里斯河和幼发拉底河这两条大河开挖主运河和沟渠，通过这些交叉分布的河渠把河水引到干旱的土地。这种工程从来没有完结的时候，因为运河和渠道时常淤塞，必须不断加以疏浚。修建及维修河渠的活计要求组织大量人员，筹集食品供他们食用，大量制作罐盆作为他们的餐具，诸如此类，不一而足。因此，显然需要规划人员决定如何劳动、何时劳动、在何处劳动，需要监督人员去指导和强制劳工，同时需要总督去安排、监控监督人员。与此相应，在这种情况下，社会分化成了统治者和被统治者。

尚武精神加强了政府力量

人口压力迫使人们去修建灌溉系统。公元前 4000 到 3200 年之间，这种压力在美索不达米亚造成了建立政府和实行强制的趋向，而这一趋向又因尚武精神的高涨而得到加强。一些人是何以设法成长为统治者的呢？无疑，主要解释在于暴力，最精于战事者在社会中最为强大。在我们所谈论的这一千年，军事权力会导致行政权力，并经由一个持续不断的螺旋式上升过程导致更强大的军事权力：金属武器固然优于石制武器，但比石制武器昂贵得多，因而只有那些通过征服和剥削他人获得财富的人才有力量得到金属武器，并借助于它们征服并剥削更多的人。尤其值得指出的是，美索不达米亚本身不产金属，也无任何金属矿石，但在那里发现了大量年代在公元前 3500 年到 3000 年的金属武器；显然，美索不达米亚的武士——统治者正变得愈加占据支配地位，地位愈加牢固。

祭司成为统治精英的一员

假如说占有支配地位的武士需要训练有素的行政官员协助他们管理和监督地方灌溉工程，那么单单这两个阶层在核心地点的联手就可以创造出城市。但实际上还产生了一个专职祭司阶层，该集团与前两个集团合力创建了城市。毋庸赘言，宗教并非美索不达米亚的发明。早在数万年前，对超自然力量的信仰在尼安德特人中和冰河时代的洞穴居民中必定就已存在了：尼安德特人在埋葬死者时用食物陪葬，洞穴居民的艺术显然意味着施展魔法。美索不达米亚的创新之处是专职祭司阶层——附着于举行典礼活动的中心即神庙的人——的出现，他们靠其他人的农业劳动的支持来从事诵念咒语、主持典仪活动。

对祭司等级产生之因的解释

对祭司等级何以首先在美索不达米亚兴起的原因人们作出一些推测，但看来有可能的是，到了公元前 3500 年左右，经济需求和社会复杂化都已达到非常高的程度，以致人们真的需要祭司。游移不定的群落在维持社会凝聚力方面没有困难，因为没有或很少有值得争斗的私有财产，因为职业责任大致等同，也因为群落规模不大——通常不超过 500 人——足以使群体成员通过互相亲近感到他们心连心。但是这种情形在村落里开始变化。在村落里，共同劳动、共同分享劳动成果仍然居主导地位，但随着时间的推移，尤其是随着贸易的发展，财产不平等现象越来越突出；而且，当村落人口由数百增加到数千时，村民们很难互相认识，也就是说，很难做到直呼其名。来自外部的攻击可能为村民提供了充足的社会凝聚力基础，使之免于发生剧烈争斗，但在美索不达米亚灌溉工程充满压力的开始阶段，仍需要更高程度的凝聚力。基于这一公认的推测性的看法，宗教鼓舞大群的人忠诚于一种共同的事业，鼓舞他们怀着是在为地方诸神效劳的信念努力工作。这种规模的宗教奉献要求祭司宣讲信仰并在给人深刻印象的神庙中主持精巧的典仪。

城市是文明的表征

探讨城市的起源实际上与探讨文明的起源是一样的。文明可定义为人类组织的这样一个阶段，其时行政机构、社会机构和经济机构已发展到足以处理（不论如何不完善）一个复杂社会中与秩序、安全和效能有关的问题。公元前 3200 年左右，美索不达米亚"已变成文明社会"。也就是说，该地区至少已有五座城市，它们的居民中都包括武士——统治者、行政官员和祭司，它们都拥有一些雄伟的神庙，此外也都以拥有精致的私人住宅、公共作坊、公共储藏设施和大型集市而夸耀。初步的档案保存方法正在为人们所掌握，文字也正在形成过程中。随着文字的出现，西方文明史开始了；随着文字的出现，我们可以开始叙述一个以诠释文字证据和考古发掘到的器物为基础的历史。

古代苏美尔：最早的城市

"苏美尔时代"

公元前 3500 到 3200 年间，美索不达米亚即两河（底格里斯河和幼发拉底河之间）地区的社会和文化生活建立在城市基础上，成了地球上第一片文明开化之地。我们可以把公元前 3200 年直到公元前 2000 年这段时期称为"苏美尔人时代"，因为美索不达米亚最先进的地区是位于其最南部的苏美尔地区。苏美尔是片沼泽地带，面积与美国马萨诸塞州大致相当。在苏美尔时代的前九百年间，苏美尔没有出现统一的政权，而是由众多独立的城邦点缀其间，其中最重要的有乌鲁克、乌尔和拉格什等。随后，到了公元前

苏美尔人人物立像

2320 年左右，整个苏美尔地区都被来自处于美索不达米亚正北部的阿卡德的一位强大武士所征服。这位武士的真名实姓已无从知晓，但我们知道他冠以"萨尔贡"（意为"真正的国王"）的头衔，与他同时代的人则称他为"伟大的萨尔贡"。美索不达米亚年代记称他在取得 34 场战斗的胜利后控制了苏美尔；最后他胜利地进军到"下海"（波斯湾），在那儿用海水清洗他的武器，以示战争结束。在其后近200 年的时间里，伟大的萨尔贡创建的王朝统

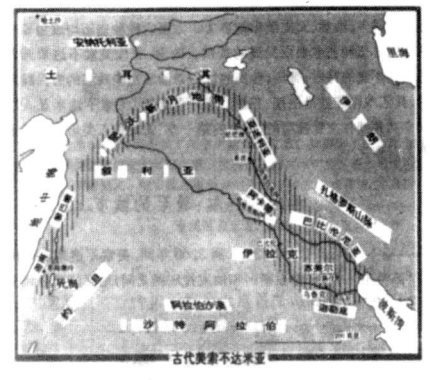

古代索不达米亚地理图

治着由阿卡德和苏美尔组成的一个帝国。不过到了公元前 2130 年左右，苏美尔重新获得了独立，实现了"复兴"。"复兴"一直延续到公元前 2000 年左右，其间该地区大多由住在乌尔的国王统治着。

苏美尔的成就主要受到其气候和地理的影响。尽管两河流域非常肥沃，但灌溉不可或缺，因为这里一年中有近 8 个月不下雨，春天里降下的暴雨来得太晚，赶不上浇灌在 4 月份就要收割的主要作物。（苏美尔地区夏天时不是生长季节，因为那时温度高达华氏 125 度，可把土地烤焦。）如前所述，灌溉工

萨尔贡青铜头像

程是项集体事业，需要精心策划和专断的领导，而这反过来导致社会分层、职业专门化和城市的出现。美索不达米亚南部完全缺乏诸如石料、矿物之类的天然资源，甚至连树木也没有，这一事实使苏美尔的处境进一步受到制约。这就意味着居住在苏美尔的人被迫严重依赖对外贸易，同时十分注意运用一切手段改变这种经济不平衡，以使之对他们有利。换言之，苏美尔人必须征服自然，而不是过着丰足舒适的生活。

苏美尔人最值得注意的发明之一，就是车辆运输，它发明于苏美尔时代初始之际（公元前 3200 年左右）。从比较的观点可以看出这一发明是何等地先

亲密的一对（出自尼普尔城）

进：直到公元前 1700 年左右埃及人才知道车辆运输；西半球的居民在欧洲人引入轮子之前根本不知道此为何物（秘鲁孩童的有轮玩具除外）。第一个把一个绕轴旋转的圆环形装置用于运输目的的苏美尔人可能是受陶轮的启发突发此想的，因为早在公元前 4000 年左右的伊朗轮子就已用于制陶业了，并在大约五百年后由伊朗传入苏美尔。把制陶业的轮制原理扩而应用于运输，其发展过程十分不明：至少到了公元前 2700 年，埃及人就知道了陶轮，但他们直到一千年以后才把它用于运输，而且即使那时他们也是在与美索不达米亚人的接触中学会车轮运输的，或许并非他们"独立发明了车轮"。因此，这位为了制造一种更好的运输工具最先把轮子附加在橇板上的

不知名姓的苏美尔人，可以当之无愧地跻身于人类各个时代最伟大的技术天才之列。

苏美尔人的饰以牛首的匣式里拉琴

车辆运输

苏美尔最早的有轮运输工具是两轮战车和四轮货车。它们都是由牛牵引的（直到大约公元前2000—1700年之间东方入侵者将马引入西亚之后，西亚人才知道马），都是安装在没有轮辐的实心轮上：把两三块厚木板拼成圆形，用饰纽或撑柱把它们固定在一起。牛拉战车显然移动不太快，不过它们看来促成了方阵作战方式的一个进步，因为残存至今、年代在公元前2600年左右的一些图画描绘了它们践踏敌人的场面。用于运货的货车更不看重速度，它们必定在众多灌溉工程和城市建设工程中帮了苏美尔人很大的忙。

太阴历

除车轮外，苏美尔人还发明了太阴（月）历，这也是人类早期最重要的发明之一。在像美索下达米亚那样极其恶劣的气候条件下，知道播种和收获的准确时间，是绝对必不可少的；因而，有必要找到某种标明时日行程以确定周而复始的农作周期的可靠途径。做到这一点的最简单的办法，就是利用月亮的盈亏循环。既然月亮由最初的鹅眉月运行到下一次最初的鹅眉月共需要29天半的时间，人们就可以考虑把这样一个循环视为一个基本的计时单位（我们把它称为一个月），然后累计这些计时单位的数目，直到季节也完成了一个循环。就这样苏美尔人得出结论，在月亮运行了12个这样的计时单位（6个是29天，6个是30天）后，一"年"就过去了，重又到了开始播种的时候。不幸的是，他们不知道"一年"实际上是地球绕太阳绕转一周的时间，月亮的12次循环或12个月比一个太阳年少11天。九百年后苏美尔了解到，每隔几年他们就要在其年历上另加一个闰月，这样才可准确地预测到季节的循环。苏美尔人的太阴推算法是通向我们现在理解的精确的预测性的科学（测度自然以掌握其"运行规律"）的现知最早的一步。现代犹太历和伊斯兰历法（回历）都以犹太人和穆斯林自古代美索不达米亚承袭而来的月亮运行周期为基础，这一事实证明，如果不断把短少的天数补增上去，那么太阴历本身实际上

苏美尔人的战车。图片反映年代在公元前2600年左右，现在知最早的有轮车辆。由图中可知轮子是由木板拼成圆形、再用饰纽或撑柱固定在一起的。由此也可以看出在有文献记载的历史的初期，军事目的刺激了技术的革新，至今亦然。

也是可以使用的。

文字的发明

与车轮和历法一起并称苏美尔人留给后世西方文明的三大珍贵礼品的是文字的发明。称文字是"发明出来"的，多少易于让人产生误解，因为苏美尔文字是逐步产生的，正如我们现在所知，其间由借助图形表达某种观念到文字（尽管尚不是字母文字）的出现经过了一千年的演化过程（约公元前 3500 年至约 2500 年）。公元前 3500 年左右，苏美尔人开始刻图像于石或镌印于粘土，以此作为拥有某物的标志：一幅图画可能表示一个人的绰号〔例如用一块岩石表示"铁石心肠"（Rocky）〕，或者他的住所（例如用一棵树表示一幢房屋）。大约五百年以后，由图形向文字的演化速度大大加快。到了那时，苏美尔

早期图画文字。上图：美索不达米亚页岩雕刻品，年代在公元前 3400 年左右，描绘的是两个人进行交易的情景，四周图案表示他们交易的物品。下图：苏美尔人泥版文书，年代在公元前 3000 年左右。在这里，标准化的图案开始代表抽象含义。

神庙的管理人员使用许多规范化的简图，把它们结合起来保存神庙的财产档案和商业交易档案。尽管这一时期的书写文字仍具有象形文字特征，但已超越了以图画表示人及具体事物的阶段，发展到了用图画表示抽象事物：一只碗表示食物（任何种类均可），一个人头加一只碗则表示吃的概念。又过了五百年，成熟的文字全面取代了旧有文字，因为到那时最初的图画已变得非常系统化，以致人们不再把它们视为图画，而须视之为纯粹的符号；这些符号有许多已不再表示特定的词，而成为与其他同类符号结合在一起就可形成字词的音节符号。

楔形文字

公元前 2500 年左右，苏美尔地区的这种文字体系达到了充分发展的阶段。这种文字被称作"楔形文字"，因为它是由用芦苇做成的带有三角形笔尖的笔在湿泥板上刻划而成的楔形符号组成的。楔形符号共有 500 种左右，其中有许多具有多重含义（其"准确含义"只能根据上下文来确定），这就使得楔形文字体系比后来的字母文字体系要难以掌握得多。尽管如此，在两千年间楔形文字一直是美索不达米亚唯一的文字体系；到了公元前 500 年左右，这种文字甚至成了西亚大部分地区通用的商业交往媒介。

从苏美尔时代残存下来、在近代被发掘出来的楔形文字文献都是抄写在泥版上的。这些泥版中，大约 90％ 是商业和行政记录，其余的 10％ 大致可以归入文学的范

畴——明确说来，包括对话、谚语、赞美诗和神话传说的残篇。苏美尔人的对话采用这样的形式：两个角色在辩论中站在对立的一方互相驳辩——夏天对冬天，斧头对犁子，或者农夫对牧人。由于双方均有许多可以立足的根据，因而辩论通常没有输赢；倒不如说，这种形式主要是为教学目的设计的，旨在帮助神庙学校的学生对某一论题有尽可能多的了解。另一方面，残存至今的苏美尔谚语则提供了明确的观点。一则令人着迷的苏美尔处世格言这样讲："仆人呆的地方，必有争吵相伴；理发师呆的地方，必有毁谤传出"；由此可知，多嘴多舌的理发匠在人类文明的黎明时期就已臭名远扬了。

苏美尔宗教的演变

古代巴比伦马杜克神庙及其庙塔模型

苏美尔泥版中所残存的赞美诗和神话传说（后世的美索不达米亚人所抄录的苏美尔文献可作补充）表明，在苏美尔时代有关神灵的说法经历了一个稳步发展的过程。为简便起见，我们可注意两个主要阶段：由视神灵为自然的一部分转变为把神灵想象为像常人那样行事，随后是由赋予神灵以常人的属性转变为把神灵想象为像无所不能的主宰那样行事。最古老的证据表明，苏美尔人最初崇拜的是脱离肉体的自然力量。一位"神"是使谷物得以生长的力量，一位神是产生上升的元气的力量，另一位神是使食物储存于仓库中而不腐的力。然而，在公元前第三千纪这一千年间（公元前 3000 年至 2000 年），苏美尔人更易于根据人格化的类似来解释自然现象。因而酷热的夏季逐渐被看成繁殖神一年一度的"死亡"，收获入仓则被看成繁殖神与仓储女神的"婚姻结合"。不论这些神是自然力量，还是人格化的存在，苏美尔人崇拜他们的目的都是指望他们带来丰足并防止自然灾害。但是到了第三千纪末期，在伟大的萨尔贡征服苏美尔后，苏美尔人的某些人格化的神祇不可避免地担当某种政治功能。一些神祇被视为城市的保护神，另一些神祇被视为各个领域（诸如天、地或冥界）的主宰，而其中的一个神恩利尔则被视为所有这些主宰的主宰。这就朝着神性合一和神灵万能进一步迈进了。

居高临下的庙塔

不论苏美尔人把神祇看作是什么，在公元前 3200 年到 2000 年之间，神庙一直是苏美尔社会中令人敬畏的力量。完全是为了增加神庙的高度，神庙建造在高大的平台之上，因而比城市和苏美尔平坦的地平线都要高。由于没有石料和木材，苏美尔神庙都是用晒干的泥板和泥砖建成的，建筑式样大多呈所谓庙塔（ziggurat）状，这是一种梯状的塔楼，顶上是一神龛。典型的苏美尔神庙规模庞大，兴建工作十分繁重；据现代估计，建成这样一个神庙，需要 1500 名劳力每人每天不停地工作十个小时，累积要十五年。（此外，这种泥一砖结构的大型建筑需要不断地进行大规模的修缮，因而建筑工作几乎没有停的时候。）不过，这种工程主要是由志愿者轮流着完成的，在他们看来，这是对庇护他们终生的神灵的奉献。

神庙学校

苏美尔祭司并不住在神庙本身之中，而是住在构成神庙管区一部分的毗邻神庙的建筑里。神庙管区里还居住着神庙管理人员、工匠和奴隶。由于祭司和管理人员（这两个词往往意义相同）需要学习楔形文字，因而庙区内附设有学校，教授楔形文字和祭司等级需要掌握的其他知识。苏美尔的这些学校是现知人类文明史上最早的学校。

神庙的作用非常广泛

神庙共同体往往在城市以外拥有大片地产，因为没有这些农田提供的收入，就无法维系神庙庞大的事业。神庙共同体通常也从事商业贸易，把在庙区内制造或贮存在那里的货物出售给庙区所在的城市的买主，或用船运到很远的地方出售。因而神庙实际上是"国中之国"。另外，在萨尔贡时代之前，神庙往往就是"邦国"，因为苏美尔诸城的祭司经常就是城市的统治者。在苏美尔各城市摆脱萨尔贡王朝的统治重获独立之后，世俗国王一般取代祭司成了城市的主宰，但即便那时国王及其家庭仍会与主要祭司的家庭联姻。

苏美尔的社会结构

除祭司、国王和著名武士（他们可能是祭司及或国王家庭的成员）外，苏美尔社会中还存在着三个阶层：神庙共同体中的"专门人员"，自由农民和奴隶。专门人员包括神庙管理人员、商人和工匠，他们的生活按理很富裕，但要无条件地依从祭司。自由农民看来拥有的是最差的田地，为了生存往往不得不向神庙告债。至于奴隶，我们所知甚少，因为文字记录几乎不注意他们的存在，但实际上可以肯定，他们的生活十分悲惨。

古巴比伦的发展

苏美尔的经济缺陷：盐碱化

尽管苏美尔人在驾驭其外在环境方面取得了令人吃惊的成就，但他们却未注意到生态问题，以致他们的土地因盐分的不断增加而逐步退化，这一过程在技术上称为盐碱化。由邻近的河流里引水灌溉苏美尔地区干旱的土地固然带来了水分，但也带来了盐：水分蒸发掉了，盐却留在土壤之中。以年为单位观察，这样积存在土壤中的盐无足轻重，但以世纪为单位观察，土壤的肥力会因此受到影响。研读现存至今的泥版文书可以发现，早在公元前2350年，苏美尔各地区耕地的产量就有所下降。阿卡德的萨尔贡之所以能够征服整个苏美尔地区，原因可能就在这里。此时苏美尔尚非十分软弱，因而在两个世纪后推翻了阿卡德人的统治；但到了公元前2000

年左右，苏美尔开始陷入万劫不复的经济灾难之中。由于不再能生产出剩余产品，苏美尔各城无力供养祭司、管理人员和军队；慢慢地，苏美尔失去了它在美索不达米亚的主导地位，由更靠北的地区取而代之。

逐渐过渡到古巴比伦的统治

在美索不达米亚历史上，苏美尔时代之后出现的是古巴比伦时代（约公元前 2000 年到约 1600 年）。应当强调指出的是，把公元前 2000 年定为古巴比伦时代的起始年代实属武断，因为该年未发生任何标志着由一个时代转变到另一个时代的重大事件。实际上，不仅由苏美尔在美索不达米亚的支配地位过渡到古巴比伦的支配地位是逐渐发生的，而且即便在公元前 1770 年左右古巴比伦时代的极盛时期，其文化与其前驱苏美尔文化并无重大区别。如果说苏美尔人和古巴比伦人之间有什么明显的不同，那只有两个标准：地理和语言。如上所述，苏美尔时代美索不达米亚最繁荣、文化上最先进的城市都位于该地区的最南端；另一方面，在其后的 400 年间，文明的重心却北移到了阿卡德，而且在相当长的时间里以新建的巴比伦城为中心。此外，在古巴比伦时代执美索不达米亚之牛耳的各民族讲的是属于闪族语系的语言。

闪语各民族的到来

闪族语系的各个民族（今天有阿拉伯人、以色列人和埃塞俄比亚人）都把阿拉伯半岛视为其发源地。至于闪族部落到底为何或者在什么时间进入美索不达米亚，我们尚不知晓。我们知道的是，伟大的萨尔贡及其军队都是闪族人，因而在公元前第三千纪末叶苏美尔就已受过闪族人的统治一段时间了。就此而言，公元前 2130 年至 2000 年左右苏美尔的复兴只是一段插曲而已，因为即便在那时其他闪族部落仍在往美索不达米亚渗透，并蚕食了苏美尔和阿卡德的小片土地。最终，这些部落中成就最大的是阿摩利特人，他们在公元前 2000 年左右进入美索不达米亚，在阿卡德各地区定居下来。两个半世纪之后，阿摩利特人征服了苏美尔全境，他们所说的闪族方言也取代苏美尔语成了美索不达米亚口头和书面语言。不过，同样这些阿摩利特人却吸取了苏美尔文化遗产的所有其他方面。

由于阿摩利特人把阿卡德的巴比伦定为其帝国的首都，因而他们往往被称为巴比伦人，或者为别于一千多年以后统治美索不达米亚的迦勒底人，更多地被称为古巴比伦人。古巴比伦帝国的缔造者是汉谟拉比（公元前1792—1750 年），他也无疑是阿摩利特人最伟大的统治者。在他登基之际，阿摩利特人仍不过是美索不达米亚南部几个互相争斗的势力之一，但到了公元前 1763 年，汉谟拉比就征服了整个苏美尔；到了公元前 1755 年，他征服了美索不达米亚其余地区，并向北扩张到叙利亚边境地区。随着取得的胜利越来越多，汉谟拉比自称"苏美尔和阿卡德之王"，随后又自称"天下四方之王"。尽

汉谟拉比：巴比伦国王和立法者

管他如此自夸，他的帝国却很短命（汉谟拉比统治之后美索不达米亚的政治事件将在下节中叙述），但他为自己选定的另一个头衔"正义之君"却道出了他名声久存的缘由，因为汉谟拉比颁布了现存人类历史上最早的有条理的法律文集。

"汉谟拉比法典"

"汉谟拉比法典"刻在一个石碑上，共包括282则条文。学者们公认，法典是建立在苏美尔立法原则基础上的，其中糅和了闪族人的新发明，但他们对什么原则属于苏美尔人、什么原则属于闪族人说法各异，因而我们最好是把它们都简单地归结到最有名的记载"美索不达米亚法系"的文献之列。在考虑汉谟拉比法典的主要前提之前我们必须指出，法典缺乏"法律面前人人平等"的现代观念。在汉谟拉比法典中，奴隶毫无权利可言，稍有过失即受到断肢的可怕惩罚。此外，法典中提到了两个法律阶层：一是"人"，显然意指贵族；另是所有其他既非"人"亦非奴隶的人，他们的法律待遇很差，但拥有某些法律权利。与"人"侵犯"人"相比，

汉谟拉比法典。法典残存在一个八英尺高的玄武岩圆柱上。柱的上端描述的是汉谟拉比向正义之神（右面坐者）表示敬意。其下楔文铭文即为法典文献。

"人"侵犯了地位低于他们而非奴隶的人受到的惩罚要轻一些，而"人"伤害了奴隶与他损坏了奴隶主的财产所受处罚相同。

美索不达米亚法系的实用特性

汉谟拉比法典建立在两个最著名的原则基础上，此即"以眼还眼、以牙还牙"和"让买方小心提防"。猛一看来这两个原则都很原始。在规定对确定的伤害行为进行赔偿时（"倘人毁他人之目，则毁其目"；"倘人断他人之骨，则断其骨"），法典从不考虑最初的伤害是否纯属意外，而是残酷无情地坚持让人受到皮肉之苦和受辱。"让买方小心提防"原则不那么残酷无情，但看上去不像是法律。为什么国家应在一部法典里宣布卖方行诈不会受到惩处呢？如果我们认识到汉谟拉比法典所追求的目标与现代法系不同，那么就可更清楚地领悟这部法典。美索不达米亚人颁布法律主要是为了制止争斗。因而他们以为——这绝非毫无理由——一个总想采取暴力手段的人，如果记住不论他怎样加害于人，都会受到法律同样的处罚，那么他也许会不再施暴。另外，他们也清楚地认识到，惩罚只有迅捷无情才能收到威慑效果；这一观点使得他们必然对无实质意义的动机问题不予考虑，因为调查犯罪细节和犯罪动机要花费时间，况且，如果罪犯知道如何保护自卫，那么这就会使真正蓄意的犯罪有可能逃脱法律的惩罚。至于"让买方小心提防"原则，同样也是为了制止争斗，因为买方知道自己没有权利，如果他去取闹，马上就会受到惩罚。

正义概念和社会福利

在叙述了美索不达米亚法律体系的这些实际范围之后，还必须补充一点：汉谟拉比法典并非对正义观念完全不关心。尽管实行严格的报复措施，但法典并非完全缺乏正义概念，因为"以眼还眼、以牙还牙"总比"以头还眼"或"以眼还指甲"要公正些。其次，汉谟拉比法典的某些条文中深深体现了抽象的种族原则。例如，既然美索不达米亚人认为儿女应当孝敬父母，因而法典第195条规定："倘若儿子打其父亲，则应切去其手"。最后，法典偶或要求国家提供福利，而不是一味地审判、惩罚。法典第23条最充分地说明了法典的"福利国家"色彩。该条规定，一个人若遭到抢劫而又未能找到抢劫者，"则抢劫行为发生地所在的城市……应当赔偿他所受到的财产损失"。我们在上面已提到，汉谟拉比确实以"正义之君"名垂后世，而且按照他所处的时代看，他完全做到了这一点；此外，尽管西方有关正义的各个概念是在后来才大大发展起来的，但汉谟拉比法典中所隐含的多数原则成为未来诸多发展的出发点。

古巴比伦文学：《吉尔伽美什》史诗

在古巴比伦文明中，与汉谟拉比的法典一样享有不朽声誉的是叫做《吉尔伽美什》的史诗。就像法典那样，这一作品也是苏美尔——巴比伦的混合体。史诗的主角吉尔伽美什是一位真实存在的历史人物——公元前2600年左右当政的一位苏美尔国王。他的卓伟功业大大激发了当时人的想象力，以致他们就开始传颂有关他的传奇故事。经过苏美尔人几个世纪的口头相传，吉尔伽美什故事变得愈发神奇，以致最后几乎完全成了虚构。由于这些传说故事十分引人，公元前第三千纪晚期，征服苏美尔的历代闪族人都把它们译成自己的方言。现存《吉尔伽美什》史诗是这一演化过程后期的产物。公元前1900年左右，一位闪族说书人把有关吉尔伽美什的四五个传说故事汇编成一部结构松散的"史诗"。我们现在知道的了不起的诗歌就是这部史诗。

《吉尔伽美什》史诗在古代西亚流传甚广，记述了大洪水传说。本图残片刻有史诗第11部分。

《吉尔伽美什》的世俗特性

《吉尔伽美什》史诗最引人注目的特征在于诗的十足的力度和惊人的世俗性，因为它所记载的完全是一位人类英雄在一个受到不可避免的死亡法则支配的世界上的冒险经历和热望。在经历艰苦的战斗和爱情遭遇之后，吉尔伽美什向一对老年夫妇寻求永生的秘密。这对老夫妇在上帝决定发洪水毁灭整个人类时躲在一条方舟中而幸免于难。他们告诉吉尔伽美什永生是不可能得到的，不过他们告诉他了一种至少可使他恢复失去的青春的植物的方位。吉尔伽美什历尽艰辛从海底搞到了这种植物，但不幸的是，由于未加防备，在吉尔伽美什熟睡之际，一条蛇把它吞吃了。（据该史诗的说法，这就是蛇通过蜕皮每年获得一次新生的原因。）因而这位渴求永生的英雄不得不承认，他应及时行乐，不要担心明天会发生什么事："吉尔伽美什，你将漂向何方？/你所追求的永生，永远无法得到，/因为上帝造人之际，就让死亡与人相伴。/……吉尔伽美什，穿上新衣，沐浴首身去吧。/凝望挽着你手的儿女，/愉悦怀中娇妻。/人应关心的，惟有这些事。"

古巴比伦文化中的个人宗教

尽管有这些世俗性的教海，但若认为古巴比伦文化是完全不信宗教的，那就错了。因为所有古巴比伦人（包括《吉尔伽美什》史诗）都认为神祇对人类具有无限的支配权。实际上，既然神庙在古巴比伦城市中像在苏美尔城中那样突出显赫，那么宗教显然也同样具有权威。此外，残存至今的祈祷文表明，古巴比伦人已经达到了迄至那时从无先例的宗教信仰阶段：个人宗教。尽管苏美尔诸神"产生于自然"，起着比最有势力的统治者还要大的作用，但他们仍然是各城市或各国家的神，而不是单个人可以向他们私下祈求的神。随后，到了古巴比伦时代，除了照管人类集体事务的"政治性的神"，可以说还有照管单个人日常事务的其他神祇，人们应该向这些主管个人成功和赦免罪过的神进行祈祷。举例来说，一个古巴比伦人可以这样请求一位女神："我，一位受到苦难折磨的仆人，向您乞求。/噢，我的圣母，看看我；接受我的祈祷吧。"个人宗教在古巴比伦人中的出现对研究其后宗教发展史的学者特别具有意义，因为个人祈求上帝及宗教内省行为是犹太—基督教传统的两个基本特征。此外，单个古巴比伦人狂热地向个人神祇祈祷，这一事实之所以引人注意，还在于它说明在一个在其他方面正热心推行一体化的社会中，古巴比伦文化还容忍一定程度的个人主义存在。

数学

古巴比伦文化的最后一个引人注目的成就是在一个与上述两方面迥异的领域即数学方面取得的。由于美索不达米亚有关数学的知识的最早的记录都是古巴比伦时代留下的，因而难以确定古巴比伦的数学成就在多大程度上受惠于苏美尔人。不过这些记录所显示出的算术和代数概念十分先进，必定是以苏美尔成就为基础的。虽然如此，公元前1800年左右，古巴比伦神庙的书吏使用了乘法和除法表，以及计算平方根、立方根、倒数和指数的表格。这些成就十分引人注目，因而，即便只有一份古巴比伦数学表格留传下来，那么我们仍然可以得出结论：古巴比伦人是古代最有成就的数学家。（古希腊人虽精于几何学，但在数学方面并非如此。）我们现代生活中一个基本的东西就是从先前的古巴比伦数学中肇源的，即一天分为两个12小时，每一小时分为60分钟，每一分钟分为60秒。停下来仔细考虑考虑，十进制可能更为便当，但古巴比伦人以十二进制为基础进行计数（显然是因为他们把月亮的

12 个循环周期定为一年这种最基本的计算方法），而从那时以来西方的所有文明都继承了古巴比伦人的“十二进制”的计时方法。

喀西特人和赫梯人

汉谟拉比建立的帝国在他死后只维系了一个半世纪之久，其间古巴比伦人一直面临着地方暴动和外部入侵的威胁，直到公元前 1300 年左右第二个全美索不达米亚范围的帝国兴起之后这种混乱局面才告结束。古巴比伦衰落的一个原因可能是早先毁灭了苏美尔的土地盐碱化过程。然而，这不一定是主要原因，因为尽管盐碱化在一定程度上损害了古巴比伦经济，但其影响却不像早先苏美尔时代那么显著，其原因有三：（1）古巴比伦人已经知道运用排水技术来减少盐分的积累；（2）古巴比伦人种植的主要作物由小麦转变成了大麦，大麦比小麦更能适应盐碱性土壤；（3）古巴比伦人已经知道如何保存田地的肥力，方法是采用逐年轮耕制，让一些地块空闲着，因而，汉谟拉比的一些继承人缺乏治国之才，再加上在军事方面缺乏判断力，没能适应新的作战技术，看来是古巴比伦迅速衰亡的主要原因。

轻型车战的影响

公元前 16 世纪，古巴比伦帝国的敌人们所使用的新的作战方法，主要是用战车发动快攻：他们的战车用马而不是用牛牵拉，车轮有了轮幅而不是用系在一起的木板做成的实心轮。最早使轻型车战发挥出最大效力的是喀西特人和赫梯人，这两个民族是在公元前三十纪末叶由里海以东的大草原来到西亚的，均非闪族人。在汉谟拉比在位之际，喀西特人在美索不达米亚的一些地区和平地定居下来，但不久他们就开始与古巴比伦人刀兵相向，并用武力占领了美索不达米亚更多的地区。到公元前 1600 年时，这一过程几近完成，但予古巴比伦帝国以最后一击的并不是喀西特人，因为汉谟拉比的继承者仍占据着巴比伦城本身。最后灭亡古巴比伦帝国的是赫梯人，他们在公元前 1595 年从北方发动闪电般进攻，摧毁了巴比伦城，从而消灭了古巴比伦帝国的最后残余。

喀西特人统治下美索不达米亚的“黑暗时代”

在灭亡古巴比伦帝国之后，赫梯人又像来时那样迅速退回北方，把美索不达米亚这一权力真空留归喀西特人；但是，显然由于他们缺乏有力的领导，再加上缺乏政治上的或文化上的认同感，喀西特人未能充分利用这一天赐良机。结果，美索不达米亚进入了长达三个世纪之久的“黑暗时代”，其间南方（阿卡德和苏美尔）的大部分地区处在喀西特人的统治之下，北方则由互相争斗的闪族和非闪族部落分而治之。这一时期之所以看上去“黑暗”，是因为当时既没有政治上的统一，在文化或思想方面也没有任何进步。喀西特人满足于使用苏美尔人的楔形文字、采用苏美尔人/巴比伦人的行政管理技巧，甚至满足于崇奉苏美尔人/巴比伦人的神祇，未曾作出任何值得注意的创新；他们在美索不达米亚北方的那些四分五裂的邻居们也未对文明史作出任何值得注意的贡献。

赫梯帝国

自然，史学家的兴趣集中在了赫梯人身上。赫梯人发源于中亚大草原，操印欧语（印欧语系包括印度语、波斯语、希腊语、拉丁语及现今拉丁语系、斯拉夫语系和日耳曼语系的各种语言）。到了公元前 1600 年，他们占领了安纳托利亚（今土耳其）的大部分地区，并在其后 200 年间沿地中海东岸向南扩展其帝国的疆土，征服了叙利亚和黎巴嫩。公元前 1595 年摧毁巴比伦之后，他们当即决定不直接对美索不达米亚实行统治，以免过分延伸其联络线。（《圣经》准确地指出，赫梯人把其统治扩展"到了大河即幼发拉底河"〔《约书亚记》，1：4〕。）公元前 1450 年左右至 1300 年间，赫梯帝国的疆域扩展到了顶点，经济上也达到了极盛时期，但到了公元前 13 世纪，它就不得不忙于防御分别来自埃及和美索不达米亚北部的入侵。公元前 1286 年，赫梯人阻止住了埃及人对叙利亚的猛攻；而在同一世纪晚些时候，他们仍有能力抵挡住由美索不达米亚北部的讲闪语亚述人的一次次进攻。

赫梯雕刻，该浅浮雕或许是古代世界最具象征性的雕塑

但是战争损耗太大，最终把他们拖垮了。公元前 1185 年前后数年，来自西方海上（曾短期出现于西亚的"海上民族"的真正起源地至今尚未确定）的持续不断的进攻浪潮最终导致赫梯势力的倾覆。

有关赫梯人的种种误解

尽管《圣经》经常提到赫梯人，但总是一带而过（例如，巴特什巴的丈夫是"赫梯人乌利亚"）。1907 年，赫梯人在安纳托利亚的首都哈土沙城（意为"赫梯人之城"）被发掘出来，一共发掘出 2 万块泥版。在此之前，我们对赫梯人实际上一无所知。1915 年，一位名叫贝德日赫·赫罗兹尼的捷克学者破译了这些泥版文书的语言，宣布它属于印欧语系，学者们自此对赫梯人大感兴趣。但不幸的是，这种学术研究具有某种种族偏见或者消息闭塞，因而使人们对赫梯人产生了某些错误的观念，下述观点就是一例：赫梯人是伟大的，因为他们是印欧语系人。这一观点错在两个方面，首先是因为它认定所有赫梯人都属于某一讲印欧语的种族，其次是因为它认定印欧语系种族的所有成员都具有较高的智力。由中亚迁移到安纳托利亚时，赫梯人可能是讲印欧语系语言的一个纯质的部落，但一旦其成员定居下来，他们就与当地居民彻底融合在一起，而其过去可能具有的所谓"种族的纯粹性"也就完全丧失了。（在美索不达米亚定居下来的各闪族部落情况也可能如此。）不管怎样，生物学证明，种族与智力的高下并无必然的联系。有关赫梯人的另一个荒诞的说法是，赫梯人之所以能够长时期地取得成功，是因为他们独占了一个秘密武器，即制铁术，并在好几个世纪里一直费尽心机地保守着这一秘密而不让外人知晓。尽管看起来有些奇怪，这一观点是因为把一份没有旁证的赫梯文献解释错造成的。真实情况是，赫梯人在公元前 14 世纪时确实开始制造和使用铁，但是他们同时代的其他民族也是如此；就现在所了解到的情况看，铁制武器的使用并未使任何西亚民族在相对任何别的民族时处于优势地位。

赫梯力量的根源

假如赫梯人并不是最聪明或者装备最精良的，那么又该如何解释他们的力量呢？答案部分地在于他们可以支配的资源上，因为与美索不达米亚相比，安纳托利亚金属矿石十分丰富，尤其是铜、铁和银矿石资源。住在富产这些金属矿石的地方的赫梯人可以用这些未经加工的矿石换取对自己有用的东西，也比其他民族更有条件进行冶金术实验，因而他们先是在青铜制造、继而在制铁方面胜过其他民族。尽管制铁并未赋予赫梯人任何独占的军事优势，但它确实给他们带来了财富，因为铁在和平时期如同在战争时期一样有用（在制造或加固农用工具方面尤为有用），同时还因为在制铁业最早的阶段（大致从公元前 1400 年到 1200 年）任何铁制品均具有显赫的价值。与此相应，赫梯人因铁制品贸易而致富，倘若他们定居在其他地区，这是根本不可能的。谈到这里时我们应补充下述事实，即他们创建了一套高效率的行政体制，其中"大王"在理论上具有至高无上的统治地位，但实际上又赋予地区性代理人以很大的权力。除其冶金术及其法律外，赫梯人并无特别的创新；他们采用了美索不达米亚人发明的楔形文字，其艺术相沿成规，同时看上去没有独立的文学。不过，由于拥有充足的财富和卓越的行政技巧，赫梯人得以较长时间里维护了他们的帝国，保持了自己的民族特性，这在西亚走马灯似的各民族和王国中是独具特色的。

亚述人的霸权

亚述霸权的演化

重新回到叙述美索不达米亚历史进程上，我们发现继喀西特人的"黑暗时代"出现的是亚述帝国时期（公元前 1300 年左右—公元前 612 年）。亚述人是闪族语系人种的一支，公元前 3000 年左右就已在美索不达米亚最北部的底格里斯河河畔定居下来，在此建立了一个以亚述城为中心的小国。由于底格里斯河地区的北部是丘陵地带，气候比美索不达米亚南部温和，无需灌溉，因而该国从未受到过盐碱化的威胁。不过公元前 13 世纪之前，亚述人在历史上

亚述人的一个雪花石膏壁壁雕（公元前 8 世纪），描绘了一位米底人牵着两匹马作为对萨尔贡二世的贡物的情景。该浮雕出自豪尔萨巴德（今沙鲁金）王宫。

未留下任何值得书写的东西。进入公元前 13 世纪后，他们掌握了车战技术，开始征

服毗邻的城市，情况有所改变。到了公元前 1250 年左右，他们成为整个美索不达米亚北部地区的主人，其后不久，他们又着手征服统治苏美尔和阿卡德的喀西特人。由于喀西特王国奄奄一息，亚述人未费吹灰之力就完成了征服。公元前 1225 年，亚述统治者图库尔蒂—尼努尔塔攻占了巴比伦并命其书记官这样记载："我掳获了巴比伦国王，用脚踩在他高傲的脖子上，就像踩在脚凳上那样。……就这样我成了整个苏美尔和阿卡德的主人，以下海为国界。"

王家侍从（公元前 9 世纪亚述浅浮雕细部）

辛那赫里布统治时期亚述人成为西亚的主人

亚述人对苏美尔和阿卡德的直接统治仅仅持续了八年，因为他们无力维持占领一个其居民对他们十分憎恨的地区所需的高昂花费。不过，在图库尔蒂—尼努尔塔践踏其敌人之后，亚述人确实维持住了对美索不达米亚南部长达六个世纪的间接统治，保住了自己在该地区的商业利益，并确保没有一个政治势力可以与他们抗衡，向他们提出挑战。公元前 900 年后不久，亚述人开始向其他方向扩张，其意图显然是为了控制自然资源并靠近商路。公元前 9 世纪上半期，他们征服了叙利亚并扩展到地中海沿岸；公元前 840 年左右，他们兼并了安纳托利亚东南部。亚述人内部出现的暂时的政治分裂使他们未能即刻进一步扩张，但 100 年后他们再次开始扩张势力；到了辛那赫里布统治时期（公元前 705—681 年），征服活动达到了顶点，此时亚述人几乎成了西亚所有有人居住地区的主人。

尼尼微的华丽

辛那赫里布的统治淋漓尽致地展现了亚述人辉煌的一面和令人恐怖的一面。为了纪念他的军事胜利，辛那赫里布在底格里斯河上游沿岸建造了一座华丽的新都城尼尼微。远远看去，美索不达米亚历史上从未有过如此华丽的城市。尼尼微城城墙周长 7.5 英里，城内有许多壮观的神庙和一座至少包括 71 个房间的王宫。城墙外有果园和动物园，内有辛那赫里布命令从遥远的地方运来的许多稀有树木和珍禽异兽。由于不满意当地供水的质量，这位强大的国王亲自督建了一项不同寻常的工程，通过沟槽和引水管从 50 英里以外的地方引来新鲜的山泉。为纪念这一工程的竣工，亚述人在水渠的源头勒石纪念，上绘诸神之像，像旁刻文记述了辛那赫里布的所有军事业绩。

亚述文化的派生特性

辛那赫里布的王宫中有些房间是收藏了大量泥版文书的图书馆，这些泥版记录了各种实际知识和宗教学问。这一学识出自美索不达米亚南部，因为亚述人在涉及精神生活时完全得益于古代苏美尔人和古巴比伦人。为了得到他们可以得到的各种有利于其行政管理和贸易的实际知识，同时由于他们心甘情愿地崇奉古巴比伦的所有神祇，亚述人早在公元前 1225 年他们劫掠巴比伦城时就从该城运走楔文泥版。因此，当辛那赫里布的有学问的继承人亚述巴尼帕尔（公元前 668—627 年）完成尼尼微图书馆的收藏时，该图书馆所收藏的实际上是所有可以得到的苏美尔和古巴比伦学问和文学典籍。

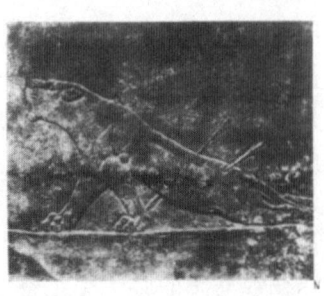

亚述人的"残暴政策"

公元前 7 世纪时游历尼尼微的人因而会得出结论，亚述帝国的统治阶级不仅强大有力，而且精通技术，在某些方面非常有教养。不过，他也会从大量的证据中看到历史上被认为是亚述人最独特特征的"残暴政策"。公正地说，在辛那赫里布之前，与任何其他民族相比，残暴政策并非亚述文化的独有特征。尽管残暴

这一垂死的母狮被认为是亚述最精美的雕刻作品之一。母狮虽因中箭而局部瘫痪，但仍用前面两肢竭力撑起身体，昂首向前。

政策意味着一个文化残酷无情地看重蛮野的刚毅（男子汉气概）品德，但是正是亚述人而非美索不达米亚任一别的民族，一度接受了一位女王的统治。这位女王叫萨穆拉马特（希腊人和后来的欧洲人称之为塞米拉米斯），而她的统治（公元前 810—805 年）在其他民族看来确实太非同寻常了，以致这竟成了传说的主题。

艺术及政策中的野蛮性

然而，自辛那赫里布当政开始，亚述人在艺术作品和实际政策两方面都开始显现出其异乎寻常的野蛮特性。在装饰尼尼微的各类浮雕中，他们称颂的是战争和杀戮。他们最喜爱的是猎狮场面：画面表现的是人们以最勇敢因而也是最冷酷的精神捕猎腾空而起的狮子，同时对受伤后作垂死挣扎的野兽尤其关注。与此同时，亚述人也同样毫不留情地杀戮人类自身。辛

亚述地区豪尔萨巴德城堡复原图。该城堡形成于萨尔贡二世统治时期（公元前 722—705 年）。复原图由查尔斯·奥特曼绘制

那赫里布的军事业绩之一是在公元前 689 年镇压了巴比伦反对亚述霸权的反叛。一俟反叛被平息，辛那赫里布就命令士兵大肆抢劫，彻底摧毁了巴比伦城；为此他在铭文中自诩："我比洪水淹灌还要彻底地毁掉了巴比伦。……我用湍急的水流夷平了该城，使之俨然一片草地。"

高压政府

亚述人在军事征伐中采取残暴政策主要是为了造成一种震慑效果，令其敌人因恐惧而卑躬屈膝。这一目的无疑达到了，但亚述人因此也成为迄至那时各西亚征服者中最遭人恨的民族。由于被征服民族对亚述人的憎恨往往胜过对亚述人的畏惧，因而在整个公元前? 世纪，反抗亚述统治的起义此起彼伏，而且反抗运动的中心往

往就是巴比伦地区。尽管辛那赫里布在公元前 689 年主持摧毁了巴比伦，但他的儿子为了炫耀自己重新修建了巴比伦城。到了公元前 650 年，该城再度成为美索不达米亚南部反叛的中心。为了平息动荡不安的局面，辛那赫里布的孙子亚述巴尼帕尔在该年围困巴比伦并在公元前 648 年迫使巴比伦人投降，再次对巴比伦进行肆无忌惮的蹂躏。正如亚述巴尼帕尔在有关这一史无前例的有条不紊的大屠杀的最无人道的记述之一中所宣称的那样，"我扯掉了许多密谋反对我的人的舌头，然后把他们杀掉了。其他人则被我用当地神祇的雕像砸死了。……然后我把他们的尸体切成碎块喂了狗、猪、兀鹫和天上的各种飞鸟。"

巴比伦人—米底人的报复

人们也许会认为南部美索不达米亚人在这次大屠杀之后很长一段时期内都保持臣服，但实际上他们继续在寻找一切机会来摆脱亚述人的枷锁。公元前 614 年，这种机会终于来了：新近在美索不达米亚正东方的伊朗巩固了自己的势力的一个印欧语系部落米底人与巴比伦联合起来反抗亚述人。经过两年的战斗，他们终于摧毁了亚述帝国：公元前 612 年，尼尼微被巴比伦—米底联军攻克，随后被夷为平地；与巴比伦不同，该城从此再也未能复兴。所有被亚述征服的民族的喜悦心情充分反映在《旧约·那鸿书》中："祸哉！这流人血的城。……鞭声响亮，车轮滚滚，马匹踢跳，车辆奔腾，马兵争先，刀剑发光，枪矛闪烁，被杀的甚多，尸首成了大堆，尸骸无数，人碰着而跌倒。……尼尼微荒凉了，有谁为你悲伤呢？"

新巴比伦的复兴

新巴比伦人—迦勒底人

在南部美索不达米亚人反抗亚述人统治的整个一个世纪中，参加反抗事业中最为有名的一个民族是称作迦勒底人的一个讲闪语的民族，正是他们和米底人一起夷平了尼尼微的。由于米底人只是把其公元前 612 年的胜利当作入侵安纳托利亚的一个跳板，那么美索不达米亚就留归迦勒底人支配了。迦勒底人定都在巴比伦城，因而史学家通常称之为新巴比伦人。新巴比伦人最著名的统治者是尼布甲尼撒，他征服了耶路撒冷，把大批犹太人解运到巴比伦，并使他的帝国成了西亚最强大的势力。尼布甲尼撒死后不久，新巴比伦人可能就受到一个来自伊朗的印欧语系民族即波斯人的挑战，后者与米底人结成紧密的同盟并最终与米底人交融在一起，以致史学家中流传着这样一个笑话："一个人说的米底人就是另一个人说的波斯人。"公元前 539 年，尼布甲尼撒的继承者之一伯沙撒未能理解"粉墙上指书"的含义（《但以理书》5），而当他醒悟过来时，波斯人已以迅雷不及掩耳之势涌入美索不达米亚，巴比伦未及抵抗即已沦陷。

尼布甲尼撒的巴比伦城

关于巴比伦城，我们现在了解最多的就是新巴比伦人时期的巴比伦城，这部分上是因为 20 世纪初期的考古发掘使人们对它较为熟悉，部分上是由于现存的希腊旅行家对其亲眼所见的巴比伦太平的描述。在这一时期，巴比伦城仅规模一项就令人惊奇，因为它占地达 2,100 英亩，大于辛那赫里布兴建的尼尼微（占地 1,850 英亩），更不用提典型的苏美尔城市了（占地 135 英亩）。（西欧最大的城市之一巴黎直到 20 世纪初期开始受到现代"城市无计划扩展"支配之时，大约仍只有两个巴比伦那么大。）更令人吃惊的是巴比伦城的色彩，因为新巴比伦人学会了用色彩明快的上釉的砖建造他们的主要纪念物。这方面最为著名的例子是因其富丽堂皇而被古希腊人称为"世界七大奇迹"之一的巴比伦城墙，它是由尼布甲尼撒主持兴建的。城墙以亮丽的蓝色为底色，由白、黄两色组成的狮子、公牛和龙的图案散布在城墙各处，同时它们由上到下一层一层地排列在"伊什塔尔门"（该门因是奉献给女神伊什塔尔的而得名）上，昂首阔步，栩栩如生。1902 年在巴比伦城废墟进行发掘的德国考古学家是古代以来最早看到这一奇观的人士；

乍见到此，他们必定像发现太子洋那样目瞪口呆。假如说尼布甲尼撒仅仅建设了巴比伦城墙，那也足以确保他的历史上最伟大的建设者之一的地位。不仅如此，他还主持兴建了古代世界的另一个奇迹：巴比伦"空中花园"。这一伟大事业极为非同寻常，以致有关巴比伦空中花园的真实情况淹没在传说之中难以查寻。显然，尼布甲尼撒确实建造了自幼发拉底河向外的花园的逐阶上升的平台，每一阶平台上都栽有奇木异草。不过那种他这样做是为了取悦他的妻子的说法也许只是传说而已。据说他的妻子是位来自伊朗的米底公主，她对

伊什塔尔门复原图。该门高约 50 英尺，游客在柏林的近东博物馆可以见到这一令人目瞪口呆的精品的复制品

南部美索不达米亚的平坦单调心生厌腻，渴念家乡起伏不定的山峦。

除建筑成就外，新巴比伦人在文化方面所取得的最大成就是在天文学领域。如前所述，在最早的苏美尔时代，美索不达米亚各民族为了预测季节的循环就已观测到月亮的运行周期。二千年过后，美索不达米亚人仍在细心地研究夜空，但现在他们把注意力集中在天体和星宿的运动上，因为他们开始相信他们信奉的一些神祇就住在上天，而通过观测和预测天体和星宿的运动就可预测出哪位神正在掌权以及这对人间事务的影响。新巴比伦人把这种天穹研究发展到了极致，他们认出了五个"游移不定的星星"（我们可以称之为行星），并把它们同五位不同神祇的权力对应起来。（如果说这听起来很荒唐，那么我们记住，我们仍用五位罗马神的名字称呼前五个行星——水星（Mercury，墨丘利神）、金星（Venus，维纳斯女神）、火星（Mars，战神玛尔斯）、木星（Jupiter，主神朱庇特）和土星（Saturn，农神）——因为希腊人和罗马人承袭了这一体系。新巴比伦人还进一步得出结论：当某一特定的行星出现在夜空中的某一位置或与另一行星非常接近时，它的运行就预示着战争

或饥馑，亦或一个民族战胜了另一个民族。这些体系发展到顶点，就产生了我们所说的占星术，不过新巴比伦人的占星术所关心的只是预测诸如洪水、饥馑和民族命运之类的广大无边的事件，而不是个人的命运。（希腊人和罗马人对此作了进一步发展，根据一个人出生时天空的图形为他算命，不过他们仍然把所有的星占家称作Chaldaei〔迦勒底人，转指星占家〕，因为星占术发源于迦勒底人或新巴比伦人之中。）

观测和解释宇宙的种种努力

今天人们把各种星占术都称为迷信，但在当时看来，新巴比伦人对上天事件和人间事务之间关联的寻求是科学的。换句话讲，对人类而言，相信自己能够观测并解释宇宙、因而知道如何从中获益，比因面对不可知的神秘现象整日担惊受怕而畏畏缩缩，要科学一些。此外，在这种信念的支撑下，新巴比伦人对各种天象的观察比先前的任何古代民族都要精密，同时他们把其观测结果极其细致地记录下来，以致后来其他民族尤其是希腊的天文学家可以利用它们并加以补充。最值得注意的是，自公元前747年开始，迦勒底人的宫廷天文学家以月为单位记了"日志"，记录了各种星体运动和日月食现象，同时也记录了诸如价格变动、河水水位的升降、风暴及气温趋势之类的人间事务。这一记录一直维持到公元前400年左右希腊科学家开始了解新巴比伦种种成就之时，它们成了希腊罗马世界天文学的直接起点。

美索不达米亚的遗产

巴比伦被世人忘却

巴比伦空中花园一去不复返了。尽管公元前539年波斯人占领巴比伦时该城没有受到损坏，但波斯征服标志着美索不达米亚文明的终结，因为美索不达米亚当地各民族和王朝从此再也未能统治本地区。随着希腊人取代波斯人，罗马人取代希腊人，阿拉伯人取代罗马人，楔形文字逐渐停止了使用，外来艺术和建筑风格传了进来，旧有的城市化为废墟，取而代之的是新兴的城市。（巴比伦衰微之后幼发拉底河——底格里斯河地区兴起的最宏伟的城市是巴格达，它是由阿拉伯人兴建的。）基督诞生二个世纪之后，巴比伦被完全遗弃，被附近的流沙和迁徙不定的河流深埋在地下，以致无人知道它的确切位置。直到公元1900年后不久，考古学家才重新把它发掘出来。

对希伯来人的影响

不过美索不达米亚的遗产却通过各种不同的途径传留后世。一种途径是希伯来人的《圣经》。由于最早的希伯来人在移居巴勒斯坦之前就居住在美索不达米亚某一地区，再加他们讲的语言与古巴比伦人的语言密切相关，因而，《圣经》最早的几章往往提到美索不达米亚。据《创世纪》的记载，"世上英雄之首宁录王统治着"巴别（巴比伦）、以力（乌鲁克）和亚甲（阿卡德）"，亚伯拉罕自"迦勒底人的乌尔"来到巴勒斯坦；"他们拿砖当石头，又拿石漆当灰泥"建造的塔顶通天"巴别"塔（巴比伦塔）（《创世纪》第11章第1—9行），肯定指的是古巴比伦的庙塔。《吉尔伽美什》史诗中谈到的洪水故事与《创世纪》中的挪亚方舟故事十分相像：不仅得救的都是一对夫妇，所依赖的都是一只方舟，而且在洪水之中都是用放飞鸟儿的办法试探洪水情况，一旦鸟儿不再飞回方舟，就都知道洪水在消退；这一相像进一步证明了希伯来人与美索不达米亚人之间的联系。更值得注意的依然是下述事实，希伯来人的基本的宗教观念与美索不达米亚人的宗教观念不无关联。这并不是说希伯来人的神学不是独创的。恰恰相反，希伯来人是古代世界最有独创性的宗教思想家。不过《旧约》在神学方面有系统的阐述是从古代美索不达米亚人的母体中产生的，希伯来人所作的特定的创新可能恰恰是对其美索不达米亚先驱思想的改编。到了辛那赫里布和尼布甲尼撒时期，由于亚述人和巴比伦人不停地进攻他们，希伯来人开始憎恨他们，其先知对他们作了种种痛骂。这种痛骂后来深深影响了基督教徒，以致直至今日"巴比伦"一词仍然是"罪恶"的代名词（例如："好莱坞巴比伦"）。但是辱骂不应掩盖希伯来人与他们的密切关系和从他们那儿得到的好处。

技术和思想遗产

另外，美索不达米亚在技术和思想方面也留下了一些遗产。如前所述，古代苏美尔最早把轮子用于交通运输，现知最早的文字产生在那里，古巴比伦人在诸如平方根和立方根之类的数学函数方面居领先地位。早期美索下达米亚的所有这些发明是否都以传播方式传给了其他民族，亦或某些成就（尤其是文字）是其他地区独立发明出来的，对此学者们尚难得出定论。但不管情况属于哪一种，今日欧洲和美国认为理所当然的种种现代措施都是由美索不达米亚的种种发明一步一步地发展而成的。同样，我们现在习惯上认为理所当然的许多东西是以美索不达米亚的法学和自然科学为根基的。我们四周形象化的世界看上去与古代美索不达米亚的形象化的世界完全不同，这是因为我们后来几乎未从美索不达米亚艺术和建筑中借鉴过任何东西；不过在技术和思想的基本方面，我们从五千年前这一由泥滩之地中奋力获得了权力和荣耀的天才民族中受益良多。

埃及国家的产生

埃及是历史悠久、文明古老的伟大国家。当蒙昧人、野蛮人游荡于世界广阔土地上的时候，非洲大陆东北角的尼罗河流域便已放射出人类文明的曙光，孕育了世界历史上第一个奴隶制国家。

尼罗河文明是怎样形成的？埃及奴隶制国家发展的最初阶段是怎样一种形式？埃及早期国家发展的基本规律是什么？这些问题不仅涉及人类社会的最初国家的起源问题，也关系于古代世界早期的奴隶制国家的产生、发展的规律性问题。

国家问题，当然也包括国家的起源和发展的问题，"是一个最复杂最困难的问题"。特别是由于埃及历史早期的文献极其贫乏与简略，加之保存下来的又往往残缺不全，愈益加深了研究古埃及国家起源、发展问题的困难。但是，上一世纪埃及古城古墓遗址的考古发掘的成果，尤其是近年来对于某些文化遗址、遗物的深入考察与研究，虽然还存在着不少的分歧，却也给我们解决埃及国家的起源及其统一王国的形成问题，提供了某些必要的依据。

埃及国家是在什么时候出现的？这个问题在一些著作中，通常可以找到几种不同的答案。

前苏联科学院主编的《世界通史》断言：在我们今天的知识的条件下，还不能确切断定尼罗河流域国家发生的日期。现在看来，这种论述未免过于武断。事实上，就在这一卷的稍后部分，另一作者则表示：早在第一王朝时，如果不是更早的话，便已形成了国家。还有的前苏联学者认为，埃及的国家形成的过程开始于第一王朝的中叶。按通行的说法，埃及史上的第一王朝的年代，大约在公元前3100—前2890年。因此，依上述的意见，埃及大约在公元前3100年，或者在公元前3100年以后，才开始出现国家。

与此相反，另一种意见认为，早在公元前3100年前，埃及已经出现了国家。英国的《剑桥古代史》写道，紧接在第一王朝建立前的时期，埃及就出现了南北两个王国。还有的著作明确地表明，大约在公元前4000年代的中叶，甚至在公元前4000年前就已经形成了国家。

对于古埃及国家产生的时间问题存在着分歧意见，关键是如何认识尼罗河文明与埃及国家形成的标志。因此，我们必须把这两者结合起来加以论述。

考古学提出的"史前埃及文化"或"前王朝文明"，包括三个连续的发展阶段：巴达里文化（约公元前4500—前4000年），涅伽达文化Ⅰ（阿姆拉文化，约公元前4000—前3500年）、涅伽达文化Ⅱ（格尔塞文化，约公元前3500—前3100年）。"文明"与"文化"，虽然在概念上有联系，但决不能混同。严格说来，埃及的文明是从涅伽达文化Ⅰ的末期开始，到涅伽达文化Ⅱ时代最后形成。

涅伽达文化Ⅰ与巴达里文化一样，仍处于铜石并用时代。但是铜器、石器与陶器的生产有了进一步的发展。手工业生产也愈益专门化，并且与亚细亚部族早已有了商业关系。

涅伽达文化Ⅰ的遗址已发现有居住地和墓地。居住地筑有雉堞墙，并有防御工事，所以，涅伽达Ⅰ的人民被称为"城市居民"。涅伽达附近的一个被称为"南城"的居住地是一个重要的遗址，其堡垒和近似长方形的房屋是用小砖筑成。这是一个设防的城市。恩格斯曾经指出："用石墙、城楼、雉堞围绕着石造或砖造房屋的城市……这是建筑艺术上的巨大进步，同时也是危险增加和防卫需要增加的标志"；"在新的设防城市的周围屹立着高峻的墙壁并非无故：它们的壕沟深陷为氏族制度的墓穴，而它们的城楼已经耸入文明时代了"。

涅伽达文化Ⅰ时代，墓穴已有大小、充裕简陋之别。在阿巴底亚，最大和最富裕的墓是妇女的墓。这种现象反映了母系氏族的特点。在其他地方的一些大墓中，还发现了作为陪葬的巫术用品。西方埃及学者认为，这种迹象表明墓主是"巫师或女巫医，是公社的重要成员，或许甚至是他们的领袖"。还有的学者讲到，在前王朝时代早期，每个乡村是自治的，并且有一个首领，他的权力依赖于他作为一种"呼风唤雨王"的名声，他大概是能管理尼罗河洪水。这些推论，与恩格斯所说的个别成员"在非常原始的状态下执行宗教职能"的论述相一致，而且"这些职位被赋予了某种全权，这是国家权力的萌芽"。

研究埃及文明与国家形成的标志，更重要的是考古文物保留下来的有关王衔与王冠起源的记录。其一是涅伽达 1546 号墓出土的一块陶罐破片，罐标上是一间带有圆屋顶的房子，屋顶上栖息着一只小鸟。这种圆屋顶的建筑物可以看成是后来的"王宫的门面"，也可以称为"御座"。屋顶上的一只鸟则是隼鹰神荷鲁斯的粗略形象，荷鲁斯是法老时代的埃及国王的保护神，并且是国王的第一个头衔。第一王朝的国王后来都被称为"荷鲁斯的追随者"。

其二是涅伽达 1610 号墓中发现的一块带有红冠浮雕的黑顶陶片。红冠是埃及国王的两种基本冠式之一，也是最受尊敬的王徽之一。王徽王衔形象的出现，意味着王权的萌芽与产生，关系于国家的形成的问题。这两块重要的历史文物，根据英国 F·皮特里的"顺序年代法"（S. D.）的划分，王衔陶片定年在 S. D. 37，即涅伽达文化Ⅰ之末期；红冠王徽的陶片定年在 S. D. 35—39，约当涅伽达文化Ⅰ之末期或涅伽达文化Ⅱ之初。

涅伽达文化Ⅱ时代，墓穴发现的很多，仅在涅伽达就发掘出 2149 座"史前墓"。涅伽达文化Ⅱ的居民更精心制作的墓呈长方形的，并且有了砖墙结构，但是穷人仍然葬于圆形墓穴中。涅伽达的 T 墓地是富裕的，在那里分布有几十座大小形状不同的墓，其中除了个别的圆形或半圆形与正方形外，绝大部分都是长方形的，并且有几座规模较大的墓。研究者认为，T 墓地是统治阶级或集团的墓地。在希拉康坡里发现了著名的第 100 号墓，因其墙壁装饰以壁画，故又称为"画墓"或"装饰墓"。"画墓"的尺寸大约 4. 5×2.0×1.5 米，与 T 墓地 20 号墓的 5×2 米大小差不多，而且同样是长方形的砖砌的，并带有间壁墙的结构。画墓与 T15、T23 墓也有某些类似之处。希拉康坡里画墓虽曾被盗，遗物多有丢损，但保留下来的仍有 32 件之多，与仅有数件陪葬品的一般墓穴形成了鲜明的对比。近几十年来的研究已证明：画墓是"首领墓地的一部分"，属于"王家墓地"；"埋葬在装饰墓中的人物应看成为上埃及传说中的王"。还有的论证，希拉康坡里的画墓和涅伽达的 T 墓地两者是"前王朝国王的埋葬地"。

除了国王的墓地外，希拉康坡里画墓的壁画给我们保留了土著与外来入侵者之间战斗的形象的描述。尤其重要的是画面上出现了手举权标头的国王打杀跪在他的面前的俘虏的场面。类似的现象还出现在前王朝末期的一些调色板和权标头上。

涅伽达文化Ⅱ时期最重要的成就之一，是文字的发明。最早的文字见于圆筒印上，而最早的圆筒印，迄今所知，出自涅伽达 1863 号墓（S. D. 46），大约相当于涅伽达文化Ⅱ的中叶。在这个时代的晚期，文字多见于权标头、调色板等文物上。恩格斯高度评价了文字在历史上的地位，指出：……由于文字的发明及其应用于文献记录而过渡到文明时代。

　　根据上述的生产力发展的水平，居地遗址的设防，墓葬的分化，王冠、王衔的起源以及文字的发明与应用等现象，可以确认，早在涅伽达文化Ⅰ之末期，即公元前3500年左右，埃及的氏族制度已经解体，国家萌芽，开始向阶级社会过渡。到了涅伽达文化Ⅱ时代，国家最终确立，形成了历史上最古老的尼罗河文明。

埃及统一王国的形成

　　古代埃及究竟在什么时候和怎样地形成了统一的国家？在埃及学中也是众说纷纭的。《剑桥古代史》的作者写道："传统和事实上的一些证据强有力地表明，紧接在第一王朝建立前的时期，埃及划分为两个独立的王国：北部的王国，它包括尼罗河三角洲并且向南延伸到现在爱特斐附近（下埃及）；而南部王国包括爱特斐和赛勒赛拉（上埃及）。国王的官邸被认为坐落于西北三角洲的拍，和位于河西岸、埃德弗附近的涅亨（希拉康坡里），两者在历史时代至少具有重要的、统治者保护神隼鹰荷鲁斯的圣所。在拍附近设置德普，眼镜蛇瓦吉特（埃胶）女神的所在地；两个地方在新王国和以后被当作一个名字拍尔·瓦吉特（埃胶的荷鲁斯），被希腊人表示为布陀。"完全征服和统一两个王国的荣誉，很可能，属于那尔迈，他被认为是蝎王的直接继承者"。

努比亚士兵的木制模型

　　上述引文涉及到两个重大问题：一是前王朝时代是否存在上下埃及两个王国的问题；一是那尔迈毕竟在多大程度上统一了埃及。

　　关于前王朝时代的上下埃及王国的问题，尽管常常出现在一些著作中，但是，当时并没有留下什么文字的记载，帕勒摩石碑上的王名表残缺破损，不能给我们提供上下埃及王国的什么证据。况且，它还是在所谓两个王国统一后近乎七百年之久铭刻出来的。所以，上下埃及王国的出现，似乎没有什么直接的根据。正像有些人所说的那样，"这个事件是从后代的国王头衔中的涅布提名（二夫人名或二女神名）和尼苏特·毕特名（上下埃及王名）、官职双重构造、上埃及之白冠和下埃及之红冠的存在等推断出来的"。既然上下埃及王国之名，不见于当时的文献记录上，而是根据王衔、王冠等推断出来的，那么，我们就不能不论述王冠、王衔的起源及其有关的问题。

　　在王朝时代或法老时代，埃及国王完整的头衔是由五个所谓"伟大的名字"组成。其中作为对应的头衔有涅布提名（nbty，"二夫人"）和尼苏特·毕特名（n—sw—bit 意为"他属于莒和蜂"）。涅布提或二夫人衔名是由兀鹰女神和眼镜蛇女神组成。兀鹰女神为上埃及的保护神；眼镜蛇女神为下埃及的保护神。伽丁内尔认为，那是在埃及还是被分成两个王国时，国王对紧靠第一王朝以前时期的两个主要女神是处于一种特殊的关系中。大概，第一王朝的建立者美尼斯是第一个采取涅布提头衔，因此象征了他曾统一了两个王国的事实。但是，E.J. 鲍姆伽特新的研究证实，涅布提作为王衔，"不包含在登王以前的国王衔名中"。

尼苏特·毕特头衔是由一种称为"苏特"的植物（菅茅）和称为"毕特"的动物（蜂）符号表示的，又称为"树蜂衔"。"苏特"植物是上埃及的标记。"毕特"是蜜蜂，通常代表下埃及。树与蜂的结合意味着"上下埃及之王"。但是新的研究证明，"毕特'养蜂者'仅能与旻神联在一起。他是野蜂的主宰，而蜜蜂是献祭给他的"。旻神是涅伽达文化 II 的民族神，他的形象是公牛，国王由旻接受"强壮的公牛"的名称，他的俗界的形式是国王。因此，"毕特"衔应该是代表上埃及王衔。至于"尼苏特"衔，由于它的地位，在衔名制度上必定是较老的头衔。所以，两种头衔最初都是代表上埃及的。

传统上，白冠代表上埃及，红冠代表下埃及，但是新的研究证明那是晚后的事情，在前王朝时代红冠并非与下埃及有关。红冠最早见于涅伽达，白冠最早出现于希拉康坡里，两者都是出于上埃及，而且两地相距不远，在年代上，红冠先于白冠，说明红冠是古老的，代表了土著民族。白冠是晚后出现的，是新来的涅伽达文化 II 民族的王冠。E.J. 鲍姆伽特的结论是："……土著的埃及传统是那样的强有力，以致合法的王必须采用古代的头衔和徽章，而且所有的头衔和徽章都有它们的上埃及的起源，而这在早期，从下埃及来的东西是无法与之相比的"。对于王衔和王徽问题的新的考证，使我们对所谓的上下埃及王国的存在不能不表示怀疑。

赫努特美伊忒的陪葬人俑与人俑盒

关于统一王国的形成问题，可以从两个方面来讨论。首先，要说明的是，古埃及的统一究竟在什么时间？一种意见，"埃及在前王朝时代晚期或许政治上已统一，即使这种统一还没有使其在纪念性艺术或建筑上，或在任何文字的形式上表现出来"。另一种意见，把皮特里收藏品中的两个黄色大石灰石权标头残片（UC14898和14898A）上的戴红冠者看成是蝎王，并把它与通常所说的蝎王权标头上的戴白冠的蝎王联系在一起，证明早在蝎王时，而不是他的假定继承者那尔迈时代统一上下埃及的。更有甚者，估计埃及的统一可能先于那尔迈王一百至一百五十年发生。上述的几种解释并没有得到人们的承认，大多数埃及学家通常假定埃及的统一在第一王朝的开始时。具有代表性的观点认为："完全征服和统一两个王国的荣誉，很可能属于那尔迈，……这个胜利的象征的记载保存在得自希拉康坡里的著名的调色板上"。除了考古的文物资料外，比较晚后的文献资料提到了第一王朝的创立者美尼斯。人们常常把美尼斯与那尔迈视为同一，传说美尼斯统一了埃及。

美尼斯究竟是历史人物，还是神话或半神话人物？这个问题已引起了人们愈来愈多的议论。近年出版的一部著作写道："成文的美尼斯统一埃及的故事来自于所说的事件如不是几千年就是几百年后，由于那个时代美尼斯（假如他一直真正存在）

已变成了精神文明的英雄，他的生活和才能被半神话的轶事所润饰。根据这些故事之一，他被假定在长期统治后，在河中狩猎时被鳄鱼夺去并吞没而死"。关于美尼斯作为历史人物的真实性问题，几十年前已讨论过。有人认为，美尼斯不一定是一个人的名字，或者可以看成几个征服者，或者把其他王的事迹归于美尼斯一人。

古典作家希罗多德讲到了"米恩是埃及的第一位国王"，传统上，把米恩说成是美尼斯。但是，米恩同样也是值得怀疑的。有人认为，米恩或许是一个官吏或王子的名字。也有的学者根据希罗多德关于米恩的记载上的前后矛盾，考证米恩不是人王，而是神王，即米恩（旻）神。由于上述的意见分歧，特别是美尼斯一名没有出现在任何其同时代的文献中，而晚后的古典作家希罗多德和埃及僧侣马涅托的著作仅仅讲到了美尼斯（米恩）是埃及的第一位国王，所以目前还不能对美尼斯及其个人的历史作出确切的论述。

关于那尔迈或与那尔迈有关的历史文物已经发现了几件，而最著名的是那尔迈调色板。那尔迈调色板的正面中心刻画了头戴白冠的那尔迈手执权标头打击以鱼权作为徽章的，可能属于西北三角洲的敌人的形象。右上边的隼鹰踏在六根纸草之上并牵引了一个绑在人头鼻子上的绳子。这组符号意味着荷鲁斯（给国王）带来了下埃及的俘虏。在这一面的底部有两个败倒或逃跑的敌人。左边的敌人身边的符号表示设防的城市。右边敌人身边的符号则是一个半圆形的圈地，由那里伸长出两道长墙，有人认为，可能是西巴勒斯坦的城市。调色板的另一面的上一部分，描绘了头戴红冠的那尔迈王在侍从的陪同下，与举着同盟军旗的四个州的首领一起视察被杀死的北方人。

那尔迈权标头刻画了那尔迈王戴着红冠坐在一个高立在九阶梯上的殿堂中。在他的对面一乘轿子中，坐着一个女人。这个场面表明被俘获的北方公主，或许将许配给胜利的王。这强有力的证据表明，征服者企图以北方的公主作为他的配偶使他的地位合法化。在图刻的中下部的一组象形文字符号表示俘获的 120000 人，400000 头公牛和 1422000 头山羊。在那尔迈人物对面的上一部分，刻画了与那尔迈调色板上同样的四个同盟的州旗。

还有一个上半部残缺的所谓利比亚调色板，由于其上面没有任何王名的记录，其年代或者被断定在前王朝晚期，或者定在第一王朝初。调色板上有一组象形文字读为铁赫努（Tjehenu），即利比亚，位于三角洲西北边界。虽然，调色板上表现了蝎子，但是没有证据表明，蝎王在某些时候曾经达到西北三角洲。反之，希拉康坡里出土的象牙印章却证实了那尔迈对这个地区的远征。所以，这个调色板被看成是与那尔迈有关的一次远征的继续。在调色板的另一面，表现了带有锯齿状边城墙的七座方形的城市，每一座城市内部都有一个动物或植物的形象，作为城市的标志或名字。在每一座城墙上面，站立着一只动物，并举起一把鹤咀锄向城内开辟道路。但是，攻城的动物形象仅仅残留四个：隼鹰、狮子、蝎子和双隼鹰。利比亚调色板可能象征着希拉康坡里的隼鹰王，一个假定的那尔迈及其六个同盟的州攻击另外七个州的同盟者。

上述的几个与那尔迈有关的历史文物，描绘了那尔迈的军事活动。那尔迈头戴红冠与白冠，通常被看成是统一了南北上下埃及的证据。但是，正像前面已指出的那样，红冠与白冠最初都是起源于上埃及，只不过是表现了土著与外来者之分。如果按传统的说法，那尔迈已是统一上下埃及的"两地之王"，那么，在其调色板和权标头上出现的同盟诸州的现象就无法解释。同为同盟的"各州在描述的主要事件中起了重要的作用"，而那尔迈只不过是"诸州同盟的领导者"，并不是后来的全权的君主，但是，那尔迈对下埃及的成功的军事活动，的确奠定了埃及统一的基础。也许可以把他看成是埃及统一王国的开创者，但是，在他以后的整个早王朝时代，仍然是不断的斗争、和解与完成统一的过程。

埃及人的知识成就

埃及文字的特性

除其丰富多采的宗教思想外，埃及人在知识方面所取得的最大成就就在于其文字体系和某些实用科学。上文已经提到，埃及的文字即象形文字是在美索不达米亚的楔形文字出现之后才出现的，此时埃及人可能已经对楔形文字有所了解。因而，此处值得考虑的不是其文字思想，而是其独特性。具体说来，早在古王国时期，埃及象形文字就以三种书写符号为基础：象形，音节，以及字母。前两种已是楔形文字的组成部分，后一种却是一个极其重要的发明。假如埃及人采取措施把其字母符号——24个音符，每一个代表人类语声的辅音——与非字母符号区分开来，在其文字交流中只使用字母符号，那么他们就会发明一种完全现代的文字体系。遗憾的是，保守性阻碍了埃及人，以致第一种单一的字母体系要等到公元前1400年左右由地中海东岸的一支闪族语系人即腓尼基人去发明。腓尼基人的字母表反过来又成了希伯来人、阿拉伯人、希腊人和罗马人的字母表的范本。但不论如何，由于腓尼基人明显是从埃及人处借来用单一符号表示单音的思想的，又由于他们的许多字母是以埃及人的字母为原型的，因而我们有理由认为，四方世界至今仍在使用的每一个字母都发源于古埃及人的字母体系。

纸莎草的重要性

天幸有了纸莎草这种在尼罗河三角洲地带遍地都是的植物（纸莎草在下埃及十分丰产，以致在象形文字中纸莎草的图形符号表示"下埃及"），埃及人有了一种廉价的可用以书写的廉价原料。把这种草压平晒干，其斜条就可用来记录象形文字，然后可把它们卷成筒状储存起来或传送出去。与在泥板上书写相比，在纸莎草上书写的好处在于纸草卷使用起来方便些，分量也轻得多：因而它们不仅成了埃及的通用书写材料，而且通过埃及人的传播为古希腊和罗马的各个文明采用。（罗马帝国能够用泥版文书建立其庞大的管理体系吗？这值得怀疑。）

埃及的文学形式

可能因为撰文写字太过容易，所以埃及人尝试了多种文学形式。中王国时期的埃及人被许多文学史家视为短篇故事之父。在那一时期，人们撰写了多种多样的短篇叙事文；残存至今的一个公元前19世纪的纸莎草卷记载了一个有关船只失事的水手的令人难以置信的故事；时代稍晚一些的一个记述文描写了一个人因尼罗河中河马的嘶鸣而无法入睡的境况；另外，古埃及一个难以置信的淫秽故事说的是一位淫荡的女人对男主人公说："来吧，我们共尽床第之欢，对你是有好处的！"埃及文学的另一个极端是箴言集，它们与《旧约·箴言》相类似，向人宣讲实用的智慧，告诫人们要节制、公正。最后，现存至今的至少还有一部类似政治论文的作品，即《一位善言农民的请求》，撰写于约公元前2050年。在这一作品中，作者提出了他理想中的统治者的形象：为了其臣民的福祉，宽厚仁慈，公正无偏。尽管没有一部埃及文学作品堪与美索不达米亚的《吉尔伽美什》史诗、希伯来

狮身女神塞赫麦特雕像。根认为她是医师的保护神

《圣经》的部分篇章亦或希腊的《伊利亚特》和《奥德赛》相媲美，具有经久不衰的文学成就，但不管怎样埃及的作品有其引人入胜的特征。

埃及科学的实用性：

1. 天文学和历法

至于科学，埃及人最感兴趣的是那些与实用目的密切相关的领域——天文学、医学及数学。在天文学领域，埃及人的最大成就是找到了避免太阴历不准确的缺陷的方法。前文已经谈到，古代美索不达米亚各个民族仍局限于根据月亮运行的周期确定季节和年份的更替。与此相对，到公元前2000年左右，埃及人就注意到，天空中最亮的那颗星即天狼星在每年一度与太阳成一直线时就会在早晨升起。他们根据这一观测结果制定了一个历法，把"元旦"定在太狼星与太阳成一直线之日，以此预报尼罗河开始泛滥的日期；这一历法是尤利乌斯·恺撒的历法问世之前古代世界最好的历法。实际上，就连恺撒的历法也是以埃及历法为根基的。

2. 医学和以自然为根据的疾病观

古代埃及人在医学方面的独到之处在于他们认为疾病是自然因素而不是超自然因素造成的，因而医师可以对疾病作出准确的诊断，并对症下药。诊断的方法包括号脉和听心跳。至于治疗方面的学问，从现存纸莎草文献来看，有些处置可以预料是可靠的，有些则不可靠。例如，埃及医生在开处方时把蓖麻油用作导泻药，但又用鸵鸟蛋外掺龟壳和龟棘治疗内溃疡。至于健康以及卫生方面，他们开的治疗汗脚的处方是："取田中的乌雅杜植物及沟渠中的鳗，在油中加热，敷之于双脚。"人们很容易对这种处方嗤之以鼻，但在另一方面，埃及人试图借助自然手段减轻痛苦和增强体质，是值得人们尊敬的；更何况，埃及人的某些治病方法经希腊人传到欧洲后，至今仍在使用。

3. 数学和测量

在数学领域，埃及人在测量方法方面成就卓著。举例来说，他们最早把圆分成360度，首先注意到所有圆的圆周率（即现在所说的 π）都是一样的。此外，他们还发明了计算三角形的面积及金字塔、圆柱体和半球的体积的方法。这类成就显然与我们下文将要看到的埃及人雄伟的建筑工程密切相关。

光彩夺目的埃及艺术

金字塔

埃及所有直观纪念物中最为著名的自然是金字塔——它们建于有文字记载的时代刚刚开始之际，充当法老的陵墓，是些极其纯朴的庞大建筑。金字塔质朴无华的美固然令人赞叹不已，其建筑情况同样令人称奇。最早的金字塔是法老左塞的阶梯金字塔；它兴建于公元前2770年左右，此前人们从未建过，甚至也从未尝试修建如此大规模的建筑物。在同时代的苏美尔完全用泥砖造房、更前一些的埃及人也不过是用几吨重的石灰岩兴建其大型建筑物时，突然之间，在左塞的主要建筑师伊姆霍特普的督导下，上百万吨石灰岩被开采出来并在没有有轮运输工具的情况下运出，一个压一个严实合缝地被砌成一个高达200英尺的建筑，这岂能不令人称奇！然而这只不过是个开端而已。此后不久，在从公元前2700年左右到公元前2600年左右这100年间，总共约有2，500万吨石灰岩被从山崖上开采出来，修整、拖运、垒

吉萨的大金字塔和狮身人面像（约公元前2650年）。

砌，一系列金字塔耸立起来。它们是各种金字塔中最出名、最美丽的。这些精品中的精品无疑当推胡夫法老（希腊人称之为齐阿普斯）的金字塔，它高达482英尺，坡面呈"完美的"52度角，致使塔高与塔底周长之比等于圆周率 π。希腊人在列举世界七大奇迹时，毫不犹豫地把"齐阿普斯"的金字塔放在第一位。

多年夏季的作业

看到保存至今的大金字塔，人们心中不由得升腾起许多疑问，比如金字塔是如何修建的，修建的目的何在。按照保守的估计，修建一座金字塔大约需要7万名劳力。这些劳动力几乎可以肯定是季节性参加修建工作。每年夏季几个月是尼罗河泛滥的季节；此时农民无事或没什么事可做，因而可以受雇从事大型建筑工程而不误

农时。但是只靠一个夏天是建不成金字塔的。反过来，近来人们得出结论，修建金字塔的劳工必须一个夏季接一个夏季地干下去，修完一个接着修建另一个，而不管在位的法老是否已经死去，因为只有这样才能说明为何能在一个世纪的时间里把 2,500 万吨石块变成一些巨大的金字塔。是故，对成千上万的人来说，冒着埃及夏季的酷热开采和拖运石灰岩，是他们一年一度、无望停止的生活方式。

罗塞达石碑（公元前 195 年）。该石碑用三种文字形成——象形文字（顶部）、圣书体（中部）和希腊文（下部）——记述了同一敕令。1799年被一法国人发现，在释读象形文字中起了至关重要的作用。

劳工的动力：宗教心理和集团活力

那么 7 万名劳工为何能忍受这一切呢？肉体的强制肯定不是答案，因为此时埃及尚不知奴隶制（除少数战俘外）为何物；此外，如不借助任何特别的武器，为数很少的统治者就能迫使几万名臣民违心地劳作，实在难以想象。宗教心理和集团活力却似乎可以对此作出最好的解释。修建金字塔的埃及劳工显然相信，他们的法老是活着的神，他们告别尘世后只有通过适当的安葬才能进入永生之境。因此，左塞的阶梯金字塔的字面意义就是"通往天堂的阶梯"，而后来的金字塔不过是同样的升入天堂观念的直角形状的体现。那些在酷热的沙地中挥汗如雨地修建这些巨大的陵墓的劳工相信，他们自己的福祉与其神——统治者的福祉有着分解不开的联系：如果法老顺遂地进入永生之境，那么世间的众生就会繁茂兴旺。另外，协作劳动必定赋予单个苦力一种令人振作的亲近感和团体成就感。见于金字塔石块上的一些标记，诸如"充满活力的小组"、"耐久小组"等，看来证明了这一点。在一年大部分时间里相对闭塞的农民必定会发现，在当时最受尊敬、最受赞扬的工程中参加集体劳动，是件值得骄傲并可获得精神上的报偿的事，这样受苦流汗看来也几乎是件令人高兴的事。

埃及的国家领导人最终承认修建金字塔是劳民伤财之举。在中王国时期，由于对个人得救的关心成了主要的宗教倾向，神庙在此时及此后取代金字塔成了埃及主要的建筑形式。最著名的埃及神庙是新王国时期兴建的卡尔纳克和卢克索的神庙。它们许多巨大的、雕饰众多的圆柱仍在那里默默地矗立着，向人昭示着埃及人卓越的建筑天才。埃及神庙以规模庞大为特征。卡尔纳克神庙长约 1,300 英尺，占地超过人类历史上任何宗教建筑。仅其中央大厅几乎就可包容欧洲任何一座大教堂。该神庙使用的圆柱大得惊人。最大的一根圆柱高达 70 英尺，直径在 20 英尺以上。据估计，每个圆柱的顶部可站立 100 人。

埃及的雕刻和绘画主要是作为建筑的附属物而存在的。雕刻的特点在于制约着雕刻风格和意义的陈规。法老的雕像一般都很庞大。新王国时期创作的那些法老雕像高度在 75 到 90 英尺之间。它们中的一些着色饰彩以增加吸引力，眼睛里往往镶嵌有水晶。人物雕像几乎都很刻板，双臂交叉抱在胸前，或者固定在身体两侧，双目正视前方。雕像面部通常略带微笑，别的则没有任何表情。它们在解剖学上通常有些失真：大腿的自然长度被增大，肩臂的宽度被过分强调，或者各个手指长度相等。我们熟知的一个雕塑非写实特性的例子是斯芬克斯。斯芬克斯在埃及有上千座，其中最著名的是吉萨的大斯芬克斯像。它所代表的是法老面狮子身。其寓意可能是表达法老具有狮子的勇敢、强健特点的观念。浮雕人像与自然更不相合。它们的头部是侧面像，眼睛却完全正视；躯干是正面像，双腿却是侧面像。

埃及雕刻的意义

埃及雕刻的寓意不难领悟。法老雕像规模庞大，其意图无疑是想象征他们的权力和他们所代表的国家的权力。具有重要意义的是，随着帝国疆土的扩张和政治愈加专制，雕像的规模越来越大。刻板和无表情的成规意在表现国家生活的恒久和稳定。帝国的支柱不会因命运的无常变化而松散动荡，相反将依然固定沉着。与此相应，其首要人物的雕像绝不能显示出焦虑、恐惧或洋洋得意，而要在各个时代都经久不变地镇静。同样，解剖学上的失真或许可解释为表达某种民族抱负的尝试。

涅菲尔提提。此半身肖像完成于埃赫那吞位于阿玛尔那的画室。

埃赫那吞的艺术革命

埃及艺术发展主流的一个引人的例外是埃赫那吞统治时期的艺术创作。这位法老试图打破古代埃及宗教的所有表现形式，包括其艺术成规，因而主持进行了一场艺术革命。他所保护的新艺术风格是写实风格，因为他倡导的新宗教视自然为阿吞神的亲手所为。与此相连，法老本人及其王后涅菲尔提提的半身雕像抛弃了先前的夸张的面无表情和失真，有了较现实的刻画。现存的涅菲尔提提半身像表现出他有些滑稽而令人难忘的女性特征，是人类艺术史上的不朽杰作之一。由于同样的原因，在埃赫那吞的庇护下，绘图也成了一种具有高度表现力的艺术形式。从动的方面看，这一时期的壁画尤其展现了人们的心灵体验。它们抓住了公牛在沼泽中跳跃、受到惊吓的牡鹿急速逃窜以及鸭子在池塘中自在地嬉戏等一瞬间的动作。但是正如埃赫那吞的宗教改革未能持久那样，他统治时期较为写实的艺术也只能是昙花一现。

捕鱼和捕猎野禽（壁画，底比斯，十八王朝）。图画中的女性看上去大都属于富有家庭，而由其所穿简朴的服装和在画中形象很小来看男人可能是些奴隶

埃及的社会和经济生活

埃及社会的主要阶层

在埃及历史的大部分时期，居民被分为五个阶层：王族；祭司；贵族；包括书记员、商人、工匠和富裕农民在内的中等阶级；以及构成人口绝大多数的农夫。在新王国时期又出现了一个第六阶层，即职业士兵，他们的地位紧随贵族之后。另外，由于这一时期俘虏了成千名奴隶，他们一度构成第七阶层。奴隶受到其他各阶层的歧视，被迫在政府采石场和神庙地产上劳动。不过，他们逐渐被允许当兵，甚而成为法老的私人侍从。随着这些发展，他们不再构成一个单独的阶层。社会各阶层的地位随着时间的发展有所改变。在古王国时期，法老的臣民中贵族和祭司地位最显要。在中王国时期，平民阶层出现了。商人、工匠和农民从政府手中获得种种特许。尤其引人注目的是，商人和工匠在这一时期居主导地位。帝国的建立及相伴产生的政府职能的扩大，导致主要由官史构成的新贵族得势。随着巫术和仪式主义的发展，祭司也获得了更大权力。

穷人和富人间的鸿沟

埃及上等阶层与下等阶层之间生活水平的差距比今日的欧美社会可能还要大。富有的贵族住在与芬芳的花园和绿荫荫的小树林相连的豪华别墅中。他们的食物种类繁多，应有尽有，包括多种肉类、家禽、饼类、水果、葡萄酒和糖果。他们的餐具用雪花石膏和金银做成，身佩昂贵的织品和珍稀的珠宝。与此相反，穷人生活悲惨。城镇中的劳动者住在拥挤不堪的地区，简陋的房屋由泥土——砖砌成，仅有的家具是长凳、箱子和少数粗糙的陶罐。大庄园上的农民住处稍为宽松些，但生活比城镇贫民好不到什么地方去。

埃及妇女

尽管一夫多妻是得到允许的，但社会的基本单位通常仍是一夫一妻制家庭。就连法老也有一位正妻，虽然他可以拥有后宫妃妾。然而纳妾是受到社会尊重的制度。不过与古代世界大多数社会相比，埃及妇女并未完全成为男性的附属品。妻子没有与世隔绝；妇女既可拥有财产，也可继承财产，而且可以经商。此外，埃及人还允许妇女继承王位：第十二王朝时有女王索贝克诺芙鲁，第十八王朝时有女王哈脱舍普苏。

农业、贸易和工业

埃及的经济制度主要以农业为基础。农业种类繁多，高度发达，田地生产优良的小麦、大麦、稷、蔬菜、水果、亚麻和棉花。从理论上讲，土地属于法老所有，但在较早的时期他就把大部分土地分授给了其臣民，这样田地实际上在很大程度上为私人所有。公元前 2000 年左右以后，商贸稳步发展，成为最重要的经济部门之一。埃及与克里特岛和地中海东岸各地区之间的商贸往来非常兴盛。埃及控制的利比亚金矿是一重要财源。主要出口产品包括黄金、小麦、亚麻织物，进口产品主要限于白银、象牙和木材。制造业的重要性不亚于贸易。早在公元前 3000 年，就有大量人口从事手工业。后来工厂建立起来，一爿厂雇有 20 位或更多的工人，同时出现了某种程度的分工。主要工业部门有造船业及陶器、玻璃器具和纺织品制造业。

交易手段的发展

从其历史初期开始，埃及人就在交易手段方面有所进步。他们了解会计学和簿记的要素。他们的商人开列订货单和收据。他们发明了财产契约、书面合同和遗嘱。虽然他们没有铸币制度，但他们以一定重量的铜圈或金圈为交换媒介，这实际上是现知人类文明史上最早的货币。不过农民和城镇贫民进行的简单交易无疑以物物交换为基础。

经济集体主义

埃及经济制度首先具有集体性质。人民的精力从一开始就被纳入社会化的轨道之中。个人利益和社会利益被认为等同如一。整个民族的生产活动都围绕着庞大的国家事业进行，政府更一直是最大的劳动力雇佣者。但这种集体主义并不是包罗万象的，个人独创性仍有很大的发挥余地。商人经营自己的交易；许多工匠有自己的铺子；随着时间的推移，越来越多的农民成为独立农场主。政府继续经营采石场和矿山，继续修建金字塔和神庙，继续耕种王室地产。

库什文明

埃及的辉煌在很大程度上是以其南部边界以外地区的人力和物质资源为基础的。一个接一个的埃及王朝从现今叫做苏丹共和国的地区大量引入劳动力和士兵，以及珍石异木以制作珠宝首饰和精美家具。这些肤色较黑的邻居对埃及的贡献，在见于埃及法老陵墓艺术品上的蚀刻图案中有生动反映。

库什王国的基础

这些具有黑人特征的南方人长期以来被神秘地掩盖起来，但是通过近来的考古发现，人们开始对他们的源起有所了解。我们现在可以比较肯定地指出，至少自公元前 2200 年起，生活在撒哈拉南部生态恶化地区的靠食物生产为生的新石器群体，向非洲较肥沃的地区分散。一些人迁徙到了尼罗河下游，与地中海种和亚洲种的民族合在一起奠定了所谓埃及新王国的基础。其他人往南漫游到了尼罗河上游一个后来被埃及人称作"库什"的地区。到了公元前 1500 年，这些黑肤色的库什人与前王朝时代埃及有着明显的文化姻亲关系，建立了自己的王国。确实，这一库什王国成了非洲第一个高度发达、基本上由黑人创建的文明。其充满活力的居民与埃及贸易往来非常活跃，并从埃及文化借来了大量东西。在四个世纪的时间内，库什王国在纳帕塔的首都（恰在第四瀑布之南）成了宗拜埃及神祇阿蒙——赖的一个主要中心。

埃及坟墓艺术。埃及艺术中经常表现其南方的领居。

库什入侵埃及

在其国王克什台的统治下，库什人开始利用埃及社会结构衰微的时机。公元前 750 年左右，克什台的军队一举侵入上埃及的首都、圣城底比斯。克什台的儿子彼安基进一步占领了孟菲斯，并把库什人的统治扩展到下埃及。在控制整个埃及之后，彼安基戴上了法老王冠，建立了埃及第二十五王朝。

麦罗埃：黑非洲第一个工业城市

库什人对埃及的统治昙花一现。他们的治国才干无法与公元前 670 年闯入埃及的铁器时代的亚述人相抗衡。库什人沿着尼罗河上游较远的一段迅速退回到其早先的故土。他们在麦罗埃建立了一个新的根据地；麦罗埃位于今喀土穆以北大约 120 英里，处在阿特巴拉河和青尼罗河之间肥沃的牧草地上。他们可能从亚述人那里了解到了冶铁技艺，因为麦罗埃成了古代冶铁业的重要中心，而且是撒哈拉以南第一座黑人工业城市。

库什人对地中海文明的影响

库什人给众多地中海文明留下了难以消除的痕迹。到了公元前 5 世纪，他们的形象出现在自地中海东部的塞浦路斯到意大利半岛的古代伊达拉里亚的花瓶、壁画和塑像上。他们被描绘成运动员、跳舞者、宫廷侍从和战士，形象各异。在埃市集市上很活跃的希腊人把库什人称为"埃塞俄比亚人"，意思是"黑脸的人"。

库什文明的盛期：公元前 250 年—公元 200 年

公元前 332 年，埃及被亚历山大大帝征服，成了希腊人统治下的一个王国。此后，借道希腊化的埃及，库什人与地中海文明的接触增多了。库什人与希腊人和希腊化的埃及人之间贸易兴隆，这给库什带来了繁荣，库什人也得以形成独特的建筑传统和艺术传统。无与伦比的石制金字塔越过尼罗河在麦罗埃有着很大影响；而饰以雕刻的几何图案的麦罗埃陶器足以与当时古代世界最精美的陶制器皿相媲美。公元前 250 年至公元 200 年之间，库什达到了极盛。到了公元 200 年，麦罗埃象形文字甚至开始取代埃及象形文字成为书面语言。

库什的衰亡

朝向非洲之外世界的这一库什门户在公元13年到公元3世纪埃及处于罗马人的统治之下这一段时期里开得更大了。此后，尼罗河流域贸易迅速衰落，库什文明也是如此。在几百年间，尼罗河的几个变化莫测、充满危险的瀑布使库什免遭来自北方的入侵，并使库什居民得以仅仅选择吸收埃及、希腊和罗马文化中他们认为有益的东西。但是随着尼罗河流域联系的减弱，库什在经济上受到损失，易于受到来自西方的沙漠渗入者的攻击。这一缺陷就使得东南方新兴王国阿克苏姆的军队轻而易举地在4世纪中叶推翻了麦罗埃。

古代跨越撒哈拉的联系

引人入胜的传说称，麦罗埃王室家族迁移到了西非，对新的政治和文化制度的成长作出了贡献。尽管西非人早在古典古代就与北非和尼罗河建立了跨越撒哈拉沙漠的联系，他们在经济上和政治上却比较落后。至少自公元前130年开始，西非人向北方供应黄金、奴隶、珍奇石料及用于角斗场的野生动物。一条古代的车道自北非沿岸布匿人的居住地经费赞地区的绿洲抵达乍得盆地。库什逃难者可能是沿着一条更为古老的经费赞连接尼罗河和尼日尔河的小道到达西非的。令人扼腕的是，中部尼罗河谷地成了一条死胡同，而不是通往南方的走廊。确实，尼罗河流域丰富的文化向南传播到东非和赤道非洲的相对说来少而又少。

埃塞俄比亚的基督教王国

悠久的阿克苏姆王国

与陆围的库什全然不同，位于其东南方的阿克苏姆可以从经由红海与托勒密时代的埃及的快节奏的贸易中获得好处。阿克苏姆各海港成立了自内地指定运往地中海世界、波斯湾、印度和更远地区的货物的集散地。埃及的希腊经纪人向阿克苏姆人提供了在地中海的一扇窗户，阿拉伯经纪人则向他们显示了东方的市场和文化。

阿克苏姆人

阿克苏姆人是非洲人和闪族语系的阿拉伯人以和平方式交融的产物。自公元前1000年起，后者就小股小股地移居到高低不平的埃塞俄比亚高原。通婚带来了文化的丰富；文化的丰富充分反映在巨大的宗教方尖碑上，它们用单块石头切凿而成，其精确程度令人难以置信。由于引进了耕犁及石阶地和灌溉技术，农业生产力也大大提高了。

皈依基督教和隐修制度的兴起

公元4世纪中叶，伊扎纳国王皈依基督教，并把它定为国教。基督教成了一种把阿克苏姆各个部族联合成一个文化及政治统一体、组建一个称为埃塞俄比亚的中央集权王国的有力工具。到了 10 世纪，信奉基督教的埃塞俄比亚消灭了阿克苏姆王国的最后一点残余。隐修院在埃塞俄比亚扎下根来，成了学问和文化传播的不可缺少的中心。埃塞俄比亚僧侣把《圣经》译成了当地语言吉兹语。随着时间的发展，由于相继继位的皇帝都赐给它们大量地产，隐修院在经济上势力强大。作为一种生活方式，隐修制度很快传播到邻居的努比亚诸王国，而此比隐修制度兴起于信奉基督教的西欧要早。

以多山的、几乎无法接近的高原为中心的埃塞俄比亚成了一座天然的城堡。它的居民生活在相对与世隔绝的状态中，塑造了一个十分稳定的君主政治及一种独特的基督教文化。作为世界上最稳定和最悠久的文明之一，埃塞俄比亚本质上在同样悠久而受人尊重的制度和同一王族的统治下，一直存在到 20 世纪。

希伯来人的开端

希伯来人的迁徙

希伯来人是闪族语系的一支，他们现知最早出现于美索不达米亚，因为据《圣经》记载，希伯来人的先祖亚伯拉罕家族就起源于苏美尔。由于希伯来人是一游牧民族，因而其后他们的准确踪迹难以查清就不令人奇怪了。指出这一点也就够了，大致在公元前 1900 年至 1500 年之间，他们逐渐由美索不达米亚迁入叙利亚（当时叫做迦南），随后迁入埃及。就在这几百年间，有一个自称是亚伯拉罕的孙子雅各的后裔的希伯来部落开始用雅各的别名称呼自己为"以色列人"。（据《创世纪》的记载，在雅各与一位天使角斗了整整一个通宵之后，他得到了"以色列"〈Is—rael〉这一称号，意为"神的勇士"。①在旅居埃及的大约 300 年间，适逢新王国诸法老正试图创建一个埃及帝国并寻找空前多的奴隶来维持国内经济的运转，希伯来人受到了种种奴役。正是在那时，在公元前 1250 年左右，希伯来人终于找到了一位领袖即英勇的摩西，他率领他们摆脱了埃及的束缚，离开埃及到了

迦南人的一个神祇。据认为这是风暴和生育之神巴尔的塑像，发现于巴勒斯坦北部公元前 3 世纪的一个神庙中。

西奈半岛（这是位于埃及和迦南之间的一片沙漠地带），并说服他们崇奉雅赫维神，该神的名字后来被写作耶和华。也正是在那时，所有希伯来人都成了以色列人，因为他们在摩西的劝说下相信，耶和华是亚伯拉罕、以撒和雅各的神，结果以色列的神也就成了他们全都崇奉的神。

为迦南而斗争

希伯来人在西奈沙漠地带游荡了大约一代人时间，其后他们决定迁回比这里富饶得多的迦南之地；相对于干旱的西奈荒漠而言，迦南确实太过富饶了，在他们看来是片"流着牛奶和蜜"的地方。不过这次迁徙并非简单的搬迁和定居，因为迦南已经为另一个讲闪族语系语言的迦南人占领了，后者不愿与希伯来人共享他们的土地。因而希伯来人不得不诉诸武力，而事实证明这一历程进展迟缓且布满艰辛，绝非一句名诗所描绘的那样"约书亚进军耶利哥，城墙纷纷塌陷"。摩西的继承者约书亚确实夺取了迦南的一些地区，但收获并不太大，因为游牧的以色列人装备较差，无法用围城战术攻克迦南防御坚固的城池。此外，约书亚死后，以色列各部重又各自为政，无法采取统一的军事行动，因而攻城掠地工作进展更小。结果，经过一个世纪的征战，以色列人所获得的只是迦南的一些丘陵地带和为数不多的土地较不肥沃的河谷。更糟糕的是，正是在那一时期前后，以色列不仅要抵御企图夺回失地的迦南人来保护自己，而且要抗击外来强大势力的入侵。

这一入侵势力是一非闪族的腓力斯丁人。他们来自小亚细亚，在公元前1050年左右迅速征服了迦南大片地区，以致该地区作为替代以"巴勒斯坦"一名著称，其意义实际上就是"腓力斯丁人的国度"。面对灭种的威胁，希伯来人现在强化了夺取迦南的努力。如果说过去他们保留了一种部落组织形式，在有必要时由各部落推选出来的智者（"士师"）会同解决争端，那么现在，为了应对腓力斯丁人的挑战，显然需要建立一种更紧密的、"全国性的"政治体制。于是，在公元前1025年前后，一位名叫撒母耳的部落士师以其人格力量赢得了以色列各部落的拥戴，他从所有以色列人中挑选出了一位国王扫罗，他后来使希伯来人成了一个统一的民族。

希伯来宗教的发展

希伯来宗教的演化

即使在大卫王统治时期，古代希伯来人不过是一个二流政治势力，而在所罗门统治之后，他们连这点也达不到了。因而，如果不是由于他们在另一不同的领域即宗教领域所取得的巨大成就，本书也许只会对他们一带而过而无必要大书特书了。今日的犹太教即犹太人的宗教是信仰、习俗和礼拜仪式首尾一贯的整体；所有这些都能在犹太人的《圣经》（基督徒称之为《旧约》，的章节中找到。然而研究历史的人必须认识到，犹太教并非一蹴而就的，而是摩西时期至马加比时期之间所发生的长期演变的结果。

全民族独尊一神的阶段

我们可以把希伯来宗教的发展分成四个阶段。第一阶段是希伯来人与西亚所有其他同时代民族一样崇奉多神的时代，对此学者们只能根据推测得知。随后进入了全民族独尊一神即一神崇拜的阶段，它于公元前1250年左右因摩西而发端，一直持续到公元前750年左右。一神崇拜意味着只尊崇一位神，但并不否认还有其他神祇。在摩西的影响之下，以色列人民选定了一位神作为其民族之神，这位神祇的名字写作Yhwh（雅赫维），但可能读作或者拼作Yahweh（耶和华）。希伯来人同意，除耶和华外不再崇奉别的任何神，因为摩西坚持"以色列啊，你要听，耶和华我们神是独一的神"（《申命记》6：4）。

耶和华的人格化特征

在全民族独尊一神的阶段，耶和华是位非常特别的人物。他几乎完全被拟人化了。他具有人的形体，具有人的情感品质。他时常任性妄为，性格也有些暴躁——在作出正确的裁定的同时也会作出不好的和忿激的裁定。有时他会像惩罚真正的罪犯那样毫不犹豫地惩罚无意中犯罪的人。具体一点说，据传耶和华击打乌撒至死，仅仅是因为在把约柜运往耶路撒冷途中伸手扶住约柜想把它弄稳（《历代志上》，13：9—10）。耶和华并不是无所不能的，因为他的权力仅限于希伯来占有的地域之内。不管怎样，希伯来对后世西方思想的某些最重要的贡献是在这一时期首先系统表述出来的。正是在这一时期，希伯来人逐渐相信上帝并非内在于自然，而是外在于自然，而人类作为自然的一部分，通过神意成为自然的主宰。这一"超越宇宙"（transcendent）的神学意味着，人类可以逐步地以纯粹理念的、抽象的术语理解上帝，同时可以认为人类具有随意改变自然的能力。

道德戒律、典仪和禁忌

在一神崇拜时期，希伯来人是通过赞同道德戒律、典仪和禁忌的结合来服事并尊崇耶和华的。尽管我们无法肯定在巴比伦之囚之前《十诫》的准确形式——《十诫》在公元前7世纪以来即为人所知——是否存在，但巴比伦人无疑严格遵守着一些神圣的戒律，其中包括某些伦理原则，诸如有关杀戮、通奸、作伪证及觊觎"邻人之物"等行为的禁令。此外，他们严格遵守礼仪方面的要求，诸如庆宴，献祭，以及礼仪方面的禁忌，诸如第七天禁止作工及用母羊之奶煮幼羊。尽管道德规范在希伯来社区之内可能得到严格遵守，但在涉及外族人时未必总是适用。因而，即便就凶杀而言，希伯来人也不比亚述人更不乐意杀戮平民。在约书亚征服迦南各地区之后，"那些城邑所有的财物和牲畜，以色列人都取为自己的掠夺物，唯有一切人口都用刀击杀，直到杀尽。凡有气息的没有留下一个……"（《约书亚记》11：14）。以色列人对这种野蛮政策并无怀疑，因为他们深信这是主本人的旨意——耶和华确实授意迦南人进行抵抗，这样就可找到理由杀掉他们，"因为耶和华的

死海文书。死海文书发现于希尔拜库兰附近洞穴中，包含了希伯来文圣经本。抄本与今文版没有重大区别，但年代在公元前2世纪，是现存最早的圣经文献

意思是要使他们心里刚硬，来与以色列人争战，好叫他们尽被杀灭"（《约书亚纪》11：12）。

先知革命

与这种模糊不清的伦理观和神授正义的观念相比，希伯来宗教发展第三阶段的思想可谓一场革命；实际上这一阶段习惯上即被为先知革命（Prophetic revolution）。导致这一宗教思想革命的"先知"生活在希伯来民族的存亡受到亚述人和巴比伦人的威胁及流亡巴比伦的时期，即言从公元前750年左右到公元前550年左右。尽管"先知"一词逐渐意指能够预测未来的某人，但某最初的意思更接近于"布道者"（这一点在此处非常重要）——更准确地说，指某一有紧迫消息要宣布的人，他以为他是在神的启示下获得这一消息的。希伯来最初的先知是阿摩司和荷西，他们在公元前722年以色列王国灭亡前不久"预言"（即布道和告诫）了它的灭亡；以赛亚和耶利米，他们在公元前586年犹太覆灭之前即预言了它的覆灭；以及以西结和第二个以赛亚，他们预言到"巴比伦洪水"的到来。这些先知先是预告大灾难将降临到亵渎上帝和行为不端的人头上，随后宣告上帝的惩罚是公正的。他们宣告的消息彼此非常接近，因而有理由他们形成了一个单一的、首尾一贯的宗教思想团体。

先知的教义

先知教义的核心由三个基本信条组成：（1）十足的一神论——耶和华是宇宙的主宰；他甚至利用希伯来人之外的其他民族来实现他的目的；其他诸神都是伪神；（2）耶和华是独一无二的正义之神；他只行善事，世上的一切恶都源自人类而非源自他；（3）由于耶和华是公正的，他对其以色列子民的道德行为比其他方面更加看重；他不太关心典仪和祭祀，更要求他的子民"学习行善，寻求公平，解救受欺压的，给孤儿伸冤，为寡妇辨曲"（《以赛亚书》，1：17）。在大卫王之后，以色列人与迦南人融合在一起，过着定居农业生活；此时一些以色列人竟回复到向迦南人的繁殖之神献祭，希望这一做法能确保他们获得好年成；其他依然完全忠于耶和华的以色列人则空前关注礼拜仪式以示忠诚。先知阿摩司以势不两立的态度向上述做法展开斗争；他借助传达耶和华振聋发聩的警告对先知革命作了总结，昭示了人类文化发展史上一个划时代时刻的到来：

> 我厌恶你们的节期，
> 也不喜悦你们的严肃会。
> 你们虽然向我献燔祭和素祭，
> 我却不悦纳，
> 也不顾你们用肥畜献的
> 平安祭。
> 要使你们歌唱的声音远离我，
> 因为我不听你们弹琴的响声。
> 惟愿公平如大水滚滚，

使公义如江河滔滔。

——《阿摩司书》5：21—24

后放逐阶段

犹太教形成的最后一个阶段是犹太人自巴比伦返回巴勒斯坦之后的四个世纪；因而它被称为后放逐（post—exilic）阶段。后放逐阶段宗教思想家的主要贡献是一组末世论信

杜拉欧罗普斯犹太会堂壁画（公元3世纪）。画面描绘了希伯来人最早的大祭司、摩西的哥哥亚伦

条，即论及"最后的事物"或世界末日来临之际将会发生的事的文献。在波斯人和希腊人直接或间接的影响下，在马加比起义期间，巴勒斯坦的犹太思想家开始空前关注他们这个狭小的、在政治上软弱的民族在神的世界宏图中应起什么作用这一问题，同时因此开始寄望于弥赛亚和千福年。换言之，他们逐渐相信，上帝会马上派来一位救世主或"弥赛亚"（意为"天意选定的人"），他不仅会使犹太人强大起来，而且在末日来临之前和平、公正的千福年期间把耶和华崇拜传遍全世界。起初他们以为这一千福年的和平王国会在"今世"（this—worldly）出现——即人们能够亲眼目睹并享受它，或用第三位以赛亚的话来说，"田地怎样使百谷发芽，……主耶和华必照样使公义和赞美在万民中发出"（《以赛亚书》61：11）。但是时间一天天逝去，这一会像"田地使百谷发芽"一样自然而然地出现的千福年王国在有些人看来更加虚无飘缈了，因此在他们看来成功的希望只能寄于来世成了不可避免的事实。《旧约·但以理书》对来世末世论有着最完整的记述；该书的作者不是一位可能生活在尼布甲尼撒时代的名叫但以理（丹尼尔）的人，而是某人借但以理之名在马加比起义期间写成的。据这位预言家的看法，弥赛亚（他称之为"人子"）将"驾着天云而来"，"他的权柄是永远的，不能废去"（《但以理书》7：13—14）。与这一来世观密不可分是这样一种信念，即弥赛亚将主持"最后的审判"；换种别的说法，在超自然手段的作用下，死者将复活，接受弥赛亚对其生活质量的审判，恶男恶女将遭到永远受罪的处罚，"圣人"则将继续服侍"在天上地下施行神迹奇事"的"永不败坏"的王国（《但以理书》7：26—28）。

期待弥赛亚的到来

犹太人的弥赛亚期望显然对耶稣的活动有影响。耶稣是位犹太人，被追随他的犹太人和非犹太人视为弥赛亚，后来以基督徒知名。（有关基督教从犹太教中分离出去的详细情况，见本书第十章）。那些否认耶稣是弥赛亚的人继续企盼着弥赛亚的到来。有些人认为像《但以理书》所说的那样驾着天云而来，但多数人希望他是一位能够壮大以色列民族并重建圣殿的救世主。这两种希冀弥赛亚奇迹般地到来的想法都促动犹太人维持他们的其他各种信仰，即使在被迫远离圣地、居住在数千里之外

之际，依然如此。这在很大程度上说明了一个真正的犹太奇迹——一个在其他方面都不重要的民族面对骇人的逆境忍耐至今，以其种种成就极大地丰富了世界。

希伯来人的律法和文学

希伯来文化：局限与成就

古希伯来人不是伟大的科学家、建筑师或艺术家。据目前所知，就连所罗门的圣殿实际上也算不上希伯来人的一个建筑成就，因为工程中最有挑战性的建筑任务看来是请腓尼基石匠和艺匠完成的。由于希伯来教规禁止雕制任何"偶像"，也不可"仿制"任何"上天、下地和地底下水中万物的形象"（《出埃及记》20：4），因而犹太人中既无雕刻，也无绘画。反过来，正是在律法和文学领域古代希伯来文化找到了最可贵的表现。

希伯来律法：申命法典

希伯来律法的主要宝库是申命法典，它是圣经《申命记》的核心。尽管它部分上以与古巴比伦人的法律思想有亲缘关系的远古传统为基础，现存状态中的申命法典无疑产生于先知革命之时。一般说来，它的条款比古巴比伦人的汉谟拉比法典的有关规定要利他些，公正些。谈到利他，这不仅责成人们对穷人和外邦人宽大为怀，而且规定沦为奴隶的希伯来人在服役六年后应获得自由，应给予他们一些食品以让他们重新生活下去，同时要求每七年一次减免债务人所欠的债务。法律的公正体现在下述原则上：儿女不必为父亲的罪过负有责任，法官在任何情况下均不得接受馈赠。总之，申命法典提倡的是所谓"完全公正"的严格理想，因为耶和华要求太高，只有"完全公正"地生活，希伯来人才能自视值得承袭这一想望之乡。

希伯来文学

总的看来，希伯来人的文学是西亚各古代文明中最为出色的。现存希伯来文学作品均见于《旧约》和《伪经》（由于其宗教权威性值得怀疑而未被认可为经书的古希伯来著作）。除诸如《士师记》第五章"底波拉之歌"之类少数片断外，《旧约》实际上并不像人们通常认为的那样古老。学者们现在认为，《旧约》是经多次汇集和修订而成，其中新作与旧作搀杂在一起，一般被归功于古代的一位作者——例如摩西。但是如此多的修订中最早的一次不会早于公元前850年。《旧约》各卷大都形成于更晚的时候，惟《历代志》部分章节例外。尽管大量赞美诗是献给大卫王的，但其中许多首谈的是巴比伦之囚时期的事，同时可以肯定，《诗篇》从总的看来是经几个世纪的汇集才完成的。

《旧约》在文学上的优点

倘若说《旧约》一些部分包含一长串名字或秘密的宗教禁忌，那么其余的部分，无论是人物传记还是战争记述、感恩祈祷、战歌、先知的劝勉、爱情诗，亦或对话，都富于韵律，引人想象，感情强烈。任何语言的任何作品都很少有像第 23 首颂歌那样具有朴素的美的："耶和华是我的牧者，我必不致缺乏。他使我躺卧在青草地上，领我在可安歇的水边。他使我的灵魂苏醒……"；或者像《以赛亚书》中所描绘的和平景象："他们要将刀打成犁头，把枪打成镰刀；这国不举刀攻击那国，他们也不再学习战争。"

《雅歌》

《圣经》中的《雅歌》无疑可置身于世界最优美的爱情诗之列。虽然一代代读者试图找出其中象征性的超俗含义（而且现代许多评论家告诉我们，我们可以对我们喜爱的任何诗文自由地作出解释），但《雅歌》作为一部完全世俗的婚庆诗歌集产生于公元前 5 世纪左右。新郎称颂新娘为"鸽子"（"我的佳偶，你甚美丽！你甚美丽！你的眼好像鸽子眼"〔《雅歌》1：15〕），新娘则称新郎为"王"。他们在果园和葡萄园中沉醉在对两人互怜互爱和共享爱情生活的憧憬之中："起来，我的爱卿！快来，我的佳偶！看严冬已过，时雨止息，且已过去；田间的花卉已露……葡萄树已开花放香；……我的爱卿，你多么美丽，你的双眼有如鸽眼……你的牙齿像一群剪毛后洗洁上来的母绵羊……我的爱人到自己的花园，到香花畦去了，好在花园中牧羊，采取百合花，我属于我的爱人，我的爱人属于我。"

《约伯记》

希伯来文学的另一个与此完全不同的成就是作于公元前 500 至 300 年间某一时期的《约伯记》。这一作品在形式上是一部描写人与命运之间悲剧性斗争的戏剧。它的中心论题是恶：何以善者吃亏，恶人兴盛。《约伯记》是一古老的故事，很可能系改编古巴比伦一内容相近的作品而成。但希伯来人赋予这一故事更深刻的对哲学可能性的认识。故事的主人公约伯是位有德之人，"敬畏神，远离恶事"，他突然遭到一连串灾难的袭击：他的财产遭到抢劫，孩子被杀，他自己也受到疾病的困扰。起初他不以苦乐为意，听从命运的安排；得福必然要受祸。然而随着痛苦的加剧，他完全绝望了。他诅咒他出生的那一天，称颂死亡，"在那里，恶人止息搅扰，困乏人得享安息"。

其后就是约伯和他的朋友就恶的涵义进行的冗长的辩论。后者认为，所有苦难都是对罪过的一种惩罚，忏悔者将得到宽恕，且性格会坚强起来。但是约伯对其中的任何论点都不感到满意。他在希望与绝望两种思想的折磨下痛苦至极，力求从各个角度重新审查这一问题，他甚至考虑到这样一种可能性：死亡也许并不是结束，今生受祸，来世也许会得福。不过失望情绪再次占了上风，他断定上帝是位无所不能的神，性之所来或狂怒之下，就会毫不留情地把一切都毁掉。最后，在极端苦闷之中，他恳求这位全能的主现身，显示其奇妙的作为。耶和华从旋风中回答了约伯的要求；他历数了自己开天辟地、创造万物的宏伟功绩。约伯认识到自己是卑贱的，而耶和华的伟大是述说不尽的，因此"我厌恶自己，在尘土和炉灰中懊悔"，故事的最后并未给出解决个人受难问题的良方。耶和华既未允诺在来世中予以补偿，也未花费任何气力去驳斥约伯的悲观情绪。人类必须从这样的哲学反思中求得慰藉：宇宙比人类伟大、上帝所寻求的宏伟目标实在是不能用人类的公正和善行标准加以限制的。

如果说抒情性的《雅歌》与悲剧性的《约伯记》迥然相异，那么极其老于世故的《传道书》与上述两者也有天壤之别。这一作品的作者传说是所罗门，但写作年代肯定不早于公元前 3 世纪，其中包含了《圣经》中某些最重要、最有力的语录。不过本书的信条与见于希伯来圣经其余各部分的崇高和预设相抵触，因为《传道书》的作者是位无神论者和唯物论者。在他看来，人类死后如同牲畜死后一样没有来世，而人类历史不过是代代相沿的过程。万物都是周期循环的，任何成就都不是持久的，因为"日头出来，日头落下．急归所出之地……日光之下，并无新事"。处于这种无意义重复之顶端，在人间事务的领域中，居支配地位的是隐蔽的命运而不是功过，因为"快跑的未必能赢，力战的未必得胜……明哲的未必得赀财，灵巧的未必得喜悦。所临到众人的，是在乎当时的机会"。鉴于这些情况，作者提出要以顺其自然的态度对待生活，行事有节制，"不要行义过分，也不要过于自逞智慧……不要行恶过分，也不要为人愚昧，何必不到期而死呢？"就其消极的观点看出人意料的是，他也"赞颂行乐"，理由是"人在日光之下莫强如吃、喝、快乐"。

这样一段鼓吹"不要行义过分"的文字何以混入希伯来《圣经)，至今仍不清楚，不过不能过分强调这是例外。因而，我们与其以《传道书》来结束对希伯来文学的概述，倒不如最好指出，希伯来《圣经》的最后一卷《玛拉基书》，无论就其预言——末世学的神示——还是就其富有活力的肯定性的表达而言，都是以一种非常独特的按语结尾的。在这里它借耶和华之口这样说："但向你们敬畏我名的人，必有公义的日头出现，其光线有医治之能……你们必践踏恶人……看哪，耶和华大而可畏之日未到以前，我必差遣先知以利亚到你们那里去。"

米诺斯文明和迈锡尼文明

长期被人遗忘的文明

在 1870 年之前，没有一个人会想到在雅典之前上千年在希腊爱琴海及其岛屿竟已兴盛过两个伟大的文明。研读希腊史诗即荷马的《伊利亚特》的人自然知道，一位强大的希腊国王阿伽门农据说曾率领全希腊人赢得了"特洛伊战争"的胜利，而这场战争发生在公元前 8 世纪《伊利亚特》成文定型之前很久。不过他们只是简单地推定史诗的整个情节都是虚构的。然而今天的史学家可以肯定，希腊历史——因而也就是欧洲历史——早在苏格拉底在雅典的市集上讨论真理的性质问题之前一千多年就开始了。

谢里曼的发现

人们之所以有所突破，对这些古希腊文明有了某些了解，是考古学史中最著名的"传奇故事大成功"的结果。19 世纪中叶，德国商人海因里希，谢里曼自青少年时代起就被《伊利亚特》的叙述所吸引，决心一旦有了足够的资金，就去证实他的第六感觉，即《伊利亚特》大体上是真实可靠的。很幸运，谢里曼在商业冒险中积聚到了一笔财富；于是他当即洗手不干，转而把时间和金钱都用在研究阿伽门农上。尽管他没有受过专门的考古学或学术训练，但他在1870 年开始在小亚细亚西部一个他确信是特洛伊的遗址进行发掘，结果极其令人惊奇的是，不久他就发现了九座不同的古城的某些部分，而这些古城都是建在前一座古城的废墟上的。谢里曼认定第二座古城就是《伊利亚特》描述的特洛伊，不过现在学者们认为特洛伊可能是第七座城。初战告捷，谢里曼精神大振，1876 年开始在希腊进行发掘，结果你瞧，他竟又找到了黄金——这一次在象征意义上和实际上都是如此。因为他发现了一座藏有大量黄

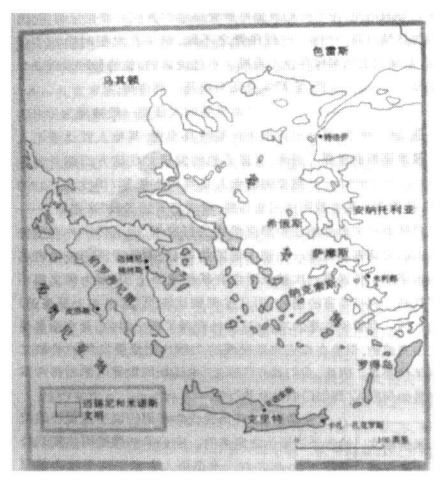

早期爱琴海世界

金的陵墓遗址。由于 1876 年时谢里曼是在希腊一个叫做迈锡尼（拼作 Myseeknee）的被遗弃的遗址发掘的，因而他认为自己是完全正确的，因为《伊利亚特》称迈锡尼是阿伽门农的住所并把它叫做"富有黄金的迈锡尼"。令人悲哀的是，谢里曼的发掘对研究遥远的古代并非完全有益，因为他热情过高，对科学的程序置之不顾，结果在发掘时毁掉了证据，对细致的档案保存也不重视。不过说真的，他的种种发现非常激动人心，非常重要，它们本身几乎就是一部传奇。

亚瑟·伊文思及米诺斯的世界

一旦谢里曼向人证明一般被视为传奇的史诗里含有某些真实性，其他人就迅速汇入进来，丰富了他的发现。在这方面谢里曼最重要的继承人是英国人亚瑟·伊文思。1899 年，就像谢里曼寻找阿伽门农那样，伊文思开始寻找"米诺斯"——这意味着伊文思开始在希腊克里特进行发掘，因为传说称克里特岛上的克诺索斯城是一个强大帝国的首都，而此帝国的统治者名叫米诺斯。传说再一次被证明含有某些重要史实，因为伊文思不仅找到了同样丰富的遗物，而且发掘到比谢里曼（事实上更美丽）的东西。尽管伊文思的功业（这使他获得了爵士爵位）是在谢里曼之后完成的，但他在克诺索斯发现的文明比谢里曼发现的希腊文明年代要早。因而，我们首先应探究"米诺斯的世界"，然后再考察它是如何汇入"阿伽门农的世界"的。

米诺斯文明的兴盛

"米诺斯文明"是现代学者用传说中克里特的统治者米诺斯为之定名的。它最早的踪迹可追溯到公元前 2000 年左右。米诺斯人在定居克里特之前源于何方，至今仍是一个谜，不过在公元前 2000 年左右他们已开始建造城市并创造了一种独特的文字

形式（线形文字A）。自约公元前2000年到1500年这五百年，米诺斯文明处于其鼎盛时期，克诺索斯与其说是帝国的中心，倒不如说是克里特岛几个繁荣的城市之一，它们和睦相处，以致感不到有建筑防护墙的必要。只有间隙发生的地震才打乱了米诺斯人安宁的生活。这些自然灾害造成了很大破坏，但每次灾祸后他们都着手重建城市，往往设法建成比刚刚被毁的城市更为壮观的新城。在克诺索斯，亚瑟·伊文思爵士不仅发现了美丽的石制品和绘画，而且发现了现知人类最早的抽水马桶。后来，人们在米诺斯时期的另一个遗址卡托——扎克罗斯发现了一座庞大的宫殿，内有250个房间、一个游泳池和木条镶花地板。

迈锡尼文明的起源

就在米诺斯文明在克里特兴盛之际，其潜在的对手正在希腊大陆积聚力量。公元前2200年左右，讲最早形式的希腊语的印欧语系民族侵入希腊半岛，并在公元前1600年左右开始组建小型城市。最初是由于贸易联系，这些民族的文化发展逐渐受到米诺斯人的克里特的影响。希腊因素与米诺斯因素的交融产生了一个被称为"迈锡尼文明"的文明，它得名于约公元前1600至1200年希腊居主导地位的城市迈锡尼。公元前1500年左右以后，在爱琴海世界（爱琴海是地中海的一部分，处于希腊和小亚细亚之间）居主导地位的正是这一文明，它甚至在克里特也居优势地位。

线形文字B

20世纪最伟大的学术成就之一大大改变了我们对公元前1500年至公元前1400年这一百年克里特和希腊历史的理解。人们一度认为，希腊在这整个百年间仍是辉煌的克里特文明的一块半野蛮的经济殖民地，公元前1500至1400年间克里特内部的变化应归因于一个"新王朝"的兴起。人们知道，同样的线形文字（称为"线形文字B"）的文多实例在克里特和希腊大陆都有所发现，但人们只是简单地推定这种文字发源于克里特，由克里特传播到希腊。但是1952年，一位才华横溢的英国年轻人迈克尔·文特里斯成功地释读了线形女字B，并向人表明它表达的是希腊语的一种早期形式。文特里斯的发现表明在米诺斯时期后期大陆人统治了克里特而不是相反，这大大改变了前古典时期的希腊史研究。

迈锡尼人的兴衰

学者们现在同意，公元前1500年之后不久，迈锡尼人取代米诺斯人成为爱琴海世界的统治者，尽管他们无法完全弄清这是如何发展的。这或者是由于克里特岛发生了一场大地震，大大削弱了该地的力量，致使大陆人乘虚而入控制了该岛，或者是由于迈锡尼人已经变得非常强大，有力量迅速征服克里特。不论情况如何，在约公元前1500至1400年间，迈锡尼人对克里特一段时期的繁荣和艺术成就负有责任。然而在公元前1400年左右，又一股希腊入侵者越海到了克里特，毁灭了克诺索斯，彻底结束

出自克诺索斯的一块线文B泥版

了迈锡尼文明。这一入侵为何具有如此大的毁灭力，至今尚不清楚，不过希腊大陆在以后二百年间成了爱琴地区的主导力量，没有敌手可与之抗衡。公元前1250年左右，迈锡尼人与小亚细亚西部的特洛伊人进行了战争并取得了胜利，但他们自己现在也濒临灭亡。在公元前1200至1100年这一百年间，迈锡尼臣属于多里安人——多里安人是一拥有铁制武器的野蛮的北希腊人。（铁制武器在一开始也许不比迈锡尼人使用的青铜武器优越太多，但是由于西亚和东欧铁矿比青铜所需的铜和锡分布要广，因而铁制武器更为便宜，可为更多的战士所拥有）。由于多里安人除其武器外在各方面都不开化，因而他们取得支配地位就开始了希腊历史的一个黑暗时代，它一直持续到约公元前800年。

难以区分早期米诺斯和迈锡尼特征

从前面的叙述可以看到，米诺斯文明和迈锡尼文明密切相关；就连最伟大的专家也难以确定前者何时结束，后者何以开始。下述事实使问题更加复杂，即在克里特发现的早于"线形文字B且仅见于克里特的两种文字形式至今尚未破读出来。（任何想象谢里曼、伊文思或文特里斯那样出名的都可把破读米诺斯的文字作为奋斗目标。）与此相应，讨论公元前1500年左右之前的迈锡尼文明完全要依靠有形的和考古的证据，许多问题只能靠推测。不过这种证据确实表明，米诺斯文明是人类早期史中最发达的文明之一。

作为经济管理者的米诺斯国王

米诺斯统治者并不是像亚述国王那样喜怒无常的军阀。他看来确实拥有一支庞大的海军，但它并不是用于战争，而是用于维持贸易。实际上，国王是该国主要企业家。位于他王宫附近的手工工场生产大量陶器、纺织品和金属制品。虽然私人企业显然未在禁止之列，但它们要纳重税。不管怎样，仍有一些私有工场，尤其是在较小的城镇，而农业在很大程度上也为私人所有。

有官僚制君主政治一词来描述米诺斯国家可能是最为恰当的了。各个主要城市及其周围地区的统治者看来都是专制君主，而在米诺斯历史临近结束之时（具体时间难以说定），克诺索斯的统治者似乎控制了整个地区。专制君主借助于一个庞大的行政管理阶层进行统治。书吏控制着经济生活的各个方面；他们垄断了学问。所有农业生产和制造业都受到严密的监督，其目的是为国王搜括财富、征收税赋。对外贸易看来也受到了国家的严密监督；远航叙利亚和埃及港口的米诺斯大商船很有可能也为君主所有，至少要向他交纳重税，并受到官僚管理部门的严密监视。

尽管受到如此严密的监督，几乎各个阶层的米诺斯人都过着相当幸福的生活。虽然统治者与平民百姓之间

"巴黎女郎"（壁画），出自克诺索斯，年代在公元前1500—1450年间。

有着巨大的社会和经济区别，但平民百姓之间显然没有什么财富和地位的分等。即便说奴隶制确实存在，那么它肯定不占重要地位。城市最贫穷地区的住房也建造得非常坚固宽敞，通常有六到八个房间，但不清楚有多少个家庭住在里面。妇女看来与男子享有平等地位。不论阶级高低、职业如何，她们都可以参加公共活动。在这一方面米诺斯人在古代世界中是独具一格的，克里特有女斗牛士，甚而有女拳斗手。上层社会的妇女把很多时间用在追求时尚和其他消闲活动上。

爱好体育和游戏

克里特本地人喜爱各种游戏和运动。跳舞、赛跑和拳击对人都很有吸引力。米诺斯人是最早用石料建造剧场的，那里的队列行进和音乐吸引了大量观众。

米诺斯宗教的母权制性质

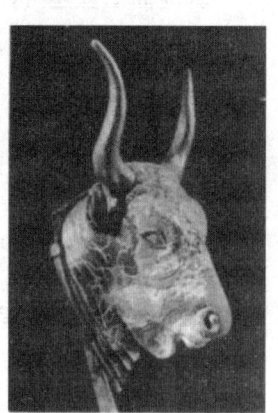

米诺斯人的宗教因其母权制居主导地位而在古代世界很出名。主神是位女神而不是男神，她是整个宇宙——无论大地还是天空、海洋——的主宰。最初看来受到崇拜的根本没有一位男性神祇，后来出现了一位男神，他与伟大的女神相关，是她的儿子和配偶。不管怎样，在米诺斯人眼里，这一男神从未具有任何独立重要地位。尽管母神既被视为善之源，也被视为恶之源，但即便她的邪恶的能力也不恐怖可怕：虽然她带来了风暴并沿途制造死亡，但这样做是为了使大自然充实起来。恰如死亡是生的前提一样。世间众生要为女神及其圣兽诸如公牛、蛇等作出牺牲。与整个信仰体系的女性取向相应，主持典仪的是女祭司而不是男祭司。

绿泥石牛首角状杯

作为发明家和工程师的米诺斯人

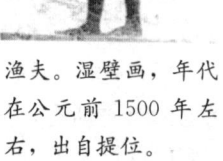

由于我们尚未破读早期克里特的文字，我们无法弄清米诺斯人是否有文学，尽管这是不太可能的，因为线形文字 B 中尚无记载。科学成就问题较易决，因为我们可以以物质遗存作指导。克里特岛上的种种考古考现证明，米诺斯人是天才的发明家和工程师。他们建造了大约 11 英尺宽的壮观的石道。现代卫生工程的几乎所有基本原则都已为克诺索斯王宫的设计者所掌握，结果克里特的王室早在公元前 17 世纪就享受到了舒适和便利，诸如室内自来水，这是就连公元 17 世纪的法兰西和英格兰的君王也未能用上的。

渔夫。湿壁画，年代在公元前 1500 年左右，出自提位。

米诺斯绘画之精美

如果说有哪一种成就最能显示米诺斯文明的生命力，这就是他们的绘画天才。除了在其后一千年间发展起来的古典时代希腊人及罗马人的艺术成就，古代世界没有一种艺术可与之相媲美。米诺斯绘画的独特特征是精美、浑然天成和写实风格。它不是用来称颂傲慢的统治阶层的抱负或者宣讲某一宗教教义，而是用来表现单个人面对米诺斯世界的美的喜悦心情。米诺斯绘画大都是壁画，偶或也有彩绘浮雕。克里特王宫的壁画无疑是古代世界存留下来的最佳作品，展现出表现戏剧特征和格调优美和谐的天赋以及捕捉千变万化的自然的才干。米诺斯艺术是如此精致、优美，以致一位法国人在克诺索斯发掘到一件壁画的残部，看到一位长着一头卷发、双目生辉、有着一个性感的嘴唇的动人魂魄的妇女肖像时，情不自禁地大吓起来："呀，她活脱脱是位巴黎女郎！"。

毫不令人惊奇的是，对一个追求风雅的民族来说，米诺斯人具有的艺术专长由绘画扩展到雕塑，甚而扩展到日常家什方面。米诺斯雕塑最引人注意的方面也许在于其规模总是按比例缩小。人们从米诺斯遗物中看不到相当于巨大的美索不达米亚国王重击其矮小的敌人那样的雕像，也看不到相当于向其崇拜者蛇神状走来的埃及法老巨像，因为古代米诺斯人不愿意依靠尺寸创造惊人的效果。反过来，米诺斯的人物雕像总是比真人要小；他们靠天然自成和雅致来引发观众的想象力。与此类似，雕琢的宝石、金器、青铜器和陶器，乃至最不起眼的瓦器都一无例外地加工精细，有时滑稽幽默。

米诺斯文明与迈锡尼文明的相似之处

与米诺斯文明相比，迈锡尼文明看上去更为好战，不像前者那样优雅，不过最新的学术研究告诫我们谨防夸大这些区别。如同在克里特岛那样，在希腊大陆，文明的中心也是城市——迈锡尼时期的主要城市包括迈锡尼城本身、皮洛斯和梯林斯。每一城市及其周围地区都由一个叫做 wanax 的国王统治着。如同在克里特那样，迈锡尼国家也是官僚制君主政治。由于线形文字 B 文书释读的成功，我们对君主政治的运转情况有了一些了解。这些文书都是高度官僚化的管理机构的记录。见于皮洛斯的线文 B 文书展现了国王臣属的经济生活最细小的细节：封地的准确面积；某人拥有的烹饪器具的数目；以及给另一位人的两头公牛起的名字（"格劳西"和"布莱基"）。这类详尽的清单表明，这是一个高度集权的国家，它对其公民的经济活动具有最高的控制。

迈锡尼与米诺斯社会模式的不同

尽管米诺斯人和迈锡尼人的官僚制君主政治差别不大，但这两个相关的文明之间至少存在着几个显著的区别。其一是迈锡尼肯定存在着奴隶制。另外迈锡尼社会更适应战争。由于迈锡尼各城市之间战端频仍，因而它们都建在山丘顶部，防御严密。迈锡尼人的生活比克里特人要粗鄙、野蛮；与此相应，迈锡尼国王为自己建造了外观美丽的陵墓，其中埋葬着他们最好的嵌有花样的青铜短剑和其他象征权力和财富的东西。

另外，与米诺斯相比，迈锡尼艺术也确实不那么高雅。在优美温雅方面迈锡尼人无疑根本无法与米诺斯人相提并论。不过，公元前 1500 至 1400 年之间在克诺索斯制作的迈锡尼艺术品与更早的米诺斯艺术品相比，虽然在构图上较为呆板，更加对称，但两者绝非完全不同。此外，米诺斯的克诺索斯的"巴黎女郎"与见于迈锡尼的梯林斯的公元前 1300 年左右的一个描绘女子行列的壁画在风格上非常相似。我们也不应认为迈锡尼艺术的所有最好的方面都只是对米诺斯人成就的低级模仿：制作华美、精致的迈锡尼嵌有花样的青铜短剑在克里特各地从无先例。

米诺斯和迈锡尼文明的影响

米诺斯文明和迈锡尼文明的重要性主要不能根据它们对后世的影响来加以评估。除迈锡尼人外，米诺斯文化对其他民族几乎没有影响，随后在约公元前 1400 年之后被毁，几乎踪迹全无。迈锡尼留下的遗迹稍多一些，但仍为数不太多。后世希腊人保留了一些迈锡尼的男女神祇，比如宙斯、赫拉、赫耳墨斯和波塞冬，但完全改变了他们在宗教万神殿中的地位。另外，后世希腊人可能从迈锡尼文化中承袭了对体育的爱好及其度量衡制度，但其间的关联似待弄清。荷马无疑记得迈锡尼人对特洛伊成功的围困，但同样重要的是应认识到荷马忘掉了多少：荷马（实际上有作品传流至今的一些不同的作家用的都是这一名字）在公元前 8 世纪创作时完全忘掉了我们从线形文字 B 文书中了解到的迈锡尼官僚君主政治的整个类型。迈锡尼人和后世希腊人之间的这一中断也许不无好处。一些史学家坚称，专制的迈锡尼被多里安人毁灭是后世更自由、更开明的希腊观点产生的不可缺少的一步。

米诺斯和迈锡尼文明的重要性

尽管米诺斯文明和迈锡尼文明对后世影响甚微，但由于至少四个理由它们仍然值得注意。首先，它们是欧洲最早的文明。在米诺斯种种成就产生之前，所有的文明都出现在更靠东的地方，但在米诺斯之后欧洲将历经一个又一个令人难以忘怀文明的发展过程。其次，尽管他们没有产生直接影响，但在某些方面米诺斯人和迈锡尼人看来预示了后来欧洲的一些价值观和成就。固然，米诺斯和迈锡尼的政治组织与许多亚洲国家的政治组织相类似，但米诺斯艺术看来尤其与亚洲国家的艺术大相径庭，而具有较多的后世欧洲风格的特征。再次，米诺斯文明在较低程度上还有迈锡尼文明，因其世俗的和进步的观点而具有重要意义。这表现在爱琴海地区的居民热衷于舒适和丰饶、热爱娱乐活动、津津于生活并勇于实验。最后，古亚述、古巴比伦乃至古代埃及都是亡于"刀兵"之中的，而古代克里特却是在不设城防的城市里享受欢乐庆典时咽下最后一口气的。

印度的民族

印度次大陆（包括巴基斯坦和孟加拉）面积略大于半个美国，人口近乎美国的三倍。印度不仅面积广大，人口稠密，而且还有许多不同层次的文化，不同的宗教信仰，不同的语言和不同的经济条件，其历史极其复杂。印度人操五、六种不同类型的语言。居民成分包括所有三大不同人种——黑人，黄人和白人——且组合和比例各不相同。与非洲俾格米人有种族关系的矮黑人是最早的人类之一，现已在印度消失，但在东部的安达曼群岛仍可发现。与此形成鲜明对照的是北部和西北部浅肤色的地中海人，他们是约 3500 年以前入侵该地区的印度—雅利安人的后裔。在南印度分布最广的是著名的达罗毗荼人，但由于这一称呼适用于所有达罗毗荼语系的人，所以它不再用来特指某一种族。另一类型的人，因其与广布在东南亚各地、东及澳大利亚的原始民族有种族关系，被称为澳大利亚人种，他们可能比达罗毗荼人更古老。蒙古人种主要分布在北部和东北边境地区。在西部沿海地区可发现阿尔卑斯山区的类型，有的还稍有日耳曼人特征（眼睛呈灰色或蓝色）。因此通常把印度土著称为"有色人种"或"棕色人种"的提法是错误的。实际上他们肤色各异，但显然白种人早已存在，特别是在印度北部地区。即使是现在，也可在旁遮普和西北边境看到一些身材高大型的地中海白种人的典型代表。他们已与含有阿尔卑斯山型、澳大利亚人种、蒙古人种和矮黑人特点的民族非常接近。多少世纪以来，尽管有历史上种姓制度的无情隔离，印度仍是一个人类的熔炉。

印度的地理

印度在地理上可分为两大部分。南部的三角地带或半岛部分，被称为德干，完全属热带范围。北部或大陆部分，亦呈三角形，与墨西哥和美国纬度相当，气温包括热带的酷热和北部高山的严寒。德干北部是个半山区，森林茂密，是一些原始山区部落的栖息地，他们的祖先是由于较开化社会的扩张而被挤入荒蛮之地的。被称为西高止山的山区沿西海岸展开，但半岛的大部分地区是个缓坡高原。印度北半部被称为印度斯坦，北部以高耸的喜马拉雅山脉为界，南部从低矮的文迪亚山与德干高原相隔。印度斯坦大部分地区是平原，面积约为法国、德国和意大利面积的总和，有印度河和恒河这些大水系流经。这些河流发源于喜马拉雅山脉或以外地区，有雪水和冰川提供水源。印度河和布拉马普特拉河均发源于西藏，取相反方向绕山而流，然后向南进入印度，将高原生土带到平原沉积下来。水流平缓的恒河比印度河较少泛滥，最能造福人类。作为"母亲河"，它长期以来一直是印度人的圣河。无怪乎它的中央谷地是世界上人口最稠密的地区之一，那里土地肥沃，砾石全无。恒河口周围是一片可怕的丛林，一片沙漠将印度河下游谷地与恒河及其支流分隔开；然而从整体上看，印度河—恒河地区仍是大自然的慷慨赐赠。印度文明的几个最有影响力的中心就座落在这里。

季风的影响

对印度来说，气候因素极端重要，因旱季和雨季截然不同。在通常情况下，每年的六月，饱含阿拉伯海和印度洋水汽的季风向东北方向横扫次大陆，带来大量但不均衡的降水。德干西海岸，喜马拉雅山下的恒河平原，尤其是东北角（现在孟加拉和西孟加拉），洪水常泛滥成灾。印度河—恒河水系为灌溉提供了充足的水源，但南印度半岛几乎都是靠降雨来灌溉其肥沃的土地的。由旱季引起的反复发生的饥荒给印度历史打上了烙印。

印度文明的基础

印度最早的文明

印度西北部是与美索不达米亚和尼罗河谷文明同时代的伟大的古代文明地区。许多世纪以来，它被人类遗忘了。它的存在和文明程度通过 20 世纪 20 年代的考古发掘而展现在世人面前。在公元前三千纪达到其顶峰的印度河谷文明，与后来的印度文明有许多不同。它的兴衰原因仍是个谜，但 70 年代的发掘提供了令人信服的证据，即印度河谷地文明是土生土长的，是由早在公元前第六千纪就定居于这一地区的能制造工具，生产食物的人创造的。

早期印度农业社会的文化

在北俾路支斯坦（现巴基斯坦）的一个 500 英亩遗址上的一个农业村落的发掘工作揭示了几个相连续的、处于不同水平的食物生产文化，它大约经过了三千年才进入成熟的印度河谷文明时期。早在公元前 4000 年，这些村庄就开始生产轮制陶器，有了动物种类多样的畜牧业，并种植包括棉花在内的多种庄稼。他们的彩陶以及赤陶人物和动物塑像展现了很高的艺术技巧。俾路支的产品远销包括伊朗和阿富汗在内的广大地区。

在摩亨佐一达罗进行的发掘出土了神母塑像（左）和可能具有宗教意义的圆筒印章（右）印上刻有文字，本质上是一种象形文字，这种文字至今尚未破译。中间的铜器物出自北印度，制作于约公元前1000 年，可能是用于猎捕动物的武器。

摩亨佐—达罗和哈拉帕的发掘

印度河谷文明（约公元前 3200—1600 年）面积近 50 万平方公里，从阿拉伯海岸起，北经印度河水系直抵阿富汗北部的阿穆达利亚（乌浒河）。尽管该文明的基础是农业，但其本质是城市文明，它是一个功利主义的、讲究享受的都市社会，与外界有大规模贸易。与美索不达米亚的交往在公元前 2300—2000 年间特别活跃。在已发掘的约 70 个中心城市中，摩亨佐—达罗和哈拉帕是两个主要遗址，前者距海岸约 300 英里，后者坐落于由河上溯至 400 英里的旁遮普。据估计两个城市各有 35，000 以上的人口，并且在住房式样上鲜明地反映了各阶级不同的财富拥有量和不同的社会地位。两城市都是城堡式的，有坚固的砖结构，展示了与雄心和智慧相应的设计能力。甚至有些三层的坚固的房屋，配有带下水道的浴室，排污管铺设在主要街道下面。摩亨佐——达罗建有 900 平方英尺的公共浴池，周围用不透水的砖砌成并配有美丽的装饰。哈拉帕的一个巨大的粮仓由一个升起的平台作基础，以防止所存储的各种谷物被洪水淹没。驯养的动物有有隆肉的牛（瘤牛）和没有隆肉的牛、水牛、山羊、猪、驴和家禽。只有少部分印度河谷文明的文物被重新找回，大部分都不可复得，因为水平面已上升数百年了。但所获证据足够说明，这一文明在其顶峰时期，是高度发达，可与埃及和美索不达米亚媲美。

印度河谷文明时期正是印度的青铜时代。赏心悦目的带有金银饰物的铜和青铜器皿已被发现。手工技术是专门化的，其水平极高。虽然印度河谷居民没留下威仪堂堂的纪念碑，但他们在个人饰物，动物和人物优雅自然的造型上展示了手工艺才能。一些象征被采纳，其中包括卍字符，它成为以后印度艺术的基本装饰图形。在哈拉帕发现了两件石刻的男子躯干造型，它们完美地符合解剖规律，比起一千年后古希腊的雕刻来，更具有生气。

一批在美学上有深远意义但却是为日常生活而设计的物品，包括方形和长方形的石印，已发现 2，000 多件。每一个印——大概是用于个人签字标志，正如美索不达米亚的圆筒印章——都刻上一个动物和一行简短的文字，它提供了迄今所发现的唯一的书写证据。印度河谷文书有约 270 个象形文字或字母，与任何别的体系的文字明显无关。遗憾的是，由于这种文书至今仍没破解，所以还不能断言使用它们的人与智慧的生活有关。

关于早期印度河谷居民们的众多宗教信仰和实践问题是需要推测的，但无疑它们为印度宗教遗产提供了持久的因素。已发现的雕刻和造型表明了生殖崇拜的突出地位。男性生殖器象征，一个母亲女神，一个男性神祇，一株圣树，一头公牛，这些都是圣物。一

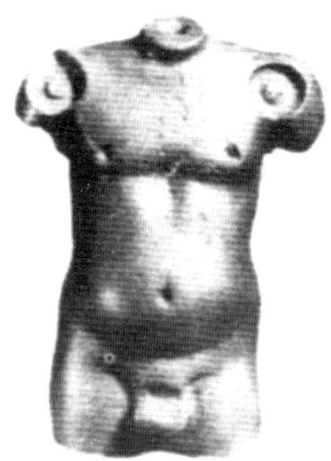

出自哈拉帕的男子裸体躯干雕像，完成于约公元前 2300—1750 年。这一高 3.5 英寸的雕像令人联想到后来印度在解剖上具有现实主义特点和风格的雕刻品。

个出现在三个印上、头上有角的雄性形象被认为是印度教广为人知的湿婆神的原型。

印度河谷文明在公元前第二千纪的上半期衰败了，似乎在公元前 1600 年左右就已终结。其原因仍在争论中。一个重要的干扰因素大概是一系列的洪水和地震，它使印度河水改道并淹没了人口稠密的地区。与此同时，印度西北部遭到半开化部落的入侵，那些武士摧毁了城市并占领了土地。然而，人们不再相信，印度河谷文明是突然崩解的，或只是野蛮人入侵造成衰败的这种说法。入侵者带来了新印度文明的种子，但也与被征服的居民融合，吸收并延续了土著文化的许多因素。

入侵与印度早期文明衰落的巧合并不是世界上的一个孤立事件。公元前 2000 年稍后，还有一些环境因素——可能是中亚和西亚草原的不断减少——包括游牧民族的大量迁移，也突现出来。移民主要定居在亚洲南部和西部（例如约公元前 1，600 年赫梯对安纳托利亚的占领），但这种人口流动所产生的文化效应比区域的物质效应深远得多。虽然移民部落社会较为原始并缺乏文字体系，但他们的口语却很发达，大有替代所遇居民口语的趋势。现代术语"印欧语"是特指从印度斯坦到欧洲西部和北部边界线这一广大地区的一种占压倒优势的语族。它包括古希腊语和拉丁语，也包括现代欧洲语言——希腊语、罗曼语、斯拉夫语，克尔特语和日耳曼语（主要的例外有匈牙利语、芬兰语和爱沙尼亚语）。

在公元前两千纪上半期的大移民中，两个关系密切的部族从俄罗斯西部草原向东南方向移动，一支进入伊朗高原，另一支穿越兴都库什山脉进入印度西北部。这两部分人都自称是"雅利安"（Arya，"贵族"之意）；地理和政治名词"伊朗"即由此而来，这一词的一些印度变种也从此而来。严格来说，雅利安这一名称只适用于伊朗人（波斯人）和次大陆的印度——雅利安人，虽然它常常被宽泛地用于整个印欧语族。用它来称呼任何欧洲民族或种族是不适当的。

早期印度——雅利安人的经济和社会

早期印度—雅利安人拥有一个单一但规模巨大的畜牧经济。他们驯养的动物有：绵羊，山羊，拉战车和赛车的马，他们还是牛的热心饲养者。虽然当时不崇拜牛，但牛颇受欢迎，被当作货币。仅仅耕种一些谷物才需用小公牛牵引的木犁来帮助。所有的常见手工工艺，包括金属冶炼业在内，都已存在。包括声乐和由长笛、乐鼓、钹钹、琵琶或竖琴组成的器乐在内的音乐，是人们喜闻乐见的娱乐形式，舞蹈亦然。投骰子赌博是全民性的消遣形式，举国上下几乎为之迷狂。早期印度——雅利安社会与其他半野蛮的、好战的民族非常相似，如荷马笔下的《伊利亚特》，盎格鲁撒克逊人的《贝奥武甫》和北欧、爱尔兰人的英雄传奇。社会基本单位是父系家庭，一夫多妻现象甚为罕见。妇女虽不像在后来的印度教社会受到种种限制，备受屈辱，但这时已处于从属的地位。

政治和法律机构

法律和政治机构在早期印度—雅利安社会中已有雏形。每个部落都有头人或国王（罗阇），其作用是在战场上指挥战士作战。在有些部落，罗阇是由武士大会选举产生的，这与贵族共和国更相像，而不像专制君主制。由于缺少可从中获利致富的人口稠密的大城市，罗阇的权力欲求受到限制。他管辖内的村庄自理其内部事务，只将部分产品送给罗阇以换取"保护"。对犯罪的控制和处罚形式与一千年后入侵罗马帝国的那些日耳曼部落颇为相似。受害者或他的家庭应主动控告罪犯。对受害者的补偿通常是向原告支付款项，在谋杀案中，款项应支付给被害者家庭。与此并行的另外一种日耳曼司法制度是偶尔运用神裁法，用火或水去决定犯罪与否。盗窃行为仍是人们普遍抱怨的对象，特别是偷牛行为，尽管这种罪行被人唾弃并遭到特别的谴责。一个破产的债务人——通常在赌博中太粗心——可能被判为债权人的奴隶。

早期雅利安人的宗教

在印度悠久的历史中，在文明的每一阶段，宗教都是个主要因素。早期雅利安人相对简单的宗教与早期希腊、罗马、挪威和日耳曼社会的宗教有可比性。雅利安人的神祇——天神（deva），或"发光者"——是大自然威力或这些力量的拟人化。他们没有神像或庙宇，拜神主要靠奉献牺牲。谷物和牛奶被神圣化，动物肉在祭坛中烧烤（敬神者自食这些肉）。最佳的奉献是苏摩，这是一种用山区植物发酵而成的制幻饮料。神灵被看作是巨大的有威力的动物，他们具有人类的特征，但只要喝了苏摩就会长生不老，而且，总的来看，他们还会造福人类。据认为他们会对人类所给予的尊敬和礼物报以谢意。渐渐地，这样一个观念深入人心，即如果神圣的仪式受到永恒精确的引导，他们将会强迫神来服从他们。

神灵名录

神灵的名册非常大并有增加的趋势。虽然一些神祇与别的印欧民族神祇相同，但他们却没有希腊或挪威神祇那样鲜明的个性。雅利安人和后来的印度教徒万神殿趋向于复杂化和专门化。底尤斯是光明天之主，相当于希腊的宙斯（虽然重要性低一些）。在包容一切事务的能力方面，伐楼那代表着上苍或天国，它掌握着整个宇宙。他被称为阿修罗，这个称呼表明他与波斯的最高神阿胡拉·玛兹达有很密切的关系。至少有五个不同的神被视为太阳。密陀罗是其中之一，与波斯的密特拉同出一源，但该神在印度并不像在波斯和西方显赫。苏利耶是太阳的金轮，普善代表着太阳帮助植物和动物生长的力量，毗湿奴是这个迅速移动的天体的人格化体现，三大步就跨越天空。

因陀罗

整个吠陀时代神祇中最受崇拜的是因陀罗，他最初的意义并不明朗。据传他曾通过杀死一个作恶多端的大毒蛇而造福人类。该蛇是个旱魔，它死后被阻断的水又释放出来，浇灌大地。而且，据说因陀罗发现了光，为太阳开辟了一条道路，创造了闪电。他的主要荣誉是以一个勇武的战士和战神的身份获得的。他为雅利安人宰杀了恶魔和"黑皮肤"的敌人。据传因陀罗特别喜好苏摩，饮后热血沸腾，渴望战斗，又传这种烈性饮料他一口能饮三湖，同时能吃下 300 头水牛肉。苏摩这种圣液也被神化，正如圣火阿耆尼一样。阿耆尼既是神，也是众神之口，或是将食物带给天堂诸神的仆役。

向更复杂的雅利安社会演进

原始的雅利安宗教——与多姿多彩的自然神话相结合，且从本质上说是机械的和契约式的结合——随着时间的流逝缓慢但明显地改变了。一些神祇开始很显赫，后来重要性下降或干脆消失了，而另外一些神祇，也许是受雅利安人之前的居民崇拜的，却进入了万神殿。更有意义的变化是充满活力的智力活动的结果，它是由相互竞争的阶级因争夺权威的压力而激发的，下一部分将讨论这一问题。宗教的不断成熟与由从游牧、畜牧经济向定居的农业社会，最终成为人口众多的中心城市的转变中，社会复杂性的增加相一致。雅利安部落逐渐由印度西北部基地向东，推进到恒河谷地，通过刀耕火种，在恒河北岸开出农田。约公元前 800 年左右，雅利安武士由于获得铁制兵器而提高了战斗力，他们是有名的好战者，战斗常在他们内部和非雅利安邻居间展开。在公元前第一千纪的最初几个世纪里，他们征服了恒河东部地区，并开始向德干渗透。与此同时，部落和部落联盟转变成了有一定规模的王国，设有固定的法庭，行政官员亦分等级。

雅利安社会的四个等级

雅利安人的社会结构，最初是个简单的家庭首领的联盟，他们集牧人和武士的功能于一身，后来逐渐出现分层并且复杂起来。早期的一个传统对社会规定了神圣的区分，社会被总的分为称为瓦尔纳（字面意义为"遮盖"，但特指每一阶层所特有的颜色）的四大等级。这些分别是婆罗门（僧侣），刹帝利（武士），吠舍（牧人、工匠、商人）和首陀罗（仆人、体力劳动者）。最后一个被命名的不仅被认为是卑劣的，而且，从根本上讲，不具备雅利安社会完整的成员资格。首陀罗也许是一个土著部落的名称——达萨（dasa，"黑皮肤的人"）之一，他们在雅利安人的进攻面前据守着设防城市，后来被迫沦为奴隶。在雅利安人的社会中，奴隶所起作用甚微，但却是一种类似农奴制的较早的依附类型。然而，不可接触所体现的极端的隔绝状态与屈辱是后雅利安时代的现象。尽管有不许通婚的禁忌，但大批的"黑皮肤"土著人可能被同化进雅利安社会，不仅首陀罗如此，而且武士、甚至僧侣亦然。虽然家家都寻求被高级的三个瓦尔纳之一认同——否则将被迫地被安排在地位最低的瓦尔纳中——但四个等级的理论是一个人为的概念，与社会结构的渐进几乎无关。经济的进步带来财富的增加，并导致权力的集中，各集团为寻求统治地位的竞争加剧了——婆罗门和刹帝利之间的竞争最为激烈。公元前 3 世纪后婆罗门在全印度被认可，显赫一时。在这一等级制的另一端，据称是首陀罗后裔的家庭在印度的一些地区变得富有而有影响。即使有首陀罗国王也不足为奇。

种姓制度

不仅理论上的四大等级，而且种姓制度成了形成印度社会的主要因素。种姓很难界定；任何严格的定义都有例外。它的本质是确有或据称有血缘关系的一批家庭，用严格的用以控制个人行为的规矩在内部实行统治，大家分担集体义务，保护成员不受伤害或侮辱。它的起源仍不清楚；它历经了数千年的变化；最终成了极坚固的战壕，以防被根除。血缘群集在每一个人类社会中都是重要的，但印度在密切保持血缘族群方面是独一无二的，它是印度全部社会结构的关键组成部分，它历经了文明程度的全面变化，而且还历经了政权形式的变化。

种姓制度的发展

虽然印度——雅利安社会不以种姓为纽带，但种姓的根源可追溯到这一时代，甚至可以追溯到更早的印度河谷文化。种族优越感无疑是社会不平等和社会隔离学说形成的一个因素，而这正是种姓制的基本原则。首陀罗地位的下降反映了征服者对与土著混血而导致雅利安血脉失纯的恐惧。经济专门化和劳动分工也在种姓制的形成中起了部分作用，但仅仅是部分的和不稳的作用。婆罗门，按定义为僧侣和学者，可自由地从事多种职业，只避开被认为是本质污浊的职业。婆罗门又分为许多种姓，仅仅是其中一小部分人才真正从事僧侣业。然而种姓又确与不同的手工业、商业或服务业相一致，他们的作用和在社会等级中的地位因地区而异。种姓起源的背景极为不同，其中有背离原有宗教信仰或改宗的，有与异种人混血的，或迁徙他乡的等。种姓数字庞大，总计有 3，000 以上。印度北部称种姓为阇提——字义为"种类"——反映了这样一个信念，即这一制度是自然秩序的一部分，是神圣教义认可的，并且要从宗教义务的标准来接受它。通常是，在一个特定地区，每一个种姓都崇拜一个特别的神祇或一批神祇，并且种姓等级秩序和他们声称的内在纯洁或不纯洁程度与众神的等级相一致。虽然其组成和排列各不相同，但种姓制度具体体现了一个现实的等级观念，它在宇宙秩序和人类社会方面都适用。

种姓对个人的限制

随着种姓制度的发展，它将如此的限制强加于个人——当与西方平等和自由观念形成鲜明对比时——这似乎是不可忍受的了。婚姻是个典型，虽有直接血缘关系上的禁忌，但它仍被限制在种姓之内。只有本种姓或更高种姓的人准备的食物才可食用。职业、服饰样式、社会交往的范围等都被规定好了。种姓制度加剧了妇女的依附地位。在某些条件下，一个男子可以与低种姓的女子通婚；但对一个妇女而言，照此行事绝不会被接受。一个种姓的社会地位可能会升高，

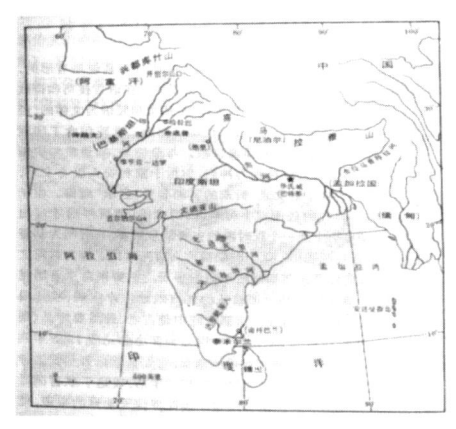

古印度地理图

而个人却不能脱离他的种姓或在种姓内部提高地位，尽管他可以打破清规戒律，堕入低级种姓。

种姓制度的有益功能

虽然种姓制度有其缺点，但在展现这根深蒂固的社会制度的负面之余，它也在印度社会中起了些正面作用。如果它说否认个人的独立，它就得向他提供保护（并不总是可行）以免受到外界伤害。它管理它自己的成员。种姓间劳动和服务分工的清晰界线使得社会能够完成自己必做的工作而将混乱程度降至最低。社会分隔从来不是绝对的。不同种姓的代表齐集村议会，在那里处理地方事务。除最低种姓（和不可接触者）外，所有种姓都参加宗教仪式和庆典。种姓手段使入侵者易于同化进印度社会。次大陆成功的入侵者们——发现他们既不能赶走种姓也不能阻止它渗入他们自己的社会。最后，由于种姓制建立在最基本的制度——家庭基础上——它为印度文化和宗教遗产的持久性做出了贡献。

最早的印度帝国

亚历山大大帝对印度河谷地的征服

公元前 4 世纪，恒河东部谷地出现了摩揭陀王国。两个世纪前乔答摩曾在此向弟子布道。这里成了北印度绝大多数国家和部族走向统一的斗争中心。政治统一的需要和达成统一的手段在印度无力阻止外敌入侵的问题上展现出来。作为约公元前 500 年波斯国王大流士一世征服的一个结果印度河谷地成了波斯帝国的一个省（管辖地），每年需交黄金年贡和提供雇佣兵。在著名的马其顿征服者亚历山大大帝推翻了波斯帝国之后，他挥师东进，穿越兴都库什山进入印度河上游（公元前 327—326 年）。他虽然在印度呆了不到两年，但却横扫了旁遮普的大部分地区，与地方罗阇们进行战斗和谈判，并在该地区设置了马其顿官员。尽管亚历山大的入侵第一次为印度历史提供了可考日期，但它在印度人心目中却几乎没留下印象，甚至当时的记载也没提及他的名字。然而，这次入侵加强了印度人与希腊语世界的文化交流，而且更为直接的是，它开辟了在印度建立一个强大国家的道路。

孔雀王朝的兴起

公元前 323 年亚历山大死后，出现了反叛和混乱的局面，一个名叫旃陀罗笈多·孔雀的印度冒险家乘机建立了一个王朝。旃陀罗笈多运用希腊人的战术，获益甚多，他领导了把马其顿官员驱逐出印度的运动。然后，他率军攻打当时印度斯坦最强大的摩揭陀王国。他击败并杀死了摩揭陀国王，自立为王，定都华氏城（今巴特那）。该城宏伟壮丽，雄居恒河南岸，长达八英里。当塞琉古（亚历山大在叙利亚和波斯的继承者）试图收复印度失地时，旃陀罗笈多给予他迎头痛击并迫使他放弃了俾路支斯坦和部分阿富汗的土地。旃陀罗笈多将他的政权扩大到北印度的大部分地区，建立了印度历史上的第一个帝国。虽然他的孔雀王朝持续不到一个半世纪，但它在历史上却占有突出地位。

旃陀罗笈多的家长式统治

作为一个统治者，旃陀罗笈多·孔雀与早期的雅利安罗阇大不相同。不仅是由于他的王国人口稠密而又富庶，而且还因为他的统治令人惊奇地有一些现代国家的特征。通过职能繁多的官僚机构，政府对社会生活和社会活动施行家长式管理，在经济领域尤其如此。政府控制了矿山，森林、珍珠采集业，甚至控制了制盐用的平底锅。政府开办了农场，船厂和兵工厂，雇佣贫穷的妇女进行纺织。除民事机构外，旃陀罗笈多还建立了强大的军事力量，号称有 60 万步兵，3 万骑兵和 9，000 头战象。政府财政收入的主要来源是土地税，占总收成的四分之一和一半之间。

旃陀罗笈多：铁腕而老练的管理

旃陀罗笈多的统治是有效而严厉的，他取消了因违反上谕而受严惩的种种界定。死刑有时以施毒药来执行，对死刑的判决不受任何限制。拥有大量的间谍、情报员和秘密警察是早期印度君王体制的典型特征，但孔雀皇帝似乎将其发展到完美的艺术境地。谍报人员从婆罗门、占星家、失去种姓的人，娼妓等所有的社会阶层中招募，他们领命去收集公众舆论，监察官员，侦破罪案或阴谋案，并把情报汇总，将中央情报局和联邦调查局的职能合为一体。孔雀王朝严酷的统治和技巧的高超由《政事论》给予了阐述，这是一个五百年后定形的有关政体的条约集，但它的形成应归功于旃陀罗笈多的宰相。这部常常用来与马基雅弗利《君主论》相对比的书，要求统治者做一个意志坚强、精力充沛、敢作敢为并有高度警惕性的人，以防下属的阴谋活动。它还断定两个邻国永远是敌人，建议统治者与其邻国的更远邻国——他的敌人的天然敌人结盟。

主要改进

除了给印度广大地区带来稳定，旃陀罗笈多还在兴建和改善公共水利工程及建设道路上广受赞誉，其中有一条连接首都与西北边陲的皇家大道，长度为 1，200 英里。尽管他有间谍网的护卫，但仍为可能发生的暗杀而担忧，以致每晚都更换寝宫。据传统说法，在经过 22 年的军事统治后，旃陀罗笈多退位，以一个耆那教僧人的身份了此余生。

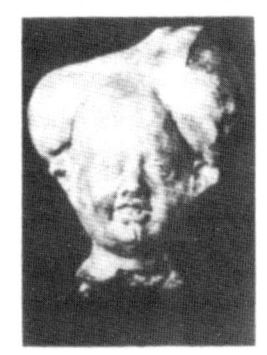

面带笑容的男孩。一位欢笑男性的赤陶头部，出自华氏城。这是孔雀王朝时期现实主义雕塑的一个例证。

阿育王：信奉佛教的征服者

孔雀王朝最伟大的人物、所有文明史中最杰出的统治者之一是旃陀罗笈多的孙子、皇室中佛教的赞助者阿育王，其仁政持续 41 年（公元前 273—232 年）。阿育王是在其父和祖父的战争传统中开始自卫的生涯的，但在经血腥征战击败并吞并了奥里萨正南方的敌对王国后，他的政府的特点迅速改变。这场胜利——决定性的，但却是通过付出大规模屠杀的代价而取得的——显然给征服者和他潜在的反对者双方留下了致深的印象。阿育王对因他的军队而引起的灾难公开表示悲哀，并宣布了他放弃暴力的决定，但同时又宣称他的决定必须像一个合法的君主那样被接受和遵守。经过成功的外交努力，他使次大陆上大多数未被征服的国家归顺，那时他的统治北达阿富汗和克什米尔，南抵德干南部的迈索尔。至此，几乎整个印度都置于一个中央政府的管辖之下，这在历史上还是第一次。然而阿育王的征服在他自己看来对其统治并不那么重要。由于受佛教教义的吸引，他先是成了俗家弟子，后来可能正式起誓，加入僧人阶层，但没放弃王位。他试图以自己的个人生活来树立一个恪守佛教信条的榜样，并将佛教教义用于帝国政务。因此，他几乎是唯一的将宗教理想注入治国之道的例子，但他却不是神权统治者。

阿育王的仁政

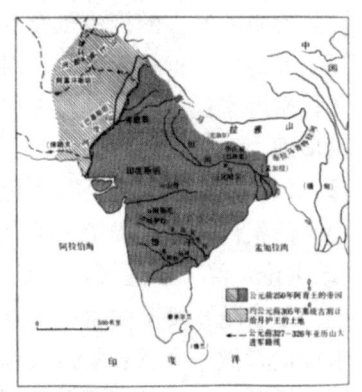

公元前 250 年阿育王的帝国

我们无法知晓阿育王的良好愿望是怎样贯彻实施的。他特别致力于为旅行者建造休息的房屋，沿途栽种树木，挖掘水井，修建供水处，以供行人和牲畜歇脚之用，还改善医治病人的设备。他向王国各地派遣专员以询察民众疾苦，向他们传教，并汇报百姓心智进步的情况。遵照佛教禁杀生的戒律，阿育王放弃了田猎（代之以"虔诚之巡"或朝圣），在皇室生活中逐渐减少肉食，直至——按照他的诏谕——素食。他改革了他的祖父们施行的严刑峻法，但没彻底废除死刑。没有证据表明阿育王的政府有任何民主倾向。他沿袭专制统治的传统，但在实施中讲良心，讲仁慈。阿育王虽然极虔诚地支持佛教，但他把宗教容忍当作国策，并主张印度各派的婆罗门都应受到尊重。

赞助佛教

阿育王在其执政的长时期中对佛教的赞助显著地促进了佛教的发展。他派传教士去锡兰，缅甸，克什米尔，尼泊尔，而且显然向西，甚至到了马其顿，叙利亚和埃及。国王本人的儿子是被派往锡兰的传教士。公元前 250 年，佛教僧人在阿育王的首都华氏城举行大集会，议定了具有权威性的基本经文。这次"华氏城大会"确立了佛教经典，特别是小乘教派的经典。佛经是印度最古老的书面文献，即它们是首批撰写的作品。然而，虽然这些经文在公元前 250 年就被决定，但它们并没有全部书写下来，直到公元前 80 年，锡兰才出现写本。

阿育王雕柱

阿育王建了大量的灵冢，其中一些灵冢被后来数百年间的佛教徒建成了精美的纪念塔。这个虔诚的帝王还将佛教经文刻在石头上和 30 根巨大高耸的有波斯君王风格的石柱上。这些石柱，如今依旧耸立的只有十根。它们以其美丽的抛光表面和一些柱头的饰雕而闻名遐尔，这些石刻经文——对道德行为的劝戒十正如前文提到的，是印度有史以来最早的、保存完好的书写例证。经文的绝大部分用所谓的婆罗门体制成，该体是古典梵文和现代印第文的前身。一些石柱的顶部刻有动物形象。一匹引人注目的栩栩如生的马和头公牛的形象与古印度河谷文明时期石印的风格相同，它说明那一时代的艺术传统经受住了雅利安人征服造成的冲击，并在一千年后重放光彩。

阿育王的不同凡响的行政体系并不比他的寿命维持得长久。他的继任者们似乎平庸无能，既无改革热情，也没组织才能。公元前184年，末代孔雀王被一个野心勃勃婆罗门、军队的指挥官所暗杀。弑君者将自己的家族押上了王座。孔雀王朝在灭亡500年后，阿育王政府时期的那种实力才又出现。

苏美尔城市国家的起源

苏美尔是人类社会最早进入文明、世界上最早产生城市国家的地区之一。

苏美尔位于古代两河流域（今伊拉克）南部。其地处底格里斯河与幼发拉底河流域冲积平原，土地肥沃松软，气候炎热干燥，虽然当地降雨量少而集中于冬季农闲之时，但两条大河定期泛滥为农业生产提供了有利条件。自公元前五千纪起，随着肥沃新月形地带人口压力的增加，就不断有农业居民自两河流域北部丘陵地区及埃兰迁入当地谋生。这是一群具有长期农业、传统、掌握了一定的水利灌溉技术的农民。他们最初在幼发拉底河及其支流的沿河台地与沼泽地带建立许多小型村社，利用定期泛滥的河水和沼泽地带丰盛的水草、芦苇及粘土，从事农业、畜牧业和手工业。以后随着生产力的发展，逐渐开发了整个南部地区，建成了世界上最初的城市，在农业、手工业、建筑业、文化艺术等方面都取得了惊人的成就，创造了灿烂的苏美尔文化。

一块用楔形文字刻的碑

根据古代传说，苏美尔城市国家的起源可以追溯到非常遥远的年代。例如，据著名古代文献《苏美尔王表》（以下简称《王表》）所载，早在二十七万多年前，王权自天下降至埃利都（今阿布沙赫连）城之后，苏美尔国家就形成了。《王表》所述王权起源和国家形成的时间虽然充满了神话色彩，但也包含了某些真实的历史成分在内。考古发掘证明埃利都确实是两河流域南部最古老的居民点之一，早在公元前五千纪，当地就已经出现了神庙建筑和居民住宅，其文化遗存属欧贝德文化，甚

巴比伦王国的硬币

至更早，其后，由于幼发拉底河及波斯湾的影响，土地盐碱化，当地人口减少，逐渐衰落，仅为淡水和地下水之神恩基祭祀中心。《王表》称埃利都后来为洪水所灭。

有关洪水的传说和对恩基的崇拜，说明洪水前，即欧贝德文化早期，生产水平是很低下的。当时人们不但无力兴修水利工程抵御洪泛灾害，常常还须提防灭顶之

灾。克莱默根据乌尔等地洪水沉积层前后陶器形制的变化，推测当地原始居民欧贝德人在这场洪水之后极少幸存。从考古发掘所见石器、手制陶器、苇制民棚和砖坯建成的简陋神庙看来，这时尚无财产分化、阶级分化的痕迹，当然更不可能有国家存在。

　　大概就是在《王表》所说大洪水之后，即欧贝德文化中期，苏美尔文化的创造者苏美尔人才由中亚地区经伊朗迁入两河流域南部。闪族部落大概也在同时移居苏美尔以北地区。关于苏美尔人的种族和语系，一直未能确定。至欧贝德文化晚期，各地出现规模较大的神庙建筑，如埃利都神庙Ⅵ的面积达 26.5×16 平方米，它可能已经成为经济合作与管理的中心，承担了兴建与维护正在形成的灌溉系统的任务。神庙又是畜牧业、手工业与商业的中心。当时的手工业已经具有较高的技术水平，出现了轮制陶器、铜器，说明生产水平较前已有所提高，分工有所扩大。有人推测苏美尔这时约有 5% 的劳力从事与食物生产无关的经济活动，而到原始文字末期，从事此类活动的人口则占 20%。根据埃利都时期墓葬出土的象征部落首长的男俑判断，社会大概已经由母权制过渡到父权制。

　　至乌鲁克文化时期，社会变化更为明显。以乌鲁克为例，该时期在埃安那周围约有 100 个以上的村庄。这些村庄沿着小河散落，每村约有居民几十人，这大概就是一个父系氏族公社的规模。当时居民已经掌握了犁耕、陶轮制陶、冶铜等技术。农业技术的进步使农业劳动所能提供的剩余产品数量大为增加，不但扩大了分工的基础，也为对外贸易提供了不少物资。早期铜器虽然多为纯铜做成，质地柔软，用途不广，但它为下阶段青铜制造奠定了基础。由于铜的冶炼、制造技术远比其他手工业复杂，苏美尔本地又不产铜矿石，因而冶铜业的发展不但扩大了手工业与农业的分工，也促进了苏美尔与周围地区早已存在的商品交换，加速了社会内部财产分化与阶级分化的过程。该时期居民开始由分散的小村迁往较大的居民中心，几个较大的居民中心又合并为一个城市。以血缘关系为基础的父权制家庭公社开始让位于以地域关系为基础的农村公社。至乌鲁克文化晚期，由于居民迁并的结果，埃安那周围村庄数目明显地减少，这些村庄且沿着新开辟的人工运河散落。但这时尚无真正的人工灌溉系统。大型灌溉网的形成，显然是在国家形成之后的事情。埃安那（Ⅵ）时期修起了围墙。伊南娜神庙（Ⅴ和Ⅳb）面积达 75×29 平方米。苏美尔进入了建筑史上的黄金时代，各地普遍出现了城市和宏伟的神庙建筑，同时出现了作为财产标志的圆柱形印章以及象形文字。这既是社会生产与分工长期发展的结果，又是财产分化与阶级分化剧烈的象征。整个苏美尔地区，已经处于文明的前夜了。

乌尔族墓中出土的镶有天青石、金子和贝壳的竖琴

　　在氏族制度解体到国家形成的过程中，苏美尔历史上也出现过军事民主制，或所谓"原始民主制"，这已经为许多神话所证实，其中"所说的人物虽然是神话中的人物，但这一

点并不重要，因为传说确实反映了氏族的制度。"根据这些神话传说，苏美尔军事民主制同样也有"三个协调权力的机关"，这就是"人民大会、氏族首长议事会和企图获得真正王权的军事首长"。

古巴比伦创世史诗《恩努玛·艾里施》为我们形象地再现了苏美尔军事民主制的情况。史诗情节大概是这样：当混沌未开之际，原水之神提阿马特为报杀夫之仇，带领一群恶魔前来与众神相斗。众神无法抵御，因此决定召开一次神界的人民大会——众神大会，以挑选一名勇敢善战者领导大家作战。他们选中了苏美尔主神之一恩基之子、年轻的马都克。但是，后者在作战之前，就要求在胜利后必须承认他为众神之长。经过"众神之父"、天神安和"全体决定命运的大神"，以及其他一些只有表决权而无发言权的小神（因为史诗中没有明确提及他们）组成的众神大会决定，为了击败敌人，同意马都克的要求，授予他言出令行的最高权力。他们宣布马都克为"王"，授予他王权的标志：节杖、宝座和 PALU（王的任期），令其出战。最后，马都克率领众神血战沙场，灭尽群魔，并以提阿马特之躯造成了天地，以其情夫金古之血和泥土造成了人类。马都克遂永为众神之王。

这个神话反映出苏美尔军事民主制时期，氏族管理机构还是建立在民主原则的基础上，氏族首长与人民大会在解决有关本部落的一切重大问题，特别是像决定战争与和平以及挑选部落军事首领这样一些重大问题时，还起很大的作用。但是我们从史诗中也可以看到，部落军事首领的人选，已经习惯地由特定的家族中选出，其权力也越来越大。随着部落间战争的日益频繁，到军事民主制后期，军事首领开始排斥人民大会和酋长会议的作用，僭取公共权力。他们使自己的职位由选举产生逐渐变为世袭，奠定为"世袭王权和世袭贵族的基础"。至原始文字时期，由于生产力的进一步发展，氏族内部财产分化、阶级分化进一步加剧，氏族部落中出现了奴隶主和奴隶、富人和穷人、贵族与平民的斗争，各部落间的战争也越来越激烈。作为阶级矛盾不可调和的产物，国家也就取代氏族制度而产生了。

公元前 3000 年左右，苏美尔开始出现了一系列以城市为中心，结合其周围若干村镇而成的奴隶制小国，数目约有十七个。国内外史学界一般称之为城市国家。我国史学界有人把它们简称为"城邦"。由于这样的国家一般都占据了一个灌溉系统，包括若干城市，好像是埃及前王朝的州一样，因而也有人认为把它们称为"诺姆国家"可能更为恰当些。但有些学者认为古代苏美尔的拉格什、乌尔等并不是真正的城市，因而主张把这些国家称作"村社国家"。这显然是对城市的定义理解有所不同。众所周知，不同的时代，衡量城市的标准也不同。按照前苏联学者的意见，城市就是"剩余产品集中、再分配及销售之地"。它的其他一切职能（工商、文化和政治）都是由上述职能所派生的。而按照美国学者的意见，衡量一个居民点能否称为城市有五条标准：一、城市与农村相比，是一个有大量人口的居民点；二、城市居民密度大于农村；三、城市的基本功能是分配；四、城市是交通中心；五、城市是需求等等中心。我们觉得，按照上述标准，苏美尔各城市无疑可以称为真正的城市，因而把苏美尔各国称为"村社国家"未必恰当。

城市国家是奴隶社会早期发展阶段的产物，是原始的国家形态，但是它已经具备了国家的基本特征：一、地域关系战胜了血缘关系。这个过程是通过居民的迁并途径完成的。这一迁一并，就使旧的氏族组织遭到破坏，建立了以地域为原则的城市国家。这些国家最初规模都不大，一般都只有一个中心城市和若干小村镇，人口也不多。像著名的乌尔城邦在早王朝初期有三个城市和若干村庄，面积不过 90 平方公里，人口才 6000 人。其他国家大概也与此不相上下。二、公共权力的设立，这有乌鲁克的红宫和捷姆迭特·那色神庙档案为证。红宫是一个封闭式大庭院，面积约 600 平方米，中有一砖坯小平台。有人根据苏美尔文献推测，这

汉穆拉比头像

个大院子就是人民大会的会场，而小平台则是祭司和长老会议开会的地方。祭司、长老高居于人民之上，由此可见一斑。而从捷姆迭特·那色神庙文书中，我们见到恩（EN）及其他高及官吏，如最高女祭司（EN. SAL）、商人首领（GAL、SAB）、首席法官（TUG、DI）、指挥官（PA. SUL）和预言家（ISIB）。脱离人民的军队也已经出现了，大概由神庙人员组成，由指挥官直接领导。它已经不同于自备武器的公民兵组织。三、赋税的设立。这点早期没有文字可资证明，大概主要表现为各种各样的劳役。但我们由乌鲁卡基那（又有人译为"乌鲁依尼木基那"）改革铭文推测，真正的赋税大概早已存在。从乌鲁克雪花石膏瓶献祭场面与圆柱形印章鞭打战俘场面中我们可以看到，苏美尔城市国家自其诞生之日起，内部就充满了阶级对抗，暴露出奴隶主专政的阶级实质。也有人认为，原始文字时期与早王朝之间乌鲁克城被彻底摧毁的原因，大概就是因为剧烈的社会分化所引起的冲突所致。如果情况真是如此，那就可以认为这是世界上第一次奴隶和平民反抗奴隶主的伟大斗争了。

苏美尔地区的统一

　　君主制的建立，为整个苏美尔地区的统一奠定了政治基础。与此同时，统一的物质条件和舆论也逐渐成熟了。当时整个苏美尔地区以幼发拉底河为主干，形成了一个完善的水利系统，它不仅对农业，而且对商业也有很大促进。手工业也有长足的进步。而商人则早已将苏美尔的物资远销印度、小亚等地。当时各邦的争霸，表面上是各邦统治者为了争夺土地、劳力和水利工程控制权而进行的残酷战争，实际上却反映了各邦人民要求统一，以从事正常生产、生活的愿望。而苏美尔自古以来也就存着许多有利于统一的因素：如各国人民都有共同的称呼——"黔首"；共同的宗教信仰，以尼普尔城恩利尔神为最高主神；共同的文化，经过上千年的民族融合，形成了以楔形文字为代表的苏美尔文化，居民自视一体，没有畛域之分。因此，到早王朝晚期，各邦开始由割据混战走向兼并统一。

　　苏美尔统一的过程，大概可分为三个阶段。首先是整个地区经过几百年的混战，形成南北两个军事联盟：一个是以乌尔—乌鲁克为霸主的南方同盟；一个是以基什为霸主的北方同盟。它们分别联合了南北各邦（拉格什除外）。第二个阶段是由温马统治者卢伽尔扎萨西所进行的初步统一。他首先获得南方的霸权，随后兴兵北上，

征服基什，初步统一了苏美尔地区。卢伽尔扎萨西的胜利，反映了人民困于战争、渴望统一的要求。但是，他在胜利之后所建立的是一种邦联性质的政治结构，和军事同盟相去不远，并没有建立起统一的国家，因而其统治并不稳定。就在他倾尽全力与其宿敌拉格什苦战、无暇他顾时，基什王萨尔贡乘机崛起，逐步统一南北各邦，并将其击败，作为献祭送往尼普尔城恩利尔神庙。萨尔贡后来在苏美尔北部地区兴建阿卡德城作为他所建立的新国家的首都。这个国家，这个地区和建立这个国家的闪族人，后来都以该城之名而名，整个苏美尔地区在萨尔贡的统治下，第一次统一起来了。苏美尔城邦时期过去了。古代西亚第一个中央集权的奴隶制大国——阿卡德王国出现了。

公元前 24 世纪苏美尔城市国家拉格什的首脑乌鲁卡基那（约公元前 2378—前 2371 年在位）所实行的改革，是现知世界历史上最早的一次大规模社会改革。由于记载改革的铭文及一些记述有关情况的文献较好地保存了下来，使我们对这个早期奴隶制国家这场改革的情况，能有一个大体明确的了解。在世界各国早期奴隶制时代的历史中，其他国家或全无类似记载，或虽提到改革而记载不详。

拉格什城初建于公元前 4000 年代中叶。公元前 28 世纪，它已以城市国家的面貌出现于历史舞台。公元前 26 世纪，乌尔·南希建立起乌尔·南希王朝。这个王朝共经六代恩西（ENSI，国家首脑的称呼，原意为"率领人们从事建筑的祭司"，后来意为"首领"，是国家主神在世间的代理人，其权力受到贵族的限制），即乌尔·南希、阿库尔格尔、安那吐姆、埃安那吐姆一世、恩铁美那、埃安那吐姆二世。以后，不属于乌尔·南希家族的埃冷塔西、卢伽尔安达先后为恩西。安那吐姆、恩铁美那当政时，拉格什与温马发生战争，温马战败，向拉格什缴纳贡赋，拉格什一度在苏美尔部分地区称霸。卢伽尔安达当政时，国内动荡，对外未见有什么大事。

公元前 20 世纪初拉格什可灌溉土地的面积约 2000 平方公里，人口总数（包括奴隶）约 15 万。除两个主要城市外，拉格什郊区有西拉兰、吉尼尼尔、巴尔巴尔、古阿当等小的政治宗教中心。从这时农民耕种份地看，农村公社还存在，土地还以公有制为主。小的政治宗教中心即为公社中心，现可列名的为 14 个。社会细胞是个体家庭和家族，个体家庭已占优势。

当时拉格什主要有三个阶级：一是奴隶主贵族，包括恩西、其他世俗贵族和上层僧侣；二是平民（公社普通成员）；三是奴隶。恩西、大官占有奴隶和大片土地，有一个官员占地达 51 甘（一甘合 5.31 市亩），比普通平民多几十倍。神庙经济在拉格什经济中居于重要地位。国家主神宁吉尔苏的妻子巴乌女神神庙占地约 730 余甘（合 3880 余市亩），有大批奴隶和平民为其劳动。奴隶数达 400 多人，加上从事体力劳动的平民、书手、记账人、经商人员，约有 1200 人左右。寺庙经济由上层僧侣控制，已是一种剥削劳动人民的经济形态，但还有公社共同体公有经济的成分。土地还不属于恩西、上层僧侣个人私有。

改革铭文和其他文献中的"伊格·路·杜"（Iginu－duh）意译为"不抬眼的人"或"盲人"。有的学者认为伊格·路·杜是贵族或半自由人。但从这种人常被买卖、按几头或几只计数、担负繁重劳动等情况来看，他们大多数应是奴隶，只有少数例外。

改革铭文和其他文献中还有一种人音译为"苏不路伽尔"（Sub－Lugal），意译颇不一致。各家不同译法和解释主要有：（一）"兵士"；（二）"农奴"；（三）"依附民"；（四）"屈节和匍伏于主人面前的人"；（五）认为其地位接近于苏路帕克（苏美尔城市国家之一）的"古鲁什"，是农村公社成员，劳动者，同时又是一般战士。现在不同译解还没有一致起来。弄清"苏不路伽尔"的身份是正确认识改革的关键问题之一。改革铭文提到这种人"掘井"，可见是劳动者；又提到改革前他们受到欺压。改革铭文以外的文献对弄清这种人的身份非常重要。当时神庙有这种人，神庙外也有。他们一般都耕种份地，这很能说明他们的身份是公社成员；他们主要从事农业，具体从事耕种、播种、灌溉、运粮等劳动，也从事畜牧、捕鱼、手工、建筑等事业，在买卖人口的契约中，未见有买卖苏不路伽尔的记载。在平时，他们是普通劳动者；在战时，他们应征组成轻装兵，地位低于由贵族子弟组成的重装兵。因以上种种情况，我们认为这种人的身份，上述第五种解释较符合实际，这种人受剥削、欺压，但身份是自由人，不是"农奴"、"依附民"；主要身份是劳动者，故也不宜译为"士兵"。

改革前苏不路伽尔的经济地位已严重分化，其中有的全年为神庙劳动，领取口粮。在神庙内的一般占份地 1.4 甘，已较贫穷；神庙外有的有份地 2 至 4 甘不等，也不富裕。个别的占地 18 甘，较富有，但不审详情。多数苏不路伽尔在改革前日益贫困，显然是改革面临的主要社会问题。

卢伽尔安达的暴虐统治加剧了拉格什的阶级矛盾。一方面，国家和当权者加紧压榨平民，增加了捐税，并分派官吏到生产现场征收。"从宁吉尔苏边境以至于海，到处都有收税人。"管理船民、牧人、渔民的官员由被管理者养活，跟到牧场征收驴羊，跟到渔船上渔网中取鱼，甚至夺取驴羊、船只和渔场；手工业者负担捐税过重而乞讨面包；凡剪得白羊毛必须交给国家或缴纳难得的银子；长官以买为名，侵吞其所管平民的房子、好驴；掌管食品的僧侣进入贫苦妇人的园子强取树木和果子，等等。这加剧了贵族当权集团和平民的矛盾。另一方面，卢伽尔安达把宁吉尔苏神庙及其经济从上层僧侣手中夺归自己直接掌管，把巴乌神庙及其经济夺归其妻巴拉娜姆达姆名下，把拉格什郊区神庙夺归其子名下，使上层僧侣的权益受到严重损害。这又大大加剧了统治阶级内部僧侣贵族和当权贵族的矛盾。与此同时，社会其他矛盾也日益尖锐化。债权人欺压债务人；死者的家庭负担的殡葬费异常沉重；孤儿寡妇备受欺凌；盗窃、强夺、杀人案件增多。这一切，使拉格什社会已难以照旧维持下去。

经过一场斗争，卢伽尔安达的统治被推翻，乌鲁卡基那取得了政权。现未见正面记载这场斗争的具体经过和形式的文献，但从有关事实看，这次政权改变是通过暴力实现的，在卢伽尔安达统治时，重装兵是恩西和贵族统治的支柱，由国家和巴乌神庙供养。乌鲁卡基那执政后，供给重装兵的口粮只占原有总数的 1/3，重装兵的大部分从经济报表中消失了。看来，这 2/3 重装兵是在战斗中被击溃，余下的一小部分站到了新政权的一边。同时，乌鲁卡基那执政第一年给轻装士兵苏不路伽尔的口粮，从过去每人每月 72 西拉（一西拉约合 1.75 公升）增加到 144 西拉。还有，以后乌鲁卡基那与温马作战，也以轻装兵为主要力量。

乌鲁卡基那出身于贵族家庭，他的父亲恩格尔沙做过乌尔·南希王朝的高级官员，他的妻子莎克莎克是埃冷塔西的姊妹，卢伽尔安达的姑母。他开始执政时，已有两个儿子、四个女儿。儿子的名字为埃里吉阿克、埃克拉姆特，女儿的名字为基姆巴乌、基姆达尔西尔希尔、姆、尼娜和莎丽莎卡。经济文献提到姆·尼娜的男奴隶 19 人，女奴隶 17 人，莎丽莎卡有男奴隶 8 人，女奴隶 10 人。他的另一对儿女也有自己的奴隶。从他已有六个子女、多数子女已有自己独立的家庭经济，可推知他执政时年龄约在四十五岁以上，并已可能富有政治经验。

乌鲁卡基那执政第一年时的头衔仍为恩西，先为吉尔苏的恩西，不久称拉格什的恩西。他执政后，先后为宁吉尔苏和巴乌神建造了几座新庙宇，为巴乌神庙建造了剪羊毛的房舍；开凿了一条新运河（以献给南希神的名义），疏浚了一条运河；为吉尔苏城建造了城墙。在他执政的第二年，拉格什与温马之间爆发了较大规模的战争，拉格什获胜。同年，乌鲁卡基那的头衔改为卢伽尔（Lugal，原意为"大人"，引申意为"主人"、"王"，地位和权威高于恩西）。他从执政第一年起即实行社会改革。改革铭文已被发现，记载在三块坨式泥板和由五块石片组成的椭圆形石板上，用苏美尔文字书写。以下分三个方面叙述改革的措施和内容。

第一，关于改革的基本政策和政治制度的改革

（1）对贵族当权集团和一般奴隶主贵族的基本政策。

乌鲁卡基那打击旧的贵族当权集团，但有一个明确的限度。这就是只剥夺他们滥用政治特权所获得的利益并禁止继续这种滥用，但没有触动他们作为一般奴隶主贵族的经济和社会地位，这是在改革中贯穿于全局的一项基本政策，首先，对卢伽尔安达及其家族就实行了这一政策。卢伽尔安达被剥夺了恩西的地位，也失去多占神庙收入和捐税的特权，但实行改革后，他和他的妻子还活着，并过着富裕的贵族生活。他的妻子的名字从巴乌神庙名录中消失，神庙分给她一份"给养"的记录也消失了。但她还参加巴乌神庙的宗教仪式，分食"神餐"。乌鲁卡基那执政第三年她死去，还举行隆重的葬礼，参加葬礼者达 200 余人。其次，改革禁止官员和当权的僧侣侵吞平民的驴、羊、船、房屋、树木和果子（详见下文），但也没有触动他们作为一般奴隶主贵族所占有的奴隶、土地等财产及社会地位，这种政策在当时是比较切实可行的、开明的。

（2）关于政治制度的改革和改革依靠的力量。

乌尔·南希王朝的第五代恩西恩铁美那在一件铭文中自称是宁吉尔苏神在 3600 人中授予他"王"权；乌鲁卡基那在改革铭文中则自称是宁吉尔苏神在 36000 人中授予他"王"权。这里的"人"无疑是指享有政治权力的自由人，这种人较前大大增加（扩大 10 倍，但未必是绝对数），显然包含着提高平民地位、扩大平民权力的内容，因此是政治制度方面的一项重大改革。但其中具体情况还未见资料。能够加以推断并值得注意的是：（一）在 36000 人中，包括平民，也包括贵族；（二）强调"36000 人"的意义，既扩大平民的政治权力，也就必然在一定程度上削弱、分散了

贵族的权力。从这一点和改革依靠轻装兵作战，采取一系列措施减轻平民负担来看，改革的主要依靠力量是平民，同时也依靠一般贵族。由此可认为，乌鲁卡基那所建立的，是一个以"36000人"为基础来统治、剥削广大奴隶的政权。这个政权的阶级基础，较前显然扩大了。

（3）关于军事制度的改革

乌鲁卡基那以平民兵为其军队的主要力量，基本改变了过去的恩西以贵族子弟兵为主要军事力量的制度。军队成分的改变与多方面存在联系。平民兵经济待遇的改善，使平民的社会地位也有所提高，而这些，也就又改善了平民的政治地位。军队情况的这些变化，是他能够推行改革的主要条件，同时也有利于加强国家的军事力量。

第二，大幅度地调整政策，取消弊政

改革的这类内容又分为两个方面，对平民而言，改革有利于他们；对僧侣集团而言，有一些措施有利于他们，也有一些限制他们的措施。

（1）减轻平民负担、使平民免受侵夺的措施。

①撤去派往各地的税吏，减免部分捐税、欠税。"从宁吉尔苏边境直至于海，不再有收税人"。这并不是免收一切捐税，而只是撤去跟到生产场地直接收税的收税人。同时，还豁免了原来平民积欠王室的赋税（谷物）及王室另外征收的大麦，减少了手工业者负担的捐税。

②免除了平民的弟弟所负担的无酬劳役。改革前除作为一户之主的平民担负人工灌溉等国家劳役外，户主的弟弟也被征服劳役，不给报酬。改革取消了"弟弟"的负担。

③禁止当权官员利用职权侵夺平民的财产。"他禁止（……）管理船夫的人（夺去）船只。他禁止管理渔场的人（夺去）渔场。……他禁止监察官（接受）为剪白羊毛和伽巴羔羊（的毛而交）的银子"，等等。

④减少殡葬费。改革规定了殡葬手续费和仪式费的标准数额，较前减少了一半左右到一半以上。如将尸体抬入墓内，原负担酒七杯，现定为三杯，原负担面包420块，现定为80块，等等。

（2）关于对待僧侣集团的政策。

乌鲁卡基那将卢伽尔安达及其亲属夺得的神庙掌管权归还上层僧侣，使他们重新成为神庙财产的主管者和受益者。同时取消了改革前向部分僧侣征收的捐税。这些措施有利于僧侣集团的多数人，主要有利于上层僧侣。但改革也禁止当权的僧侣滥用特权，禁止掌管食品的僧侣进入贫苦妇女的园子强取树木和果子；并以减少殡葬费用，限制上层僧侣过多地剥削平民。改革将几个神庙的财产主管权发还僧侣，是针对卢伽尔安达滥用特权贪婪侵夺而采取的措施，不能认为这是把历史车轮拉向后转。从总体上看，改革对僧侣的政策有利于缓和阶级冲突和社会安定，在当时是比较适当、平稳的。

第三，改革社会制度的几项措施

改革的这部分措施特别重要。它所反映的早期国家在社会矛盾面前所起的积极作用，是现知世界历史上最早的具体记录。它既有当时拉格什的特殊性，又反映了早期奴隶制国家历史发展的普遍的规律性。这方面主要有以下四项。

（1）以国家立法形式确定财产的私有制。

当时拉格什的经济关系中的私有制实际已经存在并在发展，但还没有达到以国家立法的形式予以承认和保护的程度。同时，还存在氏族贵族和盗窃者利用"氏族制度的共产主义传统"来为自己侵犯私人财富辩护的现象。在当时，确立并发展私有制有利于生产的正常进行和社会安定。然而，已经解体的氏族制度已不能有任何帮助，于是就只有期望形成还不很久的"国家"了。改革在一定程度上满足了这一期望。

改革铭文所记当权者侵夺财富的多方面内容，多未写明为这种行为辩护的借口。但在实际中，显然都利用其担任公职的权力，以公共利益作为借口。在当时，所谓为了公共利益还免不了利用尚存在的为了氏族共同体的观念和原始共产制的观念。如果说，这只是从理论上作出的推断，那么，从铭文的另一内容，却可清楚地看到这种"辩护"的具体观念。

在改革前，"如果氏族会社（?）成员造了养鱼池，任何人都可以窃取他的鱼；这人说：'它是太阳照耀下的'。"按译解，"太阳照耀下的"的意思就是鱼原"不属于任何人所有"。换句话说，就是窃取者以鱼为公共所有为自己窃夺他人的鱼的行为作辩护。针对这一问题，改革规定："如果氏族公社（?）成员造了养鱼池，任何人不能窃取他的鱼"，如果有人窃夺，"将石头掷向偷儿"（意即用石头将窃夺鱼的人砸死）。窃夺者为自己辩护的观念，在大体处于相同社会发展阶段的其他民族也有具体事例。乌鲁卡基那所采取的措施，正是以国家立法的形式给"私有财产"以及"相继发展起来的获得财产的新形式"，"盖上社会普遍承认的印章"。改革规定长官如要买平民的房子、好驴必须付出银子，不得侵夺，也是同一性质的措施。这一措施有利于生产发展、社会相对安定和社会进步，是顺应历史发展潮流的重大改革。这是整个改革具有进步性的一个重要方面。

（2）以国家立法形式确定一夫一妻制。

改革前，一夫一妻制在拉格什已实际形成，但还存在一些原始婚姻习惯的残余，"昔日的女人曾惯于嫁两个丈夫"，同时限制男子休妻，如男子休妻，恩西收取五西克勒（一西克勒合 8.4 克）银子，有关官员收取一西克勒银子。改革禁止一妻多夫，并规定，如女人再有两个丈夫，则"用石头砸死"。同时规定，如丈夫休妻，恩西和有关官员"都不收取任何银子"。这从两方面加强了夫权：一是要妇女对丈夫保持贞节，而破坏夫妻忠诚则是丈夫的权利；二是只有丈夫可以解除婚姻关系，离弃他的妻子。改革的这一立法，又给一夫一妻制盖上了社会普遍承认的印章。这也是顺应历史发展潮流的一项进步措施。

（3）关于解除债务奴役的措施。

改革铭文有关部分的原文较费解，译文歧异，但可肯定的是改革为解除债务奴役采取了措施。有关的一句话，克莱默译作（改革）"赦免了那些（由于他们）所欠的债……（而被监禁的）拉格什公民们"；贾可诺夫译作（改革）"使拉格什公民从债务奴役……中解放出来"；载美尔译作（改革）"使拉格什儿子们从生命借贷……中清洗（解放）出来"。这些译文大意相同，只译词互异。从相同的方面看，改革解放了因欠债而被奴役或被拘禁的人，否定了旧的关系和制度。在古代世界早期奴隶制国家中，债务奴役是造成本族自由民内部纷争不已的共同问题，能否废除债务奴隶制是决定奴隶制能否高度发展（奴役外族人）的主要条件之一。迄今所知，这场改革也是涉及这一问题最早的一次，但是否废除了债务奴隶制，因受原文太简的限制，还说不清楚。

（4）关于建立法制。

改革铭文不是一部法典，但记载了建立法制的若干内容，带有立法文献的性质。铭文对改革内容的记述，有些也就是制定法和法律条款。从建立法制所达到的水平来说，有三点值得注意。其一，一切国家的法和法律都是强制实行的，改革建立的法制也是这样。允许什么，禁止什么，什么罪处死，都是强制性的规定。其二，改革的立法具有开创的特色。以国家名义确定私有制、一夫一妻制为合法，确认在商品交换中买卖双方对自己财物的主权地位等，都是改革新创立的东西。改革及其铭文的特别可贵之处，还在于它说明了这些法是在什么样的阶级矛盾和斗争中通过国家立法而产生出来的。这对于研究法的起源，是有重要价值的。其三，改革的立法又具有简单、粗犷等原始性。其中一部分内容，只是把习惯法记载下来。如"用石头砸死"罪犯，在原始社会后期实行习惯法时已经使用，并还是比较野蛮的表现，等等。

在乌鲁卡基那执政的第四年，拉格什与温马的战争重新爆发。在战斗中，由苏不路伽尔组成的轻装兵是拉格什军队的主力。其中八个队有农人队、牧人队、海上渔人队、河上渔人队等名称。保存下来的供给战士口粮的经济报表，列有队长、队员的名字。这些队每队一度是 18、20、22、33 人不等。战争的头一年，拉格什曾取得一些胜利。从此后名单上人员的变化，可看出在乌鲁卡基那执政的第五、第六年，拉格什的士兵伤亡很重。如一个河上渔人队在他执政第四年为 22 人，第六年只剩下 8 人；一个海上渔人队第五年为 20 人，第六年只剩下 5 人。另一情况是，第六年还第一次出现将农人、牧人、渔人混合编队的做法，大概是战士大批伤亡且兵源缺乏的表现。最后，在温马和乌鲁克联军的攻击下，拉格什失败了。温马军队攻占了拉格什城及其郊区，破坏严重，"烧毁了安塔苏鲁神庙，抢走了银子和宝石，提拉什宫浴于血泊之中"，但未攻占吉尔苏城。乌鲁卡基那大概在吉尔苏又当了几年首脑。温马统治拉格什城时期形成的铭文认为，温马人冒犯了宁吉尔苏神，但"乌鲁卡基那王在这方面没有犯罪"。此后，在阿卡德王国统治时期，乌鲁卡基那可能担任拉格什的总督。因为在阿卡德王国第二代国王时，一块石碑还提到他的名字，不过，从被温马和乌鲁克联军战败后，未见有文献记载他的活动。

汉谟拉比法典

摆在我们面前的，是三块貌不惊人的黑色玄武石，有谁会想到这些竟是极其珍贵的古代文物呢？但是，如果我们把它们合在一起，奇迹便出现了，这是一整块椭圆柱形的石碑，高 225 厘米，底部圆周 190 厘米，顶部圆周 165 厘米，更为奇妙的是，石碑上方还刻有两个人的雕像，一个坐着，右手握一根短棍，另一个站着，双手打拱，神态恭谨。石碑下方更让人吃惊，竟然是几千个密密麻麻的楔形文字。

这块石碑自然引起了许多人的兴趣，艺术史家们兴致勃勃地欣赏着雕像，考古学家津津乐道地研究这些楔形文字，经过他们辛勤的研究，有关这块石碑神奇的谜底终于揭示出来了……。

原来，这两个人的雕像，一个是两河流域的太阳神沙马什，站着的一位是古巴比伦威震四方的国王汉谟拉比，而下面那些文字，则是著名的汉谟拉比法典——人类第一部成文法典。

离今约五千年以前，西部亚洲的两河流域地区就已出现了文明的曙光。底格里斯河和幼发拉底河日夜奔腾，辛勤地浇灌出一大片肥沃的土地，人类便在这里栖息、耕作、拓植，使这里成为古代四大文明的发祥地之一。然而，不幸的是，在几千年中，两河流域总是战乱频仍，没有像古埃及、印度和中国那样有一个较为长久统一的王朝。但是，在公元前 18 世纪，这里却出现了一个称雄一时的古巴比伦王国，汉谟拉比便是其第六代国王（约公元前 1792—前 1750 年在位）。

古巴比伦王国位于两河流域的中央。"巴比伦"一词原意为众神相会之地。顾名思义，这里是西亚的交通要冲。可是，尽管古巴比伦地理位置优越，在汉谟拉比即位之前，它还是一个须要向周围邻国称臣纳贡的弹丸之邦，其领土长不过一百二

汉谟拉比法典石柱

三十公里，宽只有三十二三公里。志向远大的汉谟拉比懂得，要使国家强盛起来，首先得巩固内部，积聚力量。在他当政的头五年，汉谟拉比卧薪尝胆，积极扩充军备。

到了第六年，汉谟拉比联合了北方的马里、南方的拉尔萨，一举消灭了南方的敌邦伊新。接着，他又再次联合马里，消灭了南方另一邻邦拉尔萨。公元前 1759 年，汉谟拉比又挥师北上，向两度成为自己盟友的马里宣战。经过近一年的苦战，马里城遭到了毁灭性的破坏，马里国王吉姆里利姆被迫向汉谟拉比表示降服。汉谟拉比用了三十五年的时间统一了两河流域，创建了一个从波斯湾至地中海沿岸的中央集权奴隶制帝国。他骄傲地自诩为"强大之王，巴比伦之王，阿穆鲁的全国之王，苏美尔、阿卡德之王，世界四方之王"。当时，古巴比伦的确当之无愧地成为西亚最大的经济、政治和文化中心。

汉谟拉比为了巩固巴比伦王国的奴隶制度，加强中央集权，制定了一部全国统一的法典，后人称之为《汉谟拉比法典》。这个法典在汉谟拉比即位

伊什塔尔女神

不久就开始制订，以后经过不断修正，最后将法典的全部内容刻在石碑上，立在一座庙宇中。

《汉谟拉比法典》是人类历史上第一部较为完备的成文法典，分为序言、正文和结束语三个部分。正文共有 282 条，包括诉讼手续、盗窃处置、军人份地、租佃、雇佣、商业高利贷和债务奴隶、继承权、伤害和赔偿、奴隶地位等各方面的条文。这部法典较为全面地反映了古巴比伦王国的社会状况。尽管汉谟拉比在序言中宣称自己要"发扬正义于世，灭除不法邪恶之人，使强不凌弱，使我有如沙马什，照临黔首，光耀大地"。但人们还是可以从法典中看出广大奴隶和下层平民所受到的不平等待遇。

比如，法典的第 15 至第 20 条规定，奴隶主对奴隶拥有所有权，逃亡奴隶必须交还原主，盗卖奴隶或藏匿奴隶者处以死刑。法典第 247 条规定，伤害奴隶的一只眼睛与伤害一头牛的一只眼睛处罚相同。汉谟拉比法典是一部道道地地的奴隶制法典，它竭力保护奴隶主贵族、僧侣、大商人和高利贷者的私有财产，而把奴隶视同牲畜。这部法典对以后的奴隶制国家的立法影响极大。

《汉谟拉比法典》是目前所知道的人类历史上第一部较为完备的成文法典。它是汉谟拉比即位第 30 年下令颁布的，这部著名的古代法典，刻在一块黑色玄武岩石柱上，柱高 2. 25 米，上部周长 1. 6 米，底边长 1. 9 米，石柱上端是浮雕，表现太阳神沙马什侧身端坐在宝座上，将王权标授予站在面前的汉谟拉比。浮雕下面是用楔形文字镌刻的法典全文。1901 年，法国考古队在伊朗西南部的古埃兰首都苏撒发现，现藏于法国卢浮博物馆。据考证，公元前 1150 年，埃兰攻陷巴比伦时，将此碑作为战利品，带归苏撒。碑上条文部分有被磨损，后来根据在苏撒、亚述等地发现的法典泥板抄本断片，从而使石碑阙文得以补齐复原。因此，法典仍是完整的。

《汉谟拉比法典》由序言，正文和结语三部分组成，共 49 栏，3500 行、8000 余字。序言和结语说明制定法典的主要宗旨，宣扬王权神授，将国王描绘成"众王之神"的君主，尽情歌颂他的文治武功，希望他的"政德"将永垂后世。

法典正文共 282 条，依条文顺序可分为 10 个部分：

1. 关于司法行政的规定（1—5 条）：

2. 关于保护私有财产的规定（6—25 条）；

3. 土地房屋（占有、继承、转让、租赁、抵押等方面）的权利和义务的规定（26—88 条）；

4. 关于借贷、经商、债务等方面的规定（89—126 条）；

5. 关于婚姻、家庭及继承的规定（127—194 条）。

6. 关于伤害不同人权而予以不同处理的规定（195—214 条）；

7. 关于各种职业人员的报酬及责任的规定（215—240 条）；

8. 关于农牧业的规定（241—267 条）；

9. 关于租赁及雇佣的规定（268—277 条）；

10. 关于奴隶买卖及处罚的规定（278—282 条）

《汉谟拉比法典》仍保留了一些旧时习惯法的痕迹。例如，采用"同态复仇法"即"以眼还眼，以牙还牙"（196200 条），来解决上层自由民之间的纠纷。

《汉谟拉比法典》条文涉及到当时社会关系的方方面面，反映了古巴比伦王国的经济、政治状况和思想文化，是研究古代西亚奴隶制社会的珍贵史料。

《汉谟拉比法典》是我们了解古巴比伦王国社会经济情况的主要依据。汉谟拉比时代，两河流域的社会生产力较前有了较大的提高。青铜器已普遍使用。农业生产工具有了大的改进，出现了一种附有漏斗的改良犁，提高了耕作效率。为了高地灌溉，采用一种较方便的扬水装置，扩大了谷物和椰枣种植。由于灌溉系统的改善，促进了农业生产的发展。

在手工业方面，城市出现了独立的手工作坊。《汉谟拉比法典》中提到了 10 种手工行业，经营制砖、缝纫、冶金、刻石、皮革、木工、造船、制革、编筐、建筑等。实际上当时的手工行业多达二三十种。手工业作坊主要是国王和神庙开设的，在城市里也出现了私人手工作坊，雇用手工业者进行生产。

商业和贸易也较前更为繁荣。国内贸易主要是城乡之间互相交换农牧产品，如食品、油类、羊皮等。对外贸易输出谷物、油类、枣子、织物、皮革以及陶罐（104条），换回金、银、铜、石头、木料、盐、奴隶、香料、染料及各种供国王和贵族享用的奢侈品。大宗贸易由王室和神庙垄断，其商业代理人称为"达木卡"，"达木卡"的助手称"沙玛鲁"。他们垄断国内外贸易，经营国家税收，并从事高利贷活动。由于国内外贸易的发展，货币也流通起来，定量银块越来越成为一般交换的媒介物。租赁、借贷、赔偿、雇用等方面仍多用实物来计算。

《汉谟拉比法典》记载，巴比伦的居民分为三个等级：阿维鲁、穆什根努和奴隶。从自由民和奴隶的关系来说，阿维鲁和穆什根努是自由民，他们和奴隶是两个对立的阶级。

阿维鲁（直译为"人"或"丈夫"）是全权自由民，包括奴隶主贵族、神庙祭司、高官富豪，也包括自耕农、佃农、独立的手工业者和各行业的雇工。他们处于不断分化之中，有的是奴隶主，有的不是，也有的因负债成为人质甚至沦为债奴。

穆什根努（直译为"顺从者)，是非全权的自由民或依附民。穆什根努包括王室、神庙经济代理人（"达木卡"）、从王室领取服役份地的士兵（"列杜"和"柏以鲁"）以及所谓的"纳贡人"（投靠王室分得田园房屋的佃耕者）。穆什根努以经济上依附王室为主。他们之中也有贫富贵贱之分，富有者拥有土地、房屋和奴隶，如"达木卡"，而贫者同样负有王家义务，如"纳贡人"。所以穆什根努中既有奴隶主，又包括小生产者。

阿维鲁和穆什根努同为自由民。就经济地位来说，不论是阿维鲁或者是穆什根努，都有奴隶主和非奴隶主，富人与穷人之分，同是奴隶主，也有大中小之别，两者之间的区别在于穆什根努是依附王室的非全权自由民。就社会法律地位来说，阿维鲁和穆什根努之间是有高低之分。法典对他门区别明显，分别对待。例如，法典规定：伤害阿维鲁的眼睛或骨头，必须受到同样损害的惩罚；若伤害了穆什根努的眼睛或骨头，只需赔偿一明那（合 505 克）银子；伤害奴隶或骨头，则只需向奴隶的主人赔偿奴隶身价的一半（196—199 条）。由此可见，阿维鲁的社会地位高于穆什根努，而穆什根努的地位高于奴隶。

奴隶的社会地位最低下，他们完全是奴隶主的财产，任奴隶主随意处罚。法典规定，杀死奴隶的凶手，只要赔偿奴隶主的损失，无须偿命（116 条）；还规定，如奴隶打自由民的嘴巴或不承认自己的主人，要受割耳之刑（205、282 条）。

总之，古巴比伦社会的两大对抗阶级是自由民与奴隶，阿维鲁与穆什根努属于自由民阶级，因而与奴隶处于统治和被统治关系之中。

尽管法典对奴隶条文规定不多（只有寥寥 5 条），但法典全文保护奴隶主、把奴隶视为奴隶主财产的宗旨是显而易见的。《汉谟拉比法典》是一部为奴隶主阶级和奴隶制国家制定的法典，法典严格地保护奴隶主阶级对奴隶的所有权，保护奴隶主阶级的私有财产，充分反映了古巴比伦社会的奴隶制社会的性质。

亚述帝国的发展概况

古代亚述的本部，位于现代伊拉克北部沿底格里斯河上游的一小块地区。其早期疆界，东至扎格罗斯山，西北至马希奥斯山，西与辽阔的叙利亚——美索不达米亚草原接壤，下扎布河，北接阿尔明尼亚（又译亚美尼亚）高原。在亚述四周的草原和山脉上，当时植物稀少。这里的居民主要从事于畜牧业。每逢春夏之交，由于积雪融化，上扎布河水量充足，故河谷地区也适于农业。境内底格里斯河谷地区，因伟大河流的定期泛滥而得到了良好的灌溉。但是，由于东西有高山横亘，这个河谷的面积是比较小的，古代亚述本部的耕地面积不超过 1.2 万平方公里。

南临底格里斯河上游河谷，在商业上处于有利地位。这里有四通八达的商路：向南可沿底格里斯河到波斯湾，向东沿各河河谷到伊朗高原，向北则经过山道进入三大湖（谢梵湖、凡湖和乌米亚湖）区域及南高加索，向西则沿底格里斯河进入叙利亚与小亚细亚，再从那里通往叙利亚和腓尼基沿海的各个城市。

在远古时代，可能是公元前 5000—前 4000 年左右，苏巴列亚人各部落就居住在亚述的土地上。这些向来居住在西亚细亚北部的种族，在语言、外貌、文化水平和历史命运上，同美索不达米亚西部和北叙利亚的胡里特人、南高加索的乌拉尔图人、底格里斯河以东各山区的部落人都非常接近。后来，约在公元前 2600 年左右，属于阿卡德的闪族部落来到这里定居，他们构筑了亚述城，被称为亚述人。到公元前 2000 年左右，当地的苏巴列亚人部落，已经部分地同亚述人融合在一起。随着历史的前进，在亚述国家形成的过程中，苏巴列亚人的各个部落便进一步融合到闪族人里面了。在亚述，占统治地位的语言是属于闪族语系的亚述语。

由于社会生产力的提高，私有制的出现，阶级矛盾的尖锐化，亚述逐步形成为雄踞西亚的奴隶制国家，其存在长达一千四百多年。从历史发展进程来说，亚述通常分为三个时期：古亚述时期，或称早期亚述王国，约存在于公元前 2030—前 1366 年，先后

亚述巴尼拔攻陷了又一座城池

传位 42 个国王；中亚述时期，或称中亚述王国，约存在于公元前 1366—前 935 年，传位 25 个国王；新亚述时期，或称新亚述帝国，约存在于公元前 935—前 612 年，共传 19 个国王。亚述在其历史发展中，随着本国军事实力的强弱和敌国盛衰情况的变化，同其四周邻国进行了许许多多的战争。它有时实行侵略扩张，有时被迫防守自卫，维护着国家的奴隶制政权，经历了成长、扩张和衰落、败亡的漫长过程。它曾不断兴旺发达，成为西亚的强大城邦和王国，君临大批异邦；尔后，又先后沦为古巴比伦王国和米坦尼王国的藩属；但在一些有为国王的领导下，竟然灭亡了米坦尼，击败了取代古巴比伦的赫梯帝国；待到新帝国中兴，更建立了地跨亚非两洲的奴隶制大帝国。但是，曾几何时，它又衰落下去，最后被新巴比伦和米底联军消灭了。

亚述王塑像

在古亚述时期真正在军事上功绩卓著的，是 13 代国王沙马什阿达德（约公元前 1815—前 1783 年在位）。他以暴力夺取了政权，并以武力对外扩张领土，曾在铭文中自称为"四方之王"。他统治期间，接受过许多国王的纳贡，势力播及"大海"（地中海）之滨。在中亚述时期，武功最超群者为提格拉特帕拉沙尔一

赫梯的狮门　公元前 13 世纪　小亚西亚

世（约公元前 1114—前 1076 年在位）。他不仅向南征服了巴比伦，还向西远征黎巴嫩和腓尼基。不过，亚述国王们惊世骇俗的武功和侵略扩张的战争，主要还是发生在新亚述帝国时期。从提格拉特帕拉沙尔三世（约公元前 745—前 727 年在位）大振国威，到亚述巴尼拔（约公元前 668—前 627 年在位）灭亡埃兰，亚述 6 位君主，率领强大的亚述军队，东侵西讨，南征北伐，在军事上取得了极大的成功。当时，埃及的势力已经衰落，赫梯帝国已经解体，巴比伦尼亚也基本上处于长期不振的状态，因此亚述没有强大的敌手，在对外扩张中处于有利态势。新亚述帝国正是利用这一有利时机，采取极端凶残的手段，实行野蛮的征服政策，占领和掠夺西亚广大地区。在大约一百零五年的历史进程中，亚述曾先后灭亡了西亚的所有主要王国，如大马士革王朝，以色列耶户王朝，前犹太国的埃哈兹王朝，腓尼基西顿王朝，古

埃及的第 25 王朝，巴比伦王国的第四王朝，以及埃兰王国的乌曼·哈尔达什王朝等。通过这些侵略扩张战争，亚述真正统一了西亚的绝大部分地区，同时也严重挫败了其北部强邻乌拉尔图王国。

这里所要着重论述的，就是新亚述帝国几位国王进行的对外扩张战争。

亚述王阿舒那西尔帕二世（约公元前 884—前 859 年在位）奠定了亚述帝国的基础。他在自己当政期间施行了大规模的侵略扩张政策。他迫使阿拉美亚诸部屈服于亚述。与此同时，他又恢复了亚述在那伊里诸部中的势力。他对居住在幼发拉底河以西的诸部亦取得了一连串的巨大胜利，占领了卡尔凯美什地区，征服了叙利亚北部诸小公国，从而打开了通往地中海的商路。

萨尔马纳塞尔三世（约公元前 858—前 824 年在位），继承了乃父阿舒那西尔帕的侵略扩张政策。他在当政的 35 年时间里，出征了 32 次。萨尔马纳塞尔在西方征服了比特阿迪尼部落，目的在于完全征服幼发拉底河整个河谷直到巴比伦地区，公元前 856 年，萨尔马纳塞尔三世占领了这个阿拉美亚部落的首府提尔巴尔喜布（位于幼发拉底河岸上距卡尔凯美什约 20 公里处）。卡尔凯美什、阿列坡和撒马利亚慑于亚述大军的淫威，纷纷表示愿意向亚述王纳贡称臣。但当萨尔马纳塞尔再向西推进的时候，他却遭到了大马士革等部军民的顽强抵抗。大马士革把叙利亚、腓尼基诸部以及巴勒斯坦各部团结在自己的周围，甚至阿拉伯诸部也加入了这个以大马士革为首的巨大反亚述联军。两军会战于奥龙特河畔哈马特以北的卡尔卡地区。亚述军损失十分惨重，不得已撤退（约公元前 854 年）。稍后，亚述军于公元前 850、前 849、前 846 和前 842 年，先后 4 次组织了大规模进攻，但却被西方联军阻遏住了。公元前 841 年，萨尔马纳塞尔三世再度率领 12 万大军攻打大不里土，虽然未能取得决定性胜利，但是亚述王在很大程度上削弱了大马士革，以大马士革为首的反亚述联军不久即土崩瓦解。大马士革向亚述投降。以色列、推罗和西顿都接受了亚述的宗主国地位并向其纳贡。甚至埃及也认可了亚述国际强国的地位而把两只骆驼、一只河马及其他珍奇动物作为礼物献给萨尔马纳塞尔三世。亚述王对巴比伦尼亚的战争取得了更大的成就。他率大军长驱直入，一直攻到波斯湾沿岸的沼泽地区，彻底征服了全部巴比伦尼亚。在北方，亚述王挥兵侵入乌拉尔图，但自然环境的恶劣给亚述大军的行进造成了巨大的困难。乌拉尔图王充分利用了地利、人和的有利条件，成功地抵御了亚述人的侵略，甚至一度由防御转入进攻。

阿舒那西尔帕二世和沙尔马纳塞尔三世留下了不少铭文，宣扬他们的所谓"武功"。他们所过之处，动辄摧毁城市，焚烧城垣，对战俘用刀杀，用火烧以至竖立尖桩把他们刺死在上面。他们对投降的城市勒索巨额财富。他们的这种行径引起了统治区内的大起义。参加起义者不仅有被征服地区的人民，也有亚述核心地区的人民。公元前 829—前 824 年连续六年的大起义，给亚述奴隶主贵族以十分沉重的打击。公元前 8 世纪 80 年代末至 40 年代中，亚述约有三十多年实际处于瘫痪状态。

在此期间，即在公元前 8 世纪中叶，近东政治地理也经历了一场风云变幻。当时，由于亚述帝国忙于在国内镇压起义而无暇他顾，叙利亚阿拉美亚诸部争当霸主，争斗不休，丧失了团结御侮的力量；伊朗地区的波斯人开始由北部向南部的巴卡第阿里山区迁移，而米底则乘机将其势力范围扩及到整个伊朗高原；乌拉尔图则进一步发展成为堪与亚述争雄的强国。在阿尔吉斯梯斯一世（约公元前780—前750年在位）统治下，乌拉尔图的版图自亚美尼亚境内的谢凡湖扩展到伊拉克北部山区。在乌拉尔图本部的四周，各弱小诸部构成其藩属群，其中包括高加索地区的希缅因人，安那托利亚陶鲁斯地区的新赫梯诸部，以及伊朗境内的曼奈人国家。阿尔吉斯梯斯一世的后继者萨尔杜尔三世（约公元前749—前734年在位）成功地拆散了叙利亚的阿拉美亚部落阿尔帕德与亚述新缔结的联盟，并通过阿尔帕德将乌拉尔图的政治影响迅速扩展到阿拉美亚诸部。

乌拉尔图势力的崛起，使亚述感到巨大的挑战，在萨尔马纳塞尔四世（约公元前782—前773年在位）统治时期，亚述人屡遭挫折的事实使亚述人清醒地认识到：在当时情势下，任何针对乌拉尔图的直接军事行动都将导致失败，于是，亚述不得不采取迂回战略，即加强自己在两河流域的地位，征服并控制叙利亚和伊朗，以斩断乌拉尔图的统治支柱。公元前745年，提格拉特帕拉沙尔三世登基，这位雄才大略的国王随即展开了大规模的军事行动。

提格拉特帕拉沙尔三世的第一个行动是出兵巴比伦尼亚北部地区，驱逐那里的阿拉美亚驻军，使屡遭阿拉美亚人骚扰的商路重新畅通无阻。通过这次行动，亚述王使得巴比伦充分认识到了亚述的军事实力，并体会到与亚述保持友好睦邻关系给巴比伦商业带来的好处。

提格拉特帕拉沙尔三世的下一个目标是叙利亚。公元前743年，他举行第一次大规模西征，率军横渡幼发拉底河，向叙利亚北部诸部进攻。叙利亚诸部十分恐慌，他们遂联合在阿尔帕德（位于阿勒坡以北）的旗帜下迎击亚述侵略军。与此同时，他们火速向乌拉尔图国王萨尔杜尔三世求援。萨尔杜尔洞悉亚述人对叙利亚诸部的进攻实际是针对乌拉尔图王国的，所以，即刻率乌拉尔图大军急如星火地前往解救。其实，亚述王早已预料到这一点，并在幼发拉底河谷的萨姆萨特附近的险要地点设下了埋伏。当乌拉尔图大军进入伏击圈以后，亚述军队全线出击，一举将其全歼，萨尔杜尔三世只身脱逃。于是，叙利亚完全暴露在亚述的兵锋之下。阿尔帕德被围，城内军民英勇抵抗达三年之久，最后在公元前740年陷落。整个叙利亚落入亚述人掌握之中。

征服叙利亚以后，提格拉特帕拉沙尔三世挥师东向。于公元前739年和前737年，踏平了中部扎格罗斯山区的大部分地区，把它们纳入亚述的版图。接着，亚述王向占据着伊朗高原的中央地带的米底人发动了战争。亚述军队横扫伊朗高原，兵锋远达摩温德山以及盐漠地区，直至德黑兰西南部。公元前735年，提格拉特帕拉沙尔认为，最后打击乌拉尔图的时机已成熟，便对乌拉尔图发起了进攻。乌拉尔图的首都被围，但因设防坚固，久攻不下。而此时地中海沿岸的局势再度紧张：由于亚述的劫掠，而使黎巴嫩地区的西顿和推罗与埃及的大宗木材贸易大幅度减少，引起了这些地区人民反亚述奴役的起义；同时，一个由所有巴勒斯坦和约旦地区诸部结成的反亚述同盟也在腓利斯丁地区的阿斯卡龙和加沙两部的号召下建立。于是，提格拉特帕拉沙尔被迫于公元前734年中止与乌拉尔图的战争，回师镇压这次起义。

亚述五的二次西征，经过两年多的持续作战，又一次取得了决定性胜利。阿斯卡龙王战死，加沙王逃往埃及，各部被迫向亚述称臣纳贡。

西方已被提格拉特帕拉沙尔踩在脚下，现在他又不得不回师应付发生在巴比伦尼亚的事变，名义上仍处于独立地位的巴比伦国王那布纳西尔去世后，一个阿拉美亚酋长乌金泽尔于公元前731年僭称巴比伦国王。亚述王先是号召巴比伦公民起而反对之，并宣布将对那些从阿拉美亚酋长的军队中开小差的战士豁免一切税收。但这些外交宣传手段毫无结果，于是亚述王不得不率领部下攻入巴比伦尼亚，并将乌金泽尔逐回其在波斯湾南岸的老巢。公元前729年，这场战争结束之时，迦勒底人的比特阿木卡尼部落、乌金泽尔王国、阿拉美亚人的比特雅金部落以及伽勒底地区的海国，都臣服于亚述王了。公元前728年，提格拉特帕拉沙尔宣布自己为巴比伦王。次年，他就去世了。

提格拉特帕拉沙尔之子萨尔马纳塞尔五世（约公元前726—前722年在位）统治期间，以色列的傀儡国王霍西雅起而反叛亚述。萨尔马纳塞尔派兵围攻撒马利亚达3年之久（约从公元前724年到前722年）。但对以色列的最后征服是由其后继者萨尔贡二世（约公元前722—前705年在位）完成的。

萨尔贡二世继位之际，在近东发生了两件影响亚述的战略和外交达百年之久的重要事件：埃及对巴勒斯坦地区的干涉和埃兰对巴比伦尼亚的染指。两者都是提格拉特帕拉沙尔三世征服战争的结果：亚述在伊朗高原势力范围的扩展阻止了两河流域通往埃兰的唯一贸易孔道；亚述对腓尼基的控制则断绝了埃及和巴勒斯坦地区历史悠久的贸易往来。埃及和埃兰由于共同的利益而联合亚述的劲敌乌拉尔图一起与亚述为敌。然而，面对正处于鼎盛时期的亚述，他们不得不采取外交手段，即相对稳健的策略：煽动并支持亚述诸属国的叛乱以达到消耗亚述实力的目的。故而，每当南部伊拉克的阿拉美亚酋长或被亚述军队不可战胜神话所吓倒的巴勒斯坦诸部首脑乞援时，他们在人力物力上都不惜给以全力支持。因此，萨尔贡二世统治时期的战争兼有平叛与攻掠的特点。

巴比伦地区起义烽火不断，埃兰人暗中给予全力支持，亚述军队疲于奔命。萨尔贡登基的同年，埃兰人扶持定居于巴比伦尼亚的阿拉美亚酋长美洛达赫巴拉丹登上巴比伦王位。公元前721年，埃兰人甚至直接侵入美索不达米亚，围攻底格里斯河下游的都尔依鲁要塞，以支持巴比伦王。萨尔贡二世率部前往解围，但在要塞下被埃兰人击败。这一败绩的直接后果是美洛达赫巴拉丹君临巴比伦达十一之久（约公元前721—前710年）。

对亚述构成同样威胁的是叙利亚、巴勒斯坦地区所出现的反叛。在埃及的策动和支援下，哈马、大马士革、以色列在撒马利亚的余部、加沙和腓利斯丁，都企图摆脱亚述人的枷锁。约公元前720年，萨尔贡二世放弃了收复巴比伦尼亚的所有计划，挥师西指，在卡尔卡尔击败哈马、大马士革、以色列、加沙和腓利斯丁联军，接着又在埃及国境线附近的拉斐亚全歼腓利斯丁和埃及联军。埃及被迫像其他小邦一样向亚述纳贡。也就是在这次征服中，亚述人将以色列彻底灭亡，将其90%左右的居民迁往亚述和米底（约公元前722年）。

在拉斐亚取得对埃及及其所支持的叙利亚、巴勒斯坦诸部的决定性胜利以后不久，萨尔贡二世又不得不奔赴北方边境，因为野蛮游牧部落对那里的骚扰持续不断，而背后支持他们的则是乌拉尔图和安那托利亚地区新兴强国腓瑞吉亚。这场在北方的战争花去了萨尔贡二世十年的时间。战争期间，乌拉尔图的鲁萨斯一世成功地用自己的傀儡在公元前719—前715年间取代了亲亚述的莫奈统治者。这一事件点燃了亚述与乌拉尔图战争的导火线。

约公元前714年，亚述对乌拉尔图发动了大规模的进攻。这次进攻的显著特点是行军极为艰苦：亚述大军不得不常常翻越库尔德斯坦山区的崇山峻岭。萨尔贡二世翻山渡水，率大军如神兵天降般突然出现在乌尔米雅赫湖和凡湖之畔。乌拉尔图人猝不及防，旋即退入其首都穆萨里尔城，拼死抵御亚述的围攻。但终于矢尽粮绝，穆萨里尔陷落，乌拉尔图民族神哈尔迪亚的神像被掠往亚述，鲁萨斯一世绝望自杀。乌拉尔图虽未亡国，但所遭受的打击是空前的。

乌拉尔图虽战败了，但它所点燃的反亚述的烈火仍在其余各地燃烧着。约公元前717年，卡尔凯美什因阴谋反叛亚述而被萨尔贡二世兼并，被划为帝国的一个行省。公元前715年，亚述军在勒法伊亚击败埃及法老奥索尔康三世的军队，随后扫荡巴勒斯坦南部。犹太国王埃哈兹投降，前犹太国从此不复存在。在连续征战的五年内，同样的厄运降临到库埃、古尔古姆、米利德、库姆胡和塔贝尔的头上。小亚的腓瑞吉亚只因与亚述关山重隔才避免了被奴役的命运。在此期间内，约公元前713年，亚述军还乘扎格罗斯地区的统治家族内乱之机，征服了凯曼什哈和哈马丹地区的公国和城镇，并迫使米底纳贡称臣。

到公元前710年左右，萨尔贡二世终于扑灭了帝国各地蜂起反叛的烈火。整个叙利亚、巴勒斯坦和大部分扎格罗斯山区被亚述牢牢掌握；米底成为其藩属；乌拉尔图受重创；埃及不得不作出友好姿态；埃兰和腓瑞吉亚虽有敌意，但仍愿与亚述保持和平状态。

然而，美洛达赫巴拉丹统治下的巴比伦尼亚仍是亚述的心腹之患。约公元前710年，亚述王再次出兵巴比伦尼亚。巴比伦王动员了全体人民反击亚述军队的侵凌。巴比伦的战士们英勇顽强，抵抗达两年之久，但最终难免于失败。萨尔贡兼并巴比伦领土，自称巴比伦国王。亚述的这次军事胜利的影响十分深远。安那托利亚的腓瑞吉亚王国请求与亚述建立友好睦邻关系；波斯湾巴哈林岛上的迪尔蒙王国向亚述纳贡称臣。萨尔贡二世的敌人阴谋削弱亚述的努力已告彻底失败，亚述空前强盛。

辛那赫里布（约公元前704—前681年在位）在位期间，北部和东部边境处于相对平静状态。萨尔贡二世在库尔德斯坦、亚美尼亚和陶鲁斯地区对乌拉尔图等国毁灭性的打击，使得他们不再是令人生畏的敌手了。而且好战的游牧民族希缅因人开始活跃于近东政治舞台，他们对乌拉尔图等亚述敌人的压力使得亚述人获得了暂时的宁静。然而，希缅因人的进展是令亚述忧虑的：他们正沿着黑海南岸向前推进，在彭提克山脉的褶皱地带骚扰腓瑞吉亚和它的西邻——年轻而富庶的吕底亚王国。与此同时，希缅因的其他支派则正向伊朗西北角渗透，并与莫奈人和米底人建立了同盟。辛那赫里布无疑了解这种态势，但他既未能洞察其潜在的严重后果，而事实上也无力对这边远地区所发生的事变进行卓有成效的干预。因为当萨尔贡二世死亡的消息一传开。地中海沿岸和巴比伦地区又立即落入叛乱者手中，而辛那赫里布不得不为镇压叛乱分子而全力以赴。

由于埃及的政治游说，腓尼基和巴勒斯坦地区的西顿、犹太、埃克雍和阿斯卡龙等地区，在萨尔贡二世死讯传来后，废除了与亚述王的宗属关系。约公元前700年，辛那赫里布残酷地镇压了反叛者，结果，西顿王逃往塞浦路斯岛，阿斯卡龙王被解往亚述城，一股援救埃克雍的埃及军队被击溃。在上述诸部中，更驯服的人被扶上统治者的宝座。接着，辛那赫里布进攻犹太国，包围了设防坚固的拉西什城，分兵进攻耶路撒冷。犹太人最后用重金贿赂亚述王，并且被迫割让大片土地给其世仇腓利斯丁，亚述军队始撤围。此役之后，为了报复埃及对反叛者的支持，辛那赫里布决定入侵埃及。亚述军队曾开进到现苏伊士运河以东30里的彼吕西乌姆地方，只是由于军中发生瘟疫才不得不回师。

亚述王在巴比伦所面临的形势要比叙利亚、巴勒斯坦严峻得多。反击阿拉美亚及其埃兰同盟者的战争在辛那赫里布统治的大部分时间里都在进行着。在辛那赫里布登基的那一年（约公元前704年），萨尔贡的老对手美洛达赫巴拉丹从避难地埃兰归来。在埃兰军官团的帮助下，他很快在南伊拉克组建了一支由阿拉美亚部民组成的军队。但亚述王不想给美洛达赫巴拉丹以喘息之机，公元前703年，辛那赫里布兵临基什城下，美洛达赫巴拉丹的乌合之众不堪一击，美洛达赫巴拉丹落荒而逃。亚述王命士兵劫掠了巴比伦城，虏走战俘无数，并将一亚述傀儡倍尔伊比尼扶上巴比伦王位。公元前700年左右，美洛达赫巴拉丹又在他的老巢比特雅金部落支持下崛起，亚述王不得不再次加以镇压。由于怀疑倍尔伊比尼暗中勾结美洛达赫巴拉丹，辛那赫里布以自己的儿子亚述尔那丁苏米取而代之。美洛达赫巴拉丹遁迹海上，不久死去。

在亚述淫威下，比特雅金部民避难埃兰。亚述王以此为借口，于公元前694年左右发动了一场对埃兰的突然袭击。这是一场大规模的两栖作战行动，其真正目的在于打通一条穿过亚述的敌国——海国通往波斯湾的贸易通道。亚述舰队的舰只是由腓尼基工匠在尼尼微修造的，水手则是来自推罗、西顿和爱奥尼亚的青年。这支舰队沿底格里斯河顺流而下直达欧匹斯。然后，这些舰只被从陆路拖入附近的阿拉赫图运河。舰队通过阿拉赫图运河驶入幼发拉底河，顺流而下直达河口附近的巴布萨里米提，在那里与集结于此的陆军会师。然后，满载官兵的舰队通过波斯湾驶向埃兰的领土，袭击了全无戒备的埃兰人，劫掠了埃兰沿海地带。满载迦勒底避难者和埃兰战俘以及亚述官兵的舰队返航巴比伦尼亚。埃兰王哈鲁苏立即进行报复。他很快攻入巴比伦尼亚，攻陷西帕尔并俘获了辛那赫里布之子巴比伦王亚述尔那丁苏米，并将他的一个随从纳加尔乌什兹立为巴比伦王，然后携亚述尔那丁苏米返回埃兰。

公元前693年，辛那赫里布重新夺回巴比伦尼亚，并将纳加尔乌什兹解往亚述，随即大举进犯埃兰本土。埃兰新王库都尔那赫混特采取坚壁清野战术，退入山中，展开游击战争。亚述王无功而还。公元前 692 年，巴比伦人又拥立穆什兹波马尔都克为王。公元前 691 年，辛那赫里布南征巴比伦尼亚，惶恐的巴比伦新王遂请求埃兰王乌曼米那努（库都尔那赫混特的继承者）支援。乌曼米那努与亚述军会战于底格里斯河畔的哈路里。亚述军队损失惨重而不得不撤回亚述本土。埃兰军队跟踪追击并占领了巴比伦尼亚的部分土地，而穆什兹波马尔都克仍旧据有巴比伦尼亚其他领土。但埃兰方面损失亦很巨大：主帅战死，美洛达赫巴拉丹之子被俘。

公元前 689 年，埃兰王乌马米那努死，亚述王开始实施其酝酿已久的复仇计划。他突然袭击并攻陷了巴比伦城，将其王穆什兹波马尔都克以及马尔都克神的神像掠往亚述。巴比伦城被蓄意地毁弃了：人民被放逐，城垣夷为平地，阿拉赫图运河被填塞。

亚述位于美索不达米亚北部，底格里斯河中游。公元前 3000 年代末，以亚述城为中心，形成亚述国家。亚述是一个好战的国家，亚述王从不满足于已占有的土地，几乎每一代国王继续着扩张政策，不断出征，征服别国，企图统一当时他们所知道的世界。在长期战争中，亚述曾几度兴衰，又重新崛起，到公元前 8 世纪，由于军队训练的加强和武器的不断改进，亚述终于成为当时的世界（指西亚、北非、地中海地区）巨强。它先后攻陷文明古国巴比伦和埃及，又扩大到周围的地区，使其疆域东临伊朗高原，西抵地中海以至埃及，北及南高加索，南至波斯湾，以底格里斯河畔的尼尼微为都城，确立起一个庞大的军事帝国。

亚述的强大突出在它的军事威力，亚述本土多山地，出产铁矿，便于制造锐利武器；艰苦而又十分危险的山地打猎生活，又将亚述人锻炼成坚韧和大胆的武士。在这些有利条件下，著名的亚述王之一，提格拉特帕拉沙尔三世（公元前 745—前727 年）又实行了卓有成效的军事改革。他改组军队，实行募兵制；建立战车兵、骑兵、重装步兵、轻装步兵、工兵等多种兵种，装备以铁制武器；同时注重武器的改进和军事工程的建造；侦察兵和谍报员也有其特殊地位。军事在亚述发展为完善、有系统的科学，亚述军队成为古代东方社会中最强大的军队。这支军队曾攻陷了许多历史名城，叙利亚都城大马士革就是其中之一。

公元前 734 年，通往大马士革的路上，匆匆行进着一支大军，这就是由强悍无敌的亚述王提格拉特帕拉沙尔三世率领的亚述军团。队伍来到一条小河旁，停顿下来，工兵立刻来到河边，熟练地吹起了皮囊，把它们绑在一起，又在上面铺上杉木板。这样的木筏不仅能够渡过步兵，同样也可以渡过骑兵和战车。亚述军团渡过小河，直逼大马士革城下。

大马士革王登上城墙的塔楼瞭望，他几乎绝望了，亚述军团铺天盖地而来，有 5000 辆战车，骑兵像"海滩上的沙"那样多。而大马士革城内只拼凑出2000 辆战车，士兵只有亚述的一半。而且孤立无援，看来只有拼死一战，或能保全。

在大马士革城外的平原上，两军迅速进入战场。

提格拉·比利萨三世像

亚述军队排开了阵势，每一个连队都占据了指定地点。每一连中，走在前面的是五辆战车，后面十五个骑兵排成一列，第三排是二十五个重装步兵，而在两翼和后边则布置了五十个轻装步兵。连队由一个连长指挥，他的副手是两个伍什长。随着亚述王一声令下，战车首先向前挺进，沉重的车轮迅速转动着，铜的辐条闪闪发光。每辆战车上有两名战士，一个人拉开了弓箭，另一个手拿盾牌，拉着马缰。沉重的铁矛挂在战车后部特备的架子上，箭囊和铜斧则在车厢两侧摇摆，车辕木是用金银的花瓣形钉子装饰起来的，马衣上则飘扬着各色的缨穗。在战车之后，奔驰着身穿铁甲的骑兵弓箭手，他们的脚边巧妙地装着铁的刺马钉，马鬃上装饰着羽毛，马笼头上的银铃发出叮当的响声。铃声、厮杀的呼号声和箭的飕飕声交织成一片。在短暂的互射后，两军相接，战车和战车相遇，骑兵与骑兵交手。大马士革的战车招架不住亚述人优势兵力的进攻，城堡塔楼中百发百中的射手保护他们退却。这时，亚述的战车和骑兵忽然向两边分开，亚述的重装步兵向前挺进了。每个重装步兵右手执矛，左手拿着青铜盾牌，他们的头上戴着有高尖的、半圆形的、沉重的帽盔。在重装步兵的两翼配合作战的是轻装步兵，他们由专门拿着跟人那么高的、柔韧的树条编成的盾牌的盾牌手掩护，盾牌的上部是弯曲的，以便遮挡从城堡上射下的箭。步兵奔向前去，射出箭或用皮弹弓打出石块，然后在盾牌手的掩护下飞跑回来。

在亚述兵的进攻下，大马士革军队乱成一片，向城里退去。战车、骑兵和步兵互相践踏，四个军事将领被亚述人生俘，在亚述王的命令下被打得皮开肉绽，绑在大马士革城门前的木桩上。大马士革人再也不出城作战了，他们储备的粮食可维持五年，决心坚守。亚述人围城一年多，仍未使其屈服。恼羞成怒的亚述王决定强攻。

公元前732年的一天，在大马士革城墙下，亚述王命令士兵们拉来了二十只"大苍蝇"——这是人们对一种攻坚器械的称呼。不论是埃及人、巴比伦人、还是以色列人都不会破坏敌人的坚固工事，顶多只会采用云梯爬上城墙。可是亚述人却创造出别具一格的攻坚器械。这是一些巨大的木框子，里面装有一种特制的绞盘，上面绞着用马鬃和橡树皮编成的绳索，绞盘把绳索绞紧，然后拉开，产生很大的力量，把石弹或燃烧着的油桶抛到城堡的门上或墙上，造成很大的破坏。"大苍蝇"把大马士革南面的城墙的门打坏了许多处。得意的亚述王又让士兵们换上攻城器。这种攻城武器像一只大笼子，下面有四个轮盘，前面是一枚又重又粗的大铜锤，大铜锤的头是尖的，直向前方，后面则用皮带牵动。在亚述王的命令下，四个大力士拉动着皮带，攻城器撞击着城角，砖块纷纷下落，城上的大马士革士兵慌忙射出带火的箭，可是亚述士兵在盾牌的掩护下很快扑灭了火焰，攻城器继续在轰击城墙，不久，在城墙上出现一条裂缝。第二天，正城门也被崩塌了。亚述士兵冲进城去，大马士革人仍然顽强地抵抗着，激烈的巷战整整继续了七天七夜。以凶残著称的亚述人对谁也不留情。他们用棍棒敲碎受害者的头，用短剑割断他们的咽喉，在城中燃起大火，抢劫每一户人家的财产，掳走妇女、小孩和老人。第八天，全城已被占领，浑身是伤和血迹的大马士革国王被捆绑着押到亚述王面前。亚述王凶狠地看了他一眼，就下令把他斩首了。

战败的大马士革，其状惨不忍睹。北城门边，砍下的人头堆成了一座小山，还有上千的战俘被绑在上端削尖的木桩上，让他们在痛苦中慢慢死去，20000 个和平居民作为奴隶被押回亚述，随后，还有一堆堆的金、银、铜、象牙和其他贵重物品，一车接一车地运回亚述……

亚述就是这样残酷地蹂躏战败的国家。后来，打了胜仗的亚述王通常要坐在四个被俘国王挽曳的两轮车上，在都城尼尼微巡行一周，显示威风。战败被俘的贵族被装在囚笼中陈列在街道两旁。对于战败国的人民，亚述王则要课以极重的赋税，甚至亚述自己也称之为"重税"。

亚述最后一个杰出的国王是亚述巴尼拔。他虽然受过教育，博学多才，堪称政治家和外交家，还曾在尼尼微的皇宫中设立了世界上最早的图书馆。但是，他身上同样继承了他渴血的先辈们的残忍。他统治时期，亚述帝国已开始动摇，为了威吓不顺从的人，他下令把敢于反抗亚述统治的地区的居民，不论老人、妇女、儿童都斩尽杀绝。他还大言不惭地吹嘘："……我在一个月的时间内，就把埃兰王国从大地上消灭掉，我使这个国家的田地和草原上没有人的声息，没有马匹、母牛和母绵羊的足迹。让凶恶的野兽、毒蛇和爬虫自由地到那里去栖息。……我连他们城市的余烬都运到了亚述。"

被征服的人民都仇恨亚述，整个东方都在亚述的残暴统治下呻吟，整个东方就期待着亚述灭亡。在许多古代东方文献中，亚述被称为"狮穴"，尼尼微被称为"血城"。渴望着亚述灭亡的不仅仅是奴隶和下层人民，还有被奴役国家的贵族。亚述帝国虽然幅员辽阔，但它外强中干，它是借助血腥掠夺、残酷镇压而建立的，它不可能是巩固的。因此，亚述巴尼拔死后，它迅速地瓦解了。埃及首先宣布独立，叙利亚和腓尼基也不再俯首听命；公元前 626 年，巴比伦也争得独立，并和米提人结成反亚述的同盟。亚述已接近末日了。公元前 614 年，米提人攻下亚述城，把它洗劫一空，城中贵族都被砍死。公元前 612 年，巴比伦和米提联军攻陷尼尼微。在这血腥的城市里，战车在飞驰，战马在嘶叫，骑兵在飞奔，剑和矛亮光闪闪。尼尼微被蹂躏、被毁坏、被洗劫了，满城的大火，积尸成堆，亚述注定要灭亡了。最后一代亚述王为了不被生擒，纵身跳入火海。亚述军队的抵抗也挽救不了亚述灭亡的命运。公元前 605 年，亚述军队在卡尔赫美什进行了最后一次激战，一个声威强盛的国家——亚述就永不存在了。

亚述帝国与乌拉尔图的斗争

在阿达德尼拉列死后，乌拉尔图出现了一个有才干的国王阿吉斯提一世。他在各个方面对亚述展开了攻势，把亚述人从那意里赶走；在乌尔米亚湖东南征服波苏瓦和曼奈各部。萨尔玛拉萨尔四世（公元前 782—前 772 年）与乌拉尔图苦战六年毫无成效。大马士革再次反叛。阿淑尔丹三世（公元前 772—前 755 年）时，阿淑尔城、阿拉普哈和古赞那三个大城市相继反叛，六年后才平息下去。国内还发生了两次瘟疫。阿淑尔尼拉列五世（公元前 754—前 745 年）在位 11 年，仅出征两次。连续几个国王的无能引起国内各阶层的不满。公元前 745 年，首都卡拉赫发生了起义，强有力的非王室血统的军事将领提格拉特帕拉沙尔三世（公元前 744—前 727 年）在全国一片拥戴声中登上了王座。从此，帝国进入了一个新的发展阶段。

作战中的弓箭手和投石器手

从提格拉特帕拉沙尔三世开始，亚述帝国达到极盛。这时，总督的辖区（行省）缩小了，削减了总督的权力，加强了国王的权力；对被征服国家，不再采用过去保留本地王公的政策，而是尽量将其变成由亚述总督治理的行省（对巴比伦这样的大国由亚述王兼任国王）；把反抗情绪大的人民迁移到离亚述首都近的地区或其他远隔的地区的作法现在几乎是常规了。这几种措施减少了反叛和起义的机会，从而大大地稳定了帝国。在军事上，提格拉特帕拉沙尔三世也进行了改革。他将临时召集公民入伍的办法变成设立常备军。另外铁制武器已在军队中完全取代了青铜武器，军队的战斗力从而大大提高了。在与众多的敌人作战中，他采取各个击破的战略。公元前 745 年，他平定了巴比伦的内乱，树立起亲亚述政权，从而稳定了后方。公元前 744 年，亚述军东北进击，征服了米底各部落。公元前 743 年，亚述王率军西征北叙利亚各国同盟。亚述军围阿尔帕得城不下，转入西北山区并与乌拉尔图军队和其六个同盟国家的军队遭遇。两军鏖战，敌军不支，乌拉尔图王落荒而逃。亚述乘胜深入敌境追击，大获全胜，此役共俘敌 72950 人。公元前 742—前 740 年，亚述军再围阿尔帕得，三年始下，置为行省。叙利亚各国皆称臣纳贡。公元前 739 年，以大马士革、以色列为首的西方（小亚南部、叙利亚、巴勒斯坦、阿拉伯等地区）19 国联合反叛亚述。亚述大军在黎巴嫩山区与之会战，再次获胜。此役震动西方，各国纷纷降服。哈马特居民 30300 人被移往他乡，其地置为亚述行省。公元前 736 年和 735 年，亚述王再次北伐乌拉尔图，将乌拉尔图王萨尔杜里二世围在其首都凡城（在凡湖岸边）。凡城因其地势险要才未被攻下。公元前 734 年，亚述征服了腓力斯丁城邦阿斯卡隆和伽萨。两年后，亚述王终于攻陷了大马士革，将它置为行省。公元前 731 年，巴比伦尼亚南部的迦勒底人强大到已能夺取巴比伦王位。亚述王岂能容他人染指巴比伦，他战败了篡位者。公元前 728 年新年，他举行了"握拜尔神之手"的仪式，自任"苏美尔和阿卡德王"。第二年，这位战果累累的国王死去了。他的儿子萨尔玛拉萨尔五世（公元前 726—前 722 年）仅统治五年。

这位国王在国内得罪了阿淑尔城的贵族和祭司。一位贵族乘机杀了他，自己登上了王位，这就是萨尔贡二世（公元前 721—前 705 年）。萨尔贡授予阿淑尔城免税自治权和他把很少在名年官表

这幅尼尼微石雕表现的是国王亚述巴尼拔与王后一同用膳

上出现的阿淑尔总督列为名年官之第二名这两件事，说明了他的登位是与阿淑尔城的支持有关的。

夺取巴比伦和征服埃及

　　虽然迦勒底人被提格拉特帕拉沙尔三世夺走了巴比伦王位，但在萨尔贡登位的同一年，另一位迦勒底领袖梅罗达克巴拉丹（《旧约·圣经》上记有此王）在埃兰的支持下，又夺回了巴比伦王位。公元前720年，萨尔贡与巴比伦和埃兰联军会战于德尔城附近，显然没有占上风。十一年后，当埃兰军队无法援助迦勒底人时，萨尔贡才降服了梅罗达克巴拉丹，自任"巴比伦总督，苏美尔和阿卡德王"。在东方，他对米底和曼奈采取攻势，扶植对亚述称臣部落的王公，打击与乌拉尔图结盟的王公。在长途远征，纵横乌拉尔图境内之后，他攻下了乌拉尔图的宗教中心穆萨西尔，获得巨额财富。在西北，他镇压了与弗里吉亚王米达斯勾结而反叛的卡尔凯美什、古尔古姆、库姆赫等国，将他们置为行省。弗里吉亚王也被迫进贡。在西方，他战败了埃及与叙利亚反叛国家的联军，将哈马特置为行省。和阿淑尔那吉尔帕二世一样，萨尔贡也树立自己的纪念碑——新建的首都。他在尼尼微北面建立新王都——萨尔贡堡。公元前705年，强大的游牧民族西米连人侵入塔巴尔，萨尔贡亲率军队迎战。结果亚述方面以国王阵亡的代价才使强悍的野蛮人离开亚述边境。

　　萨尔贡的儿子辛那赫里布（公元前704—前681年）的主要敌人还是埃兰支持下的迦勒底人，以及埃及。即位后，他战败埃兰军队，把东山再起的梅罗达克巴拉丹从巴比伦王座又一次撵下来。接着他打败了埃及军队，迫使犹太人向他交纳了大量贡品。随后他与埃兰、迦勒底及他们的许多盟国进行五次

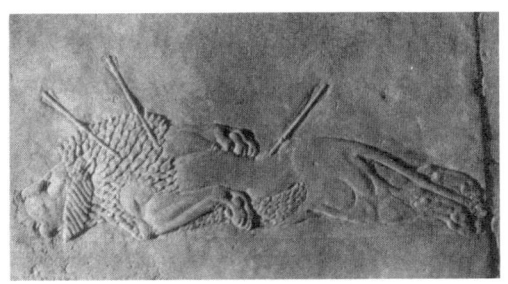
亚述宫墙上的雄狮中箭浮雕

战争，双方互有胜负。他的儿子曾被任命为巴比伦王，但后被埃兰人俘走。公元前689年，埃兰发生内乱，不能干涉巴比伦事务，辛那赫里布才有机会攻入巴比伦，俘虏了迦勒底国王，并大肆破坏了这个名城。辛那赫里布把首都迁回古城尼尼微。他在这里大兴土木，为自己树碑立传。雄伟的尼尼微城成为帝国最后的首都。在晚年，辛那赫里布宣布其最小的儿子阿萨尔哈东为王太子，这就引起了其他儿子的不满。前681年，他被两个儿子杀死在神庙中。

　　阿萨尔哈东（公元前680—前669年）顺利地平定了内乱。他的一个正确的决策是重建其父毁坏的巴比伦，其母后巴比伦人那吉娅可能主持了这项工作。由于兼任巴比伦王的阿萨尔哈东深得巴比伦贵族好感，在他治下，迦勒底人竟无机可乘。更重要的是他成功地把一个与亚述友好的王子乌尔塔库推上了埃兰王位，这使迦勒底人失去了靠山。可能认识到米底将成为亚述的主要敌人，亚述王多次率骑兵进入伊朗高原，最远达到德黑兰以东的大沙漠。三个重要的米底王公成为亚述的藩属。

亚述人喜欢狩猎，此类与雄狮竞斗的浮雕在亚述宫墙非常流行

由于埃及总是在叙利亚煽动叛乱，亚述王平定西顿的反叛（公元前 677 年）后，就计划征服这个庞然大物。公元前 673 年，当推罗企图与埃及联合反对亚述时，亚述军包围了推罗，但无法攻陷岛国推罗。公元前 671 年，亚述军艰难行军十五天，穿过西奈沙漠，进入埃及。亚述军队成功地击败了埃及军队，攻下了埃及首都孟斐斯，统治埃及的努比亚法老逃回努比亚。可是庞大的埃及是不会轻易屈服的，两年后，上埃及掀起反亚述的浪潮。阿萨尔哈东急忙前去镇压，在路上染疾，病死在哈兰。由于阿萨尔哈东生前曾要求全体官员和藩国使节宣誓效忠太子亚述巴尼拔，因此他死后没有发生争夺王位的内乱。他生前还任命另一个王子沙马什顺乌金为巴比伦王继承人，规定其位置低于亚述巴尼拔。当父王死讯传来，两个王子同一天登上了各自的王位。

阿萨尔哈东死后，一度逃往努比亚的法老赶走了亚述驻军，收复孟斐斯。亚述巴尼拔（公元前 668—前 626 年）即位后立即率领 22 个属国的队伍赶到埃及，夺回了孟斐斯。努比亚法老向南逃，亚述部队穷追不舍，直到底比斯城下，并攻下该城。公元前 665 年，新即位的努比亚王不甘心失败，又一次杀回了孟斐斯。这使得亚述王再次进军埃及。亚述军这次进入底比斯后，大肆掠抢并毁灭了这个埃及古都。但是亚述确实无法掌握像埃及这样大而又远的国家，十年后埃及又脱离了亚述。亚述始终不能攻破的推罗和另一岛国阿尔瓦德也给亚述巴尼拔带来麻烦。亚述军对推罗的长期封锁使推罗又一次暂时屈服。

亚述帝国的灭亡

亚述帝国虽然表面上盛极一时，但本质毕竟是虚弱的。因为这个大帝国并没有牢固的统一的经济基础，而只是一种依仗军事行政的强制联合，离开了武力，一天也难以存在下去。随着帝国内部阶级矛盾的日趋尖锐，统治阶级内讧加剧，亚述的军事力量被削弱，它便迅速走向衰落和瓦解了。

亚述帝国后期，国内阶级斗争日益尖锐。奴隶主阶级和劳动人民的生活状况有如天壤之别。奴隶主贵族们过着奢侈腐化的享乐生活。他们居住在深宅大院里，室内墙壁上挂着花布或毛毡，房间里陈设的卧榻、桌椅和凳子上，雕刻着花纹，镶嵌着象牙或贵金属制作的精美饰物。他们身上穿的除了华贵的紧身衣服外，还要披上一件绣花结穗的毛织物。他们的脖子上戴着项圈，耳朵上戴着耳环，手腕上戴着镯子。这些饰物都是用青铜、白银或黄金制成的。贵族妇女脸上蒙着轻薄的面纱。在他们的餐桌上，摆满了青铜和白银器皿。贵族们大杯大杯地喝着来自乌拉尔图或美索不达米亚的名酒和其他高级饮料，吃着鲜美的佳肴野味，嚼着葡萄、石榴、苹果、桃子等各种水果。可是贫苦农民和奴隶们的生活，却十分困苦。他们早出晚归，在田野里或牧场里艰难地熬过了一天之后，拖着疲惫的身躯，回到家里，钻进简陋的小屋——这种住宅同早先苏美尔人可怜的房子几乎没有什么区别。不论严冬酷暑，他们身上只有那一件破旧的衣衫。他们只有粗劣的食物，而且往往不足以果腹！至于远离故土的俘虏和移民，境况就更加悲惨。有的俘虏在劳动时还得戴着脚镣，并且处于武装士兵的监视之下。沉重的赋税和劳役都压在农民和奴隶身上，使他们简直喘不过气来。

亚述帝国的对外侵略扩张，对于本国的劳动人民来说，只是带来了无穷的灾难。连年征战必须不断地补充兵员，而被征入伍的人绝大多数是自由农民。自由农民是亚述军队的主要来源。起初，亚述的自由农民人数众多，因而兵源充足，可以组织起一支强而有力的军队。可是，到了帝国末期，长期征战造成的伤亡，特别是阶级分化使众多的自由农民破产，自由农民的人数大大减少。所以亚述帝国的统治者这时不得不从被征服地区居民中招募新兵。这样一来，亚述军队的成分发生了重大变化。这些外族士兵不能不受本民族和其他被压迫民族的影响。他们憎恨亚述统治阶级，厌恶侵略战争，这使得亚述军队的战斗力在一定程度上受到削弱。

亚述帝国统治集团内部也是矛盾重重，争权夺利愈演愈烈。原来，在亚述的统治阶级中，一直存在着两大集团。一个是工商业奴隶主和祭司集团，他们占有很多田庄和奴隶，而且他们的田庄生产具有明显的商品性质。因此，他们侧重于关心商品生产和商业的发展。他们同巴比伦的大奴隶主有着比较密切的联系，主张扩大联盟内部统治阶级的权利，给予城市更多的特权和自治权。要求裁减军队，甚至停止进一步扩大对外战争。这种主张和要求势必和另一集团即军事奴隶主贵族集团发生尖锐的矛盾和冲突。军事贵族集团认为只有军队才是帝国的唯一支柱，只有依靠军队不停地进行征伐战争才能发财致富，保持帝国的强大。因此，国家的一切都必须服从军事的需要。他们积极追随或怂恿国王对外掠夺。统治集团内部利益和主张不一致，常常导致公开冲突。提格拉特帕拉沙尔三世的儿子萨尔玛那沙尔五世，就是因为代表军事贵族集团的利益，取消了巴比伦、尼普尔、西帕尔以及亚述城等城市的特权，结果被工商奴隶主贵族和祭司集团组织的宫廷政变所推翻。辛那赫里布在一次宫廷政变中被杀死，也是因为遭到工商奴隶主贵族和祭司集团的反对。正因为如此，他的儿子阿萨尔哈东登上王位以后，不得不对祭司集团作出某些让步。从这些史实看来，亚述帝国奴隶主统治集团内部的斗争是很激烈的。随着奴隶社会经济的发展，非军事奴隶主贵族的力量日益壮大，他们同军事奴隶主贵族的矛盾也更加尖锐。统治集团的内讧，大大地削弱了亚述奴隶主阶级的力量。

亚述本土的奴隶、贫苦农民和被征服地区的人民，对亚述奴隶主贵族十分憎恨。他们时时发出愤怒的诅咒，希望"狮穴"早日崩溃、"血城"快点毁灭。他们有时以大批逃亡或杀死个别奴隶主的方式进行反抗，更有力的则是不断举行大规模的起义，冲击着帝国的反动统治。据亚述的《名年官表》记载，在萨尔玛那沙尔三世统治后期，即公元前 829 年至公元前 824 年，就发生了延续六年的可能是全国性的起义。公元前 8 世纪内，起义也不断发生。其中，有公元前 763—前 762 年亚述城的起义，有公元前 761—前 760 年阿拉法城的起义，有公元前 759 年古札那城的起义，有公元前 746 年卡拉赫城的起义，等等。所有这些起义，都给予亚述统治者以沉重的打击。公元前 745 年登上王位的提格拉特帕拉沙尔三世之所以改变统治政策，收敛了一下过去那种烧光、杀光、抢光的凶焰，除了前边说过的那些原因之外，显然与帝国受到这么多的起义的打击有着密切的关系。

把被征服地区的居民强行迁徙，使之远离故乡，与别处居民混合，这本是亚述统治者为了防止他们起义所采取的一种措施，但是并没有达到预期的目的。被征服地区人民的反抗斗争仍然不断发生。在萨尔贡二世统治时期，叙利亚和腓尼基在埃及的支持下，曾举行起义，于公元前 720 年被镇压下去。卡尔凯米什城的起义于公元前 717 年也被萨尔贡二世所镇压。在公元前 717—前 714 年期间，亚述帝国的东北部地区也不断发生骚动。此外，在辛那赫里布和萨尔贡二世统治时期，巴比伦的反抗也是此伏彼起。到阿萨尔哈东的儿子阿淑尔巴尼拔统治时期，亚述帝国已是强弩之末了。

前边说过，亚述帝国的兴起，有一个重要的原因是在它周围没有遇到强大的敌人；由于同样的原因，也使得亚述帝国维持了一个较长的时期。到了阿淑尔巴尼拔执政的后期，国际形势发生了不利于亚述的重大变化。公元前 657—前 655 年期间，埃及一个省的统治者普萨姆提赫与小亚细亚半岛的吕底亚国王古顾结成了同盟。依靠这个同盟的力量，普萨姆提赫夺取到埃及法老的王位，并且消灭了亚述在埃及的驻防军。从此，埃及摆脱亚述羁绊而独立。与此同时，吕底亚也仿效埃及，同亚述脱离了关系。此后，叙利亚、腓尼基也不再对亚述俯首听命了。亚述北部和东部的游牧部落，如阿拉美尼亚人、斯基泰人、米底人和波斯人，也经常威胁着亚述。也正是这个时候，两河流域南端的迦勒底人逐渐强大起来了。

阿淑尔巴尼拔为了维持帝国的统治，曾经花费了很大的气力。当埃及独立以后，他已经没有力量再去进行新的远征了。这时，他需要保持住本土，对付南边和东边威胁他的统治的主要敌人，即巴比伦和依兰。原来，阿淑尔巴尼拔有个弟弟，名字叫萨马萨木金。他接任巴比伦国王以后，便力图使巴比伦脱离亚述的统治，成为独立的国家。为此，他与依兰国王缔结同盟，于公元前 652 年公开反抗自己的哥哥。于是，阿淑尔巴尼拔亲自率领大军讨伐巴比伦。亚述军队将巴比伦城围得水泄不通，城内发生了可怕的饥馑。这次饥馑极为严重，史籍记载说，城里人们"由于饥饿而吃自己亲生儿女的肉，咀嚼皮带"。至公元前 648 年，巴比伦城终于被攻陷，萨马萨木金跳入蔓延全城的大火中自焚而死。平定巴比伦之后，阿淑尔巴尼拔两度讨伐依兰，公元前 639 年洗劫了苏萨城，杀死了依兰国王台乌马努。阿淑尔巴尼拔在一篇铭文中骄傲地记叙了自己取得的胜利，他说："我占领了伟大的苏萨城（依兰首都）——诸神莅临的场所。我遵着亚述神和伊丝塔女神的谕旨，走进了皇宫。我踌躇满志地在宫里休息。我打开了他们的宝库，取去了所有的金子、银子和一切财富。

我毁坏了用白云石作基础、用青铜做顶盖的塔楼。我把他们的男神和女神加以奴役。我的战士占领了从来没有人迹的森林,把它们付之一炬。我毁坏了他们历代国王的陵墓。我把国王的妻子、女儿和家属、统治者、战士和所有的居民、所有的家畜都带走,带到我的故乡亚述加以奴役。我在一个月的时间内就把依兰王国从大地上消灭掉。我使这个国家的田地和草原上没有人的声息,没有马匹、母牛和母绵羊的足迹,让凶恶的野兽、毒蛇和爬虫自由地到那里去栖息……"。请看,这个阿淑尔巴尼拔是多么的得意忘形啊!然而,这时的亚述帝国毕竟外强中干了。公元前 633 年左右,阿淑尔巴尼拔死去,此后帝国便急剧地衰落下去。

在那波帕那沙尔的领导下,迦勒底人攻占了巴比伦城,于公元前 626 年建立起新巴比伦王国(也称迦勒底王国)。此时,阿淑尔巴尼拔的继承者阿淑尔埃奇里依拉尼已无力去干涉这件事情了。新巴比伦王国不久便与伊朗高原上的新兴国家米底结成同盟,共同对抗亚述。这是一个有足够力量打败亚述的联盟。他们在同亚述长期作战中积累了经验,并且逐渐学会了亚述人的军事技术,采纳了亚述人的军事组织。亚述军队再也不能像过去那样为所欲为了。

阿淑尔埃奇里依拉尼的统治被一次新的宫廷政变所推翻之后,阿淑尔巴尼拔的另一个儿子萨拉克于公元前 616 年登上王位。这时的亚述帝国更加分崩离析。为了应付日益恶化的形势,亚述不得不与埃及结盟,甚至与它以前根本不放在眼里的乌尔米亚湖附近的马纳王国结盟。萨拉克这时不仅对边远地区鞭长莫及,就是本土的许多地区也难于行使王权,他的军队只能够控制国内的中心地区。

公元前 615 年 11 月,吉阿克沙尔率领米底军队越过扎格罗斯山,来到阿拉哈普。马纳王国向米底人表示臣服。公元前 614 年 7 月,米底人顺利地攻入亚述本土。亚述军队节节败退,米底军一直追到亚述城,并且很快地攻下了这座有着坚固防御工事的城市。米底人把亚述城洗劫一空,并杀死了留在城内的所有亚述贵族。那波帕那沙尔率领巴比伦军也很快地抵达亚述城,与米底军队会师。吉阿克沙尔与那波帕那沙尔一起举行了隆重的庆祝仪式,来祝贺两国友好同盟的签订。同时,他们为了进一步巩固这个同盟,吉阿克沙尔还把米底公主嫁给巴比伦的王位继承者尼布甲尼撒。

紧接着,吉阿克沙尔与那波帕那沙尔共同制订了进攻尼尼微的计划。亚述的形势越来越危急了。萨拉克为了坚守尼尼微,急速加固城防工事。巴比伦和米底经过两年的充分准备,于公元前 612 年春天,会师于底格里斯河畔,开始向尼尼微推进。巴比伦、米底联军对尼尼微城的围攻从这年的 5 月一直持续到 7 月底。开始时,他们也使用攻城机,但效果不大。后来,他们想法把底格里斯河的水引向城市,淹没城区。亚述军队虽然进行了顽强的抵抗,尼尼微城最后还是陷落了。

关于尼尼微城的覆灭,有一份史料是这样描述的:

"亚述啊,破坏者爬到你身上。你要坚守要塞,严把道路,扎紧腰带,振作力量。他的勇士的盾牌是红的;他的士兵都穿朱红衣裳;在准备出战的那天,戈矛之林在骚动。

"战车在街上飞驰,在广场上轰响;它们发出星火般的闪光,像闪电一样的耀眼。亚述王召唤他的勇士，然而他们只能绊跌而行，奔上城垣，但是城已经被围困起来了。

"河闸开放，宫殿被冲。命中注定：亚述将赤裸裸地变为阶下囚。

"可以听到鞭子的抽打声、旋转的车轮声、战马的嘶鸣声和奔驰战车的隆隆声。骑兵在飞奔，剑和矛的亮光闪闪；被杀的人很多，积尸成堆；一举足就要碰到尸体。

"人人都要离你而去，说'尼尼微荒凉了'。有谁为它悲伤，我到哪里去寻觅安慰你的人呢？

"……亚述王啊，你的牧人在沉睡，你的大臣在安逸，你的人民散在山间无人招聚，你的创伤无法医治，你的伤口在疼痛，所有听到你的消息的人，都将拍手，因为还有谁没有尝到你那无穷尽的残暴。"

尼尼微城被摧毁了，亚述帝国在人们的仇恨和诅咒声中灭亡了。萨拉克为了逃避被俘的下场，火焚王宫，自己则投身于熊熊燃烧的烈焰之中。

尼尼微被攻占之后，阿淑尔巴尼拔的一个兄弟阿夙路巴里特二世率领一支亚述军队占领了幼发拉底河上游的哈兰城，并且在那里自封为亚述王。他依靠埃及法老尼科的援助，在哈兰—卡尔凯米什地区坚持了七年之久。公元前605年，他的军队与巴比伦军队在卡尔凯米什进行了最后的一场激战，终遭彻底失败。从此以后，亚述作为一个国家已不复存在；但是，这并不意味着亚述民族被消灭。亚述人的后代仍然在原来的地方繁衍生息，逐渐与阿拉美亚人融合起来。

哈拉巴文化的兴起

印度河是南亚次大陆最长的一条河流，全长3200公里。它发源于喜马拉雅山，由北向西南，主要流经今天的巴基斯坦境内，最后注入阿拉伯海。由于北方山上积雪每年夏季融化，西南季风又带来雨水，河水水量充足。冲积的土壤上覆盖着一层含有矿物质的淤泥，十分肥沃，适于农业。附近产有石料与金属矿石，野生动物种类也很多。加之，水道四通八达，运输便利。这一切都为哈拉巴文化的产生提供了有利的条件。

在哈拉巴文化兴起以前，印度河流域及其附近的俾路支、阿富汗等地已有向城市过渡的文化。学者们称之为前哈拉巴文化。这一文化的主要遗址有俾路支的基利·古尔·穆罕默德、阿富汗的蒙迪加克、信德的阿姆利与科特·迪吉、拉贾斯坦的卡里班甘和哈拉巴的下层前哈拉巴文化层等。它们大致经历了三个阶段：第一阶段在公元前3000年以前，初属前陶器的新石器阶段，后有了陶器并出现铜器，已驯养羊、牛，过游牧生活；第二阶段为公元前3000—前2700年，铜器的增多与青铜的出现，经营农业畜牧业，定居生活，出现陶工记号，表明书写的开始；第三阶段自公元前2700年开始，有了城市雏形、城堡与外城两部分的布局，整齐排列的街道与房屋、烧砖砌的阴沟的出现等。一些前哈拉巴文化的地区似乎有的被哈拉巴人和平地接替，有的则遭到他们的破坏；但不管怎样，哈拉巴文化就是在前哈拉巴文化的基础上兴起的。

前哈拉巴文化与邻近的同时代的伊朗文化有着密切的关系，铜的冶炼术就是由伊朗传到阿富汗与俾路支的。哈拉巴文化与西亚苏美尔文化又有许多相似之处。因此，有的学者就认为哈拉巴文化源出于西亚特别是伊朗（费尔塞维斯、皮戈特等），有的甚至认为哈拉巴文化是由苏美尔移民传入的（沃德尔、普沦·纳特）。但以上发掘的文化遗址已经充分证明这一文化是在本地文化基础上发展起来的，尽管有一些外来的影响。这里又牵涉到谁是这一文化的创造者的问题。根据在摩亨约·达罗发掘到的 11 具人尸遗骸的分析，休厄尔与古哈认为有原始澳语人、地中海人、蒙古人和阿尔卑斯人四种。后来发掘到的尸骨增多（在哈拉巴有 260 具、摩亨约·达罗 41 具、罗塔尔 2 具、卡里班甘 3 具）。据萨卡尔研究，就头部指数来说，摩亨约·达罗人和今天的信德人，哈拉巴人和今天旁遮普人，罗塔尔人和今天古吉拉特人都很相似，说明他们是土生土长的。但由于尸骨的残破，能提供人种资料的雕像又太少，不足以肯定居民的人种。大多数学者认为这一文化的创造者是达罗毗荼人，可能还有原始澳语人、蒙古人等。

哈拉巴文化的全盛

公元前 3000 年中叶，哈拉巴文化已进入到青铜时代，全盛时期开始。他们知道熔解矿石、锻冶、铸造和焊接金属器具，冶金术有了一定的发展。他们可能按一定比例制造铜锡合金或铜砷合金，即青铜。用铜或青铜制造生产和生活用具、武器等。如斧、凿、鱼钩、刀、矛头、箭头、碗、盘、镜、指环、小铜车模型等。由于锡的缺乏，青铜比较贵重，石器仍在使用。

社会经济有了很大发展。居民主要从事农业，使用青铜的鹤嘴锄与镰刀，可能还用木犁、带齿的耙和石凿耕种田地。又用水牛作耕畜。由于印度河经常泛滥成灾，在和洪水进行斗争中，人们已经学会筑堤坝和引水灌溉，还制作扬水器向高处送水。主要农作物有大麦、小麦、稻、豌豆、甜瓜、椰枣、棉花和胡麻等。畜牧业在经济中也占有重要地位。已驯养的牲畜有水牛、黄牛、山羊、绵羊、猪、狗、猫、鸡、象、骆驼，等等。手工业方面，除冶金、粮食加工外，还有棉、毛纺织、刺绣、染色等。制陶业是重要的手工业部门，此外，还有珠宝制造和象牙工艺等。随着物质财富的增多，商业也发展起来。印度河流域本地出产的棉布、香料、木材、珠宝等输出到西亚等地；他们制造的工艺品，原料很多来自邻近地区及印度次大陆以外的地方。陆路使用车辆和牛、骆驼运输，水路有船只。生产和交换的需要，形成度量衡制度。计量长度用介壳尺和青铜杆尺。单位长度，前者为 0.67 厘米，后者为 0.9 厘米。均为十进位制。重量是用砝码来衡量，单位重量为 0.875 克。珍宝珠玉的买卖用小砝码，二进位制；非贵重物品用大砝码，十进位制。

社会交往，包括商业交换的增多，出现了记载语言的文字，哈拉巴文化的文字大多刻在石头或陶土制成的印章上（印章文字）。有些印章可能用在商业上，如在两河流域南部的温马城就发现有盖上印记的印度棉织物，可能作为制造者的标记。全部文字符号据统计有 417 个（有的学者认为基本符号为 26 个），一般是用直线条组成，字体清晰。由于有些符号是描绘人、鸟、鱼等图形，有的学者就认为是象形字。但在罗塔尔发现的后期印章文字已经简化，基本符号只有 22，图形消失了，有的符号加上可能标明重音的短划，有的两个符号连写，一般认为这已是向字母文字过渡的表音文字。印章上的文字、陶器和金属器上的铭文字数都很少，一般为五、六个符号，最多的为 26 个，书写是由右到左。这种文字至今尚未解读。争论的问题是这种文字究竟记录的是哪种语言。这和谁是这种文化的创造者有关。有的认为是达罗毗荼语族（马歇尔、赫拉斯等），有的则认为是印欧语族（赫罗兹尼、拉奥等）。近年来有人试图用电子计算机释读这种文字（帕波拉、克诺罗佐夫、马哈代文等）。一些研究者声称已解读成功，但还没有得到公认。

毗湿奴的金像

社会经济的发展，促进交通中心地区人口的密集，形成了城市。城市的规模大小不等。哈拉巴和摩亨约·达罗是这一文化的两个重要中心，也是两座最大的城市。各占 85 万平方公尺的面积，人口各有三四万人。较晚发展的罗塔尔面积为 47500 平方公尺，人口只有 2000 至 2500 人。

这些城市的建筑都有一定的规划。城市布局一般分为两部：西部是城堡；东部是下城。城堡呈平行四边形，周围有高厚的城墙，建立在泥砖砌的地基上。城墙每隔一段距离就有方形棱堡和塔楼，城外有护城河。下城面积较大，地势较低。城堡区是行政中心，拥有一些公共建筑物，如宫殿、行政大厦、

笈多时期的石头寺庙

谷仓、浴室，可能还有寺庙。下城则是商业区和居民区，有商店、手工业作坊、饭馆、旅舍及一般住房。居民区附近有墓地。城市交通有成直角相交的大街，有的宽达十或十一公尺，长 0.8 公里。这些街道把城市分为一些方形或长方形街区，其中又交叉有小巷，有的小巷只宽 2.3 公尺。街道两旁是房屋，建筑物不能侵占大街地面。为了便于交通，在十字路转弯处，房屋墙角砌成圆形。又为了避免车辆急转弯，损坏街角房屋，设置了木桩保护。在街道上，每隔一定距离设有路灯杆，可以照明。宽的大街可以并排行走九辆大车，可见当时城市来往车辆和行人是很多的。确是一派繁荣兴盛的景象！

城市规划还包括有完善的供水排水系统。供水有水井，几乎每一住屋都有自备水井。每条巷道有一公共水井。排水用阴沟，大街下为深 30.48—60.96 厘米、宽 22.86—45.72 厘米的主沟，每户有支沟与主沟相通，楼上的污水经垂直的水管通向地下沟道。雨水和污水通过沟道最后流进大河。为了防止渣滓淤塞沟道，支沟进入主沟处有污水坑，主沟每隔一定距离也有水坑，人们可以检修沟道、清除污物。

房屋结构与位置选择都以实用为目的。谷仓注意通风设备，有砖台、过道，保持仓内干燥，以免谷物潮湿腐烂。地址选在河边，便于从水路运输粮食，附近建有加工场地和供劳动者住宿的小屋，便于就近加工和对劳动力的使用与管理。大浴室有专门的供水井和排水沟道。有水闸可以启闭，以便随时排水。池底和四周在砖墙间铺有约 2 厘米厚的沥青，防止漏水。住屋最小的有两间房，一般的至少有三间。楼房有二层也有三层，它们都有开阔的庭院，配备有厨房、浴室、厕所、储藏室、起居室、卧室等。陶工作坊设在市区外，以免烧窑烟灰污染。

印度的音乐、舞蹈之神
——湿婆

这一时期已出现财富分化和阶级对立的现象。从遗迹中可以看到：有的是庭院宽敞、设备完善的高楼大厦；有的却是矮小、简陋、拥挤不堪的茅舍。在妆饰品、殉葬品，甚至连儿童玩具中，有金玉珠宝的精巧制品；也有泥土和贝壳制的粗劣物品。贫富差别十分悬殊。社会阶层已有祭司、战士、商人、工匠和体力劳动者的划分。从人物雕像中，有穿着珍贵长袍、系着嵌有宝石的束发佩带的祭司像，显得庄严贵重；也有头戴满布刺痕的圆形便帽、颈下戴有前面凸出的项圈的赤陶男像（项圈可能是奴隶标志），表现卑贱屈辱。有头戴扇形妆饰、颈、耳和臂佩带珠宝璎珞、腰缠富丽腰带的雍容华贵的母神雕像；也有装束单薄、简朴的裸体舞女青铜雕像，她与母神相比就十分寒酸。这也都反映出阶级的分化。印章中有描绘奴隶主拷打奴隶的情景，还有用人牺祭神的图形，墓葬中也有用人陪葬的事例，说明阶级矛盾已经存在。从城堡塔楼、高墙深院的森严防卫以及城市生活的管理控制，还有统一的规划等来看，显然已有了统治机构，产生了国家。但由于印章文字尚未译读成功，考古发掘中缺乏更有说服力的材料，这里只是根据已有的资料并与其他文明古国（如埃及、两河流域的奴隶制国家）文物进行比较而作出的比较切合实际的推断。至于说这些国家的统治制度是祭司执政还是共和政治，国家组织是城邦联盟还是帝国，那就更是一些推论了。

这时期人们的生活内容相当丰富，且具有特色。除生产活动外，在物质生活方面，当时人吃的是肉、鱼、面包、饼、蔬菜、水果、牛奶等，穿的是棉布和毛织品，上衣象围巾，下衣类似今天印度人穿着的腰布。饮食生活用具有碾谷石磨、擦肉具、制饼模子、烘面包的炉子、做菜的锅、过滤的穿孔陶器以及盛放食料和饮料的瓮、罐、碗、盘等，还有照明的灯、烧香的炉。他们非常讲究洁净，十分注意妆饰打扮。发现的珠宝饰物和化妆品很多。各种人物雕像和印章上雕画的人物，不论男女都佩戴着许多饰物，如头饰、佩带、项链、耳环、臂钏、手镯、指环、脚镯、腰带、胸饰等（其中腰带、鼻饰、耳环、脚镯只有妇女佩戴）。已发现的修饰面容的用具有梳妆台、青铜镜、化妆盒、象牙梳、剃刀，还有穿孔器、耳杓子和镊子。化妆盒内盛放红赭色胭脂、白色扑粉、绿色土块、眼膏等各种化妆品。当时人们已经知道涂口红、扑粉、擦眼膏、洗发、修面、梳髻等美容方法。祭司雕像的面部修饰和青铜舞女的优美发式，都可以作为这方面的例证。当时人对游艺玩乐很喜爱。发现的娱乐用品有各种骰子、象牙杖、象牙鱼、象牙柱、棋盘等，印章雕画中画有手鼓、响板、竖琴、七弦琴，还有斗牛、斗鸡等图景。还发现有养虫、养鸟的陶笼。狩猎、钓鱼也有作为娱乐活动的。儿童玩具有石弹、泥偶、拨浪鼓、鸟形哨、羊拉小泥车、猴爬绳等。人们最流行的娱乐是掷骰子。

关于医疗卫生方面，当时人除了注意洁净、防止污染外，可能已知道用药物治疗疾病。发现的药品有用漆黑物质制成的暗棕色溶液，经鉴定为五灵脂，专治消化不良、肝病、风湿病等。还发现有储备的乌贼骨，内服可以开胃，外敷又可治耳、眼、喉和皮肤等疾病、鹿角、羚羊角，可能还有犀牛角也都用来作药物，珊瑚和尼姆树叶也是药。外科手术当时已知头盖骨穿孔术，他们认为这是治头痛、减轻乳突炎并治脑外伤的办法。

印章与雕像可以说是这时期人们的精神文化的产物。哈拉巴文化遗址中发现的印章总数据最近统计为 2905 个（其中包括在西亚发现的 10 多个）。印章一般是 2.3 厘米见方。印章的刻画有的有图有文，有的只有铭文。图中刻画最多的是独角兽。兽前立一标杆，杆顶有碗，上有笼状物。它大概是兽槽，也可能是供焚香膜拜的香炉。其次刻画的是当时印度常见的动物，如短角公牛、象、犀牛、蛇、水牛、鳄鱼、羚羊等，还有一些多头兽及复合动物（人面、象身、羊角、羊腿、虎尾等合为一体）等，形象都很生动。有些印章刻画着当时人物的生活情景，如狩猎、航行、娱乐等。另外还有一些含有宗教神话内容的印章，如三面神兽主印章、眼镜蛇神印章和菩提树女神印章等，均绘有朝拜的人和兽。这些印章除用于商业上作为标记外，也作为护符，庇护佩戴者免受邪魔的侵害。但究竟有何用意，还有待文字译读后再作进一步的研究。发现的雕像数目不多，有石像、陶像和青铜铸像等，最多的是赤陶烧制的雕像。石头雕像在摩亨约·达罗出土的有十一尊，其中两尊是动物雕像，其余是人像。在哈拉巴出土的有两尊人像。雕像形体不大，最高的雪花石膏人像只高41.91厘米。当时雕像艺术的代表作冻石祭司雕像，高 17.78 厘米。摩亨约·达罗的雕像神态比较迟钝、呆板，尽管技艺相当熟练。他们已知道使作镶嵌手法，雕像的眼珠、耳、角和奶头，甚至衣服上的纹饰都是用其他材料制成，嵌在雕像上，可以给人以立体感。哈拉巴的雕像显得自然、有感情，塑造方法与摩亨约·达罗的不同，似乎先分别雕刻头部、躯干和四肢，然后再连接成一整体。由于风格和雕法都有不同，有的学者怀疑哈拉巴的两尊人像不是本时期的作品。摩亨约·达罗出土的青铜舞女铸像是哈拉巴文化的著名作品，它高 11.43 厘米，身段苗条、肢体修长，神态安详自若，造型优美。水牛与公羊的铸像也能刻画出这些动物桀骜不驯的野性。赤陶塑像中动物像约占 3/4。其中的像最多，也最为生动逼真。还有小松鼠、小猴的塑像也很出色。人物陶像以妇女为题材料的较多，头饰很精致，有些还戴有角状物，有的两边还各有一壳状杯，好像是用来点燃灯油或焚香的。学者们认为这些妇女陶像可能是地母神的塑像，塑像的造型是胸部、臂部十分丰满，象征女性的生育能力。当时人们相信，崇拜地母神可以得到庇护，保证丰收安宁。因此，这类陶像较多。印章与雕像是这时期留下的仅有的艺术文物，因为在遗址中见到的当时房屋、列柱、器具等都以朴素实用为特色，没有什么装饰雕画。

关于当时人的宗教生活情况，印章雕画和雕像中已有了一些描绘。不过，因为印章文字没有译读，很难有明确的结论。当时的宗教信仰有对地母神的崇拜，对男神三面神兽主的供奉，还有保持下来的原始的对生殖器的崇拜，以石柱石环为象征。此外，还保留了对动物、植物、水、火等的崇拜。印章中如✚、〻、车轮、三叶草等符号也都有着宗教象征的意义。有人认为寺庙就是发现这些石雕神像所在的建筑物，大浴室就是河神的庙。火神的椭圆形或矩形祭坛也有发现。在宗教节庆时可能还举行歌舞的活动。又从有关的遗物遗迹来看，各地区的宗教信仰也不尽相同，如对地母神的信仰盛行于印度河流域，而在古吉拉特则对地母神几乎一无所知。对火神的崇拜流行于罗塔尔和卡里班甘，却不曾在印度河流域本地发现。从摩亨约·达罗、哈拉巴等地的墓地来看，我们知道当时流行的埋葬习俗，有三种葬法。一是全尸墓葬，体仰卧，头朝北。饰物和化妆用具等都是殉葬物。有的用棺和尸衣。二是天葬。先将尸体暴露野外，任鸟兽等啄食，然后将残骸和瓦罐、珠石等小件殉葬物，一并置于瓮内掩埋。三是火葬，先将尸体火化，然后将骨灰和殉葬物放在瓮中埋葬。罗塔尔墓地里发现在一个墓内往往有一男一女配对的尸骨。这是在丈夫或主人死后，其妻、仆或侍从的陪葬，近似后来的萨蒂（即寡妇殉夫）习俗。

当时人政治活动方面留下的痕迹很少。摩亨约·达罗卫城南部一座约二十五公尺见方的大厅，内有列柱矮凳，可能是会议厅，也许就是政治活动的场所。印章雕画中一些复合动物的图像，可能是不同图腾部落的联合，如长有野牛、老虎、羚羊三头的怪兽就是三个图腾部落的联盟。三面神兽主头戴牛角王冠，身边环绕着象、虎、犀牛、水牛与羊或鹿的印章表明他是牛图腾部落的酋长，由各个图腾部落拥戴为盟主。这一切反映了原始社会末期部落合并统一的过程。进入阶级社会后阶级统治与反抗的情景已在前面提到，这里不再重复。

哈拉巴文化的衰落

哈拉巴文化的衰落不是各地区同时出现的。中心地区如哈拉巴、摩亨约·达罗等大约到公元前 18 世纪就开始衰落了。城市建筑出现了杂乱无章的状况，庭院被分隔成若干小的房间；巷道被一些简陋的小屋所拥塞，几乎不能通行；有些大建筑物已经颓废破落，地板上堆满了大量碎石；新屋是用破旧砖砌盖，质量低劣；排水设备和城市的洁净问题受到忽视和破坏；贸易也停顿了，等等。但与此同时，一些边远地方如罗塔尔还在继续发展。这里是贸易港口，城市建设大致类似摩亨约·达罗，不同的只是有一个大船坞，它的面积约 219×37 平方公尺，并有一条长 2 公里半的人造运河，与流入坎贝湾的河流相通，可以随时把船只引进水坞修理（但也有人不同意这是船坞，认为只是储备饮水和作灌溉用的水池）。罗塔尔的古城文化到公元前 1000 年左右也衰落了。

关于哈拉巴文化衰落的原因，有的学者认为是由于约公元前 1500 年进入印度的雅利安人的破坏（皮戈特），可是哈拉巴文化却是在此以前二百多年就衰落了。有的学者以为是由于洪水的危害（S·R·拉奥），但哈拉巴人和洪水的斗争却是经常的，摩亨约·达罗就曾被洪水毁坏后又重建达九次以上。有的学者认为由于气候变得更加干旱、沙漠扩大、土壤日益盐碱化，迫使人们遗弃城市，造成文化的衰落（惠勒早期的看法），但据专家研究，这一时期的气候变化是微不足道的。有的学者认为是由于过分耗竭地力，影响农业发展停滞，无力维持日益增长的人口，因而出现贫困枯竭（费尔塞维斯），但缺乏明确的论证。这种种不同的说法都是根据遗迹、遗物进行的推论。比较流行、比较全面的看法是，主要由于内部阶级关系的紧张。当时贫富悬殊极大，奴隶主阶级仅仅为了维持他们的生活水平，就必须对劳动人民进行沉重的剥削。统治阶级的加强防卫和拷打奴隶都说明阶级矛盾的尖锐。另一方面，由于当时人们还不能认识自然界生态平衡的规律，大量砍伐森林，造成水土流失。印度河淤塞，河床升高，河流改道。经常泛滥成灾，对生产和人民的生活造成很大的破坏。频繁的自然灾害，再加上统治阶级的残酷剥削和压迫，因而使阶级矛盾更加剧烈，这就为外族的入侵造成了可乘之机。入侵者可能是来自伊朗、俾路支和印度河流域邻近的部落。大约在公元前1750年，印度河流域的很多城市都遭到入侵者程度不同的破坏。摩亨约·达罗损失最大，房屋被烧，居民受到屠杀，连儿童也不能幸免。有的地区如强胡·达罗虽没有发现被害的尸体，却出现了与原来不同的文物和粗糙的陶器。从此，哈拉巴文化就衰落了。最近，对于衰落的原因又有一种新的解释，认为在离摩亨约·达罗不远的地方是一个地震中心，公元前1700年左右发生地震，并引起了水灾，由此导致了摩亨约·达罗的毁灭和哈拉巴文化的衰落（雷克斯）。总之，这一文化究竟是怎样衰落的，还有待于今后进一步从考古发掘中考察和对印章文字的译读研究，才能得出圆满的解答。

大约从公元前2000年后期开始，属于印欧语系的雅利安人的部落陆续侵入南亚次大陆，在哈拉巴文化的废墟上开创了雅利安人的文化，从此开始了印度史上的吠陀时代，哈拉巴文化就湮没无闻了。

哈拉巴文化在南亚历史上是有着划时代的意义的。它是青铜时代的文化，是古代城市的文化，可以说是奴隶制社会开始时的文化。它是以后印度文化发展的前驱。从后来的印度文物中完全可以看到哈拉巴文化的影响。例如公元前数世纪旁遮普和西北印度发现的陶器在花纹、图案和外形上都类似哈拉巴文化的陶器，古代印度铸币上的印记和符号也和印章文字相似，重量标准基本符合摩亨约·达罗的度量制，今天印度人所用的货车和所穿的腰布也都有些和哈拉巴文化的车辆与衣着相像。古代印度的医书《寿命吠陀》记载了哈拉巴文化时期使用过的药物，如五灵脂、乌贼骨、鹿角等。在宗教方面，哈拉巴文化的影响也是相当明显的。如《梨俱吠陀》中提到的普利色毗和阿迪蒂，还有后来的安婆和迦梨都是大地女神，近似哈拉巴文化中的地母神。对萨克蒂（阴性力量）的山羊祭在哈拉巴印章刻画中也可找到痕迹。婆罗门教和印度教的主神之一湿婆的前身就是哈拉巴文化中的三面神即百兽之王。哈拉巴的雕像中似乎也有实行瑜伽的迹象，后来的这种修炼可能从此开始。此外，哈拉巴文化中对树木、动物、水、火等的崇拜对后代也有一定的影响。

哈拉巴文化在当时世界上也是有一定影响的文化。它除了在北方从恒河上流、南方经古吉拉特向印度内地扩展外，还和西亚、两河流域等地区也有着经济文化的交流。例如在苏美尔和伊朗西部的埃兰地区就发现了哈拉巴文化的印章和陶片。阿卡德人在埃尔—阿斯马尔的房屋建筑中浴室与阴沟的安排就受到哈拉巴文化的影响。哈拉巴文化还通过苏美尔和埃兰与埃及和克里特岛进行文化交流。这些地区出土的念珠、项圈、发针和脚镯等都有相似之处。可见，哈拉巴文化在世界古代史上是有着相当重要的历史地位的。

哈拉巴文化在世界史上也有着重要的意义。它是人类文明较早的发祥地之一。它对人类文明作出了独特的贡献。首先，棉花种植和棉的纺织是从这一文化开始的，它对南亚次大陆、西亚的经济发展起了一定的影响，大约过了三千年后又传到西方。其次，作为这一文化特色的统一城市建筑规划，特别是完善的地下排水设备，在古代世界是少有的。他们制造的圆锯、管状钻孔器与用贝壳制的角度测量圆筒仪等生产用具，以及陶器上釉、用融蜡法铸造金属器物等技术，还有标准的度量衡体制等在当时可能都有着创新的意义。第三，在印章文字、雕刻艺术和珠宝妆饰等方面的成就也显示了他们的创造才能。哈拉巴文化是值得我们重视的人类文明宝贵的遗产。

雅利安人的部落和城市国家

雅利安人的各部落

大约从公元前 13 世纪开始，雅利安人从印度的西北方侵入南亚次大陆，从此开始了印度史上的吠陀时代，所谓"吠陀"时代，是由阐述这一时代的历史文献资料《吠陀》而得名。时间大约在公元前 13 世纪至公元前 7 世纪，是雅利安人从氏族社会向国家过渡的时期。

雅利安人属于印欧语族，其故乡可能在中亚或高加索一带。大约在公元前 2000 年代中叶，许多雅利安人部落出现在印度河上游一带。他们称当地人为"达萨"或"达休"，意即敌人；并把"达萨"说成是黑皮肤的，"没有鼻子的"。看来雅利安人在外貌上和土著居民有很大差别。

雅利安人侵入印度是一个很长的过程。在吠陀文献中有许多描述雅利安人同达萨激烈战斗的片断。如在《梨俱吠陀》中有一首因陀罗（雷雨神或战神）赞歌写道："他使万物成为不稳定的；他使达萨瓦尔那屈服、消灭；噢，人们哟！他是因陀罗。"经过无数次的战争，雅利安人征服了当地的土著居民达罗毗荼人，并逐步征服了整个北印度。

雅利安人占据印度河上游以后，最初还过着以畜牧业为主的生活。后来他们逐渐学会了农业。在山岗地带，他们用牛拉重犁耕地。在河谷地带，他们利用河水灌溉。狩猎在早期吠陀时代还起着相当大的作用。手工业有了一定的发展。已经有了金属用具。木工有细工匠、造房匠和造车匠之分。到了吠陀时代后期，雅利安人各部落从印度河流域逐步向恒河和朱木拿河流域之间迁徙，至公元前 1000 年前半期，雅利安人就占领了整个恒河流域。

雅利安人初到印度的时候，还过着氏族部落生活。当时部落是社会重要单位。

每个部落包括几个村社，即"哥达摩"，首领叫"哥罗摩尼"。村社由同氏族的若干家庭组成。父亲是一家之主，男子在社会上已占重要地位。女子管理家庭，地位不低。土地为公社所有，但已有一部分分给每个家庭占有使用。部落组织称为"迦那"，首领叫"罗惹"。佛教文献中往往把"罗惹"一词与"王"字等同起来，不过这一时期的"王"是部落首领，与国家出现后的"王"在性质上是不同的。

部落首领由民众大会选出，不过实际上已经世袭。氏族部落中还有两个民主机构，即萨米提和萨布霍。萨布霍可能是部落的长老会，由部落中少数上层分子组成。萨米提是部落的民众会议，由部落的全体成年男子组成。这是雅利安人原始公社后期军事民主制度下的三种机构。

经常的战争，是军事民主制时代的特征之一。在早期吠陀时代，雅利安人与土著居民，以及雅利安各部落之间经常发生战争。《梨俱吠陀》中所描写的"十王之战"，是十个部落组成的联盟共同反对当时最强大的婆罗多国王修达斯的战争。战争以联盟失败而告终。在《摩诃婆罗多》史诗中描述了另一次大战，即俱卢族与般度族之间的战争。这次战争大约发生在公元前9世纪。初期，虽系两族之间的战争，但后来北印度的很多部落都参加了。这次大战的结果，般度族取得了最后的胜利。部落首领和氏族贵族在战争中掠夺了大量的财富和战俘。例如在《梨俱吠陀》中曾提到某一个僧侣从部落首领那里得到了成百的金块、无数的马牛和"载有少女奴隶的十辆战车"。部落的军事首领在战争中不断扩大自己的权力。部落中还有正在萌芽中的专门祭司阶层，他们的地位也在逐步提高。早期吠陀时代的雅利安人原始社会内部，已经孕育着阶级和阶级矛盾。随着社会生产力的进一步发展，印度历史开始向奴隶社会过渡了。

雅利安人各城市国家的发生和婆罗门教

雅利安人对达罗毗荼人的征服和奴役，以及雅利安人内部阶级分化的结果，在一些比较发达的部落里，奴隶制和种姓制已经逐渐形成。最初的奴隶是战俘，即被征服的土著居民。早期吠陀时代提到的"达萨"，此时已完全从"敌人"的概念变为"奴隶"了。这时，随着原始社会的解体，在社会上形成了四个地位不同的等级，即婆罗门、刹帝利、吠舍和首陀罗。婆罗门是僧侣贵族，掌握神权和垄断文化，地位最高。刹帝利是军事贵族，这是由部落首领和贵族组成的武士阶级，掌握军政大权，地位次于婆罗门。吠舍是雅利安人的一般公社成员，包括农民、手工业者和商人，他们必须向国家交纳赋税，首陀罗是指一些失去土地的自由民和被征服的达罗毗荼人。他们的社会地位最低下，实际是奴隶。关于这四个等级的形成，在《梨俱吠陀》昔鲁沙赞歌中是这样反映的：当诸神分割原始巨人普鲁沙时，由其身体的不同部分转化为四个不同的等级：

"他的嘴变成了婆罗门，
他的双臂变成了罗惹尼亚，
他的双腿变成了吠舍，
由其双脚生出首陀罗。"

显然这是僧侣们为了巩固自己特权地位而编造的一套骗人的鬼话，旨在给这种不合理的等级制度披上一层宗教外衣。这四个等级在古代印度被称为"瓦尔那"，意为颜色、品质，汉译佛经为"种姓"。各种姓的职业和不平等地位是生来注定的，是不能改变的。统治阶级为了保持他们永恒的特权地位，在各种姓间实行内婚制，禁止不同种姓通婚。

　　这样，过去那种平等的部落生活，现在为一个不平等的阶级社会所代替。随着社会矛盾日益激化，原先的氏族部落组织已变成了镇压人民群众的暴力机关。部落的首领变成了世袭国王。大约在公元前 1000 年代初期，恒河上游出现了少数奴隶制城市国家，如俱卢、般阇罗等。早期的城市国家是以部落的某一城堡为中心而建立起来的，规模比较小。至公元前 7 世纪，在恒河、印度河流域又出现了十多个城市国家。但是在这些城市国家里，还保留部落时代的萨布霍和萨米提，这两个民主机构在国家生活中仍起一定的作用。例如国王经常有这样的祈祷："愿萨米提和萨布霍一致地帮助我。"说明萨布霍和萨米提对王权还有一定的约束力。

　　在雅利安人国家形成的初期，婆罗门教占统治地位。婆罗门教的最高信仰是梵天（造物神），他们认为唯有梵天是真实存在的，是世界最高的主宰，而世间一切现象都是虚幻的。婆罗门教利用原始的万物有灵和灵魂转移的观念制造出一种"业力轮回"（羯磨）的理论。按照这种理论，人死后必定要经过轮回，即所谓恶有恶报，善有善报。为此，婆罗门又制订一种为各个阶级所能遵守的行为规范"达磨"（即法律）。说各个等级只有遵循"达磨"，安分守己，才能转生为较高的种姓，否则即降为最低种姓。这些说教，实际是要人民大众忍受一切痛苦，放弃斗争，永远处于被剥削被压迫的地位。这四个种姓不仅在现实生活中不平等，在宗教领域内也是不平等的，特别是首陀罗，他们无权参加婆罗门教的宗教生活。

雅利安人各城市国家的发展

　　大约从公元前 6 世纪初，古代印度就进入了列国并立的时代（结束于公元前 4 世纪）。根据佛教文献记载，当时印度有十六国，其中主要有摩揭陀、迦尸、拘萨罗、跋祇、俱卢、般庶罗和健驮罗等。公元前 1000 年代前半期，恒河上游的俱卢和般遮罗等国是雅利安人政治和文化的中心。在《摩诃婆罗多》史诗中所描写的北印度各部落的大战，就是以俱卢国为中心而进行的战争。至公元前 6 世纪以后，恒河中下游诸国逐渐强盛起来。摩揭陀和拘萨罗在列国中居于首要地位。各国之间不断进行战争。在战争中，摩揭陀日益强大。在频毗沙罗王统治时期（公元前 544——前 493 年），国势日强，他采取远交近攻的政策，开始向外扩张。据说他统辖了 8 万个村镇。每个村镇设有村长和村长领导下的村会议。中央也有由各村长组成的议会。国王是最高的统治者，下面有分掌行政、司法和军事的管理机构。到了频毗沙罗之子阿阇世的统治时期（约公元前 493 至前 462 年），摩揭陀开始称霸列国，阿阇世死后，大约有一百多年，统治者内部一面争权夺位，一面继续扩张领土，至公元前 4 世纪难陀王朝时代，摩揭陀国已基本上统一了恒河流域，为孔雀帝国的建立打下了基础。

十六国大多数是王国，其中也有少数是贵族共和制的国家。例如跋祇就是一个较为典型的贵族共和国。这个国家由八个部落联合组成，首都在吠舍厘城。佛教文献在描写这座城市时说："宫室苑园林泉花果，庄严绮丽犹若天宫，"国王在这里经常和臣僚们讨论国事。"数相集会，讲议正事。""君臣和顺，上下相敬。"凡是在这里参加讨论政事的人，均为刹帝利贵族，并且必须是在圣池中举行过灌顶仪式的。只有这样的刹帝利贵族，才有资格参与国事。因此，不管是王国还是贵族共和制，都是奴隶主阶级对奴隶和平民的专政。

随着政治、经济的发展，在恒河中下游出现了一些有名的城市，如王舍城（摩揭陀首都）、舍卫城（拘萨罗首都）、波罗疟斯（迦尸首都）以及吠舍厘城（跋祇首都）等。在这些城市里，工商业开始发展起来。商业不仅在内陆很活跃，而且同斯里兰卡、缅甸和西亚等各国也进行海外贸易。在佛教文献中常常提到关于航海贸易遇险的故事。例如有一个故事中说：在波罗疟斯有一个商人名叫普富，他带领五百商人入海采宝，这些商人在大海中遇暴风飘至楞迦岛（今斯里兰卡），被岛上罗刹（恶魔）所害。当时从海外输入的主要商品有金、银、宝石、珊瑚和金刚石等。印度输往海外的主要商品有织物、香料、药草和金银宝石等。内陆通商贸易往往组成商队，大商队有时达几百辆货车。主要商品有纺织品、油、谷物、香料、金银宝石等。随着贸易的发展，金属货币也发展起来。当时的货币有金、银和铜三种，每种货币都各有不同单位的名称。

在奴隶制发展和社会矛盾日益加剧的情况下，平民和奴隶不断掀起反抗统治者的斗争。这方面在佛教文献中有不少反映。例如在《佛本生经》的一个故事中，曾提到波罗疟斯的各阶层人民反抗恶王的斗争，故事说：素为国王邪恶所激怒的人们，当看到国王乘象路过街头时，便高声喊道："捉住暴君！"于是愤怒的人群从四面八方冲向国王。他们用箭、矛、石块和棍棒等武器杀死暴君，然后将他的尸体从象上拖下来扔到壕沟里。在佛教文献中还提到释迦族"五百叛奴"起义的故事。这些故事生动的反映了古代印度平民与奴隶反抗奴隶主贵族斗争的情况。

孔雀帝国的建立

公元前 518 年，在伊朗高原的波斯帝国侵入印度，占据了印度河流域。至公元前 327 年，马其顿国王亚历山大征服波斯帝国后，越过兴都库什山，于次年侵入印度河流域的上游地区。这时，东方的恒河流域在难陀王朝的统治下已经统一起来。亚历山大妄想渡过印度河上游最东一条支流（贝阿斯河）入侵恒河流域，但由于士兵厌战和东方难陀王朝的强大，不敢贸然前进。公元前 325 年，亚历山大率主力分水陆两路回到了巴比伦。他离开印度后，将西北印度交给两个傀儡管辖，委派总督，留军监管，当时，北印度的政局动荡不安，到处爆发人民起义。据希腊史学家查士丁的记载，有一个名叫旃陀罗笈多的首领"从各地招募盗贼，怂恿印度人改变统治。"大约在公元前 324 年，旃陀罗笈多在驱逐希腊一马其顿军的过程中，推翻难陀王朝，自立为王，建都于华氏城。公元前 317 年，马其顿驻军被迫全部撤离印度。

从此，开始了孔雀王朝（公元前 324 年至前 187 年，因其出身于孔雀宗族而得名）的统治，北印度大部统一。公元前 305 年，西亚的塞琉古王国（即条支）侵入印度。不久双方签订条约，塞琉古把大体相当于今天的阿富汗和俾路支一带的地方割让给旃陀罗笈多；而旃陀罗笈多给塞琉古王国五百头战象。孔雀王朝传至阿育王时代（或称无忧王，约公元前 273 年—前 236 年），对南印度进行了大规模的征服战争。根据铭文记载，他在征服羯陵伽时，俘 15 万人，杀 10 万人。到这时除半岛的极南端一部分外（至迈索尔），整个印度都在阿育王的统治下。孔雀王朝已成为一个幅员辽阔的大帝国。

人民的英雄阿育王的功绩

阿育王崇信佛教，建造了许多佛塔（即窣堵波）。传说在公元前 253 年，阿育王召集佛教高僧在华氏城举行了佛教史上的第三次结集，编纂整理经、律、论三藏经典，以求解决各派之间的争论。他还派佛教徒到斯里兰卡和缅甸等地宣传佛教。

孔雀帝国是奴隶制君主专政的国家。国王被视为神圣不可侵犯。国家的一切军事、行政和司法等最高权力都集中在国王的手里。国王下面设有庞大的官僚机构，由行政长官、军事长官和祭司长老分别掌管。另外还设有供咨询的大臣会议。地方划分为许多省，由总督管理。国家最基层的行政单位是村社，即"哥罗摩"，由村长管理。军队是专制帝国的统治支柱。据麦伽斯梯尼（驻旃陀罗笈多宫中的塞琉古大使）记载，旃陀罗笈多拥有 60 万步兵，30 万骑兵和 9 千头战象。孔雀王朝利用这支强大的军队，对外进行侵略扩张，对内残酷地镇压人民。

孔雀王朝靠着从全国搜刮来的财富，过着极其奢华的生活。据麦伽斯梯尼记载，国王行猎时，伴随国王的全是武装起来的女猎手。她们有的驾驭战车，有的骑马、乘象，俨如出征一样。在举行某种宗教大典时，在宫廷的游行队伍里，有用黄金和白银装饰起来的许多大象；有四马战车；有拿着盛满贵重宝石的各种黄金或黄铜器皿的侍从；还有许多水牛和驯服了的狮子、豹等等。国王通常被 24 头大象保护着。

阿育王统治时期是孔雀帝国的全盛时代。但这个庞大帝国没有统一的基础，各个地区在经济、政治和文化上还保有很大的独立性。因此，这个靠武力统一起来的帝国不能长期维持下去。阿育王死后不久，帝国即告分裂，约在公元前 187 年，孔雀帝国的最后一个国王被普沙密多罗，巽伽（属巽伽族）所杀，开始了巽伽王朝统治时期。公元前 73 年左右，甘婆王朝取代了巽伽王朝。在甘婆王朝时期的摩揭陀更加衰落了，统治范围主要在恒河流域的中下游。

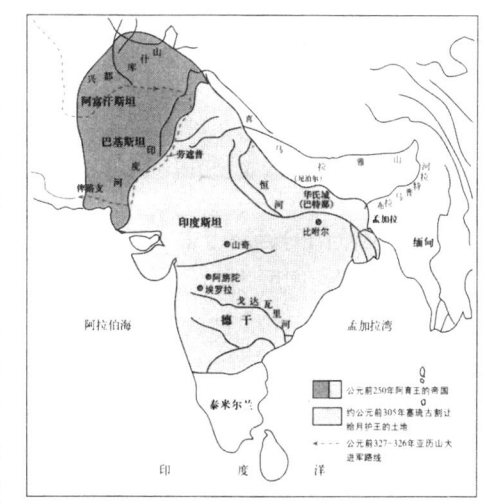

公元前 250 年阿育王的帝国

至公元前 30 年，甘婆王朝为南印度的安德罗所灭。安德罗是南印度的一个强国，它对北方的统治为时不长。摩揭陀的历史，从甘婆王朝灭亡后直到公元 4 世纪初期笈多帝国兴起时为止，共有二百几十年是模糊不清的。

奴隶制的全盛

孔雀帝国时代，社会生产力有了很大的提高，铁器的制造和普遍的使用，以及新兴城市的出现和商业的繁荣，促进了奴隶制的发展。这时，奴隶制度已经进入了繁盛阶段，奴隶的来源很多，使用的范围也很广泛。《摩奴法典》列举了以下几种来源：战俘奴隶，债务奴隶，家生奴隶，卖身奴隶，继承下来的奴隶和罪奴等。国王是大奴隶主。不少僧俗贵族也占有很多奴隶。在国王的大庄园中，耕种土地的大部分是奴隶，也有一些是雇工和罪犯。在王室作坊中，使用奴隶劳动很多，其中很大一部分是女奴隶。这些女奴隶天一放亮就得进入工场，不许随便讲话，如果完不成任务或浪费了原料，就要受到割去大拇指的惩罚。在有月亮的夜晚，监工们还把她们赶进工场，借助月光劳动。在王室牧场里，也使用奴隶劳动，包括放牛、挤奶、搅乳等。在僧俗贵族的庄园中，有大量的奴隶用于农业、手工业和畜牧业。王室及一些显贵之家还使用宫女、侍从、舞女、歌手和乳媪等，他们的地位和奴隶没有多大区别。

奴隶大多数用于家务劳动，如酿酒、做饭、打水、推磨、捣米、脱粒、看守仓库、园丁以及向田间送饭等。奴隶劳动相当繁重。《佛本生经》描写一个王家奴隶厨师的劳动情况时说：他很早就得起身为主人做饭，饭后还要劈柴、洗碗、打水，身体非常疲劳。有些碾米的女奴，常常工作到深夜。一年之内，不问天气，不问节日，奴隶们从来没有片刻的闲暇时间。解放奴隶要举行一种仪式，就是从奴隶肩上取下水瓮，然后打碎，表示奴隶已经解放。这说明，劳动确是奴隶的沉重负担。

奴隶是奴隶主的财产，可以同牲畜一样买卖、抵押、交换。佛经文献在提到显贵之家财富时，常常把"仆从奴婢"和"金银珠宝"、"象马猪羊"并列。奴隶主对奴隶可以随时拷打、加上锁链或打上烙印等。在奴隶制度下，奴隶没有任何财产，没有人身自由，过着悲惨的苦难生活。

古代印度的种姓制度

"让婆罗门的名字带来吉祥，让刹帝利的名字带来力量，让吠舍富裕，但是让首陀罗受到憎恶"。印度古代《摩奴法典》上的这一准则，正是印度种姓制度的真实写照。

种姓制度是印度社会的特征之一，它的形成源远流长。

大约公元前 20 世纪中叶，居住在中亚细亚一带操印欧语的雅利安人，从印度北方的山口，先后侵入南亚次大陆，征服了当地的土著居民达罗毗荼人，并逐步征服了整个北印度。之后，他们由游牧逐渐转为定居农业，开始向奴隶社会过渡。

随着社会生产力的进一步发展，雅利安人对达罗毗荼人的不断征服和奴役，以及雅利安人内部阶级分化的结果，在社会上形成了森严的等级制度，即种姓制度。

"种姓"一词在印度的梵文中称为"瓦尔那",意即颜色、品质。

古代印度分为四个地位不同的等级：婆罗门是僧侣贵族，掌握宗教神权，垄断文化，列为四种姓之首；刹帝利是军事贵族，握有军政大权，地位稍次一等；吠舍由雅利安人的农民、手工业者和商人组成；首陀罗是一些失去土地的自由民和被征服的达罗毗荼人，从事农业、渔猎和各种技艺。一般说来，婆罗门、刹帝利和商人吠舍构成奴隶主阶级，而首陀罗和贫困吠舍则处于奴隶的地位。

上等种姓为使自己的特权合法化，编造了荒诞不经的神创种姓起源说。在雅利安人最早的文献《梨俱吠陀》的"普鲁沙赞歌"中写着：当诸神分割原始巨人普鲁沙时，由其身体的不同部分转化为四个不同的等级：

释迦如来坐像

　　"他的嘴变成了婆罗门，

　　他的双臂变成了罗惹尼亚（后改称刹帝利），

　　他的双腿变成吠舍，

　　他的双脚生出首陀罗。"

这一说法，为种姓制度披上了一层宗教的外衣。

统治阶级还竭力通过各种法经和法典来固定各种姓之间的不平等关系，其中最典型的是《摩奴法典》。

《摩奴法典》规定了各种姓的职业和义务，确认婆罗门是"一切创造物的主宰，"可以强迫首陀罗服劳役，可以夺取他们的一切；首陀罗不能占有土地，不能积累私产，其唯一的义务是"温顺地为其他种姓服务。"特别严禁低级种姓的人从事高级种姓的职业，"低级出生者因贪欲而以高级种姓的职业为生，则国王剥夺其财产后，应立即放逐之。"这就固定了各种姓职业的世袭性，使高级种姓的特权得以代代相传。

为了镇压低级种姓的反抗，刑罚的残酷达到了骇人听闻的地步。《摩奴法典》规定："低级种姓用肢体的哪一部分伤害了高级种姓的人，就须将那一部分的肢体斩断，动手的要斩断手，动脚的要斩断脚，"杀死婆罗门的人要处死刑，但是高级种姓杀死首陀罗却可以用牲畜抵偿，或守戒六个月即可。

首陀罗地位卑微。他们不能与其他种姓的人同室而居，同席而坐，同桌而食，同井而饮，更不能通婚。《摩奴法典》规定，各种姓必须实行内婚制，倘若低种姓的男子娶高种姓的女子为妻，则被认作是大逆不道的"逆婚"，应处以体刑。印度古籍中有这样一个故事：有个理发师的儿子爱上了离车族的一个少女。他父亲劝告说："我的儿子，你不要执意去做一件办不到的事情。你是理发师的儿子，属低级种姓（首陀罗），而离车族的少女属高级种姓（刹帝利），刹帝利的女儿是不会和你成亲的。"结果理发师的儿子在绝望中忧郁而死。

一条条法律，一条条规定，象一具具沉重的枷锁，套在奴隶们的脖子上。即使在宗教生活上，首陀罗也逃脱不了受人鄙视的厄运，他们无权参加雅利安人的宗教生活，甚至连看一看婆罗门的圣典《吠陀》也是不许可的。《摩奴法典》规定："假若首陀罗故意听人诵读《吠陀》，须向他耳中灌以溶化的锡或蜡”，“假若他诵读《吠陀》原文，须割去他的舌头”，“假若他记忆《吠陀》原文，须将其身体劈成两半”。这是多么残忍，多公不公平呵！

在严格的种姓制度下，每个种姓在各地都有自己的组织，有种姓长、种姓长老会和种姓全体大会，处理有关种姓内部的事务，并监督本种姓的人严格遵守《摩奴法典》和本种姓的清规戒律，倘有触犯者，轻者受到处罚，重者则被开除出种姓之列，成为"贱民"。

贱民，据说是由异姓男女所生的子女组成的，又叫做"不可接触者"。他们不列入四种姓之内，其地位比首陀罗还低下。

贱民只能居住村外，穿死人的衣服，用破碗吃饭，只能从事最低贱的清道夫、刽子手或火葬场工人等职业。他们的灵魂是"污脏的"，连他们的影子、脚迹和痰都会带来亵渎。贱民只准中午出门，因为那时的身影不太长，不易碰着高级种姓的人。而且他们必须佩戴特殊的标记，一边嘴里发出一种特殊的声音，一边敲击某些器物，以提醒高等人种不要接触他们。倘若婆罗门接触了贱民，则认为是一件倒霉的事。有个故事说，有个婆罗门看到一个贱民走过来，一边嚷着叫贱民走到下风头，一边自己赶紧走到上风头，以免吹到贱民身上的风再刮到自己身上，被风沾污。

印度的种姓制度是一种血淋淋的剥削制度。但是，由于等级的划分掩盖了阶级关系，因而容易模糊阶级界限，在劳动人民之间形成隔阂和对立，不利于他们团结对敌；而且，种姓制度实行职业世袭，把生产限制在一个狭小的范围内，严重阻碍了社会经济的发展，因此它的存在是造成印度社会长期发展迟缓的重要原因之一，"是印度进步和强盛道路上的基本障碍"。

这种罪恶的等级制度在印度流传了几千年。经过长期的演变，在四个种姓之外，又衍生出数以千计的亚种姓。印度独立后，曾颁布宪法，宣布废除种姓制度，但至今仍留有残迹。今天印度有一亿贱民，绝大部分是农村的贫雇农和城市和清洁工、搬运工和其他重体力劳动者。他们生活在社会的最低层，除受一般的阶级剥削和压迫外，还受着被人歧视的种种苦难。

古典世界史

古代希腊概况

　　古代希腊的地理范围包括希腊半岛、爱琴海和爱奥尼亚海上的诸多岛屿和小亚细亚半岛的西部沿海地区，比现代的希腊共和国所辖面积稍大。

　　希腊半岛仅次于地中海的东部，地处巴尔干半岛的最南端，东濒爱琴海，西接爱奥尼亚海。从希腊半岛出发，向东可达小亚细亚半岛的西海岸，往东北则可穿越赫勒斯滂（今达达尼尔海峡）到达黑海。希腊半岛按自然地理条件可分为三个部分，即北希腊、中希腊和南希腊，北希腊包括伊庇鲁斯山地和色萨利平原。中希腊境内群山绵延，将该地区分为阿提卡、彼奥提亚等8个自然区。其中阿提卡是雅典城邦的所在地，在古代希腊史上占有重要的地位。南希腊亦称伯罗奔尼撒半岛，包括阿哥斯、拉哥尼亚等地区，著名的斯巴达城邦就在拉哥尼亚境内。

　　古代希腊由于境内多山。除少数平原地区宜于种植谷物外，其他地区只能种植适于山地生长的葡萄、橄榄等。因此，古代希腊半岛居民所需的粮食，有很大部分需要从西西里岛、黑海沿岸，甚至从埃及舶入。但是，希腊半岛拥有丰富的大理石等矿产资源，又为其冶金、建筑等手工业的发展提供了有利的条件。希腊半岛的东部沿海地带，海岸曲折，多优良港湾，利于航海经商。爱琴海海上散布着数百个大小岛屿，其中最大的岛是克里特岛。该岛扼西亚、北非和南欧海上交通之咽喉，战略位置极为重要，同时也是古代希腊与外部世界联系的桥梁。小亚细亚西部沿海地区有与希腊半岛东海岸同样曲折的海岸线，也有许多优良的港湾，附近海面上散布着星罗棋布的岛屿。这一地区距西亚等文明最早发生的地区较近，是古代希腊与这些地区联系的中介地，对希腊古典文明的形成，有着重要的影响。

　　根据传统说法，古代希腊半岛最早的居民是皮拉斯古人，海岛上的居民是勒勒吉人，他们是非希腊语族人。大约在公元前2000至前1200年左右，属于印欧语系的希腊语人从北方先后分三批进入半岛的中部和南部。到公元前1000年左右，希腊语人的诸部落占据了希腊各地。其中爱奥尼亚诸部落占据了中部希腊的阿提卡、小亚细亚西海岸的中部地区以及爱琴海中部诸岛，多利亚人占据了伯罗奔尼撒半岛、小亚细亚西海岸南部地区以及爱琴海南部诸岛。阿卡亚人则分布于伯罗奔尼撒的阿卡亚和阿卡地亚地区，希腊原有的土著居民逐渐被同化。

　　全部古代希腊史可以划分为五大阶段：爱琴文明（公元前2000—前1200）、荷马时代（公元前11世纪—前9世纪）、奴隶制城邦形成时期（公元前8—前6世纪）、古典时代（公元前5—前4世纪）和马其顿亚历山大帝国时代（公元前4世纪—公元2世纪）

　　爱琴文化是指爱琴海地区早期奴隶制城邦文明（或青铜文化），它包括克里特文化和迈锡尼文化为主的两个阶段，又称克里特·迈锡尼文明。

希腊神话中的复仇女神

公元前 1200 年前后，希腊语种的一支多利安人侵入希腊半岛和克里特岛，毁灭了仅存在于爱琴海局部地区爱琴文明，导致希腊历史的发展经历了几个世纪的暂时局部曲折。这个过程在历史上称为"荷马时代"。

亚历山大大帝

希腊奴隶制城邦形成时期，希腊人建立了许多城市国家，同时又通过广泛的殖民运动在海外建立许多殖民城邦。斯巴达和雅典是两个典型。

古典时代是希腊奴隶制城邦繁荣时代，希波战争是这一时期的重大历史事件。战后，希腊大多数工商城邦的奴隶制经济、文化和民主政治出现了繁荣景象。伯罗奔尼撒战争是希腊城邦由盛变衰的重要历史转折。战后，由于奴隶制进一步发展，自由民贫富分化加剧以及城邦间的混战，使希腊城邦陷入危机而趋于衰落，终于被北方新兴的马其顿王国征服。

马其顿亚历山大帝国是亚历山大率希腊马其顿军队进行侵略波斯的战争，结果建立了一个横跨欧、亚、非三洲的奴隶制大帝国。亚历山大死后，帝国分裂为三部分：托洛密埃及、安条克叙利亚、马其顿统治下的希腊本土，直至最后被罗马吞并。

爱琴文明

爱琴海区域的地理概况和居民

爱琴海区域是地中海东部一个独特的地区。它靠近北非、西南亚几个古文明的中心，东包小亚细亚西部沿海之地，西接希腊半岛，北经达达尼尔海峡、博斯普鲁斯海峡以通黑海。爱琴海中有 480 多个大小不等的岛屿，其中以南边的克里特岛为最大。实际上，爱琴海倒像个"千岛之湖"。这里海陆交错，舟楫往来便捷；而水光山色，启人遐想。

在距今五六千年以前，当希腊人还没有南下、从游牧部族变为定居部族的时候，爱琴海区域的居民就已经有一簇灿烂的古文明。这古文明的中心是在克里特岛。克里特岛地形狭长，东西长约 250 公里，南北的宽度约为 12 公里至 60 公里不等。它横卧海上，是爱琴海地区的前沿。

关于爱琴海区域最早居民的部族属性问题，目前历史学家还不能确切地予以说明。一般的论断是：爱琴海区域最早的居民是来自小亚细亚和叙利亚一带，大概与塞姆人有关，他们在新石器时代就已经定居于此。嗣后随着地中海东岸一带部族的迁徙，又有许多新的部族移植过来。总之，爱琴海区域的居民在血缘上和语言上都是异常庞杂的。

爱琴文明的发现

古希腊的文明史是从爱琴文明开始的。所谓爱琴文明就是指南希腊和爱琴海岛屿上的文明。在青铜时代，这些地区的原始社会逐渐解体，产生了奴隶制国家。

爱琴文明的发现，是近代考古学上的一项重大成就。它所处的地理位置极佳，气候宜人，农产众多，林木茂盛；位于腓尼基与意大利、埃及与希腊之间，正是战略要冲，也是贸易重地。亚里士多德曾指出这个地理的优越性，以及"它如何使得克里特王米诺斯获得了爱琴海帝国。"米诺斯的故事虽然被所有古典学者认为是真有其事，但是现代学者却斥为传说；并且直到六十年前，包括英国历史学家格罗特在内，均认为爱琴海文明的历史乃是开始于多丽斯人的入侵或是奥林匹克竞技。

1871 年至 1890 年间，德国学者谢里曼根据荷马史诗中吟咏的特洛伊战争，以及有关战争发动者迈锡尼国王阿伽门农的传说，先后对小亚细亚西部的特洛伊，南希腊的迈锡尼和太林斯等地进行考古发掘，取得了惊人的成就。他的考古报告，引起了当时考古界的极大重视。一些考古学者开始试图寻找古代希腊神话中提到的克里特岛米诺斯王宫的遗址。

在 1893 年，英国考古学家伊文思博士，在雅典买到了一些小石块，这是被希腊妇女戴在身上当护身符用的。他对于石块上面刻的象形文字甚感好奇，这些象形文字也没有一位学者懂得。为追溯这

希腊陶制黑人头像

些石块的来源，他来到克里特岛，在岛上各处游荡，捡拾他认为是克里特古文字的样品。1900 年春季，他雇了 150 个人，连续挖掘了九个星期，终于掘出了现代历史研究上最丰富的宝藏——米诺斯的宫殿。所有已知的任何古代遗物均无法与这个建筑的壮丽相比，它的外观与古代希腊故事中的迷宫完全一样。在这个宫殿以及其他废墟中，就好像是要证实伊文思的直觉一样，又发现了数千块图记和泥板，上面所刻的图形文字（线型文字 A）是跟他最初发现于小石块上面的相同。消息传出后，来自各国的学者纷纷赶到克里特，进行了大量而细致的发掘工作，其后，一些学者又在希腊半岛、爱琴海岛屿和小亚细亚等地进行了富有成果的发掘，进一步丰富了爱琴文明的内容，终于使得湮没数千年的爱琴文明，重为世人所知。

由于爱琴文明的发现，使希腊的历史可以远溯到更古的时代，成为世界五大文明发祥地之一。爱琴文明的中心是克里特岛和迈锡尼城，因此又称克里特·迈锡尼文明。从公元前 2000 年克里特岛上出现最早的奴隶制国家起，到公元前 12 世纪迈锡尼灭亡止，爱琴海地区的上古国家存在约八百年。

希腊城邦兴起

由村落到城邦

公元前 12 世纪，随着多里安人的入侵，希腊堕入"黑暗时代"。这一时期的希

腊以农业为主，实行部落制和贵族政治，活动范围限于爱琴海区域，到公元前 6 世纪末，这一切都改变了。

荷马时代晚期，希腊已普遍使用铁器，提高了社会生产力。铁铧、铁锄、铁镰的应用，使农田得以深耕，丘陵被进一步开垦，耕地面积在不断扩大，粮食、葡萄、橄榄的种植都超出了过去的水平。手工业也有显著的发展。希腊的酿酒、榨油和制陶业在地中海世界已处于领先的地位。他们的造船业也很发达，这时已能建造三层桨座的快速远航船。农业的进步与手工业的多样化，加速了国内外贸易的发展。在一些工商业较为发达的城邦已出现集市，有了专做买卖的商人，商业活动的中心逐渐形成，城镇正在兴起。在公元前 7 世纪，有的城邦已开始铸造货币。对外贸易不断扩大。工商业城邦与地中海沿岸各地已有密切的经济往来，向外输出葡萄酒、橄榄酒、陶器等生活用品，输入他们所需要的粮食、手工业原料和奴隶等。

社会劳动大分工导致了希腊社会的阶级大分裂，希腊人的氏族制度终于被新的社会组织形式——国家所代替。古代希腊人建立的是城邦国家，即以一个城市为中心，把周围的若干村镇附属于城市国家的统治之下。这些城邦地不过百里，人口不过数万，最大的也不过数十万人，具有小国寡民的特色。当时，在希腊各地先后建立有二百多个城邦，其中最著名的有：小亚细亚西部沿岸的米利都和爱非斯（亦译以弗所）；中希腊的特尔斐与雅典；南希腊的科林斯、阿果斯和斯巴达，等等。各城邦原则上都是独立自主的，但也通过结盟的方式加强政治、军事上的联系，并奉较大的城邦为盟主。古代希腊人虽未建立统一的国家，但他们在语言文字、宗教节日活动、社会习俗和文化传统方面都基本保持一致，并都自称是"希腊人"。

在城邦建立初期，各邦的政权都被氏族贵族独占。但在政体上分别采取了贵族共和、贵族寡头和君主专制等不同的形式。实行共和制的城邦往往通过贵族会议从贵族中选举出两名或数名执政官执政。执政官的任期有一定的年限，卸任后可进入贵族会议。在国家遇到战争或其他紧急事务时，可从执政官中推选一人为总裁官（"埃修尼德"）。总裁官任职期限分别为半年、一年，或只以完成某件大事为限。在出现平民与贵族斗争的一些城邦，还有过一种僭主政治（"僭主"意为依靠武力取得政权而建立的个人统治）。早期僭主政治常在反对贵族残暴的统治中出现，对社会发

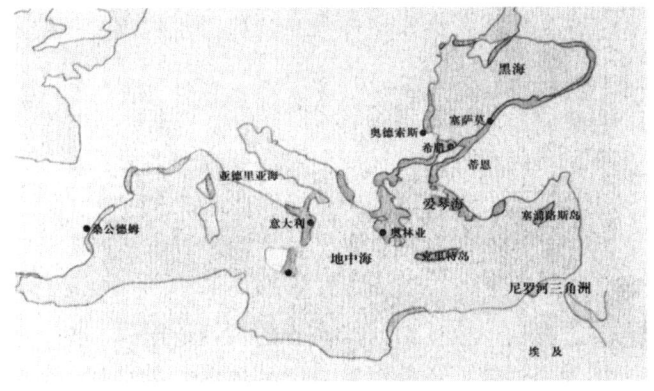

希腊在地中海沿岸的殖民扩张

展起过一定的积极作用。在为数众多的希腊城邦中，最强大而又最重要的是斯巴达和雅典。这两大城邦在奴隶制的经济和政治上各代表一种类型，并在相当长的一段时间是希腊城邦集团的两个霸主。

由于各地区、部落条件、特点不同，希腊各城邦形成的具体过程也不一样，大致可以分为以下几种形式：

1. 原迈锡尼文明地区，由于外族入侵，原有的城邦毁灭，重新在氏族社会瓦解的基础上形成的国家；或者在征服过程中，征服者与被征服者的斗争过程中形成国家，前者如彼奥提亚诸邦，后者如斯巴达城邦等。

2. 由于公元前11世纪末多利亚人南下，引起希腊各部落迁移，在移民过程中形成的城邦；后来在大殖民运动中形成的城邦。前者如小亚细亚沿海的爱奥尼亚诸城，后者如地中海和黑海沿岸的殖民城邦。

3. 迈锡尼文明时代尚未形成国家，也没有遭到外族的入侵，"国家是直接地和主要地从氏族社会本身内部发展起来的阶级对立中产生的"。雅典是这类城邦中的典型。

古希腊石雕少女像

城邦形成的原因

希腊地区的地理特点是促成发展的一个基本因素。希腊地区没有丰富的自然资源，也找不到肥沃的大河流域和广阔的平原，而具备这些天然条件，并合理地开发和利用，是供养如中东、印度和中国所建立的那种复杂的帝国组织所必需的。在希腊和小亚细亚沿海地区，只有连绵不绝的山脉，这不仅限制了农业生产率的提高，而且把陆地隔成小块。因而，那种可作为地区合并基础的天然地理政治中心，希腊人是没有的。入侵者入侵之后，在彼此隔离的村庄里安居下来。这些村庄通常坐落在易于防卫的高地附近，因为高地上既可设立供奉诸神的庙宇，又可作为遭遇危险时的避难处。这些由村庄扩大而成的居留地一般称为"城邦"，而提供避难处的地方称为"卫城"或"高城"。城邦常策略地设在土壤肥沃的地方或商路附近，因而吸引来更多的移民，成为该地区的主要城市。许多小城邦就是这样形成的，彼此较为隔绝，而又生气勃勃地独立不移。

有经济方面的原因。希腊触目皆是的天然屏障使货物难以运输，除了通过海上，而大海这时还不能保险地航行。而且，我们先前所说的多样性使得很小的一块区域对于希腊人这样对物质生活要求甚低的民族能够自足。这两个事实都导致一个方向：在希腊没有很多的经济依赖，在这国家各部分之间也没有足以将希腊人拉出小社区的相互驱动。

宗教也和城邦息息相关——虽然并非宗教的每一种形式。奥林匹斯诸神的确在全希腊都受崇拜，但每个城邦，就算没有自己的神祇，也有其独特的崇拜仪式。雅典娜在斯巴达也受崇拜，但对斯巴达人而言，雅典娜绝不是雅典人所说的"护城女神雅典娜"。因此在雅典，赫拉是专由女人崇拜的女神，是炉灶和家庭女神，但在阿耳戈斯，"阿耳戈斯的赫拉"是当地人民所崇拜的最高神祇。但除了这些奥林匹斯神以外，每个城邦还有其本地小品神，"英雄"和仙女，各按其古来即有的习俗加以崇拜，很难想象它们会在仪式展开地以外存在。因此，尽管有泛希腊的奥林匹斯神系，尽管有使得单纯部落的神祇对希腊人而言成为不可能的哲

19世纪的人们所构想的雷埃夫斯的城墙

学精神，在某种意义上，我们还是可以说，城邦是个独立的宗教单位，一如政治单位。起码悲剧诗人仍会利用这种古老的信仰；这一座城市行将被征服，就说诸神离弃了它。神祇是城邦福祉之不可见的伙伴。

宗教与"政治"思想联系得也非常紧密，埃斯库罗斯的剧作《奥瑞斯忒亚》。这一三部曲就是围绕正义的观念而建构的。它从浑沌到秩序，从冲突到调和，同时抵达两个层面：人性的和神圣的。在第一部中，我们看到一种宇宙的道德法则，罪恶必须得到惩罚，这一法则以可能是最粗野的方式得到实现；为了报复一个罪恶，产生了另一个罪恶，怨怨相报，看来没有尽头——然而总是为宙斯所赞许。在第二部中，这一罪恶之链达到了高潮，此时奥瑞斯忒斯（主人公）替父报仇，杀死了母亲。他是怀着矛盾的心理犯下这罪行的，而指挥他去干的则是阿波罗，宙斯的儿子与代言人——为什么？因为克吕泰涅斯特拉谋害了她的丈夫阿伽门农王，这一罪行若不加惩罚，将会瓦解社会组织。奥林匹斯诸神所关注的是捍卫秩序，他们是专属城邦的神。然而奥瑞斯忒斯的弑母则超出了人类最深层的本能；因而他不见容于其他神祇：复仇女神。复仇女神对社会秩序毫无兴趣，却不容许践踏血缘关系的神圣性，她们的使命就是维护这种关系。在第三部中，古老的复仇女神与年轻的奥林匹斯神祇为这不幸的奥瑞斯忒斯发生了可怖的冲突。最后的解决是雅典娜带来了宙斯的一项新制度。由雅典公民组成的陪审团受命在卫城审讯奥瑞斯忒斯——他逃到此处寻求保护——这就是雅典最高法庭的第一次集会。两边的票数相等，于是，出于仁慈，奥瑞斯忒斯被判无罪。被骗走合法的牺牲品之后，复仇女神威胁要摧毁阿提卡，但雅典娜劝说她们以雅典为家，其古老的使命并未废除（如起初她们所设想的）而是得到了提升，因为从此她们将惩罚城邦中的暴力，而不仅仅是家庭中的暴力。

成熟的城邦是实现法律而不产生混乱的手段，因为公共的正义高于私人的复仇；而权威的主张也与人性的本能相协调。整个三部曲结束于一幕令人难忘的欢庆场面。令人畏惧的复仇女神将她们的黑色裙袍换成红色的，不再是复仇女神，而是"仁慈者"；不再是宙斯的敌人，而是其意志与荣誉的代理人，是其完善的社会秩序的捍卫者，反对来自内部的暴力。在卫城下剧场之中，当着全体雅典公民的面——而且还是在公民司仪的引导下——她们步出剧场来到卫城另一处的新家。某个最为严重的

人类道德与社会难题得到了解决，而调解的手段就是城邦。城邦的尺度使得一个人可以向其他所有的人发出呼吁。当他觉得城邦的另一成员伤害了他，他就很自然地会这样做。希腊人普遍接受这样的假定：城邦源于对正义的需要。个人是无法无天的，但城邦必须使错误得到改正。然而不是通过一套复杂的国家正义的机制，因为这样一部机器只能由个人来操作，他们会像最初的坏人一样不公正。受害的一方只有当他的冤屈让整个城邦的人了解，才会确信自己获得公正的对待。

雅典卫城巨大入口处

殖民运动和殖民城市

从公元前8世纪起，希腊人开始远涉重洋，在地中海和黑海的沿岸建立殖民地。希腊人的殖民活动，是其社会内部的原因所引起的。由于氏族纽带的崩解和阶级的分化，那些贫无立锥之地的人为了避免当奴隶的悲运，便纷纷到海外去寻找安身立命的地方。有些政治上的野心家，也常常因为在政争中失败而离乡背井，到海外去开拓他们的新事业。而海上贸易的兴盛，也刺激了移民。这样，希腊的殖民者便触舻相接，一批又一批地向海外拓殖。最初，希腊人的殖民仅具有垦殖的性质。接着，由于手工业和商业的发展，这种殖民就意味着开拓新的市场和原料出产地。及至奴隶制盛行，希腊人的海外拓殖又兼有掠夺"蛮族"以充当奴隶的性质。

希腊人的殖民活动是由希腊各城邦分头进行的。在东方，早期的希腊殖民者原已在小亚细亚的西部海岸上建立了许多城邦，其中最重要的是米利都，它在公元前7至6世纪时成为希腊所有殖民地中的翘楚，在文化上实高于希腊本土。邻近的塞浦路斯岛，也成为希腊殖民者的乐园。向南，希腊人在埃及的尼罗河三角洲上建立了一个商站，叫做瑙克拉提斯，并且在非洲北岸的西里尼地方定居了下来。向西，希腊的殖民者于公元前750年左右开始定居于意大利半岛南部，先后建立了塔兰托、克罗顿、那不勒斯、丘米等城市。希腊人移往意大利南部者甚众，以致后来罗马人竟把那地方称为"大希腊"。在西西里岛，希腊移民把原先移殖到那边的腓尼基人压缩到该岛的西北一隅之地，而在该岛东部建立了墨西拿、叙拉古等城市。后来，叙拉古曾一度发展为地中海西部最昌盛的城邦。现今法国南部的要港马赛，最初便是希腊殖民者所建的商站马赛利亚。希腊人更远航到现今西班牙的东部，在那边开采银矿，并且建立了萨贡顿等城市。向北，希腊的殖民者穿过达达尼尔海峡，定居于黑海沿岸。在公元前600年左右，黑海的四周便遍布了希腊人的殖民地，其中较为重要的是克里米亚半岛南端的刻松尼索斯和小亚细亚北面的西诺普。希腊人与西徐亚人有所接触，他们从黑海以北的地区取得了谷物、牲畜、蜂蜜、木材、琥珀和奴隶，并且在小亚细亚北部开采铁矿。希腊人在博斯普鲁斯海峡通往黑海的海角上所建的拜占庭城，后来成为欧亚水陆交通的枢纽。罗马帝国后期的都城君士坦丁堡，便是在拜占庭的原址上建筑起来的。

在这些早期的殖民地中起码有一点是肯定的，即它们都不是出于贸易的目的而兴建的，它们不是"工厂"，殖民者所寻求的是土地。希腊的农民没有多少盈余，过着一种朝不保夕的日子。家庭地块的划分很快就到了临界点，不再可能从事有效的种植，并且大块地产不知不觉地吞食着小块的土地。重新分配土地的呼声常能在

位于奥林匹亚的赫拉神庙

希腊听到，殖民运动就是一道安全阀。贫困的农民或许会放弃他母邦的那小块被蚕食或抵押的土地，到海外去捞一块无人耕种的土地——这样也会形成新的斗争，他和他的后代也许会富有，成为新城邦有土地的贵族，或者失败了，准备下一轮殖民或革命。

虽然首要的目的是土地而非贸易，但殖民运动的确极大地刺激了贸易和工业，以至于有些后期的殖民地眼睛盯着贸易而不是农业。有时新土地出产的作物与他们母邦不同，这样的殖民地就会让希腊人更多地与"蛮族"相接触，因为他们会有合乎希腊人需要的东西出售。在一些古老的贸易路线，比如从波罗的海开始的琥珀之路上，有些殖民地就靠近货源。因而货物的交换愈加兴旺，新的接触又会带来新的想法和新的技术。慢慢地，不引人注目地，物质生活水平提高了，这在有些地方远比其他地方为高。比如说，科林斯这座地理位置极其适合贸易的城市，就忙于建造船只，用黄铜制作物品，并且在陶器上发展出一种希腊人数百年未见的自然主义绘画风格，而不出 30 英里的阿卡迪亚村庄却丝毫没有受到这些新事物的影响。参与这场贸易与工业增长的其他城市有埃伊纳，埃维亚的卡尔西斯，以及伊奥尼亚的米利都。埃维亚是因有历史时代第一场希腊战争而为人所关注，这场战争的对手是她的邻邦厄立特立亚，为了争夺邻近的利兰丁平原的控制权。其他许多城市各支持一边，对有争议的领土却没有明显的兴趣；看起来，商业的竞争已经开始扮演角色。

希腊词 Apoikia 字面上的意思是"远处的家"。无论怎么说，apoikia 都不是母邦的扩展，也不对母邦有什么依赖，它是个全新的独立的机构。母邦组织了移民群体，也常常邀请其他城邦的人加入。母邦从自己的成员中挑选一位正式的领导，他将监督新土地的分配，并且会长久地被尊为创立者。通常在试图建立一个殖民地之前，要到德尔斐去求神谕。这不仅仅是针对各种未知危险的宗教设防。在希腊的全部宗教胜地中，德尔斐赢得高超卓越的地位，一年到头，全希腊各地——有时还有"蛮族"——都有人来此地求神谕，德尔斐的祭司对各处的情况也就相当熟悉（更不用说其重大的政治影响力）。

殖民地建立起来后，它与母邦的联系就纯然是宗教与情感的。公共炬台上燃烧着的圣火是从母邦传来的；母邦的公民来访，按理会有某种获得礼遇的特权；假如从这殖民地又去另创一殖民地，八成会邀请母邦提名一位创立者。严格的政治联系是不会有的，一座城市与其殖民地之间的战争是不自然不成体统的，但不算是反叛或脱离；因此希腊人这样源源不断地从城市密布的希腊本土与伊奥尼亚流出，虽然将希腊的影响带到地中海的各个角落，除了被迦太基人和伊达拉里亚人所控制的地区，但他们并未形成一个希腊帝国或国家。只意味着独立的希腊城邦的数目大量地增加了——也意味着故乡的同情和争执也传得越来越远。希腊人的殖民活动，更刺激了希腊各城邦工商业的发展。如果说在这以前，希腊城市只不过是防卫设施和贵族的邸宅，这时它们却成为工商业的中心了。由于交换经济发展的需要，钱币便出现了。在最初，人们在经济交换中是"以物易物"，那种交换方式当然很不方便。后来人们便用金属做贸易的中介，因为金属一方面有它本身的价值，一方面又可作为表现其他商品中所含社会劳动量的尺度。很久以前，埃及人和腓尼基人就用金块、银块或铜片、铁片做货币。但货币要尽到它在交换经济中的特殊职能，就必须有一种固定的质量和形式。到了公元前 7 世纪中，爱琴海区域便出现了金制或银制的钱币。在公元前 550 年左右，小亚细亚西部吕底亚的国王克罗苏斯用金和银的合金铸造了一种钱币，流通甚广，于是人们就错误地把他当作钱币的发明者。其实在克罗苏斯以前，雅典和其他的希腊城邦早已开始铸造钱币了。

钱币的使用，在社会上引起严重的后果。它促进了贸易的发展，急遽地破坏了昔日那种淳朴的在自然经济状态下人与人的关系，使富者愈富，贫者愈贫，加速了社会上的阶级分化。一些握有金钱的高利贷者和工商业者，成为有权有势的特殊阶级。在公元前 6 世纪初，代表工商业贵族利益的雅典政治家梭伦竟公然说："人的社会地位是由金钱造成的。"

氏族制度和货币经济是绝不相容的。货币经济就像腐蚀性的酸液一样，侵蚀着那建立在自然经济基础上的氏族组织。恩格斯在《家庭、私有制和国家的起源》中曾指出：当人们最初发明钱币的时候，他们没有料想到他们是在创造着一种新的社会权力。整个的社会，都必须向这无孔不入的权力屈膝。不管它的创造者知道不知道，愿意不愿意，这新的权力突然产生了。雅典人在各方面都感到货币经济在其青春时期的猛烈性。怎么办呢？旧的氏族组织不仅无力对付那货币权力的胜利进军，而且也绝对不能在它的范围内容纳钱币、债权人、债务人以及强迫收债等等新的花样。但是，那新的社会权力却根深蒂固了，什么善良的心愿，什么想回转到旧日平等时代去的渴望，都不能把金钱和高利贷驱逐出这个世界。希腊的氏族制度解体了，在阶级社会中出现了国家。

在为数众多的希腊城邦中，最强大而又最重要的是斯巴达和雅典。这两大城邦在奴隶制的经济和政治上各代表一种类型，并在相当长的一段时间是希腊城邦集团的两个霸主。

希腊城邦斯巴达

公元前 8 至前 6 世纪，希腊半岛上出现了二百多个奴隶制国家。这种国家是以一个城市为中心，包括周围若干村镇所组成的所谓"城邦"，意即城市国家。斯巴达是其中最强大最重要的一个。

斯巴达位于伯罗奔尼撒半岛的东南部。公元前 12 世纪左右，一批由多利亚人组成的希腊部落从希腊北部侵入伯罗奔尼撒，散居在被毁的斯巴达城附近的村落里，到公元前 10 至前 9 世纪，才由五个村落联合成一个新的政治中心，这就是多利亚人的斯巴达城，这支入侵的多利亚人被称作斯巴达人。

斯巴达人不断用武力征服周围的居民。被征服者大多成为斯巴达的国有奴隶，称作希洛人；一部分被驱逐到偏僻的山区和沿海地区，以农业、手工业和商业为生，承担纳税和服兵役的义务，被称作庇里阿西人。斯巴达人建立了一个强有力的国家机构，由国王、长老会议、公民大会和监察官组成。

国王有两个，平时主持祭祀；战时领兵出征。

长老会议是最高权力机构，由两个国王和二十八个年逾六十岁的长老组成，讨论决定一切有关城邦的重大事务，提交公民大会通过。

公民大会由国王主持，年满三十岁的斯巴达男子都有权参加。公民大会对于长老会议的提议只有表决权而不进行讨论，表决时也只以呼声的高低来表示赞成与否。

公元前 5 世纪以后，一年一选的五人监察委员会成为最重要的国家权力机构，可以监察国王和公民的言行，拥有巨大的势力和职权，成为事实上的统治者。

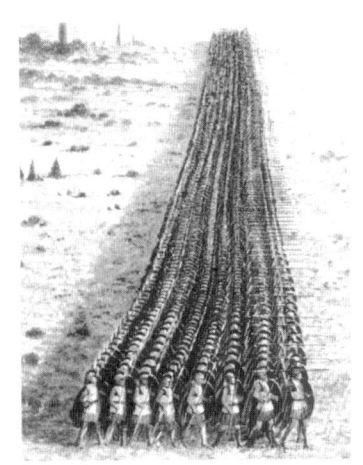

斯巴达方阵

斯巴达的土地和奴隶统归国有，斯巴达人长期过着以农业为主的自然经济生活。全国土地分成数千份，每个公民一份，不准买卖、转让或分割。份地由希洛人耕种，平均每七户希洛人供养一户斯巴达人。希洛人终年劳作，还被迫到军中服役，从事运输、修筑工事等劳役，有时也充当水手，可是得到的却是贫困、皮鞭和无尽的屈辱。

希洛人虽在法律上属国家所有，个别斯巴达人无权买卖他们，但可以任意伤害他们。节日里，斯巴达人常用劣酒把希洛人灌醉，然后拖至公共场所，让斯巴达青年知道醉酒是怎么回事。希洛人即使没有过错，每年也要被鞭笞一次，说是要他们记住自己的奴隶身份。斯巴达的长官时常派遣大批身佩短剑的青年战士下乡，白天分散隐蔽起来，一到晚上，便奔向大道，屠杀他们所能捉到的每一个希洛人。有时，他们也来到希洛人劳动的田地里，杀死其中最强壮最优秀的人。这种制度称为"克里普提"，意思就是"秘密勤务"。

斯巴达没有建筑城墙，人民的身体便是斯巴达的城墙，青年的胸膛便是斯巴达的国防。为了镇压希洛人的反抗，为了向外扩张，斯巴达人用强大的军队筑起了一堵"人墙"。

希腊骑士和斯巴达战马

斯巴达人的婴儿落地，先要接受长老的检查，强者生存，弱者弃之。随后，母亲用劣酒替婴儿浴身，经不起刺激的婴儿，则任其死去。幼儿七岁之前由母亲抚养，母亲从小注意培养他们不哭不闹，不怕黑暗与孤独的习惯，以便长大后成为维护奴隶制度的勇猛战士。

男孩满七岁，离家编入儿童队，受严格的体育和军事训练。到十二岁，经过测验，升入少年队。测验那一天，国王、长官和斯巴达公民都来观看，测验项目之一是搏斗，儿童分成两队，教官一声令下，赤手空拳的孩子们一对对打成一团，你来我去，拼命要将对方推入壕沟，以显示自己的勇敢和狡诈。测验项目之二是挨打比赛，儿童们跪在神殿之前，任凭皮鞭的嗖嗖抽打，谁最能忍受痛苦，谁就是获胜者。编入少年队后，生活更严酷了，穿单衣，睡草垫，食物也很少，为的是让他们自己能向饥饿作斗争，他们还必须学会偷窃，在偷窃中训练敏捷和机智。

从二十岁起，斯巴达男青年正式成为军人。三十岁成亲，但每天仍得参加军训，直至六十岁才结束军事生活。

斯巴达的妇女虽不参军，但和男子同样从事体育锻炼。斯巴达人认为，唯有刚强健壮的母亲才能生育刚强的战士。在斯巴达母亲的眼里，儿子战死疆场或凯旋而归，则是母亲最大的光荣和安慰。

斯巴达人尚武轻文，文化程度很低，而且讷讷寡言。在它的历史上，没有语惊四座的演说家和口若悬河的雄辩家，也看不见雄伟的建筑和艺术珍品，只有寒光闪闪的刀剑和森严壁垒的军营。

公元前2世纪中叶，随着罗马统统在希腊的确立，斯巴达终于走到了历史的尽头。

斯巴达是古希腊的一个城邦国家。它位于伯罗奔尼撒半岛的南部，拉哥尼亚地区的幼洛他斯河谷。幼洛他斯河谷三面环山，南面临海，与外界交通不便。但是这里有肥沃的土地，丰富的铁矿和大片森林、草地，很早就有人在这里安身。公元前2000年代末期，斯巴达国家的建立者——一支希腊人部落，翻过高山，来到河谷，侵占了当地人的住处，而后又占据整个拉哥尼亚，把当地原有居民变做奴隶，称之为"希洛人"（意即俘虏），外来者在河谷中心地区建起斯巴达城，自称为"斯巴达人"。这样就出现了斯巴达国家。

在斯巴达国家里，居民主要有两类：斯巴达人和希洛人。斯巴达人是希腊征服者的后裔，他们是享有全权的公民，是国家的统治者；希洛人是当地被征服者的后裔，是受斯巴达人统治奴役的奴隶。据说，斯巴达国家初建立时，一个叫来库古的人为了使斯巴达人能永远保持统治者的地位，不致因内部分化而使力量削弱，于是努力使斯巴达人之间保持平等，不让他们发展财富或过奢华的生活。他把属于国家的土地平均分给每一个斯巴达家庭，不许买卖；同时，为禁止斯巴达人从事商业和手工业，便发行笨重的铁币，代替金币和银币，使斯巴达人认为从事工商业是下贱、可耻的事，只有奴隶才去做；而为了随时准备镇压奴隶的反抗，在斯巴达人中长期保持着军事民主制阶段的尚武遗风。

斯巴达设有两个国王，他们在战时有无限的权力，在平时则共同处理国政，而且必需征求长老会议的同意。长老会议是由包括国王在内的三十位老人组成，他们是凭民众大会上欢呼声音的高低而当选，当选后则具有巨大的权力。人民无权讨论长老的决议，只有以喊声表示通过或拒绝。

在这样一个长期遗存军事民主制的国家里，一方面是由于部落生活的影响，一方面是镇压奴隶起义的需要，斯巴达国家力图把每一个斯巴达男子训练为百折不挠的战士，把每一个斯巴达女子训练成为养育战士的母亲。说来令人惊奇，几乎是从婴儿初生的日子起，这个锻炼就在开始。新生的婴儿必须经过长老的检查，长老认为健壮合格的，才准许父母养育，否则就命令抛弃到山峡里面去，免得他身体虚弱，长大了不能适应斯巴达严酷的军事生活，在别的国家，母亲给婴儿洗澡只用水，斯巴达人的母亲却用酒来洗刚刚出世的婴儿，她们以为这样可以考验孩子的体格：病弱的任他在酒里晕死，强健的在经过考验之后就可以变得像铁一样结实。对于孩子的养育，她们也有一套不同寻常的办法，她们不用褴褛或绷带，相信这样可以使孩子的四肢和形体自由发育；她们也不把好吃的食品给孩子；训练孩子不怕黑暗，不怕孤单，不急躁，不爱哭等等。男孩长到七岁，就要送到少年团队里去参加体育锻炼。他们几乎不学读和写，主要是进行艰苦锻炼，发展体力，训练敏捷和耐劳能力。人们常看到，男孩子们由一个年龄稍大的男孩带引，在烈日下长时间地行走在荆棘丛生的路上，以培养他们吃苦耐劳的精神。随着孩子年龄的增长，团队的训练也越也越严，他们总是剃光头，整年赤脚走路，穿极粗朴单薄的衣服，晚上睡在河边拣来的干草上，即便是冬天，也仅是再铺上一些蓟花絮，用以取暖，惟恐舒适的床，会使男孩子们变得懒惰。几乎所有的希腊历史书上都提到这样一个斯巴达儿童：这个孩子在上学路上抓到一只活狐狸，怕老师发现，就把它藏在上衣贴胸的地方。上课时，狐狸开始用锋利的爪子在男孩子的胸部乱抓，尽管疼痛难忍，孩子却一丝不动，最后活活地让狐狸咬死。之后，凡经受痛苦而不哼一声的男孩就被誉为"小斯巴达"。这个故事有几分真实我们且不去考证，但是，在斯巴达有意识地训练青少年忍耐痛苦的能力，倒是确有其事。每年，在亚特米斯（希腊女猎神）神坛前举行一次鞭打，不许儿童大声喊叫和啼哭求饶，越是忍得住鞭打的，就越被认为有毅力。斯巴达的儿童就是在这种棍棒教育中长大，没有欢乐，没有爱抚。不仅如此，更使人奇怪的是斯巴达人还训练他们的青少年偷窃。如果有人在行窃时没被人发现，则受到赞扬；凡在偷窃中被人捉住的，说明这个人太笨，太不机灵了，就要受到责罚。斯巴达人认为用这种方法可以训练青少年的敏捷和机智，更主要的是使斯巴达士兵在行军打仗时不至于挨饿。因为，斯巴达人外出打仗时，军队是不携带粮食的，也没有负责供给食物的军需官，士兵们只有依靠自己的偷窃本领去弄到食物，否则就要挨饿。

斯巴达人的教育培养了优良的战士，可是也使斯巴达人残酷、粗鲁、不文明。在实行民主政治的希腊城邦雅典，富有的父亲总想把儿子教育得文采斐然，能诵诗，能辩论，能够出口成章，在公共场合可以语惊四座。在斯巴达，则完全不重视这种文化教育。他们要求青年人沉默寡言，不好文饰，只要青年人出言简当，就算达到了语文教育的目的。据说，"在斯巴达从男孩那里比从石像还难得听到声音。……男孩比女孩还娴静"。这种教育方式，与斯巴达的社会状况是分不开的。斯巴达是清一色的军事国家，实行贵族专政，奴隶主阶级没有分化为经济利益不同的阶层，把青年训练成为雅典式的能够左右公民会议的政治家，远远没有把他们训练成为战士重要。

斯巴达青年到了二十岁则离开少年团队，开始军营生活，受正规的军事训练。斯巴达的战术主要是以步兵战为主，把军队编成方阵，每一个方阵构成一个有机的整个。这种战术，胜败不仅依靠每一个战士的勇敢，而且还要依靠全阵组织和纪律的严密，为了保证方阵在战斗中进退娴熟，接应机敏，长期的操练成为必不可少的条件。因此，斯巴达青年战士的正规训练，定期十年。从二十岁到三十岁，每个青年都必须在军中受训；三十岁后，他们可以成家，并住在自己家里，但他们还必须每日出操，和战士们一起进餐，为此按月交纳规定数量的粮食，直到六十岁，才可以结束军事生活。

希腊战士正在做战前准备工作

斯巴达尚武的风气，也表现在对妇女的教育上。斯巴达的女孩子不像许多别的国家的女孩子一样被娇生惯养，而是和男子们同样进行体育锻炼。根据记载，斯巴达的少女必须练习格斗、赛跑、投铁环和掷标枪，目的是为了将来怀孕的婴儿可以在强壮的母体中长得更结实，发育得更好，而她们自己也会因体格健壮更能经得起分娩的痛苦。这样教育出来的妇女是刚强的，照斯巴达人的想法，惟有刚强的母亲才能生育刚强的战士。在斯巴达，做母亲的并不怕看到儿子在战争中负伤，她们所怕的是养出来的儿子太弱，在战场上丢了武器，身上没有一点伤痕，就退阵回到故里，这是要被人耻笑的。斯巴达的母亲常以儿子战死沙场而自豪，她们把斯巴达的荣辱看得比儿子的性命还重要。有一位母亲去询问战争的情况，别人告诉她，她的五个儿子都战死了，但她却说："这并不是我要问的，我要问的是斯巴达人胜利了没有。"

这种严格训练的结果，斯巴达人被培养成勇敢善战、刻苦耐劳的战士，斯巴达的军队有良好的纪律，特别出色的优美姿势和武装。全体斯巴达战士一律配备有战马、短剑和盾，戴着盔，披挂着甲胄和护足。他们在战斗中永不退却，直到最后一口气，因此斯巴达的步兵被认为是全希腊最优秀的步兵，长时间内被认为是无敌的，它的步兵方阵在南希腊享有常胜的威名，而且在全希腊都有举足轻重之势。

斯巴达独特的军事制度和它畸形发展的军事生活，使其拥有其他希腊城邦所不及的军事优势。斯巴达用几十年时间征服周围的地区，被征服的居民都沦为希洛人。到公元前 6 世纪，斯巴达已成为伯罗奔尼撒半岛上最强大的国家。后来，斯巴达又建立起以自己为首的伯罗奔尼撒同盟，几乎南希腊的全部国家都参加了同盟。同盟的职责是支持贵族寡头政治和镇压奴隶起义。斯巴达的军事寡头政治及尚武风气与雅典的民主政治和文采、雄辩形成鲜明对比，除了因为应付共同的敌人而形成短期联合外，它和雅典总是处于矛盾的地位。

第一次美塞尼亚战争

在古代希腊，斯巴达是一个著名的奴隶制城邦，斯巴达的公民是十足的寄生阶级，他们既不从事农业和手工业，也不经营商业，全靠剥削一种叫做黑劳士的奴隶来过活。据古代希腊学者说，当时各城邦的奴隶人数，以斯巴达的黑劳士为最多。黑劳士制度是斯巴达通过征服邻近地区特别是征服美塞尼亚而发展起来的。

斯巴达城邦是多利亚人建立的。公元前 12 世纪，多利亚人部落从北希腊南下。其中一支来到伯罗奔尼撒半岛东南部的拉哥尼亚地区，在斯巴达一带逐渐定居下来。他们成了斯巴达人。这些斯巴达人最初还处于原始社会晚期阶段，当然也还没有奴役黑劳士的制度。随着原始公社的逐渐解体，约公元前 9 世纪，斯巴达人的国家开始发生。同时，斯巴达人逐渐向周围地区的阿哈伊亚人发动进攻，强迫被征服者接受他们的统治。据说，当斯巴达人征服南方沿海的黑劳士（Helos）城的时候，他们开始把那里的被征服者变为奴隶。这种奴隶因地名而被称为黑劳士（Helos），而且斯巴达人把以后由征服得来的同类奴隶也照例称为黑劳士了。

斯巴达人约在公元前 8 世纪中叶统一了拉哥尼亚，同时开始建立起剥削黑劳士的制度。公元前 8 世纪后期，斯巴达人又对西边的邻邦美塞尼亚发动战争。这就是历史上所说的第一次美塞尼亚战争（约公元前 740—前 720 年）。

相传，这次战争是由这样一些事件引起的。两国边境上有一处神庙，逢时过节，双方的人们都来祭献。有一次双方的人发生流血冲突，斯巴达的一个国王也在冲突中死去。斯巴达人说，美塞尼亚人要污辱斯巴达的妇女，斯巴达王在阻止的过程中被杀。美塞尼亚人说，斯巴达人派出一些没有胡子的青年，男扮女装，身藏利刃，阴谋伤害美塞尼亚的一些上层人物，所以美塞尼亚人的行动是出于自卫。此外，一个斯巴达人骗取了一个美塞尼亚人的畜群，还杀了美塞尼亚人派来讨债的儿子。这个美塞尼亚人向斯巴达申诉无效，就决定一有机会就杀斯巴达人，以作为报

木马计——这是特洛伊战争中希腊取胜的重要因素

复。斯巴达派使者要求美塞尼亚交出凶手。美塞尼亚方面表示和国人商议后再回答。在商量中，美塞尼亚内部两派人发生了流血的冲突，最后不向斯巴达屈服的一派胜利。他们遣使回答斯巴达人，要求把两国间的纠纷交托中间人来仲裁。斯巴达人表面不作答复，实际已秘密准备战斗，并发誓不论经过任何艰难曲折最终也要夺取美塞尼亚的土地。所以，这次战争的真正原因是，美塞尼亚有着比拉哥尼亚肥美得多的土地，刚刚征服拉哥尼亚并开始建立黑劳士制度的斯巴达人，对邻邦的土地起了贪心，企图把邻邦的人民变成黑劳士来奴役。

抢劫海伦·列尼

　　战争从斯巴达人突然袭取美塞尼亚边境上的一个小城镇开始。美塞尼亚人知道这个消息以后，才开会商量对策，整军经武，准备抵抗。斯巴达人进攻美塞尼亚的城镇，因对方防守严密，不能得手。他们经过农村，赶走牲畜，掠取庄稼，但是不毁坏树木、房屋。他们心中已经认定，这些将来都是他们的财产。美塞尼亚人基本处于守势，但也伺机扰掠拉哥尼亚沿海地区和西部农田，作为报复。

　　三年以后，美塞尼亚人认为准备基本就绪，开始反攻。斯巴达人从所占领的边境城镇出来迎击。美塞尼亚人选择地形崎岖之处作为战场，使斯巴达人的精良的步兵无所发挥其优势。斯巴达人不能取胜。美塞尼亚人又步步为营，使斯巴达人无法以突击取胜。于是斯巴达人被迫退回本国。

特洛伊木马的复制品

　　一年以后，斯巴达人再度侵入美塞尼亚，美塞尼亚奋起迎敌。开战之前，斯巴达王勉励部下毋忘决心征服美塞尼亚的誓言。美塞尼亚王则对部下说，这一战不仅为了保护土地和财产，而且如果战败，妻子儿女将被虏为奴，成年男子将受辱而死，神庙将遭抢劫，祖宅将被焚毁，所以宁可死战，也不能受此灾祸。接着双方展开激战。斯巴达人在军事训练和兵员人数上都占优势，美塞尼亚人则不惜牺牲，作了最英勇的奋战。鏖战到夜幕降临，双方胜负难分，只好暂停，次日双方虽然未继续开战，但是美塞尼亚方面情况开始逐渐恶化。财政发生困难，奴隶向斯巴达方面逃亡，疾病也发生了。于是美塞尼亚人被迫放弃内地城镇，退而据守伊托麦山。

　　战争持续地进行着。到第十三年，斯巴达人又大举进攻。美塞尼亚王埃夫法埃身先士卒，负了重伤。他虽不久因伤重致死，其行为却鼓励了美塞尼亚人的抵抗精神。随后，美塞尼亚人选举亚里斯托德摩斯为王。亚里斯托德摩斯照顾人民，尊重贵族，并与阿尔卡迪亚、阿尔哥斯、西居昂保持友好的关系。他采用小股作战的方法不断困扰斯巴达人。到亚里斯托德摩斯当政的第五年，双方都为长期战争的消耗感到焦急，于是又发生了一次大战。斯巴达人不仅倾全国之力，而且请了盟邦科林斯的军队。美塞尼亚方面则请了阿尔卡迪亚、阿尔哥斯和西居昂的援军。在战斗中，美塞尼亚方面的不同兵种配合得很好。结果斯巴达人战败。但是他们征服美塞尼亚之心不死，仍然伺机行动。到战争的第二十年，美塞尼亚方面力量消耗殆尽，亚里斯托德摩斯绝望，自杀殉国。这一年年底，美塞尼亚人为饥馑、匮乏所迫，撤离伊托麦山，退往邻国。不过，这只是美塞尼亚人中的不多的一部分。大多数美塞尼亚平民还散居在各自原来的居住地。斯巴达人夷平伊托麦山的堡塞，占领美塞尼亚，给公民们分配了被征服的美塞尼亚土地，迫使被征服的美塞尼亚人将田地收成的一半交给斯巴达人。所以，由于第一次美塞尼亚战争的胜利，斯巴达的刚在拉哥尼亚发生的黑劳士制度在广阔的美塞尼亚地区扩展起来。

第二次美塞尼亚战争

美塞尼亚人民不甘忍受斯巴达人的奴役。尤其是青年人，虽然没有经历以前的战争，却常怀着宁死也不能忍受奴役的气概。在美塞尼亚的青年中出现了一位杰出的领袖，名叫亚里斯托麦涅斯。他秘密地组织群众，准备起义，并且和阿尔卡迪亚、阿尔哥斯取得联系，争取他们的支持。不久起义爆发，史称第二次美塞尼亚战争。关于这次战争的年代，古代希腊史家即有不同说法。比较可靠的说法是第一次美塞尼亚战争的参与者是第二次战争参加者的祖父一代。所以这次战争约在公元前7世纪后期。

起义开始的第一年，双方在美塞尼亚的德拉伊地方打了一次大仗，结果难分胜负。亚里斯托麦涅斯在战斗中的超乎寻常的勇敢善战，博得了起义者的尊重。人们要推举他为美塞尼亚国王。他谢绝了，人们就拥戴他作为全权的大将军。他也成了斯巴达人的所忌惮的一个带有传奇性的人物。据说，他曾乘夜潜入斯巴达城，在那里的雅典娜神庙上高悬一面盾牌，上面大书："亚里斯托麦涅斯获自斯巴达人，谨以奉献女神。"

第二年，双方都请到了盟军，在名叫豕冢的地方举行会战。支持美塞尼亚人的有埃利斯人、阿尔卡迪亚人、阿尔哥斯人、西居昂人等，站在斯巴达人一边的有科林斯人等。在双方激战的过程中，亚里斯托麦涅斯率领一支由80名最精悍的美塞尼亚青年组成的突击队，首先冲向斯巴达国王亲率的军队，经过奋战击败了敌人。当斯巴达王领兵脱逃时，他就让其他部队承担追击任务，自己又领兵往战斗艰苦的地

希腊城邦间战争中的两军对垒情形

方去打击敌人。亚里斯托麦涅斯率先冲锋陷阵，击败斯巴达方面一支又一支队伍，最终使敌方全线溃败。斯巴达人伤亡惨重，士气沮丧，企图结束战争。据说由于一个名叫提尔塔伊奥斯的跛足诗人的鼓励，斯巴达人才坚持战斗下去。亚里斯托麦涅斯率领起义军在豕豕的大胜，使美塞尼亚人欣喜若狂。当他凯旋原驻地时，妇女们向他抛撒彩带、鲜花，为他高唱凯歌，热烈欢迎起义的英雄。这一战役以后，亚里斯托麦涅斯又一再向斯巴达人进行了奇袭和伏击。

战争的第三年，双方又在名叫大壕的地方展开一场大战。阿尔卡迪亚地区各城都出兵支援美塞尼亚人。但是斯巴达人已经暗中用金钱收买了阿尔卡迪亚人的君主和统帅亚里斯托克拉特斯。战斗尚未开始，亚里斯托克拉特斯就对部下阿尔卡迪亚人说，现在处境不妙，如果一旦战败，退路都成问题。他命令每一个阿尔卡迪亚人注意他发的信号，一见信号大家就立即逃跑。战斗刚刚开始，亚里斯托克拉特斯就命令阿尔卡迪亚人撤退，造成美塞尼亚人阵线方面的左翼和中翼空虚。而且他命令阿尔卡迪亚人逃跑时经过美塞尼亚人所坚持的右翼，以扰乱他们的阵脚，影响他们的士气。在这样情况下，斯巴达人毫无困难地对美塞尼亚人合了围。亚里斯托麦涅斯率众英勇抵抗，终因寡不敌众，形势无法扭转。这一役美塞尼亚方面伤亡惨重。以后亚里斯托麦涅斯纠合余众，带领大家放弃平原，退守埃伊拉山。斯巴达人满以为不久即可消灭这支起义军，结果起义又坚持了十多年。

亚里斯托麦涅斯知道已经没有力量组织大军同斯巴达人进行大战，就组织了一支 300 人的精兵，不时袭击美塞尼亚和拉哥尼亚的斯巴达人，夺取谷物、牲畜和各种财物作为起义军的给养。他们的这种斗争策略使得斯巴达人深感头痛，据说竟然在战争结束以前一直不敢在美塞尼亚和与之毗邻的拉哥尼亚地带从事种植。这种说法虽然不免太夸大了，但也说明埃伊拉山起义军的存在总使斯巴达人不能在美塞尼亚安稳地建立起黑劳士制度。亚里斯托麦涅斯对斯巴达人的神出鬼没的袭击，有一些在古代就成了流传民间的传奇故事。据说有一次他在袭击斯巴达人的时候负伤被俘，斯巴达人把他和他的同伴投入一个四面绝壁的深谷。同伴都摔死了，他竟然独能不死。当他在谷底坐以待毙的时候，看到一只狐狸从死者尸体上爬过。他捉住狐狸尾巴，跟着它找到出谷的孔道，把这个孔道扩大开来，他也就又逃回了埃伊拉出。这类故事不论其真实程度如何。总反映出美塞尼亚人民对自己的起义领袖和民族英雄的热爱之情。

斯巴达人攻取埃伊拉山的行动不止一次失败了。在战争的最后一年（据说也就是埃伊拉山被围的第十一年），斯巴达人乘天下大雨美塞尼亚人难防的机会，突然进攻埃伊拉山。美塞尼亚人奋不顾身地进行抵抗，连妇女都起而助战。战斗十分激烈。斯巴达军人多，就分批轮番作战。美塞尼亚人连续战斗了两天两夜，不能休息，也得不到饮食，到第三天已经精疲力竭。亚里斯托麦涅斯不得不组织撤退。他亲自率先突围，让自己的儿子和一些人断后。他们将残部撤退到了阿尔卡迪亚。

亚里斯托麦涅斯在阿尔卡迪亚又选出五百名美塞尼亚战士，准备乘斯巴达军还在埃伊拉未回之际，直接袭取斯巴达城。有 300 名阿尔卡迪亚人也准备参加。事刁因阿尔卡迪亚王亚里斯托克拉特斯将秘密露给斯巴达王而未成，不过亚里斯托克拉特斯也因叛卖事泄而为国人所杀。第二次美塞尼亚战争又以斯巴达胜利而告终。

梭伦改革

在希腊文明史中，雅典扮演的角色最有典型性。雅典发达的商品经济、健全的民主政治，使其创造了希腊文化中的绝大部分辉煌。按照雅典将军伯里克利的话说："雅典是全希腊的学校。"就是在这里，梭伦进行了一场非常成功的改革，可以说是世界历史中成功改革的典范。

梭伦其人及其改革的背景

公元前 638 年，梭伦出生在雅典的一个贵族家庭。年轻时梭伦一面经商，一面游历，到过许多地方，漫游名胜古迹，考察社会风情，后被誉为古希腊"七贤"之一。在游历中梭伦还写过许多诗篇，在诗中他谴责和抨击贵族的贪婪、专横和残暴。这些诗篇同时为他赢得了"雅典第一位诗人"的美誉。

一个月色溶溶的夜晚，轻纱般的薄雾使萨罗尼克海湾的景色显得更加迷人。汹涌的海浪拍打着船舷，发出阵阵扣人心弦的回响。雅典改革家梭伦迎着海风伫立在甲板上，回首遥望渐渐消失的祖国海岸，他心潮起伏，思绪万千："啊，祖国，我已经向你献出了我的智慧和力量，再见吧！……"他的眼睛润湿了，模糊了……。

梭伦出身于没落的贵族家庭，年轻时因家境贫困而外出经商，希腊、埃及和小亚细亚等地都留下过他的足迹。长期的旅游使他积累了渊博的学识和丰富的经验，生活的变迁更使他饱尝了社会的不平，听见了平民痛苦的呻吟和战斗的呼声。

公元前 6 世纪，雅典的奴隶制度已经确立，但氏族制残余犹存。贵族垄断了国家的执政官等职务，控制了统治机构——贵族会议，成为特权阶层；还霸占土地，征收重租，用高利贷盘剥农民和手工业者。

农民借债度日，被迫以土地作抵押，将收成的六分之五交租，自己只留 1/6，被称为"六一汉"；一旦还不起债，便沦为债务奴隶，甚至不得不将自己的子女卖到国外做奴隶。——这就是"雅典人的文明时代的欢乐的曙光。"

这一时期，雅典农民的境况是极其艰苦的，借了财主的债若还不清，财主就在借债者的土地上竖起一块债务碑石，借债者就会沦为"六一农"，他们为财主做工，收成的六分之五给财主，自己只有 1/6。如果收成不够缴纳利息，财主便有权在一年后把欠债的农民及其妻、子变卖为奴，并把他们卖到异邦。就政治方面而言，此时雅典的全部政权都属于贵族的后裔。担负高级职务的执政官以及元老院（顾问团）的成员

梭伦的半身像

只能从他们中间选出。他们决定着国家大事，判定着法庭争讼，指挥着对外征战。

公元前 7 世纪，雅典与邻邦墨加拉为争夺萨拉米斯岛而发生战争，结果雅典失败了。这样，雅典就失掉了进行和发展贸易所必须的出海口。这时候，那些对海外贸易根本不关心的执政官以及元老院竟颁布了一条屈辱的法令：任何人都不得提议去争夺萨拉米斯岛，违者必处死刑。而梭伦却从文献资料、历史传统、风俗习惯等考证出萨拉米斯本应属雅典所有，他对当局的

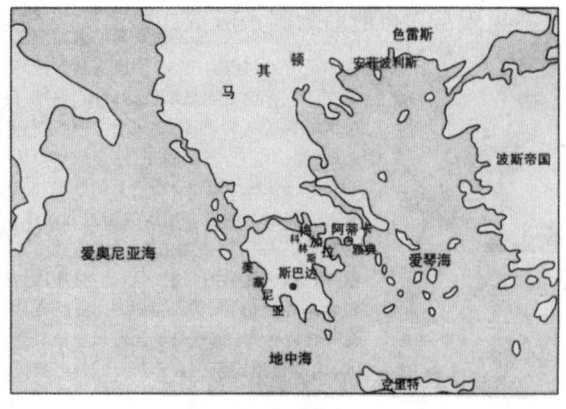

伯罗奔尼撒战争形势图

这种懦弱行为深为不满，为了唤醒雅典人的爱国热情，同时避开不公正的法律的残酷制裁，他想出了一个巧妙的办法：佯装疯癫。于是"疯"了的梭伦经常出现在雅典的中心广场上，向着人群大声朗读他的诗篇："瞧吧，不久，到处都将说我们的坏话……他就是那些把萨拉米斯岛拱手让人的家伙中的一个……"最后，他热情号召说："让我们向萨拉米斯进军，我们要为收复这座海岛而战，我们要雪洗雅典人身上的奇耻大辱……"听梭伦演说的都是些工匠、作坊主、商人等城市居民，因为对他们来说，海外贸易的停顿，就意味着破产和贫困。因此，他们主张继续进行战争，并且热烈地支持梭伦。在梭伦的努力下残酷的禁令终被废除，战争再次爆发。公元前 600 年左右，年约三十岁的梭伦被任命为指挥官，统帅部队，一举夺回了萨拉米斯岛。赫赫军功使梭伦声望大增，城市居民把梭伦看成了自己的领袖和庇护者。而完全属于贵族后裔并处在他们的债务束缚下的农民也在渴望着他的保护。

伟大的改革

在平民起来要求废除债务奴隶制、要求重分土地、要求政治权利的急风暴雨中，作为工商业奴隶主的代表，梭伦的政治热情像奔腾的江河，一泻千里，他以诗作为武器，把同情献给平民，把憎恶射向贵族：

"你们这些财物山积，丰衣足食而且有余的人，应当抑制你们贪婪的心情，压制它，使它平静；应当节制你们傲慢的心怀，使它谦逊，不要以为要什么就有什么，我们决不会永远服从！"

梭伦不仅是个才华横溢的诗人，而且是个智勇双全的军事家。当时，雅典和麦加拉城争夺梭伦的故乡萨拉米斯岛，雅典人屡遭失败，于是贵族会议宣布一项法令：若再有人提议收复萨拉米斯岛，以死罪论处！梭伦深知，萨拉米斯岛是雅典的门户，对外贸易的重要基地，他立下誓言：不收复萨拉米斯，"宁愿改换一个祖国，不做一个雅典人"！一天，他佯作疯癫，头带花环奔进雅典广场，对着人群大声朗诵他的诗作《咏萨拉米斯》：

"让我们到萨拉米斯去吧！去夺取那可爱的岛屿，去雪洗那令人难堪的耻辱！……"

这激越的诗篇，铿锵的语调，重新燃起了雅典人的爱国热忱和民族尊严。在广大人民的支持下，雅典当局被迫取消禁令，与麦加拉重开战端。雅典人推举梭伦为指挥官，终于一举收复萨拉米斯岛。

萨拉米斯战争的胜利，使梭伦声望倍增。公元前594年，梭伦当选为首席执政官。从此梭伦如虎添翼，他用他那大权在握的双手，描绘了一幅幅壮阔宏伟的改革蓝图。

第一项改革是颁布"解负令"。平民所欠债务一律废除，因负债而沦为奴隶的全部恢复自由；永远禁止再把雅典人变为奴隶；因欠债而被卖到海外的雅典人由国家赎回。

公元前592—前591年左右，梭伦被授权修改宪法。他按财产而不是按门第把全体公民分成四个等级。第一、二等级可以享有一切政治权利，可以担任执政官；第三等级可担任低级官职；第四等级不能担任官职。

雅典政治制度：君主制—贵族制—民主制

为了限制和削弱贵族会议的权力，梭伦规定公民大会为国家最高权力机关，决定国家方针和政策，选举执政官；又设立公民大会的常设机构——400人会议，负责准备和审理公民大会的提案；还设立最高司法机关——陪审法庭，每个公民都可当选为陪审官，参与审理案件。

鼓励工商业经济也是改革的内容之一：提倡农业水利；扩大橄榄油的输出；禁止谷物出口；实行货币改革；奖励外邦工匠移居雅典；提倡每一个雅典人学一门手艺。

梭伦将他采取的每一项改革措施都刻在轴转木板上，竖立在雅典城的中心广场，公布于众。他带头放弃了人家欠他父亲的债务，并鼓励别人仿效他的榜样。

梭伦以他的言行在人们的心中竖起了爱的丰碑。许多人劝他夺取政权，做终身独裁者，但他严词拒绝了。他决心让"进网的鱼跑掉"，而不愿僭窃政权。

然而，鉴于当时的历史条件和梭伦的工商业奴隶主的立场，他没有满足下层平民重分土地的要求，也没有赋予他们享受平等的政治权利，因而引起他们的不满；贵族们的责难和反扑更似恶浪般地涌来。梭伦被迫急流勇退，借口出国考察，扬帆远航了。

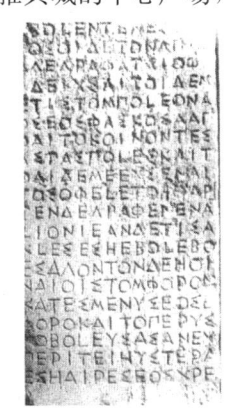

梭伦的诗

梭伦在埃及、塞浦路斯和小亚细亚等地漫游了十年之久。

当他回到故国时，雅典各政派正纷争不止。庇西特拉图企图建立僭主政治，梭伦进行了规劝和斗争，但雅典人民没有接受他的忠告，他只得回家过隐居生活。

古希腊的雅典城邦，在希波战争后国力空前强大，其势力几乎控制了整个希腊半岛以及爱琴海区域，成为全希腊最富庶的强国。这是同梭伦的改革分不开的。

梭伦（约公元前 630—前 560 年）是贵族埃克塞凯斯提德斯的儿子。年轻时家境不富，他便出外经商，到过埃及、塞浦路斯和爱琴海东岸的希腊移民城市，经历过许多风险坎坷。他很喜爱学习，同希腊各地的学者们广交朋友。丰富的学识是梭伦后哑成为杰出的政治家的重要因素。

梭伦生活在雅典社会孕育巨变的时代。雅典在公元前 7 世纪还只是希腊的一个穷国，但雅典的工商业奴隶主也在逐渐地成长起来，私有制度，商品经济不断冲击整个社会。这时，雅典国家刚刚产生，部落组织的残余依然存在。氏族贵族成为奴隶主统治阶级。他们仗着传统势力，占有大量田地，垄断国家官职，顽固维护旧传统，妨碍雅典社会进步和国家富强。贵族以经营地产为业，与小农争夺土地。很多小农无力偿还贵族的欠债，他们的田地被插上债碑。他们被迫把收成的六分之五交给债主，成为所谓的"六一汉"。没有土地的债务人或不能满足债主勒索的"六一汉"，本人或他们的子女往往被债主卖为奴隶抵债。小农的处境恶化，影响了农业生产，也不利于工商业的发展。而雅典的旧制度、旧法律却保护氏族贵族的利益，平民百姓在政治上也处于无权地位。遭受奴役的人民心怀怒火，起来反抗。贵族面对骚乱也惶惶不安。公元前 594 年，雅典人推举梭伦为执政官，授予他最高权力，请他作为"调解人"来消除严重的社会危机。

穷人们认为梭伦虽是贵族，但诚实公正，同情穷人，谴责富人，他曾说："作恶的人每每致富，而好人往往贫穷"。梭伦拼命鼓吹"平等"，指出平等不会产生战争，因而受到贫富双方的欢迎。

梭伦看到了社会弊病威胁到国家的生存。决心实行改革，把雅典从内战的威胁中拯救出来。

首先，梭伦颁布《解负令》。他下令拔除债碑，废除与人身抵押有关的所有债务，解放债务奴隶，禁止以人身作为债务抵押，从而永远废止了债奴制。因债务被卖到国外的雅典人也被陆续赎回。梭伦带头放弃了别人欠他父亲的一大笔钱，并鼓励别人也这样做。他规定个人占有土地的最高限额，以便限制贵族觊觎小农土地的无限贪欲。梭伦还采取了其他一系列办法来发展农牧生产和奖励工商业，振兴雅典。例如规定：奖励植树造林、开凿水井；打死 1 只危害家畜的大狼，可得钱 5 德拉克马（1 德拉克马可买羊 1 只）；如果做父亲的没有教会儿子一门谋生手艺，就不得强迫儿子赡养他；外来移民中的熟练工匠可优先得到雅典公民权等。梭伦又以流行较广的优卑亚币制代替了原来的埃基那币制。为鼓励雅典人的国家荣誉感，他规定奥林匹克运动会的优胜者，可得奖金 500 德拉克马。《解负令》和这些措施都得到了雅典新兴的工商业奴隶主的支持。

梭伦着手改革雅典的政治制度。他写了一首很有名的诗，诗中说明了他的政治主张："我给了一般人民以恰好足够的权力，也不使他们失掉尊严，也不给他们太多；即使那些既有势力而又豪富的人，我也设法不使他们受到损害。我手执一个有力的盾牌，站在两个阶级的前面，不许他们任何一方不公正地占着优势。"

在梭伦改革以前，雅典人中有贵族、农夫和手工业者三种人。为了按地产收入多寡承担不同军事义务，他们又分为五百斗级（收入 500 斗）、骑士级（收入 300 斗）和双牛级（收入 200 斗）三个等级。双牛级以下的贫民无力负担军役，其中很多人没有氏族土地，因而没有资格参加公民大会，丧失了基本的政治权利。执政官等高级官职只有贵族才能担任，执掌大权的是显要贵族组成的议事会。梭伦改革终止了贵族独霸政坛的局面。他将雅典公民按收入大小分别归入五百斗级、骑士级、双牛级，收入低于双牛级的人归入新设立的日佣级。第一、二等级的成员出任执政官，第三等级但任低级官职，日佣级虽不能担任任何官职，但负责提供轻装步兵和水手，也可以参加公民大会，从而使大会成为全体公民的会议，划清了同氏族大会的界线。新的公民大会选举各级官员，从指定的 40 人中选出执政官。梭伦设立 400 人会议，由雅典 4 个部落各出 100 人组成，它分掌了贵族议事会的一部分权力。

有人曾经问梭伦，住在哪一个国家最好？他回答说：要住在这样的国家里，那里未曾受害的人也和受害人一样，都尽力惩罚罪犯。根据这样的思想，梭伦建立了雅典的陪审法庭。全体公民都可担任陪审员。梭伦规定，除杀人犯外，对任何罪犯不得处以死刑。每一个人对其他任何人的罪行都应告发。不关心国家事务的公民应剥夺其选举权。这些改革都是为了把人们从狭隘的氏族、家族圈子里解放出来，让他们以国家公民的身份关心整个国家和社会。梭伦准许没有子女的人把财产留给同自己无血缘关系的朋友。这实质上是进一步肯定私有财产权，否定氏族制度的残余。

无论是在古代还是在后世，梭伦素有雅典"民主之父"的声名。但梭伦本人绝不是民主派，他在政治改革上走的是"中间路线"，只希望在贵族政治的旧体制上增加一些民主色彩。以一方面减轻人民的不满，一方面抑制一下氏族贵族的骄横；最终目的是提高发财致富的工商业奴隶主的地位，他是他们的政治代表。不过陪审法庭和公民大会成为后来雅典民主政治的重要机构，对于雅典政治制度的发展演变有深远的影响。

梭伦是古代奴隶主阶级的杰出政治家和改革家，他顺应历史发展的要求，进行广泛的社会改革，对雅典社会的发展起了重大的促进作用。梭伦实行一系列有利于生产发展的政策，从而为雅典经济繁荣创造了条件。他通过一系列改革措施，打击了旧的氏族制度的残余与氏族贵族势力，创立了新的政治制度和国家机构，奠定了雅典民主政治的基础。同时，梭伦改革改善了广大平民的经济与政治地位，缓和了阶级矛盾，使广大平民摆脱了沉重的债务奴役和沦为债务奴隶的威胁，从而扩大了社会基础，增强了雅典的国力。总之，梭伦改革使雅典调整了社会关系，建立了适应经济发展需要的上层建筑，促进了社会生产力的发展。梭伦改革后一个世纪，雅典终于以一个经济繁荣、国力强大、政治民主、文化昌盛的奴隶制国家出现于世。

但是，梭伦毕竟是奴隶主阶级的代表人物，他又奉行中庸、温和的处世哲学，因此梭伦改革又有一定的局限性。经过改革，雅典的氏族贵族的经济和政治力量虽然受到沉重打击，但是氏族制度的残余和氏族贵族的势力没有得到彻底清算。平民的经济和政治地位有所改善，但是平民最迫切的重分土地的要求没有满足。梭伦建立按照财产资格确定政治权利的制度，也只是以富豪政治代替贵族政治，广大下层公民在国家权力机构中的作用仍然十分有限。

对于平民反对贵族的斗争，梭伦在自己的诗中表明了自己的态度。梭伦的态度是"拿着一只大盾，保护两方，不让任何一方不公正地占据优势"。他还说，他"所给予人民的适可而止"，"即使是那些有势有财之人"，也"不使他们遭受不当的损失"，亚里士多德指出，梭伦是"以仲裁者身份，代表每一方与对方斗争，而后劝告他们共同停止他们之间方兴未艾的纷扰。"梭伦双方都不讨好"，"却宁愿遭受双方仇视"。用妥协的办法来求得斗争双方的和解，以达到公民集体的团结，这是城邦形成时期阶级斗争的一大特点。在梭伦的言行中，这种折中、调和的思想表现得很典型。虽然他认为如果"有时让敌对的两党之一得意，而有时又令另一党欢欣，这个城市就会有许多人遭受损失"，但是他的同情心主要是在有权势的人们方面。所以他的诗中一再说到"抑制人民"、"必须责备人民"，要使人民"好好追随领袖"。他明确地说，他不愿"让君子与小人""享有同等的一分沃土"。

公元前 594 年，梭伦被选为雅典的首席执政官。他得到了"修改或保留现有法律及制定新法律"的权力。当政后的梭伦立即实施了一系列改革，颁布多项法令，向氏族贵族发动了猛烈的进攻。他首先废除了"六一农"，抵押了的土地归还了原主，竖在地里的柱子被拔去了，由于欠债而沦为奴隶的雅典人又回到了自己家中。这一转变使贵族后裔和古老的氏族贵族受到了很大损失。但梭伦不想从根本上彻底废除奴隶制度，他的法律反对的只不过是那种妨碍雅典经济发展的债务奴隶制。

具有重大意义的是梭伦在雅典确立新的国家制度的改革。

根据梭伦的法令，雅典的全体公民将按财产的多少划分为四个等级，不同等级的公民享有不同的政治权利。谁的财产多，谁的等级就高，谁就享有更大的政治权利。第一、二等公民可担任包括执政官在内的最高官职，第三等只能担任低级官职，第四等级不能担任任何官职。

这一制度虽然并未实现公民之间的真正平等，但它意味着身为贵族，如果财产少，也享受不到过去那么多的政治权利，而新兴的工商业奴隶主可凭借自己的私有财产，跻身于城邦政权。这就打击了贵族依据世袭特权垄断官职的局面，为非贵族出身的奴隶主开辟了取得政治权利的途径。当时，战神山议事会是国家权力结构的中枢。贵族借助这个机构操纵了立法、行政、司法等大权。梭伦恢复了公民大会，使它成为最高权力机关，决定城邦大事，选举行政官，一切公民，不管是穷是富，都有权参加公民大会；设立了新的政府机关——400 人会议，类似公民会议的常设机构，由雅典的四个部落各选一百人组成，除第四等级外，其他各级公民都可当选。这一切，为雅典政治制度的民主化开辟了道路。

在梭伦改革之前，雅典行使的是德拉古法，它对偷窃水果、懒惰等过失都要判处死刑。人们指责它不是用墨水，而是用鲜血写的。对此梭伦建立了新的陪审法庭，所有年满 30 周岁的公民都可出席法庭。法庭成员用抽签的办法选出，陪审法庭监督担负国家职务的人员活动，保护雅典人民的利益。同时，雅典的军队也不像从前那样，按氏族、族盟和部落来组成，而是根据财产的等级。头两等的公民在骑兵服役，第三等级组成重武装步兵，轻装部队和海军由第四等级组成。

梭伦还采取了许多鼓励手工业和商业发展的措施，如除自给有余的橄榄油外，禁止任何农副产品出口；凡雅典公民，必须让儿子学会一种手艺；奖励有技术的手工业者移居雅典，给予其公民权；改革币制；确定私有财产继承自由的原则等。梭伦制定的这一系列法律条文均刻在木板或石板上，镶在可转动的长方形框子里，公诸于众。梭伦的改革获得了雅典人民的热烈拥护，在梭伦颁布这些法律的时候，整个雅典都沸腾了。让我们来回顾一下当时的情景：

古城雅典的中心广场上聚集了成千上万的农民、手工业者和新兴的工商业奴隶主。兴致勃勃的人们正急切地等待着一个重要时刻的到来：新上任的首席执政官梭伦将在此宣布一项重要的法律。

梭伦在众人的注视下大步登上讲坛，环顾四周，径直走到一个大木框前。此时，嘈杂的会场立时变得鸦雀无声，人们凝神平息，视线随着梭伦不约而同地投向了那个大木框。梭伦用手一拨，将架在木框中的木板翻转过来，刻在木板上的新法律条文便呈现在人们面前。梭伦高声宣读着各项改革法令，并以洪亮的声音庄严声明："此法律的有效期为 100 年。"顷刻间，掌声雷动，欢声四起，那些无力还债的农民更是起劲地欢呼，整个雅典城被一种异常热烈的气氛所笼罩。

这种情景是对梭伦改革的肯定，只有成功而合理的改革，才会获得人民的拥护。

恩格斯认为，梭伦的改革与国家起源有关。恩格斯说："社会一天天成长，越来越超出氏族制度的范围；即使最严重的坏事在它眼前发生，它也既不能阻止，又不能铲除了……既然氏族制度对于被剥削的人民不能有任何帮助，于是就只有期望正在产生的国家。而国家也确实以梭伦制度的形式给予了这种帮助，同时它又靠牺牲旧制度来增强自己。梭伦揭开了一系列所谓政治革命，而且是以侵犯所有制来揭开的……迄今所有的一切革命，都是为了保护一种所有制以反对另一种所有制的革命。它们如果不侵犯另一种所有制，便不能保护这一种所有制。在法国大革命时期，是牺牲封建的所有制以拯救资产阶级的所有制；在梭伦所进行的革命中，应当是损害债权人的财产以保护债务人的财产。债务简单地被宣布无效了……他清除了负债土地上的抵押柱，使那些因债务而被出卖和逃亡到海外的人都重返家园。"

梭伦的改革并不能完全消除公民集体中的深刻矛盾。广大平民要求进行更多的民主改革，而氏族贵族则力图恢复失去的财产和权力。因此，梭伦改革既遭到贵族的反对，又得不到平民的全力支持。在完成所许诺的改革之后，梭伦离开雅典，出国旅游去了。以后，雅典的阶级斗争进入了新的阶段。

梭伦在首席执政官任满后，即放弃全部权力离开雅典去远游了。据说他到过埃及、塞浦路斯、小亚细亚等地，一路上留下不少佳话和美谈。晚年他退隐在家，从事研究和著述，死后骨灰撒在了他曾为之战斗过的美丽的萨拉米斯岛上。

巨大的影响

梭伦改革的伟大之处，在于他提出了"公正"这一观念。他在一首诗中写道："我拿着一只大盾/保护两方/不让任何一方不公正地占据优势/我制定法律/无贵无贱/一视同仁。"梭伦抑制了平民与贵族的过分的欲望，在"公正"的旗帜下将一个氏族社会引入了国家的轨道，私有制诞生了。"毫无疑问，二千五百年来私有制之所以能保存下来，只是由于侵犯了财产所有权的缘故。"梭伦改革中，解除债务的政策，无疑是对债权人的一种"侵犯"，但这种"侵犯"是一种执行社会公正的结果，是公正地推动社会进步的必要措施。雅典人民不负历史的厚爱，在梭伦之后的 200 年间，不断完善着公正的观念，创造了政治、经济、哲学、艺术、科技全面繁荣的希腊文明。

梭伦改革奠定了雅典乃至希腊的民主制度和自由之风的基础，而后者，却是欧洲民主制度的一个重要来源。梭伦改革，从某种意义上讲，对后来的世界资本主义民主制度的建立，有深刻的思想渊源。

平民与贵族的斗争继续发展，雅典人分成了三派：（1）平原派。主要是在平原地区占有大片较肥沃土地的贵族，他们主张实行极端的寡头政制，维护贵族原有利益。（2）山地派。主要是住在山地的小农、手工业者以及遭受债务奴役的人民，他们主张实行激进的民主政制，进行社会改革，他们是平民的下层。（3）海岸派。主要是住在沿海地区的工商业奴隶主。他们的利益不在于放高利贷、收地租和奴役的债务奴隶，而在于向海外发展商业，掠夺奴隶。他们的经济利益与贵族不同，在政治上不满贵族的特权统治。他们的经济地位也与下层平民不同，所以也不赞成山地派的激进主张，而主张温和的改革。这一派可以说是平民的上层。

公元前 594 年，在平民已组织起来准备用暴力实行改革的情况下，梭伦当选为第一执政官，开始实行改革。梭伦出身一个没落贵族家庭，青年时因家贫而出外经商，因此致富。贵族鉴于他的出身，平民鉴于他的经历，都同意他为"仲裁者"。梭伦的第一项重大措施是发布"解负令"，取消债务，拔去债务人田地里表示抵押的牌子，禁止借贷的人身担保，废除了债务奴隶制，甚至把先前被贵族卖往国外的债奴也赎了回来。一时那些债奴和逃亡在外的农民，都以自由之身重新回到自己的土地上。梭伦的改革是侵犯贵族的财产以维护平民的利益，是取消贵族的债权以恢复平民的自由，在这一点上就具有政治革命的意义。亚里士多德在《雅典政制》中写道："梭伦禁止以人身奴役作为贷款的抵押，他不但在当时，而且也在未来，都是解放了人民。"这段话并不算过分的美化。此外，梭伦还废除了德拉古所制定的那些过于苛酷的律令，并且创立了"陪审法庭"，规定司法案件须由一定数目的陪审员陪审，期能杜绝徇私舞弊，使法治趋于清平。

梭伦改革的另一个重要内容，便是他把全体的雅典公民按照其财产的多寡分为四个等级：每年的收入合谷物 500 墨斗（1 墨斗约等于 52.3 公升）以上者为第一级；300 墨斛以上者为第二级；150 墨斛以上者为第三级；其余无地或少地的贫民，则为第四级。不同等级的公民，在政治上的地位绝不相同。只有属于前三级的公民，才可以担任政府的公职。而政府的最高职位，必须由属于第一级的大贵族充任。在军事上，第一级和第二级的公民组成骑兵，第三级的公民组成重铠兵，第四级的公民则组成轻铠兵。梭伦按照雅典公民的财产状况来划分等级，这便意味着氏族制度的破坏，意味着私有财产的巩固。于是，一个全新的要素就被引用于政治组织之中：私有财产制。公民所享有的权利和义务，是按照他们土地财产的多寡来决定；而当有产阶级开始在政治上取得优势时，那旧有的由血缘关系所构成的集团便处于不重要的地位了。氏族制度又遭受到新的打击。

梭伦的第三项改革是在贵族会议之外另设一个由 400 人组成的议事会，由它来为公民大会准备提案。这样就使大会摆脱了贵族会议的直接控制，限制了贵族会议的一部分权利。此外，梭伦鼓励人们从事手工业，限制农产品输出。这也有利于工商业奴隶主，而不利于贵族。

恩格斯把梭伦从侵犯贵族财产所有权开始的一系列措施称为"政治革命"。因为梭伦改革打击了贵族，打击了旧的氏族制度，促进了雅典奴隶制经济和奴隶制国家的发展。另一方面，梭伦改革又很不彻底，他没有也不愿满足下层平民重分土地的要求，还在许多方面保留了贵族的利益。梭伦在自己的诗里说："我拿着一只大盾，保护两方，不让任何一方不公正地占居优势"。他要表明自己在贵族与下层平民之间不偏不倚，实际上正好表明他所持的是工商业奴隶主的立场。他决不是超然的。

在此基本立法之外，对于希腊历史最重要者，是梭伦更增列若干其他法律以求解决当时之各项次要问题。首先，他使在习惯上早已认可之私有财产制合法化。倘一人有子嗣，在死亡时可将财产分配于诸子；倘无子嗣，可将其财产遗赠于任何人，在此种情形下通常其财产自动转入宗族。因此雅典自梭伦开始实施遗嘱的权力与法律。因梭伦本身系一商人，故亦经由开放公民权利以促进雅典之工商业，凡外国人具有各行业专长，欲携眷永久定居雅典者可获得公民权利。除橄榄油外，其他出自土中之产物均禁止出口，其目的是将生产过剩之农产品转移为工业。梭伦并且制定法律，凡父亲未传授其子一技之长者，儿子对父亲无奉养义务。对梭伦而言（并非对尔后之雅典人），工艺实具有其本身之荣誉与尊严。

梭伦的法律甚至亦涉及道德和礼仪的领域。长期的怠惰认为系一种罪行，生活荒唐淫乱者不得在民众大会发表演说。他使娼妓合法化并予课征税捐，他建立公共妓院，由政府发给执照并予监督，并以国库经费建一阿佛洛狄忒神殿。一位当时的诗人曾歌颂他："啊！梭伦，我们歌颂你，你为本城和本城道德的利益而设置公娼，因为这个城市充满了精力充沛的青年，如果没有你这个明智的措施，他们一定向良家妇女骚扰，因而对社会造成困扰"。他建立了"非德拉科的惩罚"，凡是冒犯自由妇女者，处以高额罚款，凡当场捕获通奸者（男方），准许将其就地处死。他限制妆奁的价值和数量，希望双方以爱情及为生育与抚养子女之目的而结合；他采取一种率直的信任，禁止妇女在衣橱内超过 3 套服装。他被要求订立反对单身汉的立法，但他认为妻子毕竟是一个很重的负担，因而拒绝。他制定法律，认为诽谤死者，或在神殿、法院、公共办公处所及竞技中中伤他人均为罪行，但这仍不能钳制雅典人爱说话的口舌，因为雅典和我们的情形一样，闲言和造谣似乎是民主的一个重要部分。他规定在雅典发生暴乱时采取中立者将丧失公民资格，因他认为大众对国事漠不关心可致国家于灭亡。他对浮夸的典礼、奢侈的牺牲和对丧葬的冗长哀悼都加以谴责，他也对殉葬的财货加以限制。他制定了一个非常有益的法律，凡殉国者的子女应由国家扶养与教育，这个法律为雅典人多年勇敢作战的主要原因。

梭伦对他的法律都定有罚则，虽较德拉科所订较缓，但仍甚严厉。他规定任何公民都可以对认为是犯罪的人提出控诉，为使他的法律更能为人了解与遵守，他把这些法律写在"王者"执政官"朝中"的木滚或棱柱上，以便能一面转动，一面阅读。他并没有像莱克格斯、米诺斯、汉谟拉比一样说他的法律系得自神谕，这种情形当然也反映了时

亚里士多德教导童年的亚历山大

代、城市和人们气质的不同。人民曾邀请他作为永久的独裁者，他未予接受，他认为"独裁者是一个很好的位置，但上去后没有路下来。"激进分子批评他未能建立财产和权力的平等；保守分子批评他不应让一般人民享受特权及进入法院，他们说这部法典的精神将是"智者恳求，愚者决定"。梭伦很谦虚的接受这些批评，承认他的法典并不完美。当有人问及他是否已给予雅典人以最佳法典时，他的答复是："不，但那是一部雅典人所能接受的最佳法典"——也就是当时在雅典能劝服各种不同利害集团所能共同接受之最佳法典。他采取中庸之道且保全了邦国；他可以说是"生于亚里士多德前的亚里士多德的好学生"。传说在特耳斐阿波罗神殿所刻的格言"从无过度"就是他的写照，同时所有希腊人都一致把他列入七哲（七贤）之林。

麦加拉禁令

公元前5世纪60年代以来，麦加拉时而倾向雅典，时而倾向科林斯。麦加拉的骑墙态度加剧了雅典和科林斯之间的冲突。公元前460年，麦加拉与科林斯失和，退出伯罗奔尼撒同盟，加入雅典海上同盟。但是，到公元前446年，它又解除和雅典的同盟，跟科林斯和好，引起雅典的仇恨。波提狄亚事件以后，科林斯竭力怂恿斯巴达和雅典开战，并支持麦加拉反对雅典。于是雅典借口麦加拉垦拓神庙圣地和庇护雅典的逃亡奴隶，就在公元前432年的民众会议上通过一项决议：禁止麦加拉商船在雅典和雅典同盟国的港口出入。这一禁令给麦加拉这个商业城邦以致命的打击。伯罗奔尼撒同盟在科林斯召开同盟代表会议，会上麦加拉对雅典提出控诉。在辩论中大多数同盟国并不主张立即采取军事行动，而科林斯却坚持要向雅典宣战，并且终于说服了其他同盟国。不久之后，斯巴达再度召开同盟会议，通过一项决议，

向雅典提出最后通牒：驱逐阿克米尼达家族（即要求驱逐雅典民主派领袖伯里克利），解除波提狄亚之围，取消麦加拉禁令。雅典断然全部予以拒绝，伯罗奔尼撒战争跟着也就爆发了。

十年战争

战争的开端、双方实力对比

公元前 431 年 3 月，伯罗奔尼撒战争由斯巴达的同盟者底比斯夜袭雅典同盟城邦普拉提亚而正式爆发。底比斯 300 多人夜袭普拉提亚失败，一部分人战死，180人被俘，并立即被处死。5 月，斯巴达国王阿基达马斯二世统率伯罗奔尼撒军侵入亚狄迦，蹂躏了雅典近郊的农村，砍伐雅典的橄榄树和葡萄藤。

从战争第一年到公元前 421 年双方签订"尼西亚和约"止，在伯罗奔尼撒战争史上，称这一阶段的战争为"十年战争"，或按斯巴达国王名字命名为"阿基达马斯战争"。

战争开始阶段，双方的实力几乎是势均力敌，各有千秋。雅典的海军和财政力量雄厚，而斯巴达的陆军，尤其是重装步兵最强。

雅典方面，根据同盟贡税登记材料，到战争爆发时期已有 300 多城邦加入雅典海上同盟。雅典从各盟邦收取的贡税，平均每年有 600 他连特；雅典卫城还蓄存了6000 他连特银币和价值 3500 他连特的金银珍宝。海军方面雅典拥有 300 艘三层船舰；陆军方面约有 27000 名重装步兵。

斯巴达方面，除小部分城邦外，几乎全部伯罗奔尼撒半岛上的希腊城邦都加入了伯罗奔尼撒同盟，而中希腊的底比斯等绝大多数希腊城邦以及西西里、叙拉古等许多希腊城邦也都是它的同盟者。伯罗奔尼撒的基本军事力量是陆军，根据古代希腊作家普鲁塔克记载，阿基达马斯二世率领的伯罗奔尼撒军和底比斯等中希腊的同盟者的重装步兵，第一次入侵亚狄迦的人数约 6 万人。伯罗奔尼撒舰队主要是由科林斯、麦加拉的船舰组成，加上其他一些同盟者的辅助舰队，总数不超过 300 艘，大体上相当于雅典舰队的数目，但它的战斗力却远不及雅典。在财政上，伯罗奔尼撒同盟也不能和雅典相比拟。不过据推算，它所能支配的数额仍然相当可观，在战争期间，要供给一支 300 艘船舰的舰队活动经费，一天至少要 3 他连特。

战争的第一年，伯罗奔尼撒军侵入亚狄迦的战略方针是竭力挑动雅典人出战。但是，雅典民主派的杰出领袖伯里克利却清醒地知道，雅典的重装步兵总额还不到入侵的斯巴达及其同盟者的一半，不能和他们正面交锋。他说服了雅典人，采取"坚壁清野，固守城垣"的方针。雅典人把妻室儿女和全部能携带的财产，甚至门板、窗格、大小牲畜都移置到城内或送往优卑亚岛，依据"长城"坚守；同时尽可能发挥它的海军优势，围绕伯罗奔尼撒半岛，破坏沿海城市，鼓动斯巴达的奴隶希洛人暴动。

战争的第一年夏天，雅典派了一支 100 艘三层船舰的舰队蹂躏伯罗奔尼撒沿岸，伯里克利也亲率雅典军侵入麦加里德进行破坏。从这时起一直到公元前 424 年，雅典军每年都多次入侵麦加里德，对斯巴达军屡次入侵亚狄迦采取报复行动。

第一次侵入亚狄迦的伯罗奔尼撒军，并没有跟雅典军正面接触，仅在亚狄迦停留一个月就进入彼奥提亚，在这里解散了同盟军，返回伯罗奔尼撒。

第二年，雅典再度派 100 艘三层船舰的舰队去进攻伯罗奔尼撒沿岸城市，蹂躏了许多地方。而斯巴达军也第二次入侵亚狄迦，6 月初进入雅典罗立温银矿区。他们在亚狄迦停留时间约有四十天，可是破坏程度却远比第一次严重。这时候，雅典城内瘟疫已经开始流行，斯巴达军又撤了回去。

西西里远征

雅典的野心

缔约后双方都没有履行条约的诚意，除交换俘虏外，没有解决任何问题。斯巴达仍然占领安菲玻里，雅典也没有放弃派娄斯。斯巴达的同盟者科林斯、麦加拉、底比斯等自始就反对议和。不久雅典跟斯巴达因交换占领地的问题发生了争执。在和约后的六年零十个月里，双方虽然没有发生直接的武装冲突，但是他们的敌对活动从来就没有停止过。

克里昂死后，年轻的亚西比得担当了雅典激进民主派的领袖。据说他的军事才能、演说技巧、英俊仪表、富有资产，在雅典素负盛名。但是，他生活腐化、贪求功名和投机取巧，在他的政治生涯中，几次改变立场，不惜公然背叛祖国。

亚西比得一登上政治舞台，就竭力鼓吹恢复战争，主张立即向西西里远征，同时还不遗余力地攻击尼西亚。公元前 420 年他当选为雅典将军。亚西比得的远征冒险计划，反映了雅典日益增多的破产公民希望通过战争寻找出路的好战情绪和侵略野心。古代作家普鲁塔克写道，这时期的雅典公民用贪婪的目光把西西里看作富有的谷仓。青年人听了亚西比得煽动性的演讲，热望着战争。雅典公共场所的沙土地上，到处画着西西里、迦太基的地图，随时可以听到热烈的谈论。

公元前 415 年，雅典借口援助西西里的同盟国厄基斯泰，发动了西西里远征。厄基斯泰和它的近邻栖来那斯因婚姻纠纷和对一块土地的争执发生冲突。栖来那斯早就跟斯巴达在西西里的同盟者叙拉古结盟，厄基斯泰为对付栖来那斯，便派代表向雅典求援，并带给雅典相当于 60 他连特的白银。

雅典民众会议通过决议，决定派遣六十艘船舰赴西西里援助厄基斯泰，任命亚西比得、尼西亚、拉马科斯三人为远征军将领。拉马科斯是一个年高而有经验的将领，他同样热衷战争，喜爱冒险，但又因非常吝啬而不大受雅典人欢迎。尼西亚是一个十分谨慎、保守、优柔寡断的统帅，他自始就反对远征。雅典人选举他的理由，按雅典人的说法是用清水冲淡烈酒。也就是说用尼西亚的小心谨慎配合亚西比得和拉马科斯，事情就可以进行的更顺利些。

五天以后，雅典又召开了一次民众会议，讨论远征船舰的装备和军需供应问题。会上尼西亚发言坚持反对冒险远征，认为后方的斯巴达时刻威胁着雅典，远征不合时宜，并且抨击亚西比得年轻（时年三十岁）、生活腐化和贪求功名，不称职。但是，大多数雅典公民并不支持他的发言。亚西比得充满煽动性的发言答复说："我有青年的勇气，尼西亚有幸运的名声，你们会从我们两人所能贡献的得到好处。"他又指出西西里无足够的武装和互不团结的弱点，认为西西里是不难征服的。

民众会议没有改变远征的决议，尼西亚勉强接受远征将军的职务，随后他向民众会议提出一项庞大的军备计划。民众会议又通过一项决议，授予远征将军调集从征人员和处理一般军事事务的全权。会后，雅典马上派使者去通知各同盟国。雅典也开始了挑选最优良的战士和水手，以及往船上搬运武装和粮食的紧张工作。

捣毁神像事件

雅典远征准备工作即将完成的时候，城内却发生了一桩惊人的事件。有一天夜里，大多数竖立在十字路口的"赫尔美"神雕像的面部，居然被人捣毁。"赫尔美"神是希腊手工业和商业之神，也是航海与旅行者的保护神。按雅典人的信仰，这当然是远征的不祥之兆，这样重大的渎神案是必须追究的。城内散播着一种谣言，说与亚西比得有关，实际上这是贵族寡头分子和亚西比得的政敌搞的阴谋。他们暗地里尽量夸张事件的严重性，散布恐怖气氛，说这是亚西比得企图建立僭主政治阴谋的一部分。

亚西比得要求在远征前审讯这个案件。然而他的政敌却很明白，这时来召开民众会议审讯，毫无疑问，亚西比得会得到远征军的支持。而且雅典公民迫不及待的远征情绪，也不容许拖延出征日期，于是他们鼓动远征军立即出发，等到远征归国后，再行审理。其实，这是一个阴谋，他们早已确定在出征的途中召回亚西比得本人受审，那时他就失去远征军的支持了。

公元前415年6月，雅典的大部分同盟国已经接到通知，派遣它们的船舰运载大批军队、粮食、军需品到科西拉集中。

雅典一百艘扬帆待发的三层船舰，停泊在庇里犹斯港。这支远征舰队装备的齐全、精良、华丽，在雅典是史无前例的。修昔底德说，"它好像是一次显示雅典的力量和伟大的示威运动，而不像是一支出发进攻敌人的远征军"。

起航那一天的黎明，舰队照例在航行前举行奠祭和祈祷，遥向岸上送别的亲人告别，排成纵队徐徐航行出港。

雅典舰队抵科西拉后，汇合同盟国的船舰，再渡过亚得里亚海前往西西里。雅典这支庞大的舰队共由134艘三层船舰和两艘五十桨大船组成，运载着5100名重装步兵，1300名轻装步兵与30名骑兵，此外还有许多面包师、石工、木工。远征的人数达3万人以上，这还不算自愿尾随做生意的大量商船和小船上的人。全部军需物资用30艘商船装运，其中包括大批的粮食和全套建筑要塞的工具。

远征舰队按原定路线沿着意大利海岸向西南航行，沿途他们并不受意大利的希腊人欢迎。三位将军经过几番争执，才按亚西比得的计划先去跟西西里的麦散那结盟，但没有成功。他们就偷袭了卡塔那城，再从卡塔那驶到叙拉古，登陆劫掠，跟叙拉古的骑兵发生初次交锋，然后又退回卡塔那。正当这个时候，意外的事情突然发生了。

雅典国家战舰"萨拉米号"带着民众会议的命令，传讯亚西比得和其他几个人回国受审。亚西比得不得不交出指挥权，乘自己的船跟随"萨拉米号"返航回国。但当他们航行到意大利的条立爱时，亚西比得就乘隙潜逃了。不久，他坐小船投到斯巴达方面。雅典民众会议作了缺席审判，判处他和他的几个同伴死刑，他的全部财产充公。亚西比得听到这个消息就向斯巴达提出两项建议：一，斯巴达应立即派一支舰队援助西西里；二，斯巴达陆军应长期占领雅典近郊的狄西里亚。斯巴达完全接受这两项给雅典以致命打击的建议。

围困叙拉古

雅典远征军在尼西亚和拉马科斯率领下，没有马上去进攻叙拉古。他们把远征军分为两部分，分别指挥。他们率领舰队沿西西里北岸航行，中途攻陷了海卡拉，把它的全部居民都卖为奴隶，土地交给厄基斯泰。

雅典一部分陆军和厄基斯泰人的骑兵从西西里腹地的陆路返回卡塔那，然后派半数军队去进攻机拉地区的亥布拉，结果受到亥布拉的坚决抵抗，没有攻下。转眼间，夏季也就过去了。

冬季开始后，雅典远征军才包围叙拉古，亥布拉的抵抗增加了叙拉古御敌的信心。雅典军和叙拉古的第一次交战，叙拉古军被截成两段，溃败进城。第二年春天，雅典陆军建筑了一道包围叙拉古的城墙和环塞。叙拉古为了对抗雅典的包围，也建筑了一道切断雅典与外界联系的反包围城墙，这一条城墙在雅典建筑的环塞下面，与雅典人所建筑的城墙成直角。雅典舰队乘叙拉古人建筑城墙的时机，驶进叙拉古大港，占据了海岸地带。雅典围困叙拉古的前一阶段是很成功的，不过在一次激烈的战斗中，雅典军将领拉马科斯却阵亡了，从此，雅典军指挥的重任完全落到尼西亚的身上。

雅典远征军的节节胜利使西西里和意大利许多希腊城邦都投到雅典方面。粮食和大量军需物资都源源从意大利运来。叙拉古几乎绝望了，城内一部分奴隶主开始和尼西亚秘密谈判投降的条件了。就在这个关头，斯巴达的援军开到了西西里。

斯巴达的七百名援军由有经验的统帅吉利普斯率领在希米拉登陆。他们联合希米拉的轻装步兵1000人、骑兵100人及其他希腊人1000人，占领了雅典军的几处工事，从叙拉古北面进入城内。叙拉古士气受到很大的鼓舞，他们完成了反包围城墙的建筑，雅典军企图从陆上切断叙拉古外援的计划破产了。科林斯的12艘船舰也乘雅典海军不备驶进港口。雅典军队开始转入不利地位，他们船舰上的划船奴隶和雇佣水手开始逃亡，严重破坏了舰队的战斗力。船舰的供应也开始接济不上了，士兵和水手们不得不远离海岸去寻找烧柴和饮水，因而时常遇到敌人的骑兵袭击，付出重大代价。消极、胆怯、犹豫的尼西亚派人给雅典送回一封信，借口生病请求免除他的职务，另派人来担任指挥，如果不召回远征军，就需要再派一支与远征军同样大的援军前来增援。

雅典民众会议反对撤军，也不同意免除尼西亚的职务。会议决定再派一支远征军增援，选举德谟斯提尼和攸利密顿任统帅。攸利密顿带领十艘船舰和 120 他连特先去西西里，德谟斯提尼组织第二批远征军随后出发。

公元前 413 年春季，斯巴达军侵入亚狄迦，蹂躏了平原区的乡村，占领了离雅典 20 几公里的狄西里亚，并在这里长期设防，控制了雅典整个平原区的最富庶部分。从这时起，雅典公民必须日日夜夜在城上轮流警戒了，雅典的处境十分危险，但他们为了在西西里取得胜利，仍以很大决心重新组织了第二批远征军，在德谟斯提尼率领下开赴西西里。

在雅典集结第二批远征军的时候，围困西西里的雅典战舰在一次海战中被击沉了 7 艘，雅典军的状况更加恶化。西西里的希腊城邦几乎全部又倒向叙拉古。在这个紧急时刻，雅典第二批舰队驶进叙拉古大港。

雅典远征军全军覆没

雅典 72 艘华丽的船舰又运来约 5 千名重装步兵和 3 千名轻装步兵，另外还有大批水手。雅典援军的到来，引起叙拉古人的震惊。德谟斯提尼建议乘敌人惊慌、迷惑的时候发起攻击，如果不能立即攻陷叙拉古，便撤军回国。

雅典军迅速投入战斗，他们先劫掠了附近的乡村，然后用攻城器械攻城，结果被叙拉古人纵火烧毁。雅典军继而夜袭叙拉古的厄庇波利地区，但又遭到意外的惨败。

雅典军营中召开了军事会议，德谟斯提尼坚持撤兵回国，不然就先把军队撤到卡塔那和塔普萨斯，攸利密顿也支持他的意见，但尼西亚却担心回国会受到雅典的谴责或被处死，不同意撤军。同时他与城内一部分想把叙拉古出卖给雅典的奴隶主有秘密联系，据他们提供的特殊情报，叙拉古财政非常困难，如果继续围攻，城内情况就会恶化。但是，在会议上尼西亚既不同意撤军又不公开他的秘密的特殊情报，以致撤军问题拖延不决。不久，斯巴达第二批援军又抵达叙拉古，大批西西里的军队也都集中到叙拉古来；而雅典的困难却日益增加，患病的士兵愈来愈多，最后尼西亚也不得不赞成撤军。可是，正当他们准备撤军的时候，一天夜里，忽然发生月蚀（即公元前 413 年 8 月 27 日月蚀）。多数雅典人都非常恐惧，过分迷信的尼西亚依预言家的指示下令，等过了三个九天之后再讨论如何撤军的问题。在这期间，叙拉古趁机训练和改进了它的海军，雅典海军的战术优势也就丧失了。

不久，叙拉古的 76 艘船舰发动了一次攻击，雅典以 86 艘船舰迎战，攸利密顿指挥的右翼被拦截于一个狭窄的海湾里，攸利密顿战死，他率领的船舰大部分被歼灭，其余雅典的船舰也被封锁在海边。叙拉古人在海港外围布置了木栅，阻拦雅典船舰出港。

但是，雅典军最大的危机还是粮食的断绝。他们再次召开军事会议，会议决定放弃一段围城的城墙，在海岸另建一道防御城墙，以便安置全部病号和伤员，留下一部分军队保卫；其余凡能手执武器的人都登舰作战，冲破封锁，在海上作一次殊死的战斗；如果获胜就开往卡塔那，失败就焚毁船舰，从陆路撤退到西西里西部。到这时为止，雅典只有110艘可以航行的船舰了。

雅典海军发起突围并迅速冲破栅栏障碍物，击溃栅栏前的敌舰。然而叙拉古已作好截击准备，大部分船舰坚守在港口的外围，布成半圆形阵势，阻挡雅典舰队出港。一场大规模的海战发生了。在这个狭窄的港湾里，双方密集了二三百艘船舰，战斗之初，他们互相投射武器，然后便展开了短兵相接的肉搏战。战斗激烈地持续了很长时间，最后叙拉古人竭尽全力，发动一次猛烈的冲击，把雅典舰队打得一败涂地。

经过这一次海战，双方的船舰都所剩无几。雅典仅剩下60艘，而叙拉古也只有50艘了。德谟斯提尼提议，再配备他们的船舰，在黎明前冲出港口，可是雅典的士兵再也没有登舰突围的勇气了。现在他们唯一的希望寄托于从陆路撤退。沮丧的雅典人行动迟缓，第二天才陆续出发。而叙拉古和斯巴达的军队已经把他们一切可能撤退的路线都封锁了，并在河流地带驻扎了军队。

撤退的雅典军不下4万人，他们分成前后两队退却，尼西亚率领前队，德谟斯提尼指挥后队。在途中，叙拉古的骑兵和轻装步兵不断袭击他们，杀伤了他们很多人。撤退的第一天他们总共才走了7公里的路程，第二天只前进了3公里多一点。第三天，他们为了夺取一个隘口，战斗继续了一天，直到第四天也没有攻下。于是，他们被迫改变方向，从平原地带退却。那正是初秋季节，天空下着细雨，隆隆的雷鸣震动着灰心绝望的雅典士兵的心。

撤退的第五天，雅典人完全断绝了粮食，叙拉古人从各方面袭击他们，他们前进不到1公里。当夜幕降临的时候，他们扎了营。夜里他们燃起许多篝火欺骗敌人，然后偷偷向南方海岸退却。但是夜间行军，前后队失掉联系，后队远远落在后面。黎明时，叙拉古骑兵追上了雅典的后队，把他们包围在一个橄榄园里，向他们投射武器。最后，雅典军只剩下6千人，向叙拉古人投降。

第二天尼西亚率领的前队也被包围了，尼西亚派人和叙拉古谈判，要求放他们回国，愿以雅典人为人质，赔偿叙拉古的损失。叙拉古拒绝了尼西亚的要求，并立刻向他们发起猛烈进攻，直到黄昏才停止。夜间尼西亚率军奋力逃跑，拂晓到达阿栖那鲁斯河边。许多人因抢渡过河跌进河里。而驻守在陡峭对岸的叙拉古军队，居高临下，向他们投射武器，河里填满了雅典人的尸体。尼西亚终于投降了，剩下的人数总共不到1千人。

雅典军7千人当了俘虏，其中大部分成了私人的战利品，交给叙拉古城邦的只有1千人左右。这1千人中，除原来是奴隶或雅典同盟城邦的人被卖为奴隶外，其余雅典人全部送往采石场做苦工。尼西亚和德谟斯提尼押解进城后，立即被处死，因为统治叙拉古的一些奴隶主惟恐泄漏了他们与尼西亚秘密谈判投降的事。

送往采石场做苦工的雅典人，被囚在一个露天石坑里，在连续八个月中，每天只能得到很少的粮食和饮水。他们因疾病和营养不良而死亡，尸体堆积在活人中间。

西西里各地充满了俘虏奴隶，一些人的前额上被打上马形的烙印。雅典远征军的结局，就是如此耻辱和悲惨。

雅典远征军全军覆没的噩耗传到雅典，起初雅典人很难相信，但是当可怕的消息最后证实了的时候，全城都陷于哀嚎和惊慌之中。的确，雅典丧失了它最精良的军队和几乎全部舰队，雅典的海上威力被摧毁了。从此以后，雅典和斯巴达双方的战争虽然还继续了将近十年，然而这一次的惨败却注定了雅典最后失败的命运。

大流士改革

存在两个多世纪（公元前558—前330年）的阿黑门尼斯族治理下的波斯帝国，在人类历史的发展中起了巨大的作用。这个一度包括埃及、印度西北部、伊朗、小亚细亚、叙利亚、巴勒斯坦、中亚和欧洲的部分地区的庞大帝国，在很长的时间内保证了发展国际贸易和各族人民文化交流的条件。这个时期形成的社会经济和政治制度以及文化传统，对后来的亚历山大帝国以及希腊化诸国，对伊朗境内后来的国家，都有深远的影响。

当人们谈论古代波斯帝国的历史作用时，必然要提到大流士（约公元前558—前486年）这位显赫一时的国王及其进行的改革。正是这位国王所作的承前启后的改革，奠定了波斯帝国主要政治制度和经济制度的基础。

大流士是在残酷镇压了波斯本部及帝国境内各族人民的起义之后才牢固地掌握波斯国柄的。他汲取了波斯帝国由于没有坚强的国家组织而一度瓦解的历史教训，大概从公元前518年开始，着手进行改革。当时他所面临的问题，主要有两个方面：一是怎样处理波斯人内部的关系，其中包括国王和氏族贵族的关系；一是怎样处理波斯人和帝国境内其他各族人民之间的关系。

早在冈比斯当政时期即已开始反对波斯氏族贵族特权的斗争，高墨达起义之后，反对氏族贵族特权的斗争更为坚决。高墨达所进行的改革是符合广大人民的利益，具有历史进步意义的。消灭氏族贵族的特权有助于波斯人民摆脱氏族部落制度的羁绊。大流士一上台，立即恢复了波斯氏族贵族的特权，因而激起波斯本部及帝国境内各族人民的起义。大流士在把各种起义镇压下去之后对波斯贵族的政策是，恢复遭到冈比斯和高墨达削弱的氏族贵族的特权，并且竭力加以维护。波斯贵族的特权，在阿黑门尼斯王朝存在的整个时期都得到尊重。大流士采取各种措施，务求使氏族贵族忠于国王。波斯贵族始终是阿黑门尼斯王朝的最忠实、最可靠的支柱，并且一直保持自己的统治地位。在波斯人官方的传统说法

大流士接受贡物浮雕

中，居鲁士由于尊重氏族贵族的特权而得到美化，大流士也同样被美化。但是对于侵犯这些特权的冈比斯则加以斥责，说他残忍和发疯。

由大流士确认的波斯氏族贵族在整个帝国内部的统治地位，是阿黑门尼斯王朝社会基础狭窄的原因。国家的一切最重要的军事和行政职务，都操在波斯贵族手中。他们的专横跋扈和横征暴敛，阻碍了社会的发展。

在处理波斯人和帝国境内其他各族人民的关系方面，大流士的政策是维护全体波斯人的特权地位。在全力维护波斯贵族的特权的同时，他又力图使所有普通的波斯人都忠于国王，成为听命国王、惯于征战的兵士，以便于他镇压反对波斯国王的任何起义。仰仗从帝国境内各族人民那里搜刮来的大量资财，大流士豢养了一支由波斯人组成的有一定战斗力的庞大军队。

大流士改革的首要目的是把一切权力集中到波斯氏族贵族的手中。在居鲁士和冈比斯当政时期，忙于征战的波斯国王，基本上保持被征服地区原有的秩序，让原有的统治者继续统治。而从大流士开始，在各被征服地区的重要军政职务，都派波斯人充任。

波斯波利斯城大台基的东面

脱离原始社会不久的波斯人，在建立国家机构的过程中，必然会碰到加强国王权力与保持氏族社会传统之间的矛盾。希罗多德记述的大流士即位前后波斯人中关于政体问题的争论，便是这种矛盾的反映。大流士在尊重氏族贵族特权的同时，也竭力加强自己的权力，建立君主专制统治。他自称是"伟大的王、众王之王，大权独揽。

在很短时间内形成的波斯帝国，地域辽阔，民族成分复杂，各地政治、经济、文化发展极不平衡。埃及、两河流域、印度河流域、叙利亚、巴勒斯坦等地，奴隶制发展已有千年甚至更长的历史，而中亚的一些地区却还处在原始游牧阶段。这种情况给波斯人建立国家机构的工作带来很多困难。但是大流士面对这一情况，作了一些颇见效果的工作。

大流士把全国分成一些大的行政区，史称这种行政区为"行省"，它的希腊文名称的音译为"萨特拉佩伊亚"。

关于波斯帝国的行省数目，说法不一。据希罗多德的记载，计有 20 个行省，其中包括印度而没有波斯（希罗多德，Ⅲ，89—97）。贝希斯顿铭文中列举了 23 个，内中有波斯，但缺印度。其他文献中还有另外的说法。学者们认为，希罗多德的记载来源于波斯国王办公厅的正式报道，只是所列举的行省是属于公元前 5 世纪中期，不是属于大流士在位的时候。至于古代波斯文献中的其他说法，那很容易用不同文献出现的时间不同来加以解释。

　　每个行省由国王任命的总督治理。大流士派波斯人充任总督。总督只拥有民政权力。他的职责是：受理诉讼，征收赋税，保持境内安宁，监督下级官吏。他有权铸造银币和铜币。总督的任期没有明确规定。行省下面可以划分更小的行政区。例如在埃及，依旧保持了诺姆的划分，只是诺姆的首脑改由波斯人充任。在大的行省内部，可以包括原来的若干个国家，可以使原来的统治者继续管理本国的内部事务。例如，从公元前516年起，就没有向犹太派波斯人去当首脑。

　　至于波斯本部是由总督还是由国王直接治理，现有文献未能提供明确的答案。有的学者认为，严格地说，波斯不是一个行省。由于它不是被征服的，因此它不是处于从属地位。

　　大流士使行省总督的权力和军权分开。行省的最高军事方面的官员也由国王任命，直接对国王负责。

　　与在地方设置行省相适应，在中央建立了以国王办公厅为首的庞大管理机构。帝国的行政首府是苏萨。一切政令由苏萨发往各省。帝国境内的各级官员，频繁往返于苏萨和自己任职的地方。

　　大流士十分关心并务求帝国境内不发生破坏内部安全的事件，不产生分离主义倾向。在行省内部，他使总督和军事首脑相互监督。此外，他还经常派遣名为"国王耳目"的要员巡视各地，预防任何谋反行动的产生。最高的负责监察的官员是"千夫长"。他是国王卫队的司令，又是国王办公厅的首脑。

　　波斯帝国是靠军事征服建立起来的，它也靠军队来维持其统治。大流士自然关心军事制度的改革。他把全国分为五个大军区，每个军区辖若干行省。波斯的常备兵包括步兵、骑兵和海军。军队指挥官有千夫长、百夫长、十夫长等。军队的精锐部分由波斯人组成，尤其是1万名"不死队"。"不死队"的名称来源于它始终保持1万人的员额，缺员时马上补足。在帝国境内，波斯人的主要职业就是当兵。据色诺芬说，波斯"国王颁发奖赏的时候，他首先约请那些在战场上显身扬名的人，因为如果没有人保卫土地，耕种多少亩土地都是没有用的"。

　　除了由波斯人组成的军队，大流士还广泛使用由各被征服民族的成员组成的军队。在一般情况下，不让本省人在当地驻防。从埃及南部埃列丰提纳岛出土的文件便是这方面的明证。这个岛上的驻军主要由犹太人组成，波斯人数量不大。各地驻军的最高指挥官均由波斯人担任。除了波斯人、米底人、巴克特里亚人等东部伊朗人在军队中也占有重要地位。关于波斯军队的人数，没有确切的数字。

　　为了密切中央与各地的联系，为了保证军队的迅速调动，大流士继承并发展了亚述人修筑道路、设置驿站的制度。公元前5世纪中叶在波斯帝国境内作过广泛旅行的希罗多德，对波斯人的良好道路作了细致的描写。最长最著名的驿道是从小亚的以弗所至苏萨的一条路，被称为"御道"，全长约2470公里。驿道沿途每隔约25公里设一驿站，其中备有信使和马匹。一旦有事，像接力赛跑一样一站一站地飞快传递。由于不断更换信使和马匹，每天可行约300公里。为了保证驿道畅通和商旅安全，沿途都派有军队把守。各省总督的任务之一就是要保证驿道的安全。在驿道上各个相隔一日路程的驿站中设有国王的仓库，负责向信使和因公务而在路途中的官员发放口粮。出土了一些有关波斯驿站的有趣文物。例如，一个装公文的皮袋中装有埃及总督阿尔沙马的一些信。

大流士在经济方面的重要措施之一就是整顿税收制度，以保证波斯人对各被征服地区的长期而稳定的剥削。

在居鲁士和冈比斯当政时期，来不及建立根据帝国境内各地的经济情况确定的固定的税收制度。据希罗多德说，当时有的地方纳税，有的地方交纳礼物。大约公元前518年，大流士建立了新的税收制度。他规定，按照丈量土地和土地肥沃程度确定税额，用白银交付，只是印度每年要交纳金砂360塔兰特。希罗多德列举了各个行省交纳的税额：巴比伦和亚述一起作为一个行省，每年交1000塔兰特；埃及和利比亚等每年交700塔兰特，最少的是由萨塔基迪亚人等组成的一个行省，每年交170塔兰特。各个行省合计，每年共交纳白银14560塔兰特（其中包括印度的360塔兰特金砂折算成的4680塔兰特白银，这里所用的计算单位是优卑亚制的塔兰特）。据折算，全部税款约为白银400多吨。各级行政官员，从行省总督直到乡村头人，都要负责收税。处于边远地区未划入行省的阿拉伯人、埃塞俄比亚人、科尔希人等则要交"礼物"（黄金、象牙、香料等等）。

据希罗多德说，波斯人不纳税（Ⅲ，97）。有的学者认为，这大概只是指波斯人不交用金钱支付的税。实际上，他们既要供养过往的军队，又要向国王赠送礼物。

大流士所定税额不算太重，但是收税官员的恣意横行，往往使纳税人痛苦不堪。供养过往的军队便是他们的一项非常沉重的负担。

大流士在经济方面的另一项重要措施是统一全帝国的货币铸造制度。他规定，只有波斯国王有权铸造金币，各地只能铸造银币和铜币。他所铸造的金币称为"大流克"，重8.42克。这种金币成色足，重量准确，因而广为流行。有的学者认为，"大流克"这个名称，可能是从古波斯文"黄金"一词演化而来，并非源于国王的名字。

关于包括大流士在内的阿黑门尼斯王朝的历代国王的宗教政策，学术界有种种不同意见。我们认为，这样的说法是比较正确的，即波斯帝国境内不存在某种被奉为国教的宗教，也就谈不到用伊朗的琐罗亚斯德教取代各被征服地区各族人民信奉的种种不同的宗教。虽然在高墨达起义过程中有过宗教方面的斗争，但在起义遭到镇压之后，大流士的宗教政策与居鲁士以及冈比斯的宗教政策并无本质区别。他们的共同之处是：既信奉波斯人的神，又信奉其他各族人民的神，对两者都祭祀。同时，他们要适当限制僧侣的势力，不使各个神庙拥有的经济力量过于强大。对于大流士说来，经过琐罗亚斯德改革的拜火教有利于他加强王权，因此他奉祀阿胡拉·马兹达为最高神祇。不过，这决不意味着他排斥其他的神，排斥其他的宗教。有趣的是，不久前在苏萨出土了一尊大流士的雕像，他被塑造成埃及的阿杜姆神的模样，但是身着波斯装。

大流士所制定的各种制度，就其基本点而言，一直实行到波斯帝国死亡之日。当然，不可避免的是，随着客观情况的改变，有过局部的变化。

希波战争

希腊的古典时代（公元前 5 世纪至前 4 世纪前期），是希腊奴隶制城邦发展到极盛然后又走向衰落的时期。大体来说，公元前 5 世纪末叶以前，是希腊奴隶制经济发展和城邦繁荣的时期；公元前 4 世纪，奴隶制进一步发展，自由民中贫困破产的人数增多，阶级矛盾和斗争激化，城邦渐趋衰落。

公元前 6 世纪末，希腊奴隶制城邦刚刚完成了自己的形成过程，就面临着波斯帝国的威胁。早在公元前 6 世纪中期，波斯皇帝居鲁士征服小亚细亚，小亚西海岸的希腊人城那就从属于波斯帝国的统治之下。大流士一世镇压了高墨达暴动并重新统一帝国以后，又于公元前 513 年从小亚侵入欧洲，进攻游牧的西徐亚人。波斯征服西徐亚人的计划未能实现，却占据了色雷斯；色雷斯以西的马其顿也向波斯屈服了。这样，希腊各城邦就直接面临波斯的威胁。公元前 500 年，小亚细亚的米利都发生反抗波斯的起义，其他的希腊城邦纷纷起而响应。米利都又向希腊本土的斯巴达和雅典寻求支持。斯巴达没有响应，雅典派 20 艘战舰支援。小亚希腊人的起义最初曾取得胜利，波斯在小亚希腊城邦的代理人都被推翻。不过，这些希腊人并未形成一个整体，而且内部常有分歧。因此，公元前 494 年，当波斯出大兵镇压时，小亚希腊人就失败了；米利都的大部分男子被杀，妇女儿童被掳为奴隶，财富被抢光，城市被摧毁。

波斯镇压了小亚细亚希腊人起义以后，就把侵略矛头指向希腊本土。希波战争从公元前 500 年米利都暴动开始。到公元前 449 年战争结束，分为前期（公元前 500—前 479 年）和后期（公元前 478—前 449 年）两个阶段。在战争前期，波斯军队对希腊本土发动三次大规模进攻。公元前 492 年夏，波斯水陆两路大军沿色雷斯沿岸，第一次进攻希腊本土，但波斯舰队在卡尔息狄克半岛的阿托斯海角遇到风暴，陆军遭到色雷斯人的攻击，损兵折舰半途而还。

公元前 492 年，波斯海陆大军进攻希腊。舰队航行至亚陀斯海角时，遇飓风，大部分舰船沉没，2 万海军葬身鱼腹。陆军在色雷斯遇到当地人民的抵抗，损失重大，被迫折回。波斯军远征失利后，大流士一面继续备战，一面实行恫吓。他派使者到希腊各邦，要求贡献"土和水"，意即降服于波斯。雅典和斯巴达坚决拒绝，雅典把波斯使者抛进了深渊，斯巴达把使者投入井里，并嘲笑说："自己去取土和水！"

公元前 490 年，大流士发

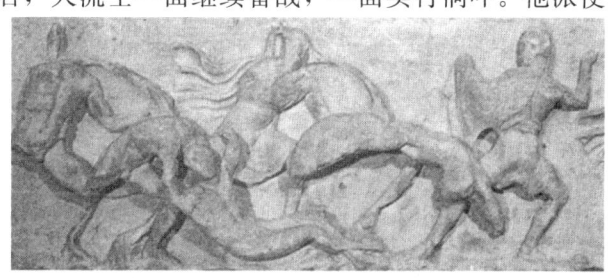

希腊人同波斯人在作战

动对希腊的第二次进攻。波斯海军横渡爱琴海，攻占爱勒多里亚后，在雅典城东北部的马拉松平原登陆。雅典人派长跑家斐力必德驰往斯巴达求援，而斯巴达人又多方推诿，迟迟不来。形势万分迫切，雅典动员了所有的公民，征集 1 万名重装兵，雅典的工匠、农民、商人和政治家，所有能打仗的男子都披甲执矛，辞别了他们的亲人，准备为保卫自己的家园而战。只有被阿提亚的小城普拉提亚及时派来了 1000 名援军，而波斯军队却有 10 万之众。

在形势十分紧急情况下，雅典全军出动至马拉松。米太雅得对部众说道："现在，或者是让奴隶的锁链加到雅典人身上，或者是保住雅典人的自由，都系于你们之手了！"交战之初，米太雅得把军队列成长方阵，以主力集中于两翼，中军兵力较弱。两军接触后，雅典中军受波斯军的压力向后退却，而两翼则以机敏迅速的急进军突破了波斯军的弓箭射击，以长枪的密集方阵击退了波斯军的两翼，致使波斯军阵容大乱，纷纷逃向海上的战舰。雅典军的两翼则转向后方与中军联合，围歼波斯中军，取得了马拉松战役的胜利。

在这次战役中波斯军队死亡 6400 人，雅典只损失 192 人。雅典将领米太雅得随即派善于长跑的战士菲力必德到雅典报捷。他在三小时内跑完了从马拉松到雅典的路程（42 公里），只喊一声："我们胜利了！"就倒地而死。

为了纪念马拉松战役的光辉胜利，为了纪念菲力必德可歌可泣的事迹，雅典人在奥林匹克运动会上设立一个竞赛项目——马拉松长跑。经过近人的测量，马拉松距雅典城 42 公里 195 米（42195 米），即以此作为马拉松长跑的法定长度。入侵者企图再进攻雅典，由于雅典军队及时赶回而未能得逞，残军败将只好败退。

马拉松战役是历史上一次著名的以少胜多的战例，它极大地鼓舞了希腊全民族的斗争精神，使一些原来屈服于波斯的城邦也加入反抗波斯的行列。历史学家希罗多德写道："在希腊人中，看到波斯服装，看到穿波斯服装的人而敢于勇敢地对付，这些人当属最早；在那时以前，希腊人只要一听到波斯人的名字就感到恐怖。"

希腊方面的有识之士也看到初战告捷只是即将到来的更大风暴的前奏，希腊民族仍处在危险之中，全力备战确属当务之急。这些人中最有影响也最有见识的是雅典民主派领袖泰米斯托克利，他曾参加马拉松战役，对波斯舰船之多和未来决战中海军的极端重要性体会甚深，便极力主张雅典应首先建立强大的海军。恰巧雅典的劳立温银矿这时发现一支富脉，可开采出大量白银，他即说服群众不要按旧例把属于国有的银矿出产分给公民，而把它集中起来用于海军建设，终于造好了 100 艘新式的三列桨战船。再经过其他方面的努力，雅典海军在短短数年间达到拥有三列桨战船 200 艘，实力猛增数倍。它们在数量上虽仍远不及波斯海军，却有灵活快捷坚牢强劲的优点，在士气高昂的雅典公民水兵掌握之下，已具备和波斯海军拼搏的力量。

与此同时，经雅典和斯巴达的努力，许多希腊城邦已认识到局势的严峻和联合抗敌的必要，到公元前 481 年，31 个城邦集会于斯巴达，决定组成全希腊的同盟，一致对抗波斯。大会推举斯巴达为海陆军统帅，重要决策则由同盟各邦共同商定。

雅典为了增强同盟内部的团结，明智地把海军的最高指挥权让给斯巴达，但事实上它是希腊海军的主力，足可左右作战方针。此外，雅典公民大会在泰米斯托克利提议下还决定让所有流放者回国，团结一致共同对敌，使雅典国力更见强盛。

波斯方面虽遭损兵折将之辱，但整个帝国实力未受触动。大流士死后，继位的薛西斯便大张旗鼓地集中全国军力财力，准备以更大的规模卷土重来，必欲扫平希腊而后快。公元前480年的春天，薛西斯亲

出土于腓尼基的亚历山大石棺上的浮雕

自率领波斯海陆大军开始了历史上空前的横渡达达尼尔海峡的军事行动。据希腊历史学家希罗多德的记载，渡过海峡进入希腊的波斯部队仅战斗人员即有 2641610 人之多，另有相等数目的工程人员、奴隶、商人、供应人员和营妓。他告诉我们，如果薛西斯的军队自河中饮水，可于一眨眼间使河水尽涸。此数显然过于夸大，可能他是引用了波斯皇帝举行全国大阅兵时宣布的全军人数，实际上，渡过海峡的波斯陆军最多只有 50 万人，战斗人员只有 40 万之数，加上波斯海军千余艘战船上的 15 万水兵，海陆军战斗人员总数为 50 余万，它和希罗多德说的虽然相差很多，但在当时仍是空前庞大的部队。这是一支颇为庞杂的部队，里面包括着步兵、骑兵、战车、象和一个庞大的用于运输的三层桨座作战舰队，据希罗多德的说法，一共包括 1207 艘船只。当数名希腊间谍在波斯营区被捕、一位将军下命予以处决时，薛西斯不但赦免了他们的死罪，并且还叫人带着他们参观他的战备，然后将他们释回希腊。他相信待这些间谍将他的准备情形报告斯巴达和雅典后，一定会使希腊其他地区赶快投降。大军进抵达达尼尔海峡，埃及和腓尼基的工程人员已在那里搭建了一座桥梁，这座桥梁是古代最令人赞赏的机械成就之一。如果我们相信希罗多德的说法，计有 674 艘三层桨座战船，分两排横越海峡，每艘船都面对海流，以巨锚系紧。然后工程人员以亚麻或纸草缆横过每排船，该项巨缆系缚于每条船上，两端固定于两岸，并以绞盘绞紧。然后把树砍倒，锯成木板，横置缆上，系紧，板上敷以砍下的树枝，树枝上再铺土，然后复将这一切踏成一条道路。路的两侧又建起一道防波堤，其高度恰使兽类不致因见海洋而惊吓。虽然如此，仍有很多兽类和部分兵士，必须用鞭子驱策才肯上路。这座桥梁的承载力很强，大军在七天七夜内成功地渡过了海峡。一个当地土著目睹这一个景象后，认为薛西斯即是天神宙斯，因而发出疑问：这位人与神的共主，只要一个巨雷就可把一个傲慢的国家毁灭了，为什么却要费上这样大的精神去征服这个小小的希腊呢？

陆军在陆上通过了色雷斯，进入了马其顿，而波斯的舰队则沿着海岸南行，穿过一条由民夫所挖全长 2 公里、横过圣山地峡的运河，避开了爱琴海的风暴。据说，

军队无论在哪里吃两餐，供应的城市就会整个枯竭；萨索斯岛招待薛西斯的大军一日，就用去了 400 银塔兰特（约合 100 万美元）。所有希腊北部，甚至迄阿提卜半岛边界，都因为恐惧或接受贿赂而投降，并将他们的部队加入到薛西斯的数百万众之中。

对比之下，希腊联军劣势明显：陆军仅 11 万人，海军只有 400 艘战船，而且由于城邦众多，地域分散，能集结在一地抗击波斯的联军往往只有一两万人，因此战争形势对希腊人说来仍非常严峻。

在中希腊的主要道口温泉关，波斯陆军主力和希腊人进行了首次大战，此关傍山靠海，地形极为险要，守关部队决心在此打一场与国土共存亡的决死之战。他们仅有 7200 人，核心是 300 斯巴达战士，以斯巴达王李奥尼达为司令，面对的却是数十万波斯大军。初次接触后，带头作战的斯巴达人非常英勇、波斯军数度猛攻皆不得手。激战几天后，由于希腊叛徒带路，波斯陆军包围了温泉关希腊陆军。李奥尼达命令大部分守军撤离关口，安全转移到后方，他和全体斯巴达战士则留下死守，鏖战竟日，终于全部牺牲，另外请求留下和斯巴达人并肩战斗的还有 400 底比斯人和 700 特斯皮亚人，他们也都英勇牺牲。后人在他们牺牲的地方立碑以纪

古希腊神话中的主神宙斯雕像

念，碑文写道："过客啊，去告诉拉西第梦人（即斯巴达人），我们是遵从着他们的命令，长眠在这里的。"

波斯人攻破温泉关后便长驱直入，进围雅典。这时希腊同盟的陆军集中在科林斯地峡附近，而雅典的海军则集中在萨拉米湾，准备坚决抵抗侵略，当一个雅典人在民众大会上劝说大家投降时，大家立即将他杀死，然后又由一群妇女，奔到他的家里，用石头把他的妻子和儿女击毙。由此可以想见，当时人们情绪的激动和感情的强烈。泰米斯托克利劝雅典人放弃他们的家园，将家属和财物疏散到附近的岛上去，专靠海军来和波斯人决战。当薛西斯到达雅典后，发现这个城几乎全被抛弃时，遂予以劫掠焚烧。把雅典卫城的神庙和下城的主要建筑物都焚毁殆尽，而骄横不可一世的波斯王薛西斯高踞在山冈上，亲自指挥他的舰队来包围雅典的海军。

波斯舰队（1200 余艘）进入了萨拉米湾。而希腊海军仅有 300 艘三层桨座战船，且指挥仍然不一，大多数的海军将领都反对冒险出战。泰米斯托克利决心迫使希腊人作战，他采取了一个舍命的策略，如果波斯获胜的话，他也不能幸免。他派遣了一个可以信赖的奴隶前往薛西斯处，对他说：希腊舰队企图于夜间出航逃离，波斯如果欲阻止这个撤退，只有将希腊舰队包围。薛西斯接受了这个建议，第二天早晨封锁了所有逃避的出路，迫使希腊人不得不予应战。由于希腊人优越的战术和海军训练，而波斯方面语言混杂，意志又不集中，且舰只过多，也不便指挥运用，最后战局遂有利于希腊人。

根据记载，波斯方面损失了 200 艘船，希腊损失了 40 艘，因为希腊人善泳，就是在船只浸水沉没后，亦可游泳至岸，所以希腊人死亡得很少。雅典人在萨拉米海战中的胜利，最后地、稳固地保卫了希腊的光荣和独立。波斯人虽然在陆上仍占有优势，但因在海战中已经失败，其势不足以久留，薛西斯便引兵从达达尼尔海峡退回到亚洲，只留下 5 万士兵给他的女婿、大将马多尼厄斯，驻屯在贴撒利，继续与希腊争衡。

当波斯王薛西斯兴兵进攻希腊本土时，他曾经煽动腓尼基人在北非的殖民地迦太基出兵西西里岛，袭击希腊人的城邦叙拉古。说也凑巧，就在萨拉米海战的同一天，公元前 480 年 9 月 23 日，叙拉古人在希米拉海面上完全歼灭了迦太基人的舰队。萨拉米海战和希米拉海战的胜利，分别地决定了希腊人在希腊本土和在西西里岛上的优势。

公元前 479 年的春天，波斯大将马多尼厄斯引兵再犯希腊，雅典人又被迫逃亡，雅典城再一次沦于敌手。然而，希腊同盟迅即纠集部队，英勇反击。斯巴达王保撒尼斯率领了希腊联军 3 万人，与波斯侵略军鏖战于普拉达亚，双方均伤亡惨重。正如在马拉松战役中一样，这一次希腊人又是以少胜多。结果，马多尼厄斯和大部分波斯侵略军都横尸沙场，余众溃散。从此以后，波斯人便不敢再踏入希腊人的土地。

紧接着普拉达亚之战的胜利，雅典海军又在米利都附近的密卡尔角上完全歼灭了波斯残剩下来的一些战舰，把小亚细亚西部、爱奥尼亚地区的一些希腊城邦从波斯帝国的重轭下解放了出米。这样，爱琴海区域便又成为希腊人自由活动的世界。

温泉关血战

当波斯侵略军进占希腊北部的狄萨利亚地区时，希腊联军北上迎敌，驻守在温泉关（在希腊北部和中部的交界处）的联军总人数只有四五千人，其中战斗力最强的是斯巴达的 300 名重装步兵。

温泉关是北希腊通往中希腊的唯一险关，它的西面是无法攀登的高山，东面直到海边是一片沼泽，中间是一条狭窄的道路。从前中希腊居民为了防止北希腊人的进犯，曾在这里筑城防守，城上只要有一支小小的部队，就可以抵挡住强大的敌人，真有"一夫当关，万夫莫敌"的形势，驻守温泉关的全部希腊盟军，都由斯巴达王李奥倪达指挥。他是一个坚强勇敢、富有战斗经验的人。当援军未到时，南希腊人看到波斯军的强大，提议立即撤退，中希腊居民则苦苦挽留。李奥倪达毅然决定，准备战斗到底。他一面积极布防，一面派人到各个城市去请求援助。尽管形势这样危急，希腊战士仍充满着战胜强敌的信心。据说，当时一个居民跑来报告说，波斯兵力非常强大，他们射出的箭竟能遮住太阳。一个斯巴达战士却回答道："这个消息真使我们高兴，因为这样一来，我们就可以在阴凉里追杀敌人了。"

薛西斯的大军在温泉关的北面安营。他满以为希腊军会不战而退，但是日子一天天地过去，希腊军却毫无撤退的模样。薛西斯等得不耐烦了，就派出暗探察看对方动静。暗探回来报告说，全部斯巴达人都很安详镇静，他们把武器堆在一起，有的在作操，有的在梳头。

希波温泉关战役图

薛西斯听了非常愤怒，下令要把这些疯子——斯巴达人活捉回来。他驱兵进攻，打了一整天，每次冲锋都被打退。薛西斯更加气愤，决定把他的"不死队"调上去。他坐在临时设立于高山坡的王座上，非常自得地观看这个必能取得胜利的场面。可是"不死队"还是不争气。两军在山沟里战斗，"不死队"根本无法利用数量上的优势，只能和斯巴达人一对一的厮杀。在战斗中，斯巴达人常常假装逃跑，等波斯军大喊大叫地追赶上去时，就突然回击，歼灭他们。薛西斯看到这种惨景，竟惊得从王座上跳了起来。

第二天，波斯军又遭惨败，当夜薛西斯正在发愁时，突然有一名希腊叛徒爱非阿里特前来求见。他献计说："我可以带领王军穿过一条秘密的山路，绕到希腊军的背后，出其不意地歼灭他们。"薛西斯听后大喜过望，立刻命令"不死队"的队长亲率精兵，星夜出发。他们渡过小河开始爬山，黎明时登上了长满橡树的山顶，却遇到 1000 名希腊军的"守望队"。波斯军很害怕，以为碰上了斯巴达人。带路的叛徒马上安慰说："这不是斯巴达人，他们没有什么可怕。"于是波斯军一齐放箭，"守望队"被箭雨打跑了。波斯军就通过防线冲下山去，直扑希腊大营。

李奥倪达得到报告，知道波斯军已深入背后，战则必败。因此，立刻命令盟军撤退，自己只率领 300 名斯巴达战士，坚守阵地，决心战斗到底。

这天早晨，正面的波斯军首先发动猛攻，在众寡悬殊的情况下，英勇的斯巴达人坚守阵地，进行了顽强的抵抗。他们的矛刺断了，就用剑砍，剑折了，就奋不顾身地拳打脚踢，甚至用牙咬。李奥倪达战死了。为了争夺他的尸体，双方展开了更加剧烈的战斗。斯巴达人奋不顾身，接连四次打败波斯军，把李奥倪达的尸体隐蔽起来。这时活着的斯巴达人越来越少，正在这危急的关头，希腊叛徒爱非阿里特领着波斯军赶到了，这使守军腹背受敌，陷入重围。胜利是没有希望了，但他们仍然坚持战斗，没有一个人逃跑，也没有一个人投降，直到波斯人用投枪把他们最后一个人打倒为止。

温泉关被攻占了。波斯军找到了斯巴达王李奥倪达的尸体，薛西斯下令将他的头砍下来，插到竿子上。

温泉关一役波斯军虽然取得胜利，但薛西斯一想到斯巴达将士宁死不屈的精神，使他仍惊恐不安地询问左右："斯巴达人还有多少？他们是否都是这个样子？"

以后，希腊人又像在马拉松战役后所作的那样，把李奥倪达和他的战士集中埋葬在一起，墓前树立纪念碑，写着："过路的客人啊，请告诉斯巴达同胞，我们尽忠死守，在这里粉身碎骨。"温泉关战役成为希腊历史上爱国主义战斗的典范。

犹太教与《旧约全书》

犹太教是世界各地犹太人信奉的宗教。它形成于公元前 5 世纪的巴勒斯坦，其历史渊源则可上溯至公元前 2000 年左右，是世界上最古老的一神教。犹太教的经典是《圣经》，基督教称为《旧约全书》。

《旧约全书》是约于公元前 5 世纪至公元 1 世纪由犹太教祭司编订的希伯来人的一部历史、宗教、传说、神话、法律、诗文的汇编。但在编订的过程中，祭司们按照犹太教的观点对原始材料作了篡改、拼凑、删节、加工，致使部分史实颠倒、舛错丛生，失实之处甚多。19 世纪中叶以来，西方史学家和圣经学者们对《旧约》的成书时间、性质、各卷章的可信程度进行了深入的研究，特别是根据晚近圣经考古学的成果作了大量的考证、鉴别等去伪存真的工作。他们在许多具体问题上尽管意见有所分歧，但都认为，《旧约》是人类文化的一份珍贵遗产，特别是根据考古发掘，证实其中许多有关历史、宗教、地理方面的记载是真实的，具有相当的史料价值，并提醒我们在使用这些材料时应持慎重态度，注意掌握两点：第一，古代以色列与埃及、两河流域的历史紧密相连，须结合纸草与楔形文字泥版的记载作比较研究，确定旧约记载的年代与史实的真伪；第二，结合考古发掘核定有关情节的真实性。总之，《旧约全书》尚不失为研究以色列—犹太古代历史和宗教的主要史料。

犹太教的教义、组织和礼仪

犹太教的教义主要有以下三点：

（1）崇拜宇宙间唯一的全能全知、创造世界万物的上帝耶和华。耶和华（Jcho-vah）这一名称是基督教会对犹太教的上帝"雅赫维"之误读。犹太人在古希伯来文圣经中将其上帝写为 JHWH，因古希伯来文仅写辅音，不注元音，此字的读音业已失传。同时，希伯来人不敢直呼上帝之名，仅称"吾主"（Adonai，音译阿特乃），在注有元音和标点的手稿中，在 JHWH 之下仅注明阿特乃之元音，致使基督教神学家在确认 JHWH 之读音时，将阿特乃一字的元音放入 JHWH 中，遂读为耶和华。近代语言学者推测 JHWH 之读音为雅赫维（Jahweh），意为"永存者"。

耶和华从众多的神祇之一发展为宇宙的唯一神有一个历史过程。约公元前 2000 年纪初之亚伯拉罕时期，希伯来人信奉的是原始多神教，耶和华为诸神之一，是沙漠之神和战神。后来，随父系部落领袖权力的增长和祖先崇拜的发展，耶和华上升为部落的最高神，他保护部落添丁进口，畜群繁茂。到约公元前 1500 年的摩西时期，其宗教向一神教的方向发展了一步，耶和华成为希伯来人唯一的部落神。这是他们在埃及居住的四百三十年期间私有制和奴隶制的发展、部落领袖的权力日益集中的现实在宗教上的反映，也是受到埃及专制王权、法老的绝对权力影响的必然结果。至公元前 6 世纪巴比伦之囚期间，犹太教祭司在帝国京城中开阔了眼界，受到王权无限和世界主义的熏染，在宗教思想上发生了重大的变化，耶和华发展为宇宙唯一的、排它的真神和宇宙的本源。

（2）坚信以色列人是上帝的"选民"，即相信耶和华从众民族中特选出以色列人为其子民。耶和华与他们订有"圣约"，内容是：以色列人仅崇拜耶和华并遵守其律法：上帝则保护、赐福给以色列人。"选民"具有排他性，上帝的恩惠仅及于以色列人，而不包括其他民族。对以色列人的赐福与降祸则根据其表现，当真诚崇拜耶和华并遵守约法时则赐福，否则即降福。选民的标志是"割礼"。

（3）崇信弥赛亚将降临。弥赛亚（Māshiah）一词希伯来文的原意是"受膏者"，因古代希伯来人封立君主和祭司时在受封者的上额涂以膏油而得名。在巴比伦之囚前夕，弥赛亚的含意有了新的萌芽，预言上帝将派弥赛亚复兴犹太王国。《耶利米书》第 23 章第 5 至 6 节叙述，"耶和华说：日子将到，我要给大卫兴起一个公义的苗裔，他必掌王权，行事有智慧，在地上施行公平与公义，在他的日子，犹太必得救，以色列也安然居住"。这一新的观念在巴比伦之囚期间得到发展，幻想上帝终将派遣弥赛亚重建犹太王国，遂成为"复国救主"的专称。《以赛亚书》第 59 章第20 节说：届时，"必有一位救世主来到锡安"。第 63 章第 4 节说："救赎我民之年已经来到"。至犹太复国后，信仰弥赛亚成为犹太教教义的一个组成部分。此后，一当犹太人处于危难之秋，则祈求弥赛亚的降临。

犹太教的教规、礼仪和节日的内容均体现出"选民"的排他性，具有异于其他民族的独特内容，反映了犹太教仅是以色列人的民族一神教。其目的在于巩固民族的信仰与独立的信念和决心；永不忘记本民族的灾难与耻辱，以防止被异族同化。其教规有六：

①除耶和华外不许崇拜他神。

②禁止偶像崇拜。

③守安息日，每逢安息日（星期六）需按规定参加宗教礼仪，禁止从事任何世俗活动。

④禁止与外族通婚，实行严格的民族内婚制，如与外族人通婚，则对方必首先皈依犹太教，行割礼。

⑤食物禁忌。不许吃走兽中仅倒嚼而不分蹄者，如骆驼、兔子；仅分蹄而不倒嚼者，如猪。认为这些走兽不洁净，肉不可吃，死的不许摸。只许吃蹄分为两瓣又倒嚼者，如牛、羊。鱼类中有翅有鳞者可食，无翅无鳞者不可食。其所以不吃猪肉较为实际的解释是因为希伯来人长期过游牧生活，没有畜养猪的习惯所致。

⑥按犹太历法纪年。其历法为阴阳合历，均依此历计算节日。基督教的复活节亦按此历法计算，所以每年日期不定。

犹太教的礼仪和节日较多，仅述其重要者。主要礼仪有四：

①割礼，这是犹太教徒一项必不可少的神秘仪式，象征献出自己的血肉以表示对上帝的忠心。这一仪式很可能是在埃及时期吸收的习俗，因为埃及的祭司均实行割礼。犹太教认为，割礼是选民的标志。每个男婴生后第八天行割礼，用石刀（现代用钢刀）割破其包皮，然后命名。女婴在出生后第一个安息日在会堂命名。

②祈祷，按传统方式每日晨、午、晚祈祷三次，祈祷时先念《旧约·诗篇》第137首，是关于巴比伦之囚的哀歌。在安息日和节日则要先念《诗篇》第136首，这是一首从巴比伦之囚回到耶路撒冷后对耶和华的赞美诗。

③婚礼的最后一项仪式是新郎将一只酒杯重力猛摔于地，以纪念耶路撒冷圣殿的毁灭和犹太人的流散，表示永志不忘这一民族灾难。

④葬礼，尸体洗净后用白布包裹，始入土埋葬。

主要节日有五：

①逾越节，春初，犹历7月14日开始，七至八天，纪念耶和华庇佑以色列人胜利走出埃及。据《出埃及记》第12章第12至14节记载，耶和华为保护以色列人逃出埃及，欲杀死杂居的埃及人，故命以色列人用羊血在房顶上作出标记，耶和华一见血印就逾越过去，以避免误杀，故称逾越节。

②五旬节，春五月间，犹历9月6日至7日，纪念耶和华在西奈山向摩西授"十诫"。

③住棚节，又称结茅节。犹历1月15日起连续七至九天，以纪念以色列人在西奈沙漠流浪期间居茅棚之艰苦岁月。

④犹历元旦，公历10月初为元旦，元旦至初10，是集中赎罪和祈祷的日子。

⑤奉献节，犹历3月25日始，共八天，纪念玛喀比起义胜利后恢复对耶路撒冷圣殿的奉献。

犹太教是全民族的信仰，活动的中心是耶路撒冷的圣殿。巴比伦之囚后，犹太人流散至各地，逢安息日或节日，由祭司主持在聚居处进行宗教活动。这种露天的聚会处后来发展为犹太教的会堂，成为举行宗教仪式的场所，亦是对本族青少年进行民族文化和宗教教育的中心。公元前6世纪末犹太复国后，耶路撒冷的祭司阶级成为新的统治集团，享有政治和经济特权，直接统治犹太居民，各地的犹太人均需向圣殿缴纳捐税。玛喀比起义胜利后，耶路撒冷建立了以祭司集团为首的神权政体，政权与神权集于大祭司一人之手。公元2世纪耶路撒冷毁灭后，犹太人流散他乡，各地均建有犹太人会堂，作为他们宗教和文化活动的中心，这对于长期维系犹太人的宗教信仰起了很大作用。

《旧约全书》的成书和内容

犹太教的主要经典是《圣经》，即基督教的《旧约全书》。

犹太教的祭司们经过巴比伦之囚，重返巴勒斯坦恢复圣殿后，为巩固神权统治，强化一神的犹太教信仰，着手编订其经典《圣经》。他们把自公元前12世纪流传下来的有关法律、历史、宗教、传说、神话等资料，按照一神论的犹太教的观点进行加工、编纂、增删，陆续纳入了《圣经》，编订工作自公元前5世纪始至公元1世纪，历时五百余年，始最后定型。其内容非仅宗教的经典，还涉及到巴勒斯坦地区一千年的政治、经济、文学艺术、伦理道德和自然科学等方面的内容，是一部百科全书式的作品。它对于我们今天研究犹太史、西亚地区的宗教史、法律史、文学史和基督教的产生都具有相当的价值。《旧约全书》共分 39 卷，包括四个部分。

（一）五经或律法书，希伯来文称妥拉，又称《摩西五经》，因据传作者为以色列部落领袖摩西，故名。它是犹太教祭司以斯拉奉波斯国王亚达薛西之命，自巴比伦回到耶路撒冷主持编订的犹太律法。包括《创世纪》、《出埃及记》、《利未记》、《民数记》、《申命记》。这五卷纳入圣经最早，约为公元前 444 年。

《创世纪》的内容是上帝创造天地万物和人类始祖，以及伊甸乐园、洪水传说、挪亚方舟、上帝与以色列人的祖先亚伯拉罕订立圣约等神话传说。据圣经考古学的发掘与楔形泥版的记载证实，这些内容大多取自于苏美尔人的神话和传说，并非以色列人所独有。洪水的传说亦经乌尔城的考古发掘所证实。

《出埃及记》的内容是记载以色列人在埃及的处境和从埃及出走，经历四十年回到巴勒斯坦的情况。本卷中最重要的史料是第 20 至 23 章，记述了希伯来人最古老的律法，其中提及大田、园艺、休耕等内容，显系回到巴勒斯坦进入农业社会后的产物。这几章除记有摩西十诫外，还包括有民法、刑法、家族法、婚姻法等内容，反映了以色列人私有制和奴隶制的发展和平民反对贵族的斗争。如第 21 章第 2 节规定，"你若买希伯来人作奴仆，他必服侍你六年，第七年他可以自由，白白的出去"。其中许多规定与《汉谟拉比法典》雷同，如第 46 节规定"人若打坏了他奴仆的或婢女的一只眼，就要因他的眼得以自由"。自由人的伤害罪的处理原则是同态复仇，"以眼还眼，以牙还牙"，若伤害了奴隶则赔偿银两。

《利未记》，利未即祭司，故又名祭司法典。此卷大量篇幅是犹太教的教仪、教规、节日的有关规定，对各种祭祀包括燔祭、素祭、平安祭、赎罪祭等以及割礼、食物禁忌、各种节日均作了较详细的说明。与历史研究最密切的是第 25 章、第 27 章，记述了以色列人进入农业社会后的奴隶制度、经济生活和社会矛盾，规定对本族奴隶应定期释放，以及缴纳什一税的具体内容。

《民数记》的内容有二。其一，列举以色列人离埃及后的户口、财产调查清单，据记载当时有 12 个部落，二十岁以上男子有 603500 人。这个数字显系夸大，当时的西奈旷野不可能容纳这么多人生存。据圣经学者考证，当时仅有 6000 名男子，连同家属共约 2.5 万人。发生舛误的原因是希伯来语中表示"千"的名词"埃列夫"同时具有"家庭"或"帐篷"之意，圣经编订者误将 600 个家庭理解为 600 个"千"所致。其二，记述以色列人回到巴勒斯坦、进入农业社会后吸收了许多迦南人多神教信仰的情况，如对巴力神和亚斯他录神的崇拜等。

《申命记》为重申法律之意，记述关于公元前 621 年犹太国王约西亚进行宗教改革、法律改革的情况。公元前 7 世纪的最后三十年犹太王国处于内外交困的境遇，外有新巴比伦之威胁，内部阶级矛盾尖锐。约西亚欲通过提倡一神论的犹太教的信仰和改革，加强统治。他重申"惟有耶和华是上帝，除他以外再无别的神"和遵从十诫的法令，规定拜多神者处死。"如拜太阳月亮、天象，三人作证，不论男女，在城外用石头打死"。并为了缓和矛盾，规定：每七年施行一次豁免年，凡本族人欠的债逢此年全部废除，被卖为奴者恢复自由，并给予一定的生活出路。

（二）史书，包括《约书亚记》、《士师记》、《撒母耳记》上下、《列王记》上下、《历代志》上下、《以斯拉记》、《尼希米记》共十卷，是以色列和犹太王国兴亡的史记，纳入圣经的年代约为公元前 3 世纪。

史书的内容是以色列人征服巴勒斯坦后，经过部落领袖"士师时期"，建立以色列—犹太王国的始末，以及国家灭亡流散他乡的历史。它虽以宗教的观点和文学的形式记述，但其中许多内容是真实的历史著述，至今仍为犹太史研究的主要依据。

《约书亚记》和《士师记》记述了军事民主制时期征服迦南人和征服后按部落抓阄分配土地的情况，以及从部落联盟向国家过渡的历史材料。《撒母耳记》上下卷叙述了以色列—犹太王国建立的经过，主要是记述扫罗和大卫的事迹。《列王记》上下卷叙述大卫死后列王的情况，特别是所罗门盛世的政绩。《撒母耳记》上下卷，与《列王记》所述之史实前后衔接，二书的初稿均写于公元前 6 世纪。约公元前 3 世纪，又出现了《历代志》上下卷，从亚当开始叙述，直至亡国被掳和重建耶路撒冷为止的历史，可谓希伯来民族的一部简明通史。此书强调血缘关系和以耶路撒冷为中心的民族主义思想。《以斯拉记》和《尼希来记》记述了犹太人经过巴比伦之囚被释后，重建圣殿，确立一神论犹太教信仰，整顿律法，编订摩西五经的史实，它是研究犹太史和犹太教的重要参考资料之一。

（三）先知书，包括《以赛亚书》、《耶利米书》、《以西结书》及 12 部小先知书，共 15 卷。这里所说的先知书非指早期的先知，早期先知权力很大，如撒母耳有权立扫罗为王，女先知底波拉本人即为士师。这里的"先知"是指以色列、犹太行将灭亡前开始兴起的一批先知，其年代约为公元前 8 至 3 世纪。他们被认为是先知先觉，"奉主之名发声，乃是神启"，是神的代言人，实际上是出身于社会下层的社会改革家和思想家。他们谴责社会的不平等，大声疾呼，唤醒群众。如出身下层的阿摩斯，在亡国前三十年写了小先知书之一《阿摩斯书》，谴责社会的不平等，"以色列人三番四次犯罪，我必不免去他们的刑罚，因为他们为银子而出卖女人，为一双鞋卖了穷人，他们看见穷人头上蒙的灰也要垂涎……"因此，耶路撒冷的圣殿将毁于火。另一小先知书《哈巴谷书》约于公元前 6 至 5 世纪写成。作者目睹巴比伦之囚的惨状，描写新巴比伦的骑兵比豹还快，如鹰鸟抓食，谴责其不知正义。

《耶利米书》、《以赛亚书》均非一人所作，年代亦不一致。《以赛亚书》的第 40 章以后的内容明显属于巴比伦之囚以后的事。这两部先知书均把耶和华视为宇宙唯一真神，都预示了救主将降临领导犹太人复国。《以西结书》并设计了未来复国后理想中的耶路撒冷城之蓝图。

（四）诗文集，包括《诗篇》、《雅歌》抒情诗集、《箴言》、《传道书》、《耶利米哀歌》哲理诗集，大型诗剧《约伯记》和小说《路得记》、《以斯帖记》、《但以理书》，共九篇，约在公元前 4 世纪至前 2 世纪中期成书。编入圣经亦较晚，最晚者为公元 1 世纪末年。

《旧约全书》中原始材料写作的年代，上自公元前 12 世纪，下迄公元前 2 世纪，历时千年。各卷编入圣经的时间先后不一，最早是摩西五经，约于公元前 5 世纪，最晚是雅歌，约为公元 1 世纪，历时五百余年。

犹太教的经典除《旧约全书》外，还有《圣法经传》，即犹太法典，包括两部分：一为《圣法经》，内容为政治、宗教、道德和民事方面的法律和条例；一为《圣法传》，内容是祭司对《圣法经》的解释。《圣法经传》在犹太人中虽视为神圣，列为经典，并作为言行的准则，但其主要依据仍为《旧约全书》。

《旧约全书》随犹太人的流散，基督教的产生与传播，流传于世界各地，版本众多，迄今，已译为 1685 种文字。

基督教发展概况

基督教的起源

基督教与伊斯兰教和佛教一样，是世界三大宗教之一，是信仰上帝（即"天主"）和"救世主"（上帝之子）的宗教。在古希腊语中，上帝之子被称为基督，基督教由此而得名。

基督教最早产生于公元 1 至 2 世纪小亚散居的犹太人中间。但是，基督教并不仅仅是犹太民族自己的宗教，也是罗马社会广大下层人民在现实生活中无数次反抗斗争均告失败而感到绝望，在精神上和思想上的解脱和安慰又无法在现实生活中找到，从而将摆脱人世间苦难的希望，寄托在宗教幻想之中的产物。

基督教首先产生在犹太人中间，是有其深刻的历史根源的。犹太民族是一个多灾多难的民族。在历史上曾先后遭到亚述、埃及、波斯、塞琉古、罗马的侵略，多次饱尝亡国之苦。在罗马统治时期，犹太人曾掀起多次的反抗斗争，但均被镇压。犹太人又一次背井离乡，流落异地。早在"巴比伦之囚"期间，犹太人就产生了救世主的观念，到公元前 2 世纪至公元 2 世纪间，在散居小亚的犹太人中间出现了一个宣扬"救世主将要降临"的秘密宗教派别，基督教就是从这一教派中脱胎而来的。

基督教的思想来源主要有犹太教中的救世主思想；东方一神教中神为救助众生死而复活，赎罪献祭的思想；希腊、罗马哲学中斯多噶学派的天体神圣说；亚历山大里亚学派斐罗的学说，以及西尼克派的伦理学等。

公元 1 世纪时，罗马帝国的一些城市中出现了一些传教者，他们到处宣扬耶稣基督的神话：上帝为了拯救人类，使耶稣之母玛丽亚（圣母）未婚而孕，在伯利恒生下耶稣。因此，耶稣是上帝之子，是救世主。他在巴勒斯坦收下 12 名弟子，并到处传道，表演起死回生、医治病人、驱除妖魔的奇迹。后来由于弟子犹大的叛卖而被害。犹太上层分子勾结罗马总督彼拉多把耶稣钉死在十字架上（是日为耶稣受难日），但死后三天又复活（是日为复活日）显灵，然后升天。

早期基督教教义的主要内容是：救世主不久还要下凡，拯救人类进入幸福的千年之国；因人有罪，信仰上帝并虔诚悔罪的人才能进入天国，否则要下地狱；穷人易升天国，富人进天国"比骆驼穿过针眼还难"；信教者应把财产献给公社，一起过共产生活。这些教义中包括实行现有财产的共产（不包括共同生产），鄙视富人，反对罗马帝国的统治。这在当时有进步意义。但同时，基督教并不反对奴隶制度，也不主张组织起来以暴力实现其教义。当时罗马奴隶制比较稳固，奴隶和其他穷苦人民的反抗已被镇压下去，在绝望中，人们纷纷加入了基督教。这就是基督教得以建立并发展起来的社会背景。

早期基督教徒秘密流动传教。教徒集会时间在黎明前，地方为野外或墓地（罗马法律保护这里的安宁）。活动的内容是举行仪式，包括祈祷、唱赞歌、发誓言、洗礼、传教、共同进餐（公餐）等。当时活动经费由教徒捐献；教徒组成公社，公社由长老、助祭主持。公社对教徒中的孤寡病残予以救济，出资赎回成为罪犯、战俘的教徒，帮助教徒解决紧急困难，劝谕人们宽待奴隶等。基督教徒的誓言是：一、不欺骗，不说谎；二、不偷盗；三、不奸淫；四、不作邪恶的事；五、不背教。

罗马因基督徒反对罗马统治，不信奉罗马旧神，不崇拜皇帝，而加以镇压。公元 64 年，尼禄皇帝对基督教进行了一次大规模的迫害，杀死了许多基督徒。

公元四世纪初年，当皇帝戴克里先在位时，基督教徒受到一次规模最大的迫害。戴克里先下令焚毁教堂和《圣经》，用苦刑和死亡来胁迫基督教徒放弃他们的信仰，结果有数千名基督教徒都因此被杀。然而，基督教却仍然在传布，教徒的人数日渐增加。在戴克里先以后，罗马的帝王便改用怀柔政策以宽容基督教，并且利用它来巩固其专制统治。

基督教的传播和演变

罗马统治者企图用强权消灭基督教，但未得逞。随着奴隶制危机的加深和罗马皇帝残暴统治的强化，基督教日益发展起来。同时，在基督教传播的过程中，信徒中增加了富有者。他们捐献财产，并且拥有文化知识。这些富有者在教会中逐渐取得领导地位，担任主教、执事和长老等各种职务。到公元二世纪后期，基督教就从最初"受苦受难人"的宗教蜕变为富有者、统治阶级的宗教。这样一来，基督教无论在成分上，或在性质以及组织上都发生了根本的变化。许多教会逐渐拥有大量的产业和金钱。这时担任教会的职务变成有利可图的事业，教会逐渐被一些有财有势者所控制。这些有财势者在早期基督教教义中加进宣扬忍耐服从、爱仇敌、寄望来世等等欺骗的内容。例如，在《马太福音》中，耶稣说："你们听见有话说，以眼还眼，以牙还牙。只是我告诉你们，不要与恶人作对。有人打你的右脸，连左脸转过来由他打。……你们听见有话说，当爱你的邻舍，恨你的仇敌。只是我告诉你们要爱你们的仇敌"。《新约全书》还大肆宣扬君权神授，并号召人们服从神授的政权，号召奴隶要顺服奴隶主。《罗马书》中说："在上有权柄的，人人当顺服他。因为没有权柄

被放下十字架的耶稣

不是出于上帝的：凡掌权的都是上帝所命的。所以抗拒掌权的，就是抗拒上帝的命，抗拒的必自取刑罚"。《彼得前书》还宣扬说："你们作仆人的，凡事要存敬畏的心顺服主人。不但顺服那善良温和的，就是那乖僻的也要顺服。"这样，基督教就逐渐失去被压迫者宗教的性质，而变成剥削阶级可以接受和利用的宗教了。

在三世纪危机中，基督教得到了更迅速的发展，受到震动和打击的奴隶主、大地主、大商人、官僚，甚至皇帝的亲属，也有一些加入了基督教。教会也有所发展，罗马、拜占庭、迦太基、亚历山大里亚等城市，成为其所在地区教会的中心，并渐渐发展成为领导所在地区教会的上级教会。教会的领导权转到了大有产者的手中，基督教从而失去被压迫者宗教的性质，逐步蜕变为剥削阶级手中的工具，到后期帝国时，终于实现了与帝国政权的结合。

基督教合法化

由于基督教的势力日增，而且教徒拒服军役，拒不崇拜罗马的神，所以 3 世纪时基督教仍被帝国当局视为威胁而加以迫害。其中，戴克里先对它迫害的规模较大，一部分坚持基督信仰的教徒被处死，教会财产被没收，文献被烧毁，集会被禁止。但是，帝国当局既无法消灭初创时期的基督教，如今教会已成为一支巨大的社会力量，就更不能阻止其传播了。

306 年君士坦丁成为罗马皇帝后，面对基督教拥有很大力量的现实，乃于 313 年颁布了"米兰敕令"（"宽容敕令"）。敕令规定教徒信仰自由，即允许基督教与其他宗教并存；承认基督教的合法地位。同时还决定将以前迫害时期没收的教产归还，保护教徒，教会有权接受土地等遗产，教会神职人员免服城市徭役。"米兰敕令"最后地、肯定地确立了基督教的合法地位。

随着基督教性质的改变，在基督教内部发生了占统治地位的教派（"正教"派）同与其相对立的教派（"异端"）之间的斗争。正统教派认为耶稣·基督具有神、人二性。或者按照所谓"三位一体"的说法，认为"圣父"、"圣子"、"圣灵"三位一体。这些说法，后来都受到有力的挑战。公元四世纪初，在埃及亚历山大里亚城担任神职的基督教神学家阿里乌斯（约 250—336 年）公开反对"三位一体"说。他认为耶稣·基督只具有"人性"而不具有"神性"。此外，他还主张基督教徒应当安于清贫，反对教会聚敛钱财。阿里乌斯创立了一个新的教派，因为他自己的名字而被称为阿里安教。阿里安教遭到正统教派的排斥，被视为"异端"，但在劳动人民和日耳曼诸部族中却传布甚广。

君士坦丁大帝要利用基督教来巩固他的统治，乃于 325 年在小亚细亚的尼西亚城召集各地基督教会的

建造教堂

主教们举行会议。到会的主教有 318 名，代表罗马帝国境内各地的教会组织。尼西亚大会是基督教历史上第一次的宗教大集结。在那次大会上，主教们斥责阿里安教为"异端"，确定了基督教的正统教义，并且规定了教会的组织条例。

古典世界史

337 年，君士坦丁大帝在临死之前受洗为基督教徒，他是罗马皇帝中皈依基督教的第一人。不过这时，罗马统治集团中仍有一部分人反对基督教，他们要求帝国各地仍保持其多神教的信仰。361 年，君士坦丁大帝之侄朱里安取得帝位，他就代表希腊—罗马古典文化的传统，下令禁止独尊基督教，以恢复帝国境内各民族固有的宗教。因为朱里安以前曾一度信仰过基督教，而这时却转过来反对基督教，所以基督教徒称之为"背教者"。当时基督教的势力已相当强固，而要恢复过去多神教的信仰亦非易事。朱里安在位不到两年，后来他一死，禁令失效，基督教的传布更广。及至 392 年，提奥多西大帝最后终于尊基督教为国教。

两个十字架雕刻的是基督和圣徒们

基督教成为罗马帝国的国教，这在历史上是一件大事。不用说，基督教在取得合法地位以后，它的教徒是大大增多了。基督教使西方人的伦理观念、风俗习惯、文化教育、建筑、艺术都发生了很大的改变。而自从基督教成了统治阶级的御用工具，它那最初的一点革命精神也就消失了。教会变成了国家统治机构中的一个重要

教堂中表现基督复活的彩色玻璃窗

组成部分，而那些主教们则成为高高在上的权势人物。以后在整个中古时期，基督教会本身便是欧洲封建制度之最有力的支柱。

在四五世纪时，基督教的文献传布日广。当时基督教学者哲罗姆（约 340—420 年）对《圣经》进行了校订，并且用拉丁文把《旧约圣经》从希伯来文·《新约圣经》从希腊文翻译了出来。那由哲罗姆斯校译的《圣经》，一直被天主教会奉为法定本。

起初，基督教并没有什么完整的神学体系。直到后来，在基督教传布的过程中，基督教神学家融合了希腊哲学中一些唯心主义学派的观点，特别是新柏拉图主义的观点，才产生了"教父学"，提出一整套的说法。"教父学"的代表人物是圣·奥古斯丁（354——430 年）。

奥古斯丁出生于非洲北部、距迦太基不远的塔加斯特城。他原为摩尼教徒，早年生活放荡不羁，后来经历了一番精神上的磨炼，才成为虔诚的基督教徒，并长期担任北非希波城的主教。奥古斯丁留下两部著作：一为《忏悔录》，叙述他怎样由一个纨袴子弟转变为基督教徒的历程，有现身说法的意思。一为《上帝之国》（亦译

《上帝之城》或《神之都》），用基督教神学的观点来解释历史。奥古斯丁毕竟曾受到过摩尼教的影响，他认为世界上有善与恶、光明与黑暗这两种势力在进行斗争，但到最后，善一定会战胜恶，光明一定会战胜黑暗。"上帝之国"代表善和光明，是极乐世界；"世俗之国"（指罗马帝国）代表恶和黑暗，是罪恶的渊薮。让世俗的罗马帝国灭亡吧，代之而起的必然是"上帝之国"。奥古斯丁还认为，教会是"上帝"在人间的代表，它管辖包括皇帝在内的一切基督教徒，因此，"教权"高于"皇权"。他这一套关于"教权至上"的说教，后来在欧洲的政、教之争中常被教会人士所引用。

奥古斯丁

基督教会的教区，是按照罗马帝国的地方行政区域来划分的。各省和通都大邑，都设有主教或大教长，其中以安条克、亚历山大里亚、罗马、君士坦丁堡这四大都市的主教为最重要。因为罗马城是京都，并且是圣·彼得殉道的地方，所以罗马城的主教显得特别重要，被称为"教皇"。后来，在西罗马帝国灭亡后，基督教会成为古罗马在欧洲西部所遗留下来的唯一有组织的力量，在历史上起过一定的作用。

由于基督教的胜利，在罗马帝国末期，希腊—罗马的古典文明便无可奈何地衰落下去了。在这以后，基督教神学的迷雾笼罩着欧洲，为时达一千年之久。直到"文艺复兴"时期，基督教的权威才开始有所动摇。

《新约全书》

《新约全书》是基督教自身的经典。据《新约·希伯来书》的解释：犹太教的《圣经》是上帝与犹太人订立的约法，由于他们"不恒心守约"已过时陈旧了，故称为《旧约全书》。现在上帝与基督徒重新订立了约法，并由耶稣作为"中保"，内容是"我要作他们的上帝，他们要作我的子民"，基督徒遵崇耶和华的启示和约法，上帝保护基督徒，故称《新约全书》。《新约》的产生、定型与定编有一个过程。1 世纪中期至 2 世纪中期为其产生与基本定型的时期。公元 66 年犹太战争失败后，犹太人遭到严厉镇压，从而加速了基督教与犹太教的分离过程，基督教需要有自己的经典，特别是以外邦人为主的保罗派教会，他们不熟悉《旧约》，更加需要新的经典；又因当时宗派林立、斗争激烈，各派也教需要着手编纂自己的圣经。特别是有一些急需回答与重新解释的问题，例如《启示录》多次预言"四十二个月"或"1260"之后将战胜恶势力，实现"千年王国"或"新天新地"、"新耶路撒冷"，但事实上并没有、也不可能实现，必须在经典中作出新的解释才能自圆其说。这一切均说明需要产生自身的经典的必要性。

流传于世的《新约全书》的思想内容自相矛盾之处甚多，往往一件事情前后有两种不同的或相反的观点和说法，例如把耶稣既说成是人子又说成是神；理想的国家既说在地上又说在天上；既表示仇视罗马、反对富人，又要求当帝国的顺民；既反对奴隶制度、要求平等又说要听命、忍耐、服从。圣经学者们对这些现象作了长期研究，迄今尚未取得一致的看法。目前我国史学界较为一致的意见是：这一现象的原因是由于原始基督教在流传过程中，外邦人大量参加，阶级基础的变化，保罗派大量吸收希腊罗马庸俗哲学，特别是吸收斐洛哲学与塞涅卡哲学的结果。

斐洛为亚历山大里亚希腊化的犹太人，精通希腊语与希腊文化。他将希腊唯心主义哲学柏拉图主义与斯多葛主义兼收并蓄，合为一体，借以解释犹太教教义，提出灵智论（Gnosticism，音译诺斯提主义，此字源于希腊文 Gnosis，知识之意）。公元 1 世纪时此派仅是一个哲学派别，到 2 世纪后才发展为一个教派。其著作因被后来的基督教会视为异端，绝大多数已失传，现仅知其代表作为《智慧生活论》。斐洛的灵智论的主要内容有四：

1. 非所有的人均能了解与认识上帝，只有具有灵性的人才能获得这一奥秘的知识。

2. 逻各斯（Logos，唯物主义哲学家赫拉克利特解释为规律，斯多葛学派塞浦路斯的芝诺解释为神的智慧）具有上帝的属性，但上帝与神的智慧既联系在一起，又有所不同，并把逻各斯人格化，说为上帝的长子，他是上帝及其智慧（或称为道）的产物。这一解释实际上包括了基督教的圣父、圣子、圣灵三位一体的思想。

3. 罪恶来自物质世界本身，人力无法改变现状，只有借助逻各斯才能得救。

4. 《摩西五经》并非历史和法律，仅是一种寓言，所以不能从字面上理解，应探讨其深刻的含意，例如五经主张要行割礼，实际上并非要求肉身割礼，而应理解为行心里的割礼。因为叙利亚人、阿拉伯人甚至埃及人均行割礼，但上帝并不保护他们。又如不许吃猪肉，并非对食物的禁令，而是属于灵性的解释，实质是要求人们不要像猪一样，饿了去找主人，吃饱即走。

塞涅卡是公元 1 世纪罗马帝国新斯多葛派的代表人物之一，为尼禄的宫廷教师。此派是晚期希腊斯多葛学派在罗马的变种，其所以"新"，即因其抛弃了斯多葛学派的唯物主义外衣，集中谈论道德问题，主张尽本分，从天命，公开宣扬听从命运的安排是人类的美德。

原始基督教的保罗派从这两种庸俗哲学中吸收了大量的内容，并赋予宗教的形式，致使教义发生了很大的变化。例如，他们把上帝与逻各斯的说教演化为圣父、圣子、圣灵三位一体的教义；把人格化的逻各斯与传说中的"人子"、"先知"、"夫子"耶稣拼凑在一起，说他为拯救有罪的众生，在十字架上作出赎罪的牺牲，他从来就是"神子"与"圣子"；把耶稣一生的活动中心说成是创立基督教等等。这样就使原始基督教的教义包含了原来所没有的，而后来的罗马国教包含的全部本质观念，所以说基督教并非从犹太教直接发展而来，而是希腊、罗马世界的产物。保罗派为坚持其教义曾与彼得派作了激烈的斗争，但为了保持对社会下层的吸引力，又不得不与彼得派有所妥协。因此，体现在《新约全书》中的教义是两派相互斗争与妥协的产物，也是其内容存在着许多矛盾的原因，但《新约全书》中居于核心地位的是保罗派的观点，正如恩格斯所说："基督教事实上是自发形成的，是这些宗派中最发达的宗派互相影响而产生的中间物，后来由于加进了亚历山大里亚犹太人斐洛的观点，稍后又由于受到斯多葛派思想的广泛渗透，而形成为一种教义。的确，我们可以把斐洛称为基督教教义之父，那么塞涅卡便是他的叔父，新约中有些地方几乎就像是从他的著作中逐字逐句抄下来的。"

《新约全书》共 27 卷，原文为希腊文，包括启示录、使徒书信 21 篇、四福音书和使徒行传。

新约中较早成稿者之一是启示录，约写于公元 1 世纪后半期，原文为希腊文，作品以预言的形式反映了原始基督教初期所主张的人人平等、仇视罗马、反对奴隶制度、实现千年王国的政治思想，并预言基督将降临"在地上执掌王权"。还反映了初期教会宗派林立相互斗争的情况。值得注意的一点是全篇仅在开头和结尾提到耶稣，更无其生平事迹，这是研究耶稣其人的一个重要参考。

使徒书信自《罗马书》始，至《犹大书》止，共 21 篇。基督教会传统认为前14 封为保罗书信，但据德国杜宾根学派考证只有《罗马书》、《哥林多书》前后、《加拉太书》四篇中部分章节是保罗手笔，其余均为第二代保罗派的托名作品。这些书信反映了 1 世纪中期至 2 世纪中期原始基督教在教义、神学、伦理道德、政治思想诸方面适应奴隶主阶级需要的发展和演变，以及保罗派与彼得派的分歧与斗争。《罗马书》实际上是保罗派的教义手册，构成后世基督教教义的基础，其要点有四：（1）把"基督"描绘为一种"神力"，而非历史人物，更无耶稣之生平；（2）强调不分民族，"因信得救"，上帝是一切人的上帝；（3）不必追求形式上的"割礼"与食物禁忌，强调"肉身的割礼也不是真割礼……真割礼是心里的"，"上帝的国不在乎吃喝，只在乎公义"；（4）鼓吹顺从罗马的统治，当纳粮交税，不许抗拒。《哥林多前后书》更为具体地阐述了保罗派的教义，要点有四：（1）把基督描绘为"上帝的能力"、"上帝的智慧"和灵。（2）不主张公有财产，但应照顾贫者，每周举行公餐一次，行圣餐礼。（3）现实的千年王国演化为死后神灵的王国。（4）耶稣基督建立了教会的"根基"。此外，着重介绍了当时的两派斗争，说有人"另传一个耶稣……另受一个灵……或者另得一个福音"。《加拉太书》强调信仰基督，不必遵守犹太教规定的律法。"我们因信基督称义，不因行律法称义"，"在耶稣基督里，受割礼不受割礼全无功效"，此篇还说明了两派的妥协和分工，"主张我（指保罗——笔者）传福音给未受割礼的人，正如彼得传福音给那受割礼的人……他为受割礼之人作使徒……我为外邦人作使徒。"

《福音书》包括马可、马太、路加、约翰四部福音，约产生于公元 70 年代至 2世纪中期。"福音（Gospel）为好消息之意，福音书的内容是描绘耶稣基督的生平事迹，中心有三：（1）耶稣从来就是救世主，由灵感孕玛利亚所生；（2）建立教会，制定教义与传教活动；（3）为世人赎罪，作出牺牲，被钉死在十字架上，复活升天，世界末日将复临。福音书的内容存在许多矛盾，有关耶稣的形象、言行、政治态度有两种截然不同的说法，因此自 19 世纪以来圣经学者们对其真实性作了较深入的研究，基本上有两说："编造说"与"历史核心说"。编造说认为福音书中有关耶稣的生平纯属编造，没有任何历史真实性；历史核心说主张福音书中的耶稣生平是根据一世纪中期以后教义发展和变化的需要对过去传说中的起义领袖神化的结果，是保罗派与彼得派在教义方面相互斗争又相互融合的产物。其中虽有许多编造、附会之处，并且笼罩着一层宗教的迷雾，但其中保留了原始基督教初期的一个微弱的历史核心。此说得到了多数学者的赞同。四福音书的前三部，即《马可福音》、《马太福音》与《路加福音》，其内容、结构、观点大体一致，故称为同观福音书，又译为对观福音书。其中，《马可福音》成书最早，约写于 1 世纪末，但其中极可能包含了较早的资料，它是流传于罗马教会的福音书。传说是彼得的门下马可所编写。《马太福音》略晚于《马可福音》，约写于公元 1 世纪末至 2 世纪初。它把原流行于叙利亚、巴勒斯坦的福音故事与《马可福音》的内容相结合而成，犹太色彩较为浓厚。《路加福音》相传是保罗门徒、医生路加于 2 世纪初年，根据保罗的宣讲资料并吸收《马可福音》与《马太福音》的内容编写而成。此书流传于希腊地区。《使徒行传》传说为路加所编写，是《路加福音》的续编，成书略晚于《路加福音》。此篇记述彼得与保罗的传教活动，对彼得派基督徒与保罗派基督徒之间的矛盾加以调和，是研究基督教会早期活动的重要资料之一。同观福音书有关教义的叙述虽有许多矛盾，但基本内容大同小异。《约翰福音》成书最晚，约定型于 2 世纪中期，其内容与前三部福音书有显著的不同。该书依照诺斯提主义的思想写成，开卷即提出"道（Logos 逻各斯）与上帝同在"，"道成肉身"，论述耶稣是"道"，是上帝的长子，并且否定了耶稣是人间的"王"和地上的"千年王国"，将理想社会演化为神秘的天国和灵魂的永生。

《新约全书》的内容在 2 世纪中期已基本定型。它反映了公元 1 世纪中期至 2 世纪中期两派的斗争与融合，以及保罗派取得优势的情况。也反映了保罗派在斐洛与塞涅卡思想的影响下，在教义方面大量地吸收了希腊、罗马庸俗哲学思想；并反映出保罗派的政治思想：（一）主张服从罗马皇帝的统治，甘当顺民，神化皇权；（二）承认奴隶制度的合理性，宣扬服从听命；（三）否认地上的千年王国，把理想社会演化为虚幻的天国；（四）宣扬无原则的忍耐与超阶级的爱。

原始基督教的教会组织、礼仪的产生和《新约全书》各篇的基本的定型，标志着原始基督教的形成。

婆罗门教起源和发展

印度最早的文明是公元前 3000 年至前 1500 年之间的印度河流域文明。据摩亨约·达罗和哈拉巴遗址发掘证明：当时定居在印度河河谷的居民已经使用青铜器皿，大多从事农业和畜牧业，已有象形文字，并且能制作各种造型艺术作品；其流行的宗教信仰是对地母神、动植物（特别是牛）、生殖器和祖灵等崇拜，浸浴和土葬是重要仪式，有些出土的画品上还绘有修行者的趺坐和冥想等形象，这些宗教信仰和实践与后世印度的民间湿婆崇拜和瑜伽修习等有着一定的联系。

印度河流域文明大概在公元前 2000 年中叶开始衰落，原因尚未弄清。在公元前 2000 年下半叶，雅利安人由兴都库什山和帕米尔高原涌入印度河流域。雅利安人在推进中曾和当地的主要土著民族达罗毗荼人进行长期斗争并最终征服了他们。雅利安人在未入印度以前原是游牧部，在他们的氏族公社中父权关系占有统治地位，宗教信仰主要是崇拜神格化了的自然神和祖灵，实行火祭和苏摩祭，孩提成年时要举行入门（证明是正式的部落民）仪式，死后用火葬等。雅利安人在和印度土著民族混合以后，形成了吠陀宗教。吠陀宗教崇拜多神，实行繁琐的祭祀，他们的信仰反映在《梨俱吠陀》之中。雅利安人在印度河流域定居以后，逐渐开始过渡到农业社会。公元前 1000 年至前 1000 年中叶又从印度河上游向东推移至朱木那河、恒河流域广大平原之间，史家称这个时期为后吠陀或梵书、奥义书时期。以《梨俱吠陀》为中心内容的吠陀宗教为了适应上述变化，开始了重大的革新，出现了以吠陀天启、祭祀万能和婆罗门至上为三大纲领的婆罗门教。婆罗门教的信仰与实践系统地反映在这个时期所编纂的"吠陀本集"，特别是"梵书"与"奥义书"之中。

公元前 6 至前 5 世纪印度思想界的斗争十分激烈，出现了与婆罗门思潮相对立的沙门思潮。沙门思潮是当时的自由思想家及其派别所掀起的，他们的主张虽然不一，但是否定吠陀的权威和婆罗门的政治和思想统治则是一致的。但他们还没有摆脱婆罗门教的影响，例如佛教与耆那教也主张业根轮回，吠陀的神祇等被佛教所吸收。另外，在下层人民中亦掀起了一个抵制婆罗门教的新宗教运动。他们不崇拜吠陀中的神祇不接受婆罗门的管理，反对用大量动物作为祭祀的牺牲，建立自己的庙宇，崇拜当地的神灵和动植物—夜叉（鬼）、树木、龙神（蛇神）、林伽（生殖器）等。沙门思潮和新宗教运动的出现，标志着婆罗门教的信仰在一些地区和群众中间已开始动摇。

孔雀王朝时期（公元前 322—前 185 年），婆罗门教因为佛教与耆那教等的广泛传播曾一度呈现衰落的现象，但在孔雀王朝的部将普舍耶密多罗在公元前 180 年篡位建立巽伽王朝以后，又得到复兴。继巽伽王朝的伽罗维拉王朝亦奉祀婆罗门教。在印度"南北朝"分立时，南方的刹塔瓦汉王朝及案达罗王朝都奉婆罗门教为国教，他们编纂法典，推行种姓制度，举行大规模的祭祀。公元 4 世纪笈多王朝崛起后，婆罗门教空前繁荣，在笈多诸王统治时，编纂了《摩奴法典》、《耶阇纳瓦尔基耶法典》和《那罗达法典》等，是为婆罗门教和后来的新婆罗门教或印度教的基本法规。史诗《罗摩衍那》和《摩诃婆罗多》也是在这个时候完成的。以承认吠陀为权威的正统派哲学由于制作了大批经论，使婆罗门教的哲学开始系统化。这个时期以宗教为题材的艺术创作也极为繁荣。与此同时神学家们编写了印度教的经典《普罗那》、《往世书》、《古史谭》，吸收了大量的民间信仰，融合了佛教、耆那教甚至希腊罗马宗教的内容，崇拜"三神一体"的梵天、湿婆和毗湿奴，并根据对主神湿婆或毗湿奴的不同的崇拜创立了各种教派，建立了寺庙等；这样，婆罗门教就完成了向印度教即新婆罗门教的转化。印度教虽然在某些方面与婆罗门教相异，但基本特征和文化传统仍然因袭了婆罗门教。

等级森严的瓦尔那制度

约三千年前，在印度中部的一个村庄里，有一个长得十分可爱的小男孩，名叫阿提拉，他和母亲刚从外省搬到这个村庄。不久，阿提拉像其他婆罗门的孩子一样上学读书，学习婆罗门的宗教经典《吠陀经》和法律《摩奴法典》。小阿提拉从中学到，人要分为高等种姓和低等种姓，婆罗门是最高贵的人。可是学校里的孩子们发现阿提拉的肤色不那么白，便怀疑他不是婆罗门出身的人，经常欺负他，骂他是"小杂种"。阿提拉受了委屈，只有回家向母亲哭诉。母亲极力安慰他，要他别相信孩子们的话。但是小阿提拉心里仍然忐忑不安。他想起不久前在全村大会上看到的事，那天，婆罗门祭司把全村的人召集在一起，大声宣布：有一个首陀罗用双手打了一个婆罗门。他说道："按照《摩奴法典》规定，低等种姓的人伤害了高等种姓的人，就要斩断他的肢体，动手的斩手，动脚的斩脚。"根据这条法律，那个打人的首陀罗被砍掉了双手。接着，又有一个贱民被押到会场上，据说他曾在背后对婆罗门有不尊敬的议论，于是，按照法典，他被割去舌头，又用一根烧红的铁杆刺进他的嘴里，还向他的嘴和耳朵里灌进了滚开的油。小阿提拉想到这里，不禁不寒而栗，自己如果真的不是婆罗门可怎么办呀？

不料，不久之后，小阿提拉担心的事情终于发生了。婆罗门祭司又把全村的人召集到会场上，高声宣布："今天，我们要开除一个冒充的婆罗门，这个人就是他——，"祭司指着阿提拉，这孩子吓得魂飞魄散，把头埋在妈妈怀里，再也不敢抬起来。祭司接着又说："昨天，从外省来的婆罗门揭发，这个女人，"他指着阿提拉的母亲，"曾同一个首陀罗通婚，你们看她的孩子，皮肤黑黑的，哪里象婆罗门！从今天起，宣布她们一家为贱民，"从那天起，阿提拉和他的母亲被赶到村外居住，永远不能与婆罗门接触，他们走在路上，身上要佩戴贱民的标记，嘴里要不断发出特殊的声音，或者敲击着瓦罐，告诉高等种姓的人不要碰到他们，因为他们已经成了"不可接触的人"。阿提拉的母亲忍受不了这种痛苦，不久就死了。阿提拉悲愤欲绝，哭喊着："人为什么要分为等级啊？！"

是的，人为什么要分为等级呢？同样是人，又为什么要区分高等种姓和低等种姓？这，可就说来话长了。

印度是世界文明古国之一，它与古代埃及、中国、巴比伦同为人类文明的发祥地。印度得名于它境内的一条河流——印度河。在古代，今天的南亚次大陆的绝大部分地区统称印度。大体包括现在的印度、巴基斯坦、孟加拉。古印度的文明是从印度河流域开始的。根据目前的发现，达罗毗荼人是印度主要的原始居民，他们主要从事农业和手工业生产。早在五千年前，印度已经形成了它独特的文化和习俗，后来又出现了城市，还创造了自己的文字。不过，达罗毗荼人创造的这种文字至今尚未解读出来。公元前2000年代中叶，属于印欧语系的一些白种人部落从中亚高原南下，进入印度，这些人自称为"雅利安人"（意为"出身高贵的人"）。雅利安人虽然在文化上落后于印度的土著居民，可是却蔑视地把达罗毗荼人称作"达萨"（意即"敌人"）。他们说达萨是"黑皮肤的"，"没有鼻子的"，自认为比达罗毗荼人高贵。经过无数次战争，雅利安人逐渐征服印度，战败的达罗毗荼人被雅利安人所奴役。"达萨"的概念也从"敌人"转变为"奴隶"。于是，在古印度出现了最早的等级区分：白种人雅利安人和黑皮肤的达萨。这可以说是种姓制度的起源。

雅利安人逐渐在印度占据优势，建立起一些奴隶制国家，伴随着氏族公社的解体，雅利安人内部也发生等级分化，奴隶主贵族为了维护其阶级利益，借助于宗教和法律将不同阶级与阶层的权利和地位以等级划分的形式固定下来，即所谓种姓制度。"种姓"一词有几种不同的提法。印度古梵语作"瓦尔那"，含有"品质、颜色"之意；印地语作"阇提"，是印度封建社会对种姓的称呼；葡萄牙人称其为"卡斯特"，意为"种姓、出身"；为欧洲人所沿用；在中国古代文献中意译作"种姓"。

按照种姓制度，整个印度社会分为四个等级集团。第一等级是婆罗门。他们是由原来的祭司贵族发展而来，以祭司为职业，掌握神权和垄断文化，能主宰一切，地位最高。《摩奴法典》中写道："一切生物中最优秀的是动物，在动物中最优秀的是有理性的动物，在一切有理性的动物中最优秀的是人，在一切人中间最优秀的是婆罗门。"婆罗门的地位几乎可以与神并论。即使犯了最大的罪也不能处死刑，顶多处以罚款。第二等级是刹帝利。他们是由原来的武士发展而来，都是军事贵族，可以做国王和各种官吏，掌握军政大权，地位仅次于波罗门。婆罗门和刹帝利虽属不同等级，但都是统治阶级，第三等级吠舍，是雅利安人的一般公社成员，虽然保持人身自由，但是已经成为被剥剥的劳动者，从事农业、手工业、畜牧业和商业，他们必须向国家交纳赋税，供养婆罗门和刹帝利。第四等级是首陀罗。他们大都是被征服的本地居民，也有一些是失去土地的自由民。他们的社会地位最低下，婆罗门不屑与他们接解，甚至连宗教活动都不许他们参加。如果首陀罗冒犯了婆罗门将被处以极严厉的刑罚。

等级森严的瓦尔那制度维护着奴隶主阶级的剥削和统治。婆罗门和刹帝利不从事任何劳动，完全靠剥削生活，被视作天经地义。为了巩固他们的特权地位，他们编造出这样的神话：说天神用自己的嘴创造出婆罗门，用双臂创造出刹帝利，用双腿创造了吠舍，用站在泥污之中的双脚创造了首陀罗。因此，首陀罗应当奉命服务于前面三个等级。

为了巩固和加强瓦尔那制度，印度的统治阶级逐步制订出许多"达磨"，即"法"，也就是对各瓦尔那的社会地位、权利、义务和生活方式的规定。每一种姓的人只能从事其世袭的职业，严禁低级种姓从事高级种姓的职业。《摩奴法典》规定："低级出生者因贪欲而以高级种姓的职业为生，则国王剥夺其财产后，应立即放逐之。"这就固定了各种姓职业的世袭性，从而保证了高级种姓的特权。为了维护高级种姓的纯洁性，法典严禁不同种姓的人共同进食，同时强调各种姓实行内婚制，禁止异姓通婚。尤其是高级种姓之女嫁给低级种姓之男是绝对不行的。这在法典中有明确规定：向高级种姓之女求婚的低级种姓之男，应处以体刑。"首陀罗只能同首陀罗互相通婚。在《佛本生经》中有这样一个故事:一个理发师的儿子爱上了离车族的一个少女。他父亲劝告说:"我的儿子,你不要把愿望执著在办不到的事情上。你是理发师的儿子,属低级种姓(首陀罗),而离车族的少女属高级种姓(刹帝利),刹帝利的女儿是不能和你成亲的。"结果理发师的儿子在绝望中忧郁而死。

如果高级种姓的女人敢于与低级种姓的男子通婚,那他们就好像犯下了不赦的罪行,陷入悲惨境地,从此他们及其子女就会像阿提拉母子一样成为"不可接触的人",这在印度是被排险于瓦尔那之外的最下贱的人,被称作贱民。他们的地位还不如首陀罗,在社会中最受歧视。按照法典的规定,贱民被掘弃在人们日常生活之外。他们只能住在村外,穿死人身上脱下的衣服,用破容器吃饭,夜间不能在村里和城里走动。他们的工作只能是最脏的、没有愿做的垃圾清扫工以及搬运没有亲人的尸体、看坟或是做刽子手。当他们白天工作时,必须佩戴标记,还要不断发出声音,提醒高等种姓的人不要碰到或看到他们。因为,在高等种姓的人看来,凡是碰到或看到贱民,都是污秽的、不吉利的。据说,有两个婆罗门女子在进城路上,偶然看见一个贱民,马上跑回家去用香水冲洗眼睛。还有一个年轻的婆罗门在旅途中由于饥细刻,使它们栩栩如生,跃然纸上。《梨俱吠陀》无论在神学上或文学上都可以和世界上任何最优美的抒情诗相媲美。它还记录了印度最早的社会制度、民情风俗、哲学思维和天文地理。因此,《梨俱吠陀》既是最古诗歌集之一,也是最古的百科全书之一,它是印度文明的根源,也是世界文化宝库之一。

早在公元前 7 世纪的后半叶,在印度就已形成了十六大国争霸的局面。兹据巴利文佛典的记载,录十六大国的名称及其都城(见下表)。

国	都
迦　尸	波罗奈
居萨罗	阿踰陀与舍卫城
鸯　伽	瞻波
摩揭陀	王舍城(又称山城,以便与翅迦耶的都城王舍城相区别)
跋　耆	吠舍离与糜提罗
末　罗	拘尸那罗与帕波
支　提	苏迦提末提
跋　沙	拘赏弥
拘　楼	因陀罗普罗室塔
般阇罗	阇多罗拔提与甘庇耶
末地耶	毗罗多那加罗
戍罗西那	摩偷罗
阿役迦	帕胆
阿般提	优禅尼与摩希萨帝
犍驮罗	坦叉始罗
甘谟惹	难帝那加罗

公元前 6 世纪初，各国之间的斗争日益加剧。最初是迦尸和居萨罗的兴起，接着是摩揭陀、尼萨罗、跋沙、阿般提四国的对峙，以后是摩揭陀和居萨罗的争霸，最后是摩揭陀霸权的确立。

频毗沙罗王统治时期（约公元前 519—前 491 年），摩揭陀开始强盛起来。它掌握了比哈尔地区的铁矿。频毗沙罗王征服了鸯伽，从而控制了恒河水道。他死后，由他的儿子阿阇世王（公元前 491—前 459 年）继位，摩揭陀的国势日益强大，它的版图扩展到喜马拉雅山麓。大约于公元前 364 年，摩诃帕德摩·难陀在摩揭陀建立了难陀王朝。在难陀王朝（约公元前 364—前 324 年）时期，摩揭陀统一了恒河流域以及恒河以南次大陆中部的一些地区。旃陀罗笈多建立的孔雀王朝（公元前 324—前 187 年）取代难陀王朝，使摩揭陀国家进入了一个新的发展阶段。

公元前 518 年，波斯大流士的军队征服了印度河以西地区，并把那里变成了波斯帝国的一个行省。公元前 327 年，马其顿的亚历山大领军侵入印度。两次外国军队的入侵，都曾遭到印度人民的反抗。波斯人和希腊人对西北地区的占领，在一定程度上促进了商业的发展和不同文化的交流。

巴黎的赛纳河岸

这一时期，由于铁器在印度的普遍使用，大大地促进了经济的发展与繁荣。其中，农业和手工业以及随之而来的商业的发展尤为迅速。在整个恒河流域的中下游地区，农业得到了进一步的发展。人工灌溉网扩大了，水稻已成为最主要的作物，其次是棉花的普及和发展。农业的发展促进了手工业的发展。频繁的战争急需精良的武器，这也推动手工业的发展。许多城市都出现了手工业的行会和商业行会，其首领称为"长者"。他们在社会经济生活中有巨大影响。

随着牧业经济向农业经济的转化，以吠陀文化为代表的氏族组织进一步瓦解。代表部落上层的刹帝利和下层的普通群众的经济地位和政治地位的差别日益扩大。过去那种以畜群来衡量财产的情况，已为土地和金钱作为衡量贫富的标准所取代。

社会的发展，列国的争霸，王朝不断的更迭，使过去那种婆罗门以吠陀规定的各种仪式统御整个社会的情况再也无法维持下去了，婆罗门和婆罗门教的神圣地位开始动摇。种姓秩序不断调整变化，许多新的混合种姓产生了，有些出身卑贱的人在战乱中取得了王位，随着王权的日益强大，阶级结构的不断变化，阶级关系也在剧烈地变化。正是在这种形势下，代表不同阶级和阶层利益和愿望的哲学和宗教纷纷出现，形成了一种空前的"百家争鸣"的局面，对后世印度文化产生了很大的影响。

　　佛教是适应时代需要而创立的，是时代的产物。列国时代是奴隶制迅速发展，社会政治、经济发生重大变革的时代。在这一时代，人们的思想空前活跃，代表不同阶级、阶层和集团利益的学派和教派纷纷出现，共同反对独揽神权、高高在上的婆罗门教。在这种形势下，释迦牟尼是作为刹帝利和吠舍中的大商人奴隶主阶级的代表而出现的，是代表这个阶级的利益进行宗教改革的。恩格斯说："历史上的伟大转折点有宗教变迁相伴随，只是就迄今存在的三种世界宗教——佛教、基督教和伊斯兰教而言。"佛教的产生正是和列国时代政治、经济的变革相伴随的。

　　释迦牟尼（公元前 563—前 483）是佛教的创始人。他姓乔达摩，名悉达多，但真姓名常不用，通常称为释迦牟尼或佛陀。释迦是族名，牟尼是隐居林间的圣人，意思是释迦族的圣人。佛陀意为觉悟者。此外，他还有如来、世尊、佛、佛祖等十余种称号。

　　释迦牟尼是迦毗罗卫国（今尼泊尔境内）净饭王之太子，属刹帝利种姓。非雅利安人，有人说是蒙古利亚人。自幼受过婆罗门良好教育，兼习武艺。十六岁时与拘利城公主耶输陀罗结婚，生子罗睺罗。青年时期在宫廷内过着王子生活。据传说他曾四次驱车出游，路遇老人、病人、死人和苦行者，深感人生之苦。他二十九岁时舍弃王位，抛妻别子，出家求道，试图寻找一条能使人解脱痛苦的道路。出家后，他先到摩揭陀首都王舍城，跟阿罗逻·迦罗摩和优陀迦·罗摩子两位高僧学习，后来又到乌卢吠罗过极严厉的苦行生活。苦修 6 年，弄得身心衰弱，险些丧命而无所得，第七年来到加雅，静坐于菩提树下冥思苦想。经过四十九天苦苦探索，终于"大彻大悟"，悟出了生死之真理——"解脱"，得道而成佛。早期佛教的佛不是神，而是觉悟了的人。

　　释迦牟尼得道后，在贝拿勒斯的鹿野苑初转法轮，获得成功，收了一大批门徒。随后，在他为求道而曾长期过苦行生活的乌卢吠罗又度化了 1000 多名苦行者。他建立僧团，制定戒律，规定僧侣不得拥有私产，要依靠布施生括，并有游方传教之义务。在以后的四十多年中，他一直在摩揭陀、鸯伽、居萨罗和跋祇等国布法，经常来往于王舍城和舍卫城之间，先后培养了摩诃伽叶、阿难陀、摩诃目犍连、优波离、舍利弗、罗睺罗等十大弟子。在释迦牟尼的极积宣传和组织下，佛教迅速发展起来。迅速发展的原因有二：其一，得到王家贵族和城市富商在政治上和经济上的积极支持。例如，摩揭陀国王频毗沙罗和阿阇世在首都王舍城为佛院及其门徒建立了竹林精舍，供其居住，并给他们提供生活上的一切必需品。舍卫城巨商须达多以布金满园之资，从波斯匿王子那里购得祇园，并在此给释迦牟尼建筑了优美的祇园精舍，等等。其二，受到各阶层人士的普遍欢迎。佛教提出"众生平等"的口号，不分种姓吸收一切自由人人教，同时反对奢侈的祭祀仪式，用方言俗语传教。因此颇受下层群众欢迎。另外，它反对极端的苦行主义，只要求信徒过不苦不乐的"中道"生活，不必改变原来的生活方式，因此也为王家贵族和富商所接受。这样，佛教很快就发展成了拥有广大信徒和社会影响的新兴宗教势力。

公元前 483 年，释迦牟尼从王舍城出发前往舍卫城，途中在拘尸那涅槃，享年八十岁。按照印度习浴，尸体被火化。附近 8 个国家的国王将佛舍利（骨灰）分成 8 份，各自带回建造窣堵波（佛塔）供奉。

相传在释迦牟尼涅槃后的第四个月，佛教僧团在阿阇世的赞助下，在王舍城毗婆山的七叶岩举行了佛教第一次大结集。参加这次大结集的有 500 名和尚，故在印度佛教史上称为"五百罗汉大结集"。大结集由释迦牟尼的著名大弟子摩诃迦叶和阿难陀主持，用集体会诵佛陀生前谈法言论的方式，审订和编纂了佛教经典"律藏"和"经藏"，加上后来编纂的"论藏"，合称"三藏"。

佛教从公元前 6 世纪创立到公元前 273 年阿育王继承王位定为国教止为早期佛教，或称为原始佛教。早期佛教的基本教义是"四谛"，即深悟无常之苦以求解脱之道的四个真理。四谛即苦谛、集谛、灭谛、道谛，其中苦谛是中心，是释迦牟尼说教的出发点。苦谛说明人生有八苦：生、老、病、死、爱离别、怨憎会、求不得、五取蕴（五受阴）。所谓生、老、病、死之苦，即人生必须经过的出生、衰老、疾病和死亡四种痛苦。所谓爱离别苦即与所爱的人生离死别之苦。怨憎会苦即与所憎恨的人相遇时产生的痛苦。求不得苦是欲得而得不到所产生的痛苦。五取蕴苦即身心的总苦。集谛是说明人生多苦的原因。佛教认为产生以上八苦的原因在于"欲爱"，人有欲爱必然要在身（行动）、口（言论）、意（思想）三方面有所表现。这些表现在佛教中也称之谓"造业"。佛教认为，欲爱、造业、果报、轮回、重新受苦，是一种必然的因果关系，认为"欲为大患"，不解除此欲，人们始终要在变化无常的人世中经受痛苦。在阶级社会里，广大劳动人民之所以受苦，是由于统治阶级压迫和剥削的结果，可是佛教却掩盖了这一实质问题，把真正的苦因歪曲为欲爱，让人们去同自己的欲爱作斗争，而不是去同统治阶级的压迫和剥削作斗争，这实质上是要劳动人民安分守己，服服帖帖地当牛做马。灭谛是讲灭苦因。既然苦因根源于欲爱，因此灭苦因必须灭欲爱。佛教认为，欲爱灭则不造业，不造业则无果报，果报灭则轮回亦灭，轮回灭就可得到解脱，进入最高界涅槃。涅槃是佛教幻想出来的不生不灭，永远超脱轮回，克服了一切痛苦的寂静境界。这种境界实际上是不存在的，它只不过是死的代名词而已。那么，欲爱能否灭，涅槃能否达到？佛教主张"自业自得"，即认为每一个人都能够自己克服一切杂念，能够依靠自己得到解脱，而不需靠僧侣向神祈祷。大批佛教徒克己守法、孜孜以求，就是为了达到这种"不生则不死，此灭为最乐"的境地。道谛是讲修道的途径和方法。按佛教的说法，要想达到涅槃境地必须修八正道。八正道是："正见"（信仰正）、"正思维"（决心正）、"正语"（言论正）、"正业"（行为正）、"正命"（生活正）、"正精进"（努力正）、"正念"（思念正）、"正定"（精神集中，禅定正）。这八条正道就是要人们脱离现实斗争，不要犯上作乱，循规蹈矩地生活，专心致志地修行，最后得到幻想的幸福。这是束缚人民大众的八具精神枷锁。是麻痹人民的鸦片。不过，早期佛教也具有一定的进步倾向。

早期佛教的阶级基础是刹帝利官职贵族和吠舍中的大商人两个新兴奴隶主阶层。

它代表它们的利益，为它们呐喊，因此得到它们的积极支持，发展很快。虽然在轮回转世说上它与婆罗门教相似，但总的说来它是反婆罗门教的，是有进步意义的。

早期佛教的进步倾向主要表现为：第一，反对婆罗门教固定不变的种姓论。列国时代，随着争霸战争的进行，社会政治和经济的发展，王权得到了加强和提高，但由于受所谓神创四个瓦尔那谬论之束缚，王家贵族仍处于婆罗门之下，受到压制。另外，以刹帝利官职贵族和吠舍中的大商人为代表的新兴奴隶主阶级，要求提高自己的政治地位，也受到婆罗门教固定不变的种姓论的限制。早期佛教从王家贵族和新兴奴隶主阶级的利益和要求出发，对婆罗门教进行了猛烈抨击。据佛教文献记载，佛陀曾告婆悉吒说："你看那些婆罗门，愚冥无识，犹如禽兽。虚假自称，婆罗门种，最为第一，余者卑劣；我种清白，余者黑冥；我婆罗门种，出自梵天，从梵口生。"接着又告诉他说："所谓梵种乃是欺诈，他们也是婚娶产生，与世无异。"这样就否定了种姓神创、固定不变和婆罗门第一的说法。

佛教在反对婆罗门教神创四个瓦尔那学说的同时，提出了自己的创世说。佛教认为，世间最初本无种姓差别，后来由于为财产发生争讼，人们便"宁可立一人为主，以治理之。"于是世间便有王名，以正法治民，故名刹利（即刹帝利）。"按照佛教这种说法，最早产生的是刹帝利种姓，它当之无愧，应列第一。《长阿含经》中说："刹利生为最，能集诸种姓，……天人中为最。""世间为第一。"佛教在肯定刹帝利的最高地位的前提下，按人类形成之初的职业分工，确立了其他三种姓的地位，即婆罗门居第二位，吠舍和首陀罗仍居第三和第四位。佛教对婆罗门和刹帝利的地位的颠倒，其目的在于排除婆罗门对刹帝利的压制，以使他们能够扩张其社会的和政治经济的势力。这对奴隶制社会的发展是有利的。另外，佛教把种姓制的产生看作是历史现象，是社会分工的结果，因而不再是人力不能改变的，从而也否定了种姓固定不变论。

第二，主张以阶级划分代替种姓划分。在早期佛教经典中，经常提到奴隶主与奴隶，称二者为"大家与奴"、"大家与奴婢"、"良人与奴婢"、"人与奴"、"王与僮"等。例如，《中阿含经》中说："余尼及剑浮国（犍陀罗和剑浮沙）有二种姓，大家及奴"。《增一阿含经》在谈到犍陀罗和剑浮沙的情况时说："彼土人民有二种之姓，云何为二？一者人，二者奴。此二姓亦复不定，……或先做人后作奴，或先作奴后做人。"佛教如此把作为奴隶主的"大家"、"良人"、"人"、"王"与作为奴隶的"奴"、"奴婢"、"僮"直接对立，用奴隶制阶级划分代替种姓划分，从而消除了种姓制结构中旧的排列次序。这是符合要求改变现实地位的新兴奴隶主阶级利益的，是符合社会发展的要求的。

第三，提出了"众生平等"口号。《长阿含经》中说；"四种姓者，皆悉平等，无有胜如差别之异。"《长阿含经》中又说。"今我弟子，种姓不同，所出各异，于我法中，出家修道，若有人问，汝谁种姓，当答彼言，我是沙门释种子也"。早期佛教提出这一口号，在一定程度上反映了被压迫的低级种姓要求平等的愿望，在宗教生活上也为他们打开了方便之门，比之婆罗门教严禁首陀罗参加宗教生活是一种进步，对婆罗门教极力维护的种姓血统论是一个打击，因此是有进步意义的。但是需要指出，早期佛教所讲的"众生平等"绝非指在世俗生活上平等，它所指的是在宗教领域内的平等，即任何人都可以通过修道得到虚幻的解脱。因此，早期佛教尽管在与婆罗门教斗争中表现出一些顺应奴隶制发展的因素，但本质上它是代表统治阶级利益的，而绝非人民大众的宗教。

早期佛教和顺世论哲学

随着列国时代政治经济的变化和奴隶制大国逐渐形成的过程中，在恒河流域的中下游，出现了许多反婆罗门教的各种教派和各种新的学说。摩揭陀国是这些教派的活动中心。其中影响最大的是佛教，思想最急进的是顺世论哲学。

佛教的创始人是释迦牟尼。释迦是族名。牟尼是隐居林间的圣哲，其名为悉达多，姓乔达摩。但其真名一般不用，通常称他为释迦牟尼，或佛陀（意即觉者）。释迦牟尼大约生于公元前 563 年，是迦毗罗卫城（今尼泊尔境内）净饭王之子，属刹帝利种姓。传说悉达多于十九岁那年，离别了双亲、妻儿，出家修道。经过七年的苦思冥想，终于得道成"佛"。这个故事纯系后人的虚构。我们知道，佛教是时代的产物，而绝非某一圣哲的大彻大悟。恩格斯说："历史上的伟大转折点有宗教变迁相伴随，只是就迄今存在的三种世界宗教——佛教、基督教和伊斯兰教而言。"早期佛教的产生正是和列国时代政治、经济的巨大变化有密切关系。传说中的释迦牟尼只不过是当时的一个传道者。

列国时代，随着城市国家的发展以及在连年征战的过程中，作为军事贵族，刹帝利种姓不仅在政治上日益强大，而且在经济力量方面也日益雄厚，因此，他们越来越不满足于自己所处的次等地位。同时，随着城市经济的发展，吠舍大商人的经济和政治地位也显著提高了，他们极力要求打破婆罗门至高无上的种姓特权，打破他们对宗教、知识领域内的垄断地位。因此，早期佛教主要是反映以军事贵族为代表的刹帝利种姓和以大商人为代表的上层吠舍种姓利益。

早期佛教否认婆罗门所宣扬的神创四种姓说，特别是对婆罗门种姓"出自梵天"的谬说，给予激烈的抨击，说他们是"愚冥无知，犹如禽兽"。早期佛教还力图在宗教领域内清除四种姓之间的严格界限，提出"众生平等"的口号，说在佛门内不分种姓，凡释迦弟子，都可以靠自己的修行达到不生不灭的涅槃境界。这些主张虽然是从刹帝利贵族和上层吠舍的利益出发，但也反映了一般人民大众要求平等的愿望。因此，早期佛教很容易被人们所接受。但是，早期佛教并没有触动现实的种姓制度，当然也不可能解除劳动人民的苦难生活，它给予劳苦大众的只是精神上的"安慰"。实际上，它是用宗教面前的假平等掩盖现实社会真正不平等，以达到维护剥削制度的目的。

早期佛教的基本教义是"四谛"，意即四种"真理"："苦谛、集谛、灭谛和道谛。"苦谛"是说人的一生总是要受苦的，生、老、病、死等都是苦。"集谛"是讲人生多苦的原因，有欲望就有行动（业），因而不免有轮回之苦。"灭谛"是说消灭致苦的原因，要解脱苦境，就要消除一切欲望，进入佛教所理想的最高境界，即涅槃。"道谛"是讲修道的方法。按佛教的说法，要达到涅槃境界，就要修道。佛教的这些玄妙之音，完全是骗人的，它以悲观厌世之苦来掩盖阶级社会中最根本的阶级压迫之苦；以修道达至涅槃为目的，要人们放弃阶级斗争，追求那虚无飘缈的"极乐世界"。佛教同其他宗教一样，是麻醉人民的鸦片烟。

释迦牟尼死后，大约公元 1 世纪，佛教分成两大派，即"小乘"和"大乘"。"小乘"还保持早期佛教的原始精神，重在自我解脱，其理想境界为阿罗汉果（阿即无，罗汉即生）。"大乘"佛教接受了外道思想，进一步发展了释迦牟尼的学说，主张普渡众生，即不仅要自己求得解脱，还要帮助别人解脱，使皆"成佛"。"成佛"是大乘的最高理想。佛教在印度曾经盛行一时。到公元 3 世纪中叶，佛教由印度传入斯里兰卡，过了几个世纪以后，又在东方得到了广泛的传播，成为世界性的宗教。

顺世论哲学是古代印度的唯物论哲学。梵语称为"路迦耶陀"，意即"流行在人民中间的观点"，在我国的史籍和汉译佛经中称为"顺世外道"或"世间行"等名称，这派哲学的敌人认为顺世论哲学以花言巧语惑众，因而被称为"砍婆伽"哲学。这一学派大约在公元前 1000 年代前半期即已出现，但其最活跃时期是在公元前 6 至 4 世纪。传说这一学派的代表人物是阿夷多翅舍钦婆罗。佛经中称他为六大师之一。

顺世论学派反对一切宗教，否认神的存在，主张世界由"四大"元素，即地、水、火、风组成。这一学派大师阿夷多翅舍钦婆罗认为，人也是由"四大"组成，人死后"地还归地，水还归水，火还归火，风还归风，皆悉坏败，诸根归空。"这里所说的人，是形体和意识的统一，形体坏了，意识也随着消灭了。"四大"都是物质，物质和物质的结合怎能产生意识呢？顺世论在回答这一问题时说：这是"四大"的一种特殊的混合，例如酒是用糖汁和稻米制成的，假若谁单独地吃糖汁或稻米是不会醉的；但是，把糖汁和稻米加以特殊混合而制成酒以后，谁再喝它就会醉了。同样，地、水、火、风这四个元素分开，是不会产生意识的；但是，当这四者结合而形成身体时，由于特殊的结合便产生了意识，这种意识既然是由"四大"组成，那么当人死后它也必然要和形体同时消灭。顺世论哲学在反对意识（灵魂）独立存在时还说："剑可以从鞘中拔出，鞘和剑是不同的；可是没有一个人能够把灵魂从肉体中拔出来"顺世论哲学的这些说法虽然是朴素的，但是它用物质解释人的形成的意识的存在，这就否定了万物为神所创造的谬说，从根本上打击了宗教的业力轮回、灵魂转移等说教。

顺世论学派激烈反对祭司阶级、吠陀经典和杀生祭祀的行为。他们说：如果像《吠陀》所说的那样，在祭祀中所杀的牲畜能够升天，那么祭祀者为什么不奉献自己的父亲呢？所以他们认为《吠陀》的编造者都是伪善的、狡猾的和贪婪的骗子。顺世论学派还反对种姓的不平等制度，认为婆罗门和旃荼罗（"贱民"）血管中流的血液都是红色的，人类是生而平等的。

顺世论哲学在奴隶社会里是得不到顺利发展的。它被看作邪门歪道，其著述绝大部分被烧毁，即使残留下来的部分著述也多被歪曲。

马其顿王国的兴起

　　马其顿位于希腊本土的最北部，东以斯特律蒙河和色雷斯毗连，西以品多斯山脉与伊利里亚、伊庇鲁斯接壤。南以奥林帕斯山与帖萨利亚交界，北与帕伊奥尼亚为邻。马其顿的西部是森林茂密的山区，称为上马其顿。东部的沿海地区是适合于农牧的沃野平原，称为下马其顿。马其顿的居民是由色雷斯、伊利里亚和一些与希腊人有血缘关系的部落混合而组成的。

　　马其顿人进入文明时代较大部分希腊人晚，公元前五世纪上半叶还处在军事民主制时期。王位是世袭的，但王权受军事贵族的限制。这种军事贵族称之为"王友"，他们组成贵族会议。古老的民众会议仍然存在，战时召集。

马其顿方阵

　　希波战争期间，马其顿王亚历山大一世（公元前495—前450年在位）曾依附于波斯国王薛西斯，但当普拉特亚战役前夕，他又将军事情报暗地告知希腊人，后来他就以这一功劳被允许参加奥林匹克赛会。

　　公元前5世纪后期至公元前4世纪初期，马其顿国家逐渐形成。伯罗奔尼撒战争期间，马其顿与希腊各邦的往来日益频繁。公元前424年马其顿国王帕尔迪卡斯二世（约公元前450—前413年）曾联合斯巴达司令官布拉西达斯，从雅典手中夺占安姆菲波利斯。国王阿尔赫拉于斯（约公元前413—前399年）时代，马其顿国家初具规模。他文武兼修，改革军事，开辟道路，兴建城寨，发展教育，举办体育竞赛，大力提倡希腊学术文化，从希腊本土请来悲剧家幼里披底斯和画家泽于克西斯。他把国都从山城埃盖迁到近海的平原城市佩拉，结果马其顿大

马其顿王亚历山大

治。伯罗奔尼撒战争后，忒拜与斯巴达争霸，希腊本土各邦无暇北顾，马其顿得以迅速壮大。

　　公元前4世纪中叶，腓力二世（公元前359—前336年）当政时，马其顿王权大大加强，国势也日益发展。腓力年轻时曾在忒拜做人质三年，处于埃帕米农达斯左右，学习到战争策略、战斗技术和政治权术。他深受希腊文化的熏陶，了解希腊城邦的弱点及其相互的矛盾。腓力雄才大略，即位后削除各部落首领的武装力量，限制贵族会议的权力，把军队大权集中到自己手中。他还实行了货币改革，兼用金

币银币，两种货币按固定价格兑换。当时希腊用银币，波斯用金币，马其顿金币银币并用，既便于通商，又可以和两种货币势力抗衡。货币改革促进了马其顿商业和手工业的发展，加强了国家的经济力量。

最重要的是腓力实行了军事改革，建立了常备军。他仿效忒

两军交战时的情景

拜的军队阵法，加以改进，创制更为密集、纵深的作战队形——马其顿方阵。队形随着敌情和地形而变化。重装步兵构成方阵的核心，他们配备有盔甲、短剑、盾牌，手持名为"萨里萨"的长枪，这种长枪加强了步兵进攻的能力。方阵的外面呈现为一重防护的盾牌及密如刺猬的枪头。方阵配置有重装骑兵、轻装骑兵和轻装步兵作为前锋和护翼。重装步兵由农民组成，重装骑兵由贵族组成，轻装步兵、轻装骑兵从色雷斯和伊利里亚边远部落中征募。在腓力统治时期，马其顿开始采用各种围攻堡垒的设备（弩炮、破城槌、攻城塔等），同时还建立了海军。

关于公元前4世纪中叶马其顿的社会经济情况，传世的资料极少。但从腓力的货币改革中，可见商业已有发展。腓力于公元前348年征服奥林托斯时，曾将居民变卖为奴，可见奴隶制度和奴隶市场有所发展。在商业和奴隶制发展过程中，马其顿出现了新的富裕的奴隶主。他们对内要求统一，对外要求扩张，因而必然拥护王权的扩大，积极支持腓力的改革。而腓力的改革既满足了他们的要求，也壮大了马其顿国家的实力。与希腊各邦相比，马其顿是内部矛盾少、兵力强、财力足，而这时的雅典、斯巴达、忒拜等城邦，则恰恰与之相反。当时内外部条件都有利于马其顿的兴起。

第一次马其顿战争

马其顿王国位于地中海东部，是巴尔干半岛北部的一个古老国家。境内可分为两大部分，即以山岳为主的上马其顿和以平原为主的下马其顿。历史上的三次马其顿战争发生在公元前3世纪末期到公元前2世纪中期，即马其顿的安条克王朝统治时期。安条克王朝对内镇压希腊的反马其顿运动，巩固对希腊地区的统治，对外则与包括罗马在内的其他国家争夺爱琴海和赫勒斯滂海峡的霸权，腓力五世（公元前220—前179年在位）当政时期，西方的罗马共和国也正在大举扩张，它欲取得头等强国的地位，必须对付地中海东部的马其顿王国。因此，两强相遇，战争势不可免。

马其顿王国兴起较晚，但是经过腓力二世、亚历山大等几代能征惯战的国王的扩张，国势发展相当迅速，到公元前4世纪中期，已控制了整个希腊地区。公元前220年，十七岁的腓力五世继承王位，次年便同埃托利亚同盟交战。这便是历史上

的"社会战争"。这次战争最后以和约的方式结束，但它不是因为腓力没有能力打赢这场战争，而是因为他的野心远远超出了打赢这场战争的目的。公元前217年，罗马在与迦太基进行的第二次布匿战争中，遭到了特拉西美诺湖之战的惨败，士气低落，国内形势紧张。这使得腓力相信：一个绝好的插手地中海事务的机会到来了，因此，他匆匆结束了与埃托利亚同盟的战争，把侵略的目光投向了亚得里亚海方面。当年冬天，腓力建成一支快速舰队，并于次年春天把它调到亚得里亚海。这一行动暴露了腓力要代替伊利里亚成为亚得里亚海霸主的意图。对此，罗马方面立即有所警惕，并加紧准备。一旦腓力威胁罗马安全，就给他一个狠狠的打击。

公元前215年，罗马军舰在凯拉比利亚海面拦截了一条向东航行的马其顿船，搜查到一份重要文件。这便是汉尼拔和腓力准备缔结条约的草案。这一事件使罗马元老院大为震惊，它立即讨论决定，对腓力采取相应的措施：向阿普利亚增加战舰30艘，由执政官拉维努斯指挥；一旦腓力采取援助汉尼拔的行动，拉维努斯便率舰跨海，赶到马其顿，尽力把腓力的军队牵制在那里，使他与汉尼拔的合作不能实现。

事实证明，罗马元老院这个决策是正确的，它估计到了腓力可能带来的危险。公元前214年春天，腓力率领一支由120艘小船组成的舰队再次进入亚得里亚海水域，并迅速占领了奥里卡姆。奥里卡姆在被占之前向拉维努斯求援。遵照元老院的命令，拉维努斯率军越过了亚得里亚海，并成功地堵截了腓力的小股部队。腓力攻打阿波罗尼亚时，拉维努斯设计把他的一些部队送进城内，里应外合地给腓力以彻底的打击。腓力被迫烧掉了他在阿乌斯河口的新造船只，并撤退回到马其顿内地。但是，他也没有忘记为罗马舰队设置障碍，使他们长期滞留在伊里利亚水域。

由于船只被焚烧，腓力无法进行海上远征，于是他转而在陆地上发展自己的势力。公元前213年，他越过品都斯山，试图控制帕希尼、第乌鲁姆和阿提塔娜斯，并且占领了里苏斯堡。但这些只是表面上的成功，拉维努斯始终控制着亚得里亚海，寸步不让。双方的对峙持续一段时间以后，罗马人开始寻找新的同盟者。他们很清楚，腓力在战争中成败的关键，在于希腊各城邦的态度。从公元前4世纪中期，希腊地区即被马其顿全部控制。在希腊人眼里，马其顿早就成了他们的宿敌，是他们谋求解放和独立的真正敌人。所以，不单埃托利亚人对马其顿十分仇视，甚至与马其顿比较友好的亚该亚人，也对马其顿的不断强大持十分疑惧的态度。当然，他们仍不得不对腓力表现出几分好感。拉维努斯首先把目光转向了刚刚与腓力结束"社会战争"的埃托利亚同盟。共同的敌人使他们很快就结成了联盟。联盟条约规定：埃托利亚人立即在陆地上展开对腓力的战争；与之相呼应，罗马增强海上实力，提供25艘以上的战舰；战争中所获取的土地归埃托利亚同盟，罗马只求得到所掠夺的动产（其中包括人和牲畜）；双方不得单独与腓力订立和约。不久，联盟中又增加了埃力斯、斯巴达和培尔伽门等国相继加入联盟，从而扩大了反马其顿的力量。这样，腓力不但没能把战争转移到意大利半岛，反而使自己引火上身，在巴尔干本土陷入了四面受敌的困境。

第二年，反马其顿联盟取得了巨大战果。首先，他们抢占了奥尼阿达、那苏斯和匝辛索斯等地；接着，在公元前210年，拉维努斯和他的继承者也攻克了弗西斯的安提希拉和萨柔尼克海湾的阿吉娜等城。

在战争中，一些希腊城邦不断被占领，他们的人口被贩卖，各城邦之间正常的交往被扰乱。他们尝够了战争的苦果。由于要保持希腊世界的权威不被颠覆，正常的商业能够进行，并且害怕战争的火焰蔓延得越来越广，许多中立国家开始探索促使双方平息战火的道路。

从公元前207年开始，局势又开始有利于腓力。当埃托利亚同盟内部滋生厌战情绪时，腓力再次发展了他的舰队，夺回了匝辛索斯，并且直插到托利亚腹地，掠夺了该同盟在瑟木姆的至圣所。此时，恰好汉尼拔的弟弟哈斯德路巴尔率军突入意大利，给罗马造成了相当大的压力。罗马被迫把全部力量集中在意大利，因而没有能力援助埃托科亚同盟。埃托利亚损失惨重，在得不到援助的情况下，开始考虑妥协。公元前206年，在中立国的积极斡旋下，埃托利亚同盟与腓力之间订立了和约。

由于失去了埃托利亚同盟，罗马元老院没有兴趣也没有能力独自在巴尔干半岛作战。迦太基的汉尼拔此时给予罗马的压力仍然很大，使罗马不能对巴尔干半岛的战争承受过多的负担。况且，到此时为止，罗马进行此次战争的目的已经达到，它已使腓力未能在第二次布匿战争中给汉尼拔带来具体帮助。在这种情况下，罗马与腓力之间也就于公元前205年结束战争而签署了和约。

第一次马其顿战争在战术上并没有什么特色，但是它却扩大了罗马人的眼界，也开拓了罗马同希腊中部和小亚细亚一些城邦的联系，其意义远远超过了最初只为打击腓力这一狭窄的目标。尽管罗马人在和约里把大陆上的部分土地让给了腓力，但他们为自己保存了最重要的伊利里亚领地。总之，在这一次战争中，双方均未取得决定性胜利，而以大体上维持现状的一纸和约告终。

第二次马其顿战争

公元前3世纪末期，地中海东部的相对均势发生了变化。埃及在托勒密四世当政的最后年代里显著地衰落了。在弱肉强食的古代帝国关系中，她的衰落引起了腓力和叙利亚国王安提奥库斯的贪欲，他们试图瓜分埃及在叙利亚、小亚细亚、爱琴海及海峡地带的领地。共同的欲望使他们超越了彼此间深刻的矛盾，于公元前203年到前202年的冬天缔结了密约，并对埃及采取了军事行动。

两个帝国对被征服地区的掠夺，以及出卖居民为奴的种种行径，在希腊世界引起了极大愤慨。不愿意看到海峡落入马其顿之手的小国，如罗得、拜占庭等结成联盟打击腓力。公元前201年夏，罗得和倍尔伽姆的使节到达罗马，向元老院请求帮助。早些时候，埃及也曾请求过保护。对罗马来说。干预东方事件始终是一个极其严肃的问题，尤其是在对迦太基的长期战争刚刚结束、历经战乱的人民渴望和平的时候更是如此。但是，元老院经过长期辩论，还是决定开战。元老院这么做，主要是基于两个方面的原因。

其一，腓力和安提奥库斯是罗马潜在的敌人，他们都有潜力建成东方最强大的国家。腓力曾公开地表示，要助迦太基的汉尼拔一臂之力。对于这一点，罗马人始终耿耿于怀，欲施报复。现在，汉尼拔虽然失败了，但并没有被彻底消灭，他会不会东山再起，与腓力再次联合呢？想起这种可能性，罗马元老院就会感到不安。安提奥库斯是个好大喜功，而且是有毅力、有才能的统治者，罗马元老院担心他随着势力的发展而成为又一个骁勇善战的亚历山大。他与腓力秘密结约，更使罗马意识到，需要通过一场战争来消灭明敌与隐患。

其二，罗马统治集团的侵略意图也起了不小的作用。如果说，在第一次马其顿战争中，罗马还有防御的必要，那么到此时，罗马的政策则是富有扩张性了。在两次布匿战争中，罗马发展了奴隶制度，使奴隶制经济有了重大进展，并形成了意大利庄园，扩大了包括包办业务和批发商业在内的金融经济。经济的发展提出了不断扩张的要求，加上罗马人对东方文化的羡慕、对物质财富的垂涎，使元老院滋长了一定的战争情绪。东方危机的产生，促使这种情绪更加高涨。而援助遭腓力蹂躏的希腊小国，正是介入战争的最好借口。

公元前200年春天，罗马向巴尔干半岛派出一个由3人组成的使团，目的是要使希腊国家加入反马其顿同盟，并向腓力发出最后通牒。这个使团在希腊进行了热烈的煽动，但希腊各城邦始终保持观望的态度，不肯答应承担任何义务，只有与腓力发生过尖锐冲突的雅典向腓力宣战。罗马对腓力的最后通牒是：停止对希腊人的一切敌对行动；把所占的埃及领土全部归还给埃及；马其顿与培尔伽姆和罗得之间的一切争端，用仲裁办法加以解决。这个通牒实际上等于要腓力交出所有的既得利益，所以腓力无论怎样也不愿接受。这一点是罗马元老院早就预料到的，这样做的目的，是想借此在公然敌视战争的罗马舆论中煽起仇视马其顿的情绪。

公元前200年夏末，罗马执政官伽尔巴率领两个军团渡海，到达巴尔干半岛西海岸城市阿波罗尼亚，攻打腓力在伊利里亚的领地，由此开始了第二次马其顿战争。与此同时，雅典也开始军事行动。

战争的头两年，双方都没有取得决定性的胜利。但是不久之后，埃托利亚同盟加入了战争，改变了战争的局势。达尔达尼人和伊利里亚从一开始便是罗马的同盟者。罗德斯和培尔伽姆的舰队在爱琴海上和马其顿沿岸地带展开了军事行动，同罗马舰队互相配合，再加上埃托利亚同盟的力量，使罗马在此地区开始占据很大的优势。与此相反，腓力的情况远不如罗马。曾经与腓力秘密签约的安提奥库斯，担心腓力的力量超过自己，在整个战争中一直采取消极的态度，并不给腓力以实际援助。

腓力迫切需要同盟者。亚该亚同盟曾在第一次马其顿战争中帮助他对付罗马，但自从腓力插手伯罗奔尼撒事务而得罪了该同盟后，他们的关系便中断了。公元前200年秋，腓力为亚该亚同盟提供帮助，以打击亚该亚同盟的敌人斯巴达人，然后又提出了与亚该亚同盟结盟的要求，结果再次被拒绝。

这样，腓力便完全陷入了孤军奋战的境地。公元前199年冬天过后，罗马执政官伽尔巴率军出征，占领了马其顿的西部，掠夺了林赛提斯的大片土地，击溃了腓力的大部分军队，掠夺了大量财物。但他没能深入到下马其顿。秋天，他返回到海边基地，并把他的领导权移交给了继任的执政官。同时，罗马舰队继续对雅典进行掩护，并在爱琴海和马其顿岸边抢掠财物。不过到此为止，罗马人还没有取得重大的胜利。

公元前198年，罗马执政官佛拉米尼努斯被派到巴尔干，率军与腓力作战。佛拉米尼努斯当年才三十岁，毅力和才能兼备，是一个希腊文化的热烈崇拜者，并有着希腊式的思想和抱负。他在罗马元老院里有强有力的支持者，元老们给他以充分支持，使他得以长久地控制罗马在巴尔干半岛的利益。

起初，罗马为了削弱腓力的力量，曾试着进行和谈。但是，由于罗马坚持自己的条件，马其顿又不肯放弃既得的利益，和谈没有进展，罗马人却在其间夹杂着进行一些零星的小规模的军事行动。到和谈彻底破裂时，腓力已失掉了通往马其顿的要道阿乌斯峡谷，并退到帖撒利亚。腓力在他仓皇之中作出决定，如果佛拉米尼努斯紧追而来，他就以牺牲帖撒利亚为代价实行焦土政策。但是，佛拉米尼努斯并没有立刻追击。他首先保护了联接西部海岸的通路，然后才进军帖撒利亚，与自己的希腊同盟军会合。不久，同盟军的舰队也进抵科林斯。在这样强大的压力之下，亚该亚同盟便倒向了罗马方面。

罗马步步紧逼，腓力节节败退。到公元前197年，腓力在希腊的影响，实际上只限于弗提欧提斯和帖撒利亚两个地区了。原来表示友好的一些希腊小国，现在也都反对他。这样对他来说，只剩下冒险决战一条出路了。此时，佛拉米尼努斯也产生了决战意图。公元前197年，腓力集结了身边所有的力量，与罗马军队在库诺斯克法莱（希腊语"狗头山"）进行了具有决定意义的会战。双方兵力几乎相等：腓力有2.5万人；佛拉米尼努斯拥有两个罗马军团（约9000人），其同盟部队为6000名埃托利亚步兵，1200名阿萨马尼亚步兵，500名克里特步兵和300名阿波罗尼亚步兵，以及400名埃托利亚骑兵。腓力麾下的马其顿军队仍然沿用马其顿方阵作战。这种方阵体积庞大，在平坦宽阔的地面具有极大的杀伤力，但在凹凸不平的山区就显然缺少灵活性。因此，马其顿方阵在这次会战中发挥不了自己的优势，无形中大大提高了罗马及其同盟者的作战能力。腓力遭到惨败，差不多损失了一半以上的军队。他退入马其顿并派使节到佛拉米尼努斯那里谈和，佛拉米尼努斯早已把牌亮在桌面上，除了接受全部条件之外，腓力无路可走。

腓力被迫放弃了马其顿境外的所有领地，退出希腊，交出舰队（保留了几艘船），放还所有战俘和逃亡者，并交付了1000塔兰特的赔款，其中一半要立刻付出，其余的款项在十年内分期付清。但这个条约还算比较温和，罗马并没有把腓力逼得太急，因为罗马人希望腓力能在罗马与叙利亚王国之间势不可免的战争中充当罗马的同盟者。

第三次马其顿战争

局势的发展正如罗马元老院的设想。马其顿一度成了罗马的同盟者，与罗马联合起来对付叙利亚国王安提奥库斯。腓力有自己的利益所在，他在战争中得到了一些好处，扩大了自己在希腊北部的影响。他夺取了色雷斯、帖撒利亚、波哈比亚和阿塔玛尼亚地区的一些城镇。毫无疑问，马其顿势力的增大直接威胁着罗马在希腊事务中的利益。安提奥库斯被打败后，马其顿自然又成为罗马的主要打击对象。公元前189年，罗马元老院与埃托利亚人缔结了和约，目的就是要维持埃托利亚联盟与马其顿之间的抗衡。

由于对马其顿和罗马的态度不同，色雷斯各城邦中存在着尖锐的派系斗争。腓力的老对头优米尼斯曾派使者到罗马元老院控告他，元老院作出裁决，强迫腓力退出色雷斯和希腊的一些据点。腓力服从了裁决，但是心中却加深了对罗马的不满和仇恨，也导致了他又一次开始做战争的准备。

腓力从色雷斯据点全部撤军以后，罗马方面再没有对他下强迫命令。这是由于腓力的幼子德米特里乌斯的原因。德米特里乌斯曾作为人质在罗马住了几年，对罗马文化有着一定的了解，感情上倾向于罗马。因此，罗马元老院有意加强对他的影响，希望他能成为腓力的继承者。但是，腓力早已有了合法继承人即他的长子佩尔修斯，结果马其顿宫廷发生了政变，德米特里乌斯被处死。

马其顿和罗马对希腊的兴趣始终不减，双方不断调节各自的政策，以求尽快达到自己的目的。公元前179年，腓力大功未竟身先死，长子佩尔修斯继承了王位。此时的马其顿王国仍然是一个军事上强大的国家，应该说，秉承父志的佩尔修斯，无论从个人的角度还是从国家的角度都是极仇视罗马的。但他统治伊始，并没有破坏传统的勉强维持和平的政策，还是重修了与罗马的联盟。这种政策使他得到了尽可能多的朋友。他与叙利亚联姻，娶了叙利亚的公主劳迪斯；罗得人也想改善同他的关系；而且在埃托利亚人中间，他的影响也大大增加。但是不久，佩尔修斯便离开了保持传统政策的道路。

首先，他在希腊赦免了逃亡者、负债者和那些因为宫廷政变被流放的罪犯，并把他们召到马其顿，答应恢复他们的财产和权利。这些人的名单张贴在希腊几处重要的太阳神庙和帖撒利亚的雅典娜神庙里，他们的归来受到国王的热烈欢迎。佩尔修斯的目的是要以自己仁慈的举动吸引希腊人的目光。但是，这种煽惑政策，实际上却刺伤了一般民众的心，因而招来了适得其反的结果。居民中的有产者纷纷离开了他，而与亲罗马的政党接近了，这一点在不久爆发的战争中表现得更为明显。

罗马元老院从一开始便对佩尔修斯的行动给予特殊的关注。在希腊，有罗马的朋友，也有罗马的敌人。佩尔修斯的频繁外交活动，曾使许多城邦开始考虑与马其顿改善关系。对此，罗马人没有冷眼旁观，而是密切注视着巴尔干半岛上事件的发展，等待着采取反击措施的机会。

双方都在加快行动的步伐。公元前174年，从迦太基返回罗马的使者报告说，迦太基元老院接待了佩尔修斯的使者。很快，罗马元老院就派出一个高级使团前往马其顿，侦察马其顿国王的行踪。事实上，在公元前174年的大部分时间里，佩尔修斯都不在马其顿，他在外地奔忙，全心全意地重修与亚该亚同盟之间的关系。亚该亚同盟在第二次马其顿战争中与马其顿的关系破裂后，其内部一直存在着亲马其顿派和亲罗马派的激烈斗争。亲罗马派后来占据了上风，佩尔修斯派出的使团根本没有被接待，所以实际上，亚该亚同盟还是站在罗马一边的。

公元前172年，对佩尔修斯政策深为不满的培尔伽姆国王优米尼斯，带着对佩尔修斯的控诉书再次来到罗马元老院。他控告说，腓力早已计划了一场战争，佩尔修斯很快就要将它付诸实践。当优米尼斯从罗马返回时，在得尔菲几乎险遭暗杀。很明显，阴谋的制造者正是佩尔修斯。这件事使罗马再也不能忍耐下去了。在此以前，罗马元老院出于形势的需要已经在讨论对马其顿宣战的问题。作战的任务落到了公元前171年执政官的身上；同时，许多使团和使节被陆续派往希腊和亚洲的城邦或王国，旨在寻求战争中的同盟者，并观察佩尔修斯在罗马统治区的动向。战争的准备进行得很顺利，两个军团以及一支由50艘战船组成的舰队迅速集结起来了，准备渡海到伊利里亚的阿波罗尼亚。

但是，与佩尔修斯相当充分的战争准备相比，罗马的战备工作还是不够的。因此，罗马元老院派出以菲利普斯为首的罗马使团与佩尔修斯和谈，希望争取时间进行更充分的准备。佩尔修斯在战略上的反应比较迟钝，做事犹豫不决，加之他对避免战争还心存幻想，因而答应了和谈。这就给了罗马以必要的准备时间，而使自己失去了最佳的作战时机。接着，菲利普斯来到亚该亚人中间，再次获得外交上的成功。亚该亚的执政官同意派遣一支部队为罗马人驻守凯齐斯。公元前171年11月，当执政官走马上任之时，罗马议会正式向马其顿宣战。

公元前169年，执政官克拉苏斯在凯利希乌斯遭到失败。他是在通过伊庇鲁斯进入帖撒利亚时陷入了马其顿骑兵的包围。但在整个战争进程中，这次失败并不重要，因为时隔不久，在进入冬季宿营地之前，他终于夺取了帕拉那。战争全面展开以后，罗马不断地取得了许多小战的胜利。他们攻破许多城镇，将居民变为奴隶，并把这些地区交到亲罗马派手中，但是明确规定：他们的职位要得到罗马元老院的认可才能生效。

由于罗马统治集团内部的原因，菲利普斯再次被派去处理马其顿事务。他的所作所为要比前几任指挥官更为活跃和成功。首先，他利用外交手段，使埃托利亚同盟、亚该亚同盟以及罗得的许多城邦都对罗马表示友好，或者至少表示了中立态度。其次，他摆脱了通往马其顿的主要道路都被佩尔修斯部队控制的困境，在阿斯库里斯湖附近离马其顿军队驻地不远的奥林匹斯山上，发现了一条通路。这是一条陡峭的山路。菲利普斯率军克服路途中的许多困难，进入了马其顿本土。公元前169年末，双方军队在埃尔坡斯河两岸对峙，从而使得马其顿南部的陆地和海岸完全暴露在罗马军队面前。

为了加强自身的力量，佩尔修斯试图诱惑伊利里亚国王詹提乌斯加入公开的联盟，共同对付罗马。詹提乌斯趁机索取金钱，但吝啬的佩尔修斯不愿为此花费金钱，因此，詹提乌斯回绝了佩尔修斯的要求。公元前169年，罗马在马其顿前线取得了节节胜利，这使佩尔修斯重新认识到詹提乌斯对他的重要性。他不得不委曲求全，忍痛花费金钱而与詹提乌斯达成了联盟协议。

公元前168年，保路斯和奥克塔维斯当选为罗马执政官。罗马元老院派使者到达希腊前线，查明罗马军队在马其顿和伊利里亚的情况，然后根据他们的报告制定了战争的计划。保路斯率领主力部队进军马其顿，奥克塔维斯则致力于爱琴海舰队的建设。后来，根据伊利里亚形势的变化，罗马元老院又命令保路斯率军增援伊利里亚，进攻詹提乌斯。当年发生的伊里利亚战争，仅在1个月内就结束了。关于这次战争的记载大部分都已佚失，但是有一点是肯定的，即詹提乌斯在海上和陆地上都失败了，被赶到了斯柯达一隅，不久他就投降了。

当年冬天，佩尔修斯稳定了他在伊庇鲁斯的局面，并且派遣强大的部队到皮特拉和皮提乌姆驻防，以阻止罗马部队从奥林匹斯方向进行偷袭。保路斯决定穿过伊庇鲁斯直接攻击佩尔修斯。为吸引马其顿军的注意力，他首先佯攻马其顿的沿海地带。奥克塔维斯则受命率领舰队，并连同补给的船队，赶到赫拉克勒姆。公元前168年6月17日，纳希卡率领一队精兵，穿过伊庇鲁斯也进到了那里，然后靠着舰队的掩护，经过三昼夜行军，最后到达皮提乌姆。6月20日清晨，纳希卡部队驱走了马其顿在皮提乌姆的驻军。佩尔修斯被迫放弃伊庇鲁斯而向皮得那撤退，6月22日，双方大军在皮得那进行会战。会战开始时，马其顿方阵仍然占有很大优势，击溃了罗马的前锋，使罗马军团被迫退到自己军营附近的高地上。但是，在紧接着实行追击时，由于地形不平坦，方阵被迫变换队形，不得不散开，保路斯便趁机把中军插入敌人方阵的空隙之中，并从两翼和背后对马其顿军发起进攻，马其顿军即刻陷入混乱，骑兵束手无策。最后，佩尔修斯全面崩溃，据说，有2万马其顿士兵阵亡，6000人逃到了皮得那，但却在那里被俘，另外5000人则在途中当了俘虏。佩尔修斯退回首都，想焚毁王宫的文件，但追击而来的罗马人连这点时间都没有给他。他仓皇逃往萨莫色雷斯，在那里投降，后被处斩。

至此，战争全部结束，马其顿也不再作为一个独立国家而存在了。

恺撒大帝

公元前1世纪的某一天，天气晴朗，风和日丽。几个罗马贵族青年相约外出郊游。当他们有说有笑地走过高卢一个贫穷的小村时，一个青年开玩笑地说："哎呀！在这样鄙陋的角落，该不会有人为占居首位而争夺利了啊?"话音未落，青年们都哈哈大笑起来，其中只有一人没有笑，而是神情严肃地说道："我宁愿在这里当老大，也不愿在罗马当老二。"这个青年就是后来名震遐迩的古罗马大政治家、军事家、史学家恺撒。

盖马斯·尤利乌斯·恺撒出身于罗马古老而著名的尤利马斯家族，受过良好的教育。少年时代，恺撒就有着非凡的志向，幻想权威和荣誉。他喜欢阅读关于马其顿王亚历山大大帝的事迹。但读了之后，却又使他黯然神伤。亚历山大与他同龄的时候，已经赫赫有名，而自己呢？至今还默默无闻。然而，罗马社会的动荡变迁终于给了恺撒大显身手的机会。

恺撒生活的时代，奴隶制的罗马共和国正面临着严重的危机。斯巴达克起义给了它沉重的打击。罗马元老院由于无能而地位大为削弱。不少奴隶主都希望有一个强有力的军事独裁制度来取代瓦解中的共和制度。奴隶主阶级内部出现了两个对立集团：民主派和贵族派，其代表人物分别是马略和苏拉。恺撒一开始和民主派接近。当苏拉独裁的时候，他因此而受到迫害；幸好，苏拉不久便死了。恺撒重新活跃在罗马政治舞台上，先后担任了市政官、大祭司和西班牙总督。任职期间，恺撒穿着讲究，言谈机敏，为了笼络人心，他不惜自己借债而慷慨捐资，为公民们举办豪华的午宴和演出，还免费向观众分发面包。这样，恺撒便在平民和一部分上层人士中赢得了威望。可是恺撒深

恺撒

知，这还仅仅是开头。因为在他面前，有两个比他影响更大的人物：庞培和克拉苏，于是，在公元前 60 年，他与庞培、克拉苏结成了"前三头同盟"。在他们的支持下，恺撒出任公元前 59 年的执政官。为了巩固这一同盟，他还把与别人订了婚的女儿尤利娅嫁给了庞培。恺撒迈出了成功的第一步。

公元前 58 年，恺撒出任高卢总督。在他赴任之前，他也没有丢掉罗马，而是扶植了自己的代理人克劳狄乌斯，尽管这个人是个有名的"花花公子"，还曾与恺撒第二个妻子私通，但恺撒选择他，因为克劳狄乌斯在他看来是最适合于自己计划的人。

恺撒在高卢任总督期间，正是那一地区大动乱的时期，居住在那里的克尔特诸部落矛盾重重。恺撒在对其征服的过程中，表现了出色的军事才智。他只化了两年时间就基本上合并了高卢，还越过莱茵河打败了日耳曼的部落，两次入侵不列颠岛，并于公元前 52 年镇压了高卢的反罗马人大起义。他用从高卢掠夺来的巨额财富收买城市贫民，培植党羽，而在征服期间久经征战的 10 个军团则成了他夺取政权的重要资本。还值得一提的是，恺撒为了表白自己在高卢的战功，还用简练优美的文字写

下了一本《高卢战记》，这本著作史料翔实可信，赢得了后代不少史学家的赞赏。

但是，恺撒在高卢的巨大胜利引起了庞培和克拉苏的嫉恨。为此，三头同盟曾在鲁卡举行会议，但裂痕无法弥补。想效仿恺撒的克拉苏远征帕提亚，不想战败身亡。庞培则进一步靠拢元老贵族，与恺撒对立。

出土于巴勒斯特里的罗马战士浮雕

庞培在元老院贵族的支持下，一度占了上风，公元前49年1月1日的元老院会议上通过了决议，要恺撒立即卸任，否则就被宣布为祖国的敌人。恺撒的拥护者、保民官安东尼和克文杜斯·卡西马斯则对此行使了否决权，但受到了元老院贵族的侮辱。1月7日，元老院宣布共和国危急，并让庞培在意大利招募军队，形势非常紧张，安东尼和卡西马斯化装成奴隶逃出罗马，到恺撒所在的山南高卢报告了罗马的情况。

当时，恺撒的大部分军队驻在山北高卢，他身边只有一个军团和一些辅助部队，但是为了抓住时机，他还是决定出兵。1月10日，他率领军队渡过了意大利和高卢之间的界河卢比孔，赶在行动迟缓的庞培之前，以迅雷不及掩耳之势向罗马突进。他进军的借口是维护被侮辱的保民官。庞培果然猝不及防，只得逃出了罗马。恺撒进入罗马之后，并没有对那些政敌进行迫害，而是实行了怀柔政策，无条件释放了俘虏。他的士兵在城里也没有进行劫掠。这样，就使罗马的政治生活很快恢复，并且赢得了一部分元老贵族和骑士的好感，逃亡的人也陆续回城。

但是，庞培还有着众多的部下，他在巴尔干半岛集聚了一支大军，西班牙也有他的七个军团。恺撒仍然面临着严峻的形势。公元前49年秋天，他首先进军西班牙，经过四十天的艰苦战斗。恺撒终于包围了敌军的营寨，截断了水源，迫使庞培的两员部将投降。

第二年，恺撒开始与庞培本人进行决战。尽管恺撒的兵力少于对方，但他的神速大胆和庞培的迟缓使他赢得了胜利。公元前48年6月的法萨卢大战中，恺撒彻底击溃了庞培。庞培逃到埃及，但被国王派人杀害。恺撒的军队穷

古罗马近卫军在罗马帝国后期的政治危要中常常扮演非常重要的角色

追不舍，也到了埃及，消灭了庞培党羽，把归顺恺撒的埃及女王克列奥帕特拉七世扶上王位。在以后的两年中，恺撒又转战各地，清除庞培的余孽，结束了罗马内战。他终于成为罗马的老大了。

恺撒回师罗马时，受到了空前热烈的欢迎。他被元老院推为终身独裁官，成了集军、政、司法、宗教权于一身的最高权威，这在罗马历史是空前的。恺撒掌权期间，实行了一系列改革：改组元老院，增加高级官员数目，改善行政管理等等。他还制订了"儒略历"，这种历法在西欧流行了一千多年。

但是，恺撒的独裁统治也激起了一部分守旧的贵族共和派的不满。以卡西约斯和布鲁图斯为首的密谋者阴谋暗杀恺撒。但恺撒却陶醉于那些要他戴皇冠的甜言蜜语中，公元前44年3月15日，恺撒出席元老院会议，阴谋分子借机围在他身边，一声暗号，恺撒周围就出现了一片刀光剑影。恺撒流着血，愤怒地大喊着，躲避着剑锋，但当他看见他一直认为是他朋友的布鲁图斯也举剑向他刺来时，他停止了抵抗，用斗篷遮住脸，倒在血泊之中，他的身上中了23处剑伤，带着遗恨离开了

人间。

古罗马文武双全的杰出政治家就这样结束了生命。但是，罗马由共和转向帝制已不可避免，作为一个不是皇帝的独裁者，恺撒的事业将由他的后继者来完成。

萨莫奈战争

第一次萨莫奈战争

萨莫奈战争是罗马在亚平宁半岛的侵略扩张战争，也是萨莫奈人民反抗侵略和征服的战争。

萨莫奈地区位于中部意大利，多山而又有众多肥沃的可耕土地。从公元前5世纪后半期起，萨伯利部族中一个强大的支系，即萨姆奈人在这里繁衍生息，建立起强大的部落联盟。其所据地区，号称萨姆尼乌姆。公元前4世纪中期，罗马人兼并了拉丁平原之后，继续向南方推进，遂与萨莫奈人在坎佩尼亚发生利益冲突，矛盾继续发展，最终导致了前后三次、持续半个世纪的战争，并通过战争扩张了领土，完成了对整个中部意大利的征服。

第一次萨莫奈战争发生在公元前343年到前341年。公元前354年，罗马曾和萨莫奈人签订联盟条约，共同防御高卢人的入侵。可是，到公元前343年，当萨莫奈人入侵坎佩尼亚的重要城市卡普亚时，罗马人却不顾他们同萨莫奈人的联盟关系，答应卡普亚人的请求，派出军队去支援他们抵抗萨莫奈军的进犯。罗马人所以欣然地答应卡普亚人的请求，向萨莫奈人宣战，原因十分简单，那就是他们早已垂涎这块肥肉，因为坎佩尼亚正是意大利半岛最丰饶的地区。这个地区是罗马人统一意大利的必争之地，他们绝不能让它落入萨莫奈人手中。

罗马的两执政官率领一支军队进入坎佩尼亚，成功地赶走了萨莫奈人，占领了卡普亚城。但是，罗马人来不及在这里进行巩固，第二年便祸起萧墙，一些属地的军队起义和内部的政治斗争，使他们无力顾及同萨莫奈人的军事冲突。因此，到公元前341年萨莫奈人提出和平要求时，他们很快答应下来，恢复了以前与萨莫奈人签约的联盟关系。这就是历史上时间短暂的第一次萨莫奈战争。

罗马帝国的扩大

第二次萨莫奈战争

公元前 340 年到前 338 年，罗马人与拉丁同盟之间进行了著名的拉丁战争。战争以罗马人的彻底胜利而结束。因此，到公元前 4 世纪 30 年代末期，罗马便成了意大利最大的国家。它实际上已占有从南部伊特拉里亚到坎佩尼亚的广大地区。对于拉丁平原的统治既已巩固，罗马人又把眼光南移，于是同萨莫奈人的斗争又不可避免了。

公元前 328 年，罗马在利里斯河东岸特里路斯河汇入处的弗里格拉城建立了殖民地，以之作为周围地区的战略据点。这又激起了萨莫奈人的愤怒，因为萨莫奈人认为，他们是这一地区理所当然的所有者。与此同时，坎佩尼亚的希腊城市那不勒斯发生内乱，民主派邀请了萨莫奈人进入该城，贵族派则向罗马请求援助。于是爆发了第二次萨莫奈战争。公元前 327 年，罗马派执政官克温图斯·普布里乌斯·费洛率领军队包围了那不勒斯城，另一执政官率军进行掩护。公元前 327 年底或前 326 年初，那不勒斯贵族派在内战中战胜了对手，成功地赶走了萨莫奈人，打开城门将围攻的罗马军队迎了进来，双方缔结了联盟。这个联盟的缔结，是罗马在第二次萨莫奈战争中最先取得的重大胜利。

此后几年，罗马人与萨莫奈人断断续续发生过一些零星的战斗，但对双方来说都没有决定性的胜利。公元前 321 年，在萨莫奈西南部的卡乌丁峡谷，罗马人却首次遭受了灾难性的打击。当时，罗马执政官率领 2 万军队企图从坎佩尼亚抄近路穿过亚平宁山脉，直入萨莫奈的后方和粮食基地，阿普利亚，在峡谷里遭到了萨莫奈伏兵的狙击。率领萨莫奈人取得胜利的将军，是他们的杰出领袖卡维优斯·彭提乌斯。他成功地将罗马军队诱入内地山区，然后在狭窄而林木丛生的峡谷中埋下伏兵。还没有适应山区作战的罗马人，被围之后粮草断绝，没有救兵，在走投无路的情况下，被迫投降。执政官以个人名义签署了屈辱的和约。和约规定：罗马人立即撤出萨莫奈地区，以 600 名骑士做人质，保证不再发动战争。投降仪式对罗马军队是一种极大的耻辱，他们必须放下武器，半裸着身排成单行，一个一个钻过用兵器架起的轭形门，而他们的敌人则在旁边纵声嘲笑。

公元前 316 年，六年的和约期满，战斗重又开始，但这之前，罗马人却为战争作了充分的准备，他们加强了自己在坎佩尼亚和奥伦克人地区（位于拉丁平原和坎佩尼亚之间）的地位，在那里建立了两个新的特里布斯组织，即两个新的部落。公元前 315 年，罗马派出一支军队向萨莫奈人的后方进军，进入阿普利亚，而以另一支军队挺进萨莫奈西南部，围攻撒提库拉城，其目的是想围歼萨莫奈军队。萨莫奈人也不示弱，他们利用罗马分散兵力的机会，开进到利里斯河流域，并进而向罗马推进。

当年，经过比较长时间的艰苦围困，罗马人攻陷了撒提库拉城。但是，萨莫奈人也成功地突进到了坎佩尼亚和拉丁平原，并在塔尔拉齐那城附近的拉乌图拉打败了罗马军，劫掠了沿海地区。

公元前 314 年是战争的转折点。这一年，双方又在塔尔拉齐那附近进行了一场大战。萨莫奈人战败，损失惨重，前功尽弃。罗马乘胜恢复了对坎佩尼亚的控制。此后几年，罗马人相继占领了从弗里格拉到撒提库拉的各个战略要点，作好了进一步攻击的准备。

然而，来自北部的压力推迟了罗马人对萨莫奈人的胜利。公元前 311 年，伊特拉里亚人乘罗马的兵力被牵制在南方的机会，包围了苏特里乌姆。但是到公元前 310 年，罗马杰出的将领、执政官克温图斯·法比优斯·鲁里亚努斯又成功地以"围魏救赵"的办法解了苏特里乌姆之围。他率军队绕过了翁布里亚，出敌不意地出现于伊特拉里亚中部，纵横驰骋，迫使伊特拉里亚人撤军而去。经过几年的战斗之后，罗马人和伊特拉里亚人重新缔结了三十年的休战协定。

对伊特拉里亚人的战争可能一度使罗马的力量有所削弱，但罗马很快就恢复过来。采取了更大规模的进攻姿态，重新向萨莫奈地区发起进攻。罗马军攻陷了萨莫奈中部的重要城市波维亚努姆，继而挥师西向，收复了被萨莫奈人占领的失地。到公元前 304 年，萨莫奈人提出了媾和的请求，于是旧的联盟又得以恢复。

第二次萨莫奈战争结束了。萨莫奈的领土基本上没有改变。但是经过这次战争，罗马成功地阻止了萨莫奈人对阿普里亚，南部坎佩尼亚和路卡尼亚的控制。罗马在新占领区建立了新的殖民地并组成了两个特里布斯组织，继而和中部意大利诸小部落如玛尔喜人、佩利格尼人等建立了联盟关系，为对萨莫奈人的最后胜利作了充分的准备。

第三次萨莫奈战争

最后一次萨莫奈战争发生在公元前 298 年。这一次，罗马的敌对阵营中加进了高卢人和伊特拉里亚人，从而一度使罗马陷于非常危险的境地。罗马虽然第一次遇到几个强敌的联合进攻。但仍然获得了最后的胜利。

战争是从萨莫奈人向路卡尼亚进行袭击开始的。罗马人利用这一机会与路卡尼亚人结成联盟，名正言顺地派出军队，由两位执政官统率，分两路对萨莫奈本土发起进攻。执政官路克优斯·科尔涅里乌斯·斯奇庇奥·巴尔巴图斯率 1 支军队突入萨莫奈西南部，攻占了许多据点；另一位执政官高格涅乌斯·富尔维优斯·马克西姆斯·肯图马路斯率另一路军队进攻萨莫奈北部，在那里击溃了萨莫奈军队，继而攻占了萨莫奈各部落联盟的中心城市波维亚努姆。随后几年，罗马人继续发挥了军事优势，不断攻占和蹂躏了萨莫奈的城镇和乡村。萨莫奈军队受到夹击和围剿，陷入了从未有过的困境，民族灭亡的时刻似乎就要到来。

就在这个时候，罗马北部地区风云突变。来去迅速而又极有破坏力的高卢人，重又出现于意大利北部并向南推进。高卢人曾于公元前 299 年扫荡过意大利北部，随后便带着丰富的劫掠物如一阵风似归去。公元前 295 年，他们却不断南下，进入伊特拉里亚地区。这一次，他们与伊特拉里亚人不是进行战争，而是结成联盟，并派使者与萨莫奈人联络，希望共同夹击罗马人。萨莫奈人正求之不得，立即派遣著名将军盖里乌斯·艾格那提乌斯率军策应。他成功地突破了罗马人的一道道防线，率领军队北进到伊特拉里亚，和伊特拉里亚人及高卢人的军队会合在一起。

公元前296年和前295年，罗马人的军事部署显得特别繁忙。战争的主战场已经转到了北部，在伊特拉里亚和翁布里亚境内将会有激烈的战斗。罗马人派出了他们两位英勇善战的著名将领昆图斯·法比优斯和普布里乌斯·戴克优斯。军队向翁布里亚进发，前锋部队在翁布里亚中部的卡美利努姆遭受了挫折。但是几天之后，主力军在翁布里亚北部的森提努姆城附近与萨莫奈人和高卢人的联军进行了决战，取得决定性的胜利。

公元前295年的森提努姆会战，是意大利有史以来最大的一次军事行动。罗马方面包括其盟军部队在内，总人数达3.6万人之多，是罗马建城以来投入兵员最多的一次作战。萨莫奈人和高卢人联合军的兵力数量远远超过了罗马军队，但确切的数字史无记载。有人估计为65万，那显然是不可置信的。当时双方的步兵与骑兵都投入了战斗。战斗进行得异常激烈。罗马人曾一度处于溃败边缘，但在关键时刻，普布里乌斯·戴克优斯挺身而出，勇猛地冲进了高卢阵，奋勇拼杀，光荣战死。戴克优斯的英勇行为，特别是他的光荣战死，激起了罗马人的勇气和胆略。士兵们化悲痛为力量，在为统帅报仇的口号下冲向敌阵，很快扭转了败局，使战斗向着有利于罗马军队的方向发展。据李维的《罗马史》记载，这场会战结果：罗马士兵牺牲8700人，敌军方面有2.5万人战死，其中有萨莫奈人的杰出将领盖里乌斯·艾格那提乌斯。

森提努姆会战决定了整个意大利的命运。罗马主要敌人的联盟垮台了，萨莫奈人的力量也遭到了重大损失。这对萨莫奈人来说，导致了最后失败时刻的到来。当萨莫奈军队大量北去的时候，罗马军队并没有放松对南线的作战，公元前295年和前294年，罗马军在萨莫奈也先后取得了重要胜利。萨莫奈人虽然英勇奋战，不断组织反击，但已没有力量扭转整个不利的局面。

公元前293年，萨莫奈人作了最后的努力。他们把所有力量都聚集起来，为自己民族的自由作最后的斗争。据说，萨莫奈军当时约有3.6万人，其中有1.6万人组成了精英部队，装备了很好的武器。可是很不幸，在公元前293年的阿魁罗尼亚战争中，萨莫奈人又一次失败了。他们从此一蹶不振，再也没有力量作较大的反抗了。此后几年，整个萨姆尼乌姆，即萨莫奈各部族的土地，全都遭受了罗马军队的蹂躏。罗马人在一些战略要地建立殖民地，以巩固势力。直到公元前290年，为反抗侵略、争取自由而英勇作战了半个多世纪的萨莫奈人，终于被迫同罗马人签订了和约，结成所谓的联盟，实际上完全被罗马人征服，他们自己只剩下了以波维亚努姆为中心的一小块领土。

萨莫奈战争就这样以罗马的胜利而结束了。经过这个战争，罗马消灭了它在意大利最顽强的一个敌对势力，成了从波河流域以南直到路卡尼亚北部的全部意大利的主人。萨莫奈人是一个极其顽强的民族。他们虽然战败了，但却并没屈服。后来，在罗马人对马其顿王皮鲁斯的战争中，他们重又揭竿而起，支持皮鲁斯；汉尼拔转战意大利的时候，他们又成了罗马的敌人；直至同盟战争和苏拉内战中，他们仍为自身的独立和自由而进行了英勇战斗。苏拉在他所进行的战争中，对顽强的萨莫奈人进行了野蛮的大屠杀。萨莫奈民族就这样逐渐被罗马人消灭了。

罗马平民和贵族的矛盾

按照一般说法，罗马贵族和平民等级之分开始于王政时代，这种等级划分萌发于社会分工的需要，而后又和罗马社会经济发展引起财产分化、早期罗马侵略扩张以及吸收外来移民有关，经历了长期复杂的形成过程。

贵族来源于早期罗马公社各氏族部落中的显贵世家。相传早在罗慕路斯时代，已从拉丁世家中选拔出100个"贤能者"组成元老院，后来又不断吸收兼并而来的部落显贵补充元老院，据说从合并的萨宾人和随同老塔克文迁居罗马的伊达拉里亚人之中，先后各增补了100人进入元老院；这些选入元老院的人尊称为"元老"或"父老"，他们的家族和后代就被称为"父族"或"贵族"。文献记载王政时代组成早期罗马公社的三部落各有100元老，共300元老组成元老院，这些数字如此整齐当然并不可靠，但在当时逐渐产生了元老贵族则是完全可信的。

平民不但人数众多，而且来源比贵族更为复杂。平民来自上述部落中的非显贵世家、脱离保护关系的依附民、零散迁居罗马的外邦人以及较后被罗马征服的拉丁部落居民。起初，这些平民都包括在库里亚组织之内，享有罗马公社成员的权利。后来，由于罗马社会经济的发展和城市的兴起，吸引了越来越多的外邦人移居罗马，同时也由于罗马不断进行扩张，地域范围逐步扩大，人口日益增多，因此，很难再把人们都编入三个氏族部落之内，只得把一部分居民排除在氏族组织以外。这些由于各种原因成批迁来的居民，主要居住在罗马外部诸山如阿芬丁等地区，大多从事工商业活动，他们可能仍然保持其原有的氏族组织和宗教信仰。这些稍后迁入罗马的大批居民构成了平民的主体。前此已编入库里亚的平民，随着时代的发展也有所分化，其中有些可能由于保护关系而成为贵族的依附民，另一些则与新来的平民汇合在一起，形成平民等级。

王政时代罗马社会已发生严重分化。贵族拥有大量的土地和财富，在政治、军事和宗教方面享受特权，把持各种公职，掌握国家权力。而平民的社会和政治地位低下，他们的权利则是不完全和不充分的。平民虽然享有作为私法权的通婚权和财产权，但在实际上却受到种种限制。平民有产者有权参加公民大会，参军服役，可是不能进入元老院和担任国家其他要职。城市平民中只有少数人由于经营工商业发财致富，大多数人生活比较困难，甚至处于贫困境地。乡村中的平民缺少土地以至没有土地。穷困的平民向贵族租佃土地，借贷财物，受着贵族的压榨和盘剥，甚至遭受贵族的奴役。

尽管如此，在王政时代由于贵族和平民等级划分刚刚产生，两个等级之间界线还不十分严格和分明，他们虽然存在矛盾，尚未发展到严格对立的地步。另外，王政后期伊达拉里亚人入主罗马，伊达里亚王采取一系列政策措施，笼络平民，压制打击贵族势力，以加强和巩固自己的统治地位。据说塞尔维乌斯·图里乌斯实行改革，不分贵族和平民，将全体罗马居民根据财产资格划分等级并确定其相适的权利和义务，因而在一定程度上提高了平民有产者的地位；他还把贵族霸占的公有地分给平民。高傲者塔克文压制和打击元老贵族，处死了一些元老贵族，以至于元老院出现空额也不增补。这些措施可能钳制贵族势力的发展，起到了暂时延缓等级矛盾发展的作用。

然而，在公元前510—前509年推翻王政和建立共和国以后，平民和贵族的矛盾与斗争日益尖锐起来。贵族直接掌握政权后，力图巩固自己的特权，扩大政治和经济方面的势力，同时，他们为了维护自己的特权地位，在内部实行联姻，封闭起来，逐渐发展成为一个完全排他性的等级。这样，贵族和平民等级界线森严，泾渭分明，他们在政治和社会方面的权利不平等，必然导致这两个等级发生冲突。另一方面，在新的历史条件下，平民的处境更加恶化了。他们在政治上继续受到贵族的压迫，在经济上也日渐贫困化。由于共和早期工商业的衰落，一部分原先经营工商业活动的平民不得不转向农牧业生产，加上人口增加，少地和无地的平民数目急剧增加起来。虽然随着罗马的对外扩张，兼并而来大片公有地，但大部分被贵族所侵占，平民很少分得土地。同时，连年的战争也加重了平民的兵役和捐税的负担，加之敌人蹂躏乡村田地，以及遭受天灾人祸，往往造成平民负债累累，家破人亡。贫苦的平民有些投靠贵族，充当依附民；有些则向贵族借贷钱粮，维持生计。但在当时高利贷盛行，利息很高。又按债务习惯法，借债须以债务人及其家属的人身为抵押，到期不能偿还，债主有权拘禁抵债者，强使他们充当债务奴隶，甚至出卖到国外。因此，平民迫切要求改善自己的困苦境地，在经济上围绕着争取土地和取消债务奴役制问题展开斗争。同时在政治上，平民也强烈要求提高自己的地位，保障人身自由和合法权益，特别是富有平民要求享受与贵族平等的权利，参与政权，结束贵族独揽大权的局面。

共和初期的平民斗争

根据传统说法，平民反对贵族斗争最早发生在公元前494年。这次冲突的起因是债务问题。当时，平民不堪忍受债务奴役，特别是服役出征的平民战士甚至有战功的军官都因负债遭受残酷折磨，纷纷起来抗议。在军事形势紧张的情况下，为了平息平民的义愤，执政官塞维利乌斯颁布法令，禁止债主出售服役军士的财产和子女。不料在战争胜利后，另一执政官克劳狄拒不执行这条法令，听任债务人受债主的摆布。因此，再次出征的平民群情激愤，集体撤离到安尼奥河对岸、离城五公里的圣山上，表示要与罗马脱离关系。这一行动使贵族大为惊慌，因为当时罗马周围强敌如林，战争此伏彼起，平民的军事力量对罗马来说是必不可少的。于是，贵族不得不作让步，派使者和平民进行谈判，最后取得了和解。根据达成的协议，平民得到了推选自己的官员的权利，即每年从平民中选出两位保民官。保民官的人身不可侵犯，其职责是保护平民不受贵族官员的横暴侵犯，他们行使的否决权后来获得进一步发展，可以制止和否定国家官员的决定乃至国家机关的法案，大概在保民官产生的同时或稍后，又设置了两个平民市政官作为保民官的助手，他们负责阿芬丁山上平民神庙的祭祀、保管档案等，后来其权力也有所扩大。平民第一次撤离斗争的结果，可能还争取到释放当时被拘禁抵债的人，取消了未偿还的债务，但并没有废除债务奴役制。

保民官最初是如何产生的，由于缺乏确凿可靠的史料，难以断定。根据公元前471 年保民官普布利里乌斯·沃来罗法推断，当时由平民按特里布斯组织召开只有平民才能参加的特里布斯平民大会（Concilium Plebis）已获得正式承认，当年的保民官就是在平民大会上选举产生的。据说平民大会投票时斗争十分激烈，保民官命令无投票权的人走开，贵族青年不走，几乎动武。特里布斯平民大会是平民的政治集会，它推选平民自己的官员，可能还审理粗暴侵犯平民权利而处以罚金的案件。特里布斯平民大会通过的决定（Plebiscita）起初只对平民有效，后来围绕着平民决定不经任何批准即对罗马全体公民具有法律效力问题展开长期和复杂的斗争。但是，无论如何，到公元前 471 年，平民经过斗争争得到选举保民官和创设平民大会的权利，这是确凿无疑的。

共和初期平民还开展争取土地的斗争。相传公元前 486 年的执政官斯普里乌斯·卡西乌斯是第一个提出土地法案的人。他建议把刚从赫尔尼克人夺来的土地的一半分给平民。另外他还想收回贵族占有的公有地，和新获得的土地一起进行分配，这样可以较彻底地解决平民缺少土地的问题。这一法案遭到贵族激烈反对，卡西乌斯被指控僭取王权而被处死了。在这以后连续十几年保民官都提出土地法案，但均未获得通过。在此期间大多是费边和克劳狄氏族贵族当政，他们顽固地反对平民的土地法案，执政官克劳狄在公元前 480 年收买一个保民官反对另一个保民官以阻挠土地法案的通过。在公元前 473 年还发生了保民官简努西乌斯被暗杀的事件。直到公元前 456 年，根据保民官伊启里乌斯提议通过了一项法令，把阿芬丁山上的土地分给平民以供居住。总之，平民争取土地斗争经常受挫，没有取得显著的成果。

十二铜表法

直到公元前五世纪中叶，罗马的法律只依习惯法，因循先例，没有成文规定。习惯法的规范比较含糊，对法律的解释权和司法审判权掌握在贵族官员手中，他们时常滥用职权欺压平民。平民为了保障自身的安全和财产，反对贵族司法上专横行为，要求编纂成文法。据说为此而进行的斗争持续数年之久，公元前 462 年保民官哈尔撒提议编纂成文法，遭到贵族坚决反对，直到公元前 451 年才组成 10 人团，其成员全是贵族，赋以全权，制订法律。相传 10 人团只编出了十个法表，次年另选了第二个 10 人团，继续编纂工作，又加上了两个法表。这些法律条文刻在铜板上，故称为"十二铜表法"。从法律条文来看，十二铜表法基本上是习惯法的汇编，包含着产生于不同时代、互相矛盾的各种法规。就阶级实质来说，这部法典严格维护私有财产，保护贵族奴隶主的利益。但因为法律既已编制成明确条文，量刑定罪以此为准，这就在一定程度上限制了贵族的司法专横。不过，由于贵族仍然保持特权地位，平民在法律上还不能和贵族处于平等地位。例如，在法典中虽已规定了诉讼程序，但平民对起诉时所用的术语和具体程序不熟悉，法庭开庭日期也未公布，因而平民起诉受到限制。尤其是在法典中规定禁止平民和贵族通婚，更是说明他们社会地位的不平等。在这以前，贵族不与平民通婚而在内部实行联姻，可能习以为常，但从未有过法律禁令。十二铜表法中规定这两个等级不许通婚，反映了贵族维护特权实行封闭达到顶点。这条被西塞罗等人斥之为不公正的立法，遭到平民强烈的反对，过了五年通过坎努利优斯法案，取消了这个法律禁令。

胜利女神

据说，因为 10 人团期满后不肯交卸权力，尤其是其领袖克劳狄专横跋扈，欺凌平民，导致了平民第二次撤离。这里不免有虚构的成分，可能真正的原因是，平民在达到公布法律目的以后要求恢复并改进原来的政制，又进行了一番斗争。结果，10 人团被迫下台。公元前 449 年选出瓦列里乌斯和荷拉提乌斯为执政官，他们实施了三项法律。第一条法律是恢复了上诉权（Provocatia），即当公民被高级长官判处死刑或其他重刑时，他有权向公民大会提出上诉。据记载，在公元前 509 年罗马公民已获得上诉权，可是后来被 10 人团取消了，因此公元前 449 年立法重申这一法律。第二条法律是确认平民大会通过的决定为全体人民都必须遵守。这样，平民大会的地位和作用大为提高，发展成为罗马立法机构之一。第三条法律是涉及保民官人身的神圣不可侵犯性，根据这一法律，凡是侮辱保民官的人都要被处死，并没收其财产。以前保民官的人身不可侵犯是由平民立誓惩处侮辱者得到保障，到公元前 449 年则正式得到法律保护。大概在公元前 471 年保民官已增至 4 人，到公元前 449 年可能增至 10 人。

以后，大约在公元前 445 年平民争取到和贵族通婚合法权的同时，他们又要求担任执政官之职。贵族当然不愿把高级官职轻易让给平民，但为了应付平民要求参政的斗争，答允设置军政官这种特殊职位；每年选举产生执政官还是军政官则由元老院决定。军政官具有协议性质的执政官的权力，初为 3 人，后增至 6 人，无论贵族还是平民皆可出任。这种改变可能也出于军事方面的原因，因为当时罗马对外战争频繁，两个执政官不胜军职，需要更多的军事指挥官，而平民在军队中占有相当大的力量，历来担任各级军官，具有作战经验。据说，公元前 444 年选出的三个军政官之一是平民。尽管如此，由于军政官是在森都利亚大会选举产生，在那里贵族占据优势，因此在公元前 400 年以前担任军政官的主要是贵族，平民当选为军政官的甚少。

公元前 443 年设置两个监察官职位，规定只能由贵族担任，据说这也同平民反对贵族斗争有关。因为设立军政官之职后，平民担任此职握有执政官大权，而贵族不愿把执政官全部权力交给平民，于是另设监察官来分担执政官的部分职权。起初，监察官的职权是对公民进行财产调查，分配公民到相应的财产等级和部落，后来权力扩大，负责掌管国家契约，编制元老院名册，监督社会风尚等。公元前 421 年原先作为执政官助手的财务官由两人增至四人，负责管理国家财政，并对平民开放。据说公元前 409 年四个财务官中有三个是平民。可见，到公元前 5 世纪下半期，平民已经获得担任国家一些官职的权利，贵族垄断政权的局面开始改观。

平民斗争结果

公元前 5 世纪末和前 4 世纪初，罗马贵族和平民的斗争一度沉寂下来，究其原因，大概是和当时接连不断地进行对外战争有关。面对埃魁人、沃尔斯奇人、伊达拉里亚和高卢人威胁和入侵，平民和贵族不得不暂停斗争，团结对敌。可是，在高卢战争后，两个等级之间的斗争重新爆发了。平民经过前一阶段的斗争虽然在政治和社会方面取得一些权利，但与平民下层密切相关的经济问题并未解决。随着罗马的扩张，公有地数量有所增加，贵族乘机大量侵占土地，平民所得无几，土地仍感不足。据说在公元前 396 年罗马征服威伊以后，曾分给每个公民四犹格（一说七犹格）土地，平民的土地要求得到部分满足。可是，长期战争特别是高卢战争的破坏，加速了小农的破产和土地的集中，同时债务盘剥和奴役也更严重了。因此，土地、债务和争取政治上平等权利问题结合起来，又提到斗争的日程上来。

传说从公元前 376 年到前 367 年间，平民和贵族展开了激烈的斗争，终于迫使贵族作出让步，在公元前 367 年通过了著名的保民官李锡尼乌斯和绥克斯图斯法案：（一）已付债息一律作为偿还本金计算，未偿还部分分三年归还；（二）占有公有地的最高限额为 500 犹格；（三）取消军政官，重选执政官，两个执政官之一须为平民所担任。而绥克斯图斯本人在公元前 366 年当选为第一个平民出身的执政官。

既然平民获得担任国家最高官职的权利，其他的官职也就对平民陆续开放了。公元前 366 年从执政官职权中分出审判权交给新设的行政长官，起先这一职务只能由贵族担任，到公元前 337 年允许平民也可担任。在公元前 367 年设置了两个贵族市政官，过了一年便规定由贵族和平民每年轮流出任。公元前 356 年和前 351 年平民鲁提鲁斯先后就任独裁官和监察官，说明这两个国家重要官职也可为平民担任。公元前 342 年通过盖努克优斯法，规定两个执政官皆可为平民担任。公元前 339 年平民出身的独裁官披罗又实施了三项法律：（一）两个监察官之一须从平民中选出；（二）把元老院对公民大会通过的决议的批准权，改为高级长官提交公民大会通过的议案事先经过元老院审议。这一法律看起来是改变了元老院批准公民大会决议的程序，实际上则是削弱了元老院的权力。（三）重申平民决定具有法律效力。

平民在政治斗争中取得的胜利，加强他们的阵地，有利于他们在社会和经济方面斗争的开展。公元前 357 年保民官图伊利乌斯和墨纳尼乌斯把借贷的最高利息限定为 1/12，公元前 352 年国家设立五人团，帮助负债人解决困难。公元前 347 年又把原有利率减半。公元前 344 年宣布了延期偿付令。公元前 342 年通过简努西乌斯法，禁止高利贷。公元前 326 年通过了波提利乌斯法案，禁止以人身抵债，废除了债务奴役。从此以后，平民免除了沦为债务奴隶的威胁，人身自由得到保障。公元前 304 年市政官弗拉维优斯把诉讼程序和法庭术语汇编成册，公诸于众，并公布了开庭日和不开庭日，这使贵族失去了对法律和历法知识的垄断，保证平民在法律方面享受到实际平等的权利。公元前 300 年通过瓦列里乌斯法，重申公民对包括独裁官在内的高级官员的判决有上诉公民大会的权利。同年还通过了保民官欧古尔尼乌斯兄弟法案，把大祭司和占卜官各由 4 人增至 9 人，所增加的人数都从平民中选出。宗教职务在罗马被认为是神圣的，一直为贵族所把持，现在也被平民分享。至此，平民和贵族在担任国家公职方面已经没有任何重要区别了。

平民反对贵族最后一场大规模的斗争发生在公元前 287 年，据说这次斗争的起因是债务问题，但比较可能的是，其原因带有政治性质。当时平民举行了最后一次撤离，占领了台伯河对岸的雅尼库路姆山。后来，平民荷尔田希乌斯被任命为独裁官，他公布一项法律平息了平民骚动，这项法律再次批准平民决定对全体公民都有法律效力。这样，由公元前 449 年瓦列里乌斯和荷拉提乌斯法案所提出的权利，经过长达百余年的斗争，终于得到最后确认。一般认为，这一事件标志着平民反对贵族斗争的胜利结束。大约与此同时，罗马征服和统一了意大利。从此以后，罗马进入新的历史发展阶段。

经过两百余年的斗争，平民在政治、社会和经济方面不同程度地取得了成果。全体平民在政治和法律上争得了与贵族享受平等的权利，他们有权担任国家公职，可以参加特里布斯大会，行使政治权力，在法理上成了共和国的主人。平民与贵族通婚的合法化，使平民取得和贵族平等的社会地位。平民的经济地位通过斗争也有所改善。这就使得罗马公民内部关系得到调整，扩大了共和国的社会基础。特别是废除债务奴役制，划清了自由民和奴隶之间的界限，开创了罗马奴隶主不再奴役本国公民，而是奴役外籍奴隶的道路。后来随着奴隶制的进一步发展，罗马公民内部矛盾逐渐让位于奴隶主阶级和奴隶阶级之间的对立，使罗马发展成为一个典型的奴隶制国家。

平民地位的提高，特别是国家高级官职对平民开放，对于平民中的富裕上层具有重要意义。他们一旦当选为高级官员，便有可能经过遴选参加元老院。同时通婚权又使他们通过联姻方式与贵族融合起来。大约在公元前 4 世纪下半期和公元前 3 世纪初，平民上层便与贵族逐渐合流，形成所谓"新贵"，共同把持政权。因为在等级斗争过程中，贵族日趋衰落，他们屡屡参战，死亡枕藉，家族凋敝。狭隘的贵族内婚习俗也使其世系不健全。相反，平民的政治影响和势力与日俱增，特别是富有平民参与政权，成为当时社会上显赫人物，贵族之中许多人抛弃门第之见，开始与平民上层结好；而平民上层也有意攀附贵族，互相联姻，逐渐融为一体。他们独揽大权，排斥异己，利用职权大量侵吞公有地，大规模使用奴隶进行生产劳动，变成为新的奴隶主阶级上层。据说李锡尼乌斯和绥克斯图斯法案通过后不久，李锡尼乌斯、绥克斯图斯和吉努西乌斯等平民家庭首先变成了新贵。以后新贵陆续增加，到公元前 4 世纪末出现了十几家新贵。在新贵之中也有来自拉丁姆和坎佩尼亚城市的显要人物，如图斯库罗姆城的弗尔维乌斯家族便是拉丁人中最著名的新贵家族。

富有的平民变为新贵分出去，余下的平民主要是占有土地或缺少土地的农民、城市手工业者和商人以及贫民。他们在等级斗争过程中地位有所改善。尽管土地问题没有得到根本解决，但随着罗马对外侵略扩张，建立军事殖民地以及分配少量的公有地，也满足了部分平民对土地的要求。据统计，从公元前 343 至前 264 年，大约把 6 万份地分给拉丁人和罗马人，其中罗马人约占 4 万份。债务的减免，土地集中有所缓和，也使罗马小农得以维持。自由农民积极支持并参与罗马对外侵略扩张活动，他们构成了罗马军队的主要来源。另外，由于罗马地位提高和城市工商业的发展，以及公民权的扩展，吸引了大批移民特别是拉丁人移居罗马，使城市人口迅速增加。他们之中包括大量的被释放奴隶和脱离保护关系的依附民。同时，由于大土地所有制的发展，奴隶劳动开始大规模使用，使农民丧失土地和工作机会，失去土地的农民流入城市，与原来的城市贫民汇合而成流氓无产者。这样，在作为奴隶主统治阶级上层的新贵出现的同时，也形成了与之相对立的新的平民阶层。

经过贵族和平民长期斗争，罗马城市国家制度也逐渐完备起来。除了原有的库里亚大会和森都利亚大会以外，又增添了特里布斯民众大会和平民大会，作为具有最高立法权的公民大会。罗马公民在这两个大会上表决通过国家立法、选举保民官、市政官、财务官和其他低级官员，审理涉及被高级官员课以罚金的上诉案件和其他案件。森都利亚大会决定战争和和平问题，选举执政官、监察官和行政长官，审理涉及被高级官员判处死刑和其他重刑的上诉案件。库里亚大会已经完全丧失其政治意义，仅在形式上授予高级长官的职权而已。由于国家职能的增加和国家事务的繁多，各种高级官职也相应地设置和增加起来，进一步完善了国家机器。在罗马共和国政制中，元老院处于权力中心的地位，拥有广泛的权力，决定着内外大政，实际上成了罗马共和国最重要的国家机关。至此，罗马国家具备以元老院为中心的一整套国家机构。

"到阿芬丁山去"

公元前 494 年的一天，罗马城内人声鼎沸，群情激愤，全副武装的人们汇集成一支队伍，浩浩荡荡涌出城门，有人高声喊着："走吧！抛弃那贵族的罗马，去建立一个我们自己的城市！""走啊，到阿芬丁山去！"原来，这是罗马共和国早期平民反对贵族斗争中激动人心的一幕。

塞维·图里乌改革以后，平民虽然获得了某些政治权利，但仍受到很多限制，贵族富豪依旧操持权柄。废除王政，赶走伊达拉里亚人以后，公元前 509 年，罗马贵族建立起共和政体，设立了两名任期只有一年的执政官，充任国家名义上的统治者。按规定，执政官必须由贵族担任，平民不得当选；执政官的职权处于贵族元老院的严密监督和控制之下。因此，元老院实际成为国家命运的真正主宰，罗马共和国从一开始就打上了贵族政治的鲜明印记。

共和初年，随着土地和债务问题日益突出，平民和贵族围绕政治权利展开了激烈的斗争。早在王政时代，平民就被剥夺了分享公地的权利。尽管平民替罗马国家当兵打仗，流血流汗，罗马领土日渐扩展，可是打仗夺来的大片土地却落入了贪婪的贵族手中，平民照旧无权使用。苦于缺乏足够的土地，加上繁重的战争税役，许多下层平民被迫负债破产，沦为债务奴隶。在抵债的名义下，债主任意拘押、虐待债奴，甚至惨无人道地割裂其肢体。不仅下层平民，就连一些富裕平民也对贵族垄断政权、排斥异己的行径深表不满。

这一年，罗马与外族再次发生战争，正当用人之际。平民提出要贵族放弃残害平民的债务法，否则拒服兵役，贵族假言应允，随后又背弃诺言。于是广大平民发动了这场向阿芬丁山进发的"撤离运动"（据说历史上曾先后发生过三次这样的平民撤离运动）。这一来，罗马兵力削弱，生产停顿，直接动摇了贵族共和国的统治根基。元老院贵族十分惊慌，连忙派代表赶到阿芬丁山与平民谈判，订立了"神圣约法"。在平民的压力下，贵族不得不同意减轻他们的债务负担，尤其是承认平民有权选出两名保民官，作为维护自身利益的代表。按规定，保民官人身不受侵犯，直接对平民负责；凡是元老院或高级官吏采取的任何有损平民的行为，保民官都有权干预，可以行使否决权，只要说一声"veto"（拉丁文意思是"我禁止"），这些行动或法令就不能生效。现今，联合国安理会五个常任理事国拥有的"否决权"，其实就来源于这种古老的制度。

设立保民官，是平民的一大胜利，却引起贵族的极度恐惧。相传公元前491年，贵族科里奥莱努斯因反对设立保民官阴谋败露，竟投靠外敌，引狼入室，妄图血洗罗马。这件事至少从一个侧面反映了当时双方之间深刻的矛盾。

虽然有了保民官，但还只能囿于已有的法律来行事。那时罗马通行习惯法，没有写成文字，贵族仍能利用其对法律的解释权，在司法审判方面维护自己的特权，继续迫害平民。因而，人们迫切希望能有一部权威的成文法律。经过不懈的斗争，罗马国家终于在公元前451—前450年制订并公布了这样一部成文法。法律条文被镌刻在铜牌上，最初有十块，后又增加了两块，悬挂在罗马广场之中，这就是有名的"十二铜表法"。它的内容主要体现了保护贵族和富裕平民私有财产的倾向，但同以往没有成文法律可依、任凭贵族随意解释的状况相比，毕竟是进了一步，对贵族那种无法无天的行为多少起到一些限制作用。公元前445年，罗马国家通过保民官坎努利亚提出的法案。据此，平民取得了与贵族通婚的权利，这是对旧传统的又一次冲击。

公元前376年起，保民官李锡尼和塞克斯图在平民支持下，经过十年的持续努力，终于使得他们的法案获得批准。这项法案规定，所有罗马公民，包括平民，都有权占有和使用公地，但占有数额最高不得超过500尤格（约合我国近2000市亩），这样既确认了平民拥有分配公地的权利，同时也对贵族兼并土地作了一定限制。法案还提出，当选执政官中必须有一人来自平民，法案通过的第二年，塞克斯图正式当选为首任平民执政官。此外，法案在债务问题上也作了有利于负债平民的规定。

公元前326年通过的波提利阿法案，从法律上根本否定了债权人私自拘禁负债人的权利，实际上等于宣布债务奴隶制的废除。从此之后，包括平民在内的全体罗马公民便不再会因为债务而沦为奴隶了。结果，外族人变成了罗马奴隶的唯一来源，自由公民与奴隶之间出现了一道不可逾越的鸿沟，这同希腊雅典的情况是相似的。

共和国早期平民反对贵族斗争的终结，一般以公元前287年霍腾西阿法案的颁行作为标志。根据它的规定，平民大会开始拥有立法权，平民作为自由人的法律地位得到了巩固。

经过几个回合、长达二百来年的斗争，平民取得了显著的胜利，经济地位和政治地位都有了一定的改善。过去氏族贵族的特权大体上已被废止，罗马国家的阶级关系有所调整。然而从胜利中得益最大的不过是上层的富裕平民。富裕平民通过担任国家高官和通婚途径，渐渐与原先的贵族合流，形成新的国家当权派——豪门贵族，这样，罗马仍旧保持了它的奴隶主贵族共和国的性质。对于一般平民来说，他们总算告别了沦为债奴的命运，取得了国家全权公民的身份。

布匿战争

两千多年前，迦太基和罗马两个奴隶制国家，为了争夺西地中海的霸权，发生了一场延续一个多世纪的著名战争。因罗马人称迦太基人为布匿人，所以战争被称为布匿战争，历史上也一直这样沿用。

罗马人和迦太基人之间早有接触，不过在公元前3世纪中期以前，他们基本上是友好相处的。公元前6世纪末他们订立过一个友好条约，公元前348年又续订了条约，进一步调整两国之间的关系。当时迦太基人主要是与希腊人竞争，特别是争夺西西里，无力直接染指意大利半岛，而罗马人在当时则把主要精力放在对意大利半岛的扩张上，商业尚不发达，因而与迦太基人无论在贸易或殖民方面，都无直接的利害冲突。罗马人统一中意大利之后开始向南意大利扩张，这时，迦太基人还没有把罗马人看作潜在的竞争对手，仍然注目于和希腊人的争斗。罗马人在南意大利遇到的是迦太基人的宿敌——希腊人的殖民城邦，战争爆发后，希腊人向希腊本土求援，伊庇鲁斯国王皮洛斯率军前来援助，罗马人连连失利。迦太基人看到形势紧迫，更害怕皮洛斯进军西西里，于公元前279年和罗马订立了互助条约，向罗马提供海军和财政援助。后来罗马人扭转了战局，最后于公元前275年打败了皮洛斯，迫使他率领残余部队撤回希腊，继而征服了整个南意大利。

罗马统一意大利之后，一跃而成为西地中海的强国，形势发生了根本的变化。西地中海的国际关系由迦太基人和希腊人的角逐变成为迦太基和罗马的两强争雄。迦太基在当时已发展成为西地中海区域首屈一指的强国，所统辖的领土包括北非西部沿海地区、比利牛斯半岛南部、撒丁和科西嘉以及西西里西部海岸。他们原希望在打败希腊人以后他们能独占整个西西里，认为以农业为主的罗马不会对海外发生多大兴趣，然而，正处于蒸蒸日上的罗马不以占有整个意大利为满足。它在征服意大利过程中，奴隶制发展了，工商业也发展了，这些都要求它在征服意大利之后向海外进行新的扩张。罗马继续对外扩张必然要和迦太基的既得利益发生矛盾，旧日的盟友变成敌手，两个古代奴隶制国家之间爆发战争便是不可避免的。

西西里富饶而肥沃，宜于谷物生长，迦太基人为了占有它和希腊人争斗了数百年；而罗马人在征服意大利之后和西西里只隔着一条狭窄的墨萨纳海峡，近在咫尺，为之垂涎。这样，西西里便成了罗马人和迦太基人争夺的第一个目标，于公元前264年爆发了第一次布匿战争。

第一次布匿战争

第一次布匿战争的导火线是墨萨纳争端。墨萨纳位于西西里的东北角，公元前289年叙拉古僭主阿加托克利死后，他原先在意大利坎佩尼亚招募的雇佣军占领了墨萨纳，建立了自己的政权。那些雇佣军自称为"马墨尔提尼人"，意为战神马尔斯的人。阿加托克利的继承人发动了对他们的战争，击溃了他们的抵抗，约在公元前265年包围了墨萨纳城。被围者处境危急，决定向外求援，一些人提议请求迦太基人保护，另一些人鉴于血缘关系，建议与罗马结盟。在墨萨纳海峡巡逻的迦太基军队开进了城里，叙拉古军队没有抵抗便撤退了。罗马在援救墨萨纳问题上因事关重大而未能迅速作出决策。一方面，罗马人不能眼看着墨萨纳落入迦太基人手中，进而控制整个西西里，封闭西地中海；但另一方面，罗马人深知迦太基雄厚的财力和强大的军力，特别是海军的威力，出兵墨萨纳就等于立即和迦太基人开战，因而不得不虑及未来战争难以预料的结局。元老院意见分歧，问题提交到百人团大会，最后百人团大会作出了出兵西西里的决定。

公元前264年，罗马军队渡过墨萨纳海峡，揭开了战幕。罗马军队进展顺利，击溃了叙拉古军队，迫使迦太基军队后撤，占领了墨萨纳城，然后又沿着西西里东海岸南下，直抵叙拉古城下，叙拉古不得不和罗马结盟。叙拉古与罗马结盟大大便利了罗马军队的进一步的军事行动，罗马军队在西西里东南部继续推进，经过半年多围攻，于公元前262年夏攻下了迦太基人在西西里南岸的主要据点阿格立真坦。罗马军队进城后大肆劫掠，有2万名俘虏被卖为奴隶。

罗马军队取得初步的胜利，控制了西西里东部和东南部的广大地区，但战争的胜负远未确定。因为迦太基的舰队还没有受到攻击，在罗马没有海军的情况下，迦太基可以利用海军进行回击，封锁西西里和意大利海岸，断绝罗马军队的后路，置罗马军队于绝境，也正是慑于迦太基海军的威力，西西里南岸的不少大城市继续据守着。为了争取最后胜利，罗马人作了巨大的努力和牺牲，在希腊人的指导下，迅速建立了一支舰队。当然，这支舰队在机动性和作战经验方面，都远不如迦太基舰队。为了弥补自己的不足，同时发扬罗马步兵良好的战斗素质，罗马人发明了新的海战战术，即在每只船舰的舰首安装一种前端装有钩子、两侧装有栏杆的吊桥，前进时竖起，可以阻挡敌人投掷武器的攻击，接近敌人时放下，吊桥前端的钩子便像乌鸦嘴一样钩住敌舰的甲板，步兵如履平地从上面冲过去，与敌人展开短兵相接的战斗。公元前 260 年，罗马舰队和迦太基舰队在西西里岛北面的米列海岬（在墨萨纳西边）展开了一次大海战，罗马军队用上述桥舰第一次打败了迦太基舰队。为了庆祝这次海战的胜利，罗马广场建了一座大理石纪念柱，上面用俘获的迦太基舰首作装饰。罗马利用舰队进攻科西嘉和撒丁岛，公元前 259 年在撒丁岛附近再次打败了迦太基舰队。

迦太基人在陆上和海上失利之后，退到西西里西部，凭借那里的海军要塞固守，战争出现了相持局面。罗马人看到在西西里迅速取胜是不可能的，便决定进攻迦太基本土。公元前 256 年，执政官雷古卢斯和曼利乌斯率领由 330 只船舰组成的罗马舰队，载着四万名步兵，远征非洲，第一次布匿战争进入第二阶段。

罗马舰队由墨萨纳出发，在西西里南岸的埃克诺穆斯海岬附近遇上了由 350 只船舰组成的迦太基舰队，展开了西方古代史上一次著名的大海战。罗马的桥舰再次发挥了威力，大败迦太基舰队，迦太基损失约 100 只船舰，罗马只损失 24 只。罗马军队在迦太基东面的克卢佩亚登陆，进展顺利，屡败迦太基军队，一直进抵到离迦太基城不远的地方。迦太基人见形势危急，请求媾和。但是自负而缺乏远见的雷古卢斯过高地估计了自己的胜利，提出了一些对方无法接受的、带污辱性的条件，结果坐失良机，使唾手可得的胜利化为泡影。迦太基迅速征集了新的雇佣军，大败罗马军队，雷古卢斯本人被俘，只有两千人溃逃到克卢佩亚。公元前 255 年，载着残余军队的罗马舰队在返国途中又遭遇风暴袭击，使罗马远征军几乎全部覆没。

战场重新回到西西里。罗马人重建了舰队，于公元前 251 年攻下了西西里北岸的主要城市帕诺尔穆斯，后来又一下把迦太基人挤到西西里西部的利里拜乌姆和德瑞帕努姆。公元前 247 年，西西里的迦太基军队改由年轻的哈米尔卡尔指挥，他在西西里陆上向罗马军队展开了反击，同时从海上骚扰意大利，使迦太基人在西西里的处境有所改善。不过罗马人在重建了再次被风暴摧毁的舰队后，展开了新的攻势，终于占领了迦太基人在西西里的最后据点利里拜乌姆和德瑞帕努姆，公元前 241 年又在西西里西部的埃伽特斯群岛附近的海战中打败了迦太基舰队。连续二十三年战争已经使迦太基筋疲力尽，只好授权哈米尔卡尔与罗马谈判媾和。这时罗马也感到财匮力乏，便与迦太基签订了和约。和约规定迦太基向罗马割让西西里及其与意大利之间的其他岛屿，十年内向罗马赔款 3200 塔兰特。这样，第一次布匿战争以罗马的胜利告结束，西西里成了罗马的第一个行省。公元前 238 年罗马又乘迦太基雇佣兵和奴隶起义的机会，占领了科西嘉岛和撒丁岛，后把它们变成了罗马的行省。

第二次布匿战争

第一次布匿战争并没有彻底解决罗马和迦太基之间的矛盾。罗马虽然扩大了势力范围，得到了巨额的战争赔款，但还没有掌握对西地中海的控制权，而迦太基并不甘心失败，它虽然战败，但它的经济政治力量并没有被摧毁。它利用它所拥有的广大的殖民地的丰富资源，轻易地偿付战争赔款，迅速从战争灾难中恢复了过来。因此，爆发新的战争势在必行。

迦太基在第一次布匿战争结束之后不久即开始为新的战争进行准备。它在平定了国内的雇佣兵和奴隶起义以后，于公元前 237 年派主战派代表、曾经在西西里担任过迦太基军队司令的哈米尔卡尔率军去西班牙，恢复和扩大在那里的地盘，以弥补上次战争中的损失，并为未来的战争准备进攻基地。公元前 228 年哈米尔卡尔在一次作战中阵亡，他的女婿哈斯德路巴尔成为继承人。哈斯德路巴尔进一步拓展了迦太基人在西班牙的领土，在西班牙的东南海岸建立"新迦太基"城，成为迦太基在西班牙的主要据点，附近巨大的银矿又为迦太基提供了丰富的财政来源。罗马对哈斯德路巴尔在西班牙的成就感到不安，但由于意大利北部的高卢人正准备南犯，形势十分紧张，无力去西班牙抗争，因而便于公元前 226 年派了一个使团到西班牙去，要求迦太基人不要越过希伯鲁斯河。哈斯德路巴尔乐意答应这样的要求，因为这等于罗马人承认他们在西班牙既得的势力范围。公元前 221 年哈斯德路巴尔被人杀死后，哈米尔卡尔的长子、年仅二十五岁的汉尼拔成为继承人。汉尼拔是古代伟大的军事家之一，也是一位出色的政治家和外交家，他矢志与罗马为敌，据说当哈米尔卡尔带他去西班牙时，曾经让他在神坛前发誓永远仇恨罗马。汉尼拔掌权后，继续前任们的政策，几乎征服了希伯鲁斯河以西的整个地区，完成了战争准备。

　　第二次布匿战争的导火线是萨贡杜姆事件。萨贡杜姆可能在公元前 226 年后与罗马结了盟，是希伯鲁斯河以西唯一没有被迦太基人征服的城市。汉尼拔为了挑起事端，于公元前 219 年春围攻萨贡杜姆，萨贡杜姆没有得到罗马的及时支援，坚守八个月后陷落了。在萨贡杜姆陷落之后，罗马于公元前 218 年春派以费边为首的使团去迦太基交涉。罗马历史学家李维是这样描述罗马使者在迦太基元老院进行交涉的最后场面的：迦太基人拒绝了罗马人的要求，"这时费边撩起长袍前襟，做了个褶，说道：'这里我给你们带来了战争和

汉尼拔

和平，你们喜欢什么，就挑吗！'他的话得到了同样高傲的回答，说他自己喜欢什么，任他给。当费边放下长袍宣布给他们战争的时候，所有在场的人一致回答说，他们应战，并且将以应战时的同样决心进行战争"。这样，第二次布匿战争便开始了。由于第二次布匿战争的整个进程始终和汉尼拔的行动，特别是和他远征意大利的行动联系在一起，因而许多历史学家又称这次战争为"汉尼拔战争"。

　　罗马人对于这场新的战争也有准备，他们的计划是由两位执政官兵分两路，一路以西西里为基地，进军非洲，打击迦太基本土；一路进军西班牙，钳制汉尼拔的军队。但在战争开始后，罗马人的进军计划却因他们自己行动迟缓和汉尼拔进军的大胆和神速而被打乱了，汉尼拔的计划是以西班牙为基地，避开罗马人的海上优势，由陆路进军，翻越阿尔卑斯山，出人意料地出现于意大利，寄希望于他在意大利的军事胜利会促使受制于罗马的意大利同盟解体，从而打败罗马。

　　公元前 218 年春，汉尼拔率领由 9 万步兵、1.2 万骑兵和几十只战象组成的军队从新迦太基城出发，开始了对意大利大规模的军事远征。部队顺着西班牙东部向

东北方向行进，渡过希伯鲁斯河，穿过比利牛斯山，然后沿着高卢南部海岸继续前进。罗马人由于对汉尼拔的进军意图认识不足，拖延了出征西班牙的时间，当普·科尔涅利乌斯·斯奇比奥率军从海路到达罗丹河口时，汉尼拔已经进抵那里，并且迅速渡过了河，然后溯河北上，躲过了罗马军队的拦截。斯奇比奥悟出了汉尼拔的进军意图，便派自己的弟弟格·斯奇比奥率领军队继续去西班牙，自己则率一部分军队迅速上船，赶回意大利。这时，汉尼拔经过长途跋涉，于9月初到达阿尔卑斯山麓，他不顾严寒和饥饿的折磨，坚韧地在已开始被冰雪封盖、人迹罕至的狭窄山道中前进。当他走出阿尔卑斯山的时候，身边只剩下2万步兵和6千骑兵，战象几乎都死掉了。汉尼拔进到山南高卢以后，让疲惫不堪的部队休息了一下，对兵员和给养作了补充，准备迎接即将开始的和罗马军队的战斗。

罗马元老院采纳了斯奇比奥的意见，立即派他率军去波河流域，准备在那里阻击从阿尔卑斯山下来的汉尼拔，同时命令另一位执政官率领的准备进攻非洲的部队也由西西里开来意大利，与斯奇比奥会合。在波河支流提基努斯河和特雷比亚河流域，罗马军队在汉尼拔的打击下接连失利，高卢人发动了反对罗马的起义，整个山南高卢倒向汉尼拔一边，汉尼拔的第一步计划实现了。在这种情况下，罗马只好改为保卫中意大利，阻止汉尼拔继续南进，于是便派两位执政官分东西两路进行拦截。汉尼拔选择了穿过伊达拉里亚的近路，采用迂回战术，绕过了罗马军队的营地，用四天三夜的时间涉过了被认为无法通过的阿尔努斯河下游的沼泽地，出人意外地出现在罗马军队的后面，在特拉西美诺湖北岸一处三面环山、一面临源的谷地打败了贸然追赶上来的罗马军队。特拉西美诺湖之战是第二次布匿战争中的重要战役，在这次战役中，罗马损失惨重，15000人阵亡，数千人被俘。

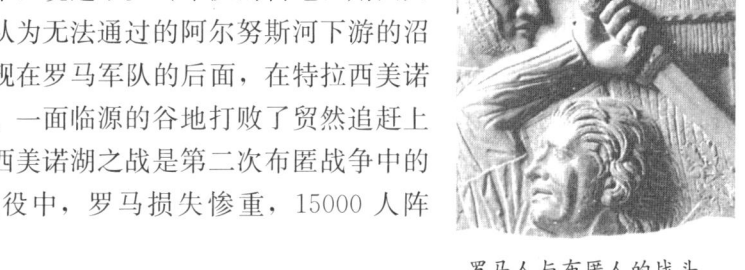
罗马人与布匿人的战斗

汉尼拔踏上了通向罗马的大道，罗马紧张起来。采取紧急措施：一方面加强城防；另一方面任命费边为独裁官，统一指挥军事行动。然而汉尼拔并没有直接向罗马进军，因为他知道，以他现有的兵力无论是采用急袭的方法，还是采用围攻的方法，都不可能拿下罗马，因此按照原先的设想，在意大利土地上纵横驰骋，蹂躏意大利土地，打击罗马的抵抗力量，同时采用区别对待的手法以图瓦解意大利同盟，孤立罗马。这样，他在特拉西美诺湖胜利以后，没有立即挥军南下进攻罗马，而是向东穿过翁布里亚，进入皮凯努姆，到达亚得里亚海岸，在那里补足给养以后再向南前进，进入阿普里亚。

费边就任独裁官后认真分析了敌我形势，他看到汉尼拔的军队，特别是汉尼拔的骑兵战斗力强，罗马军队难以直接抵御，但是汉尼拔是孤军深入，后援困难，急于求胜，而罗马军队虽然屡遭失败，但在本土作战，人员和给养补充都比较容易，时间、地理对它有利，因而决定采用拖延战略。费边率领四个军团在阿普里亚和汉尼拔接触上了，虽然汉尼拔一再向他挑战，但他总是避免和汉尼拔发生大的冲突，驻守时扎营于不便于汉尼拔的骑兵活动的山区，行进时尾随在汉尼拔军队的后面，伺机进行骚扰。费边的拖延战略在当时是比较可行的，但也包含着很大的风险。罗马的威力在很大程度上依赖于意大利同盟城市对其人力、物力的支援，汉尼拔蹂躏意大利土地可能引起同盟城市和广大农民对罗马的不满，从而倒向汉尼拔。在罗马，人们对他拖延和汉尼拔决战发起了越来越强烈的攻击，称他为"孔克塔托尔"，意即"迟疑不决的人"。他的骑兵长官米努基乌斯·卢福斯便是激烈反对他的战略的人之一，利用他暂时不在军队的机会向汉尼拔出击，取得了一次小小的胜利，这更增加了人们对费边的不满，但是不久米努基乌斯中了汉尼拔的埋伏，只是费边及时赶来救援，才免于全军覆没。

公元前 219 年末，费边六个月的独裁官任期届满，统帅权交给新当选的执政官，这时要求与汉尼拔决战的舆论越来越强烈。公元前 216 年夏，在南意大利的康奈附近的原野上发生了一场西方古代史上著名的大战役——康奈战役。双方投入的兵力是：罗马步兵 8 万，骑兵 6 千；汉尼拔步兵 4 万，骑兵 1 万。从力量对比看，总的兵力汉尼拔比罗马弱，但他却占有骑兵优势。双方沿奥菲都斯河列阵，罗马阵线的中心部位是密集的重装步兵，骑兵配置在两翼，目的是以强大的步兵猛攻敌方的阵线；汉尼拔则把步兵排成半月形，突面对着敌人，骑兵放在两侧。战斗开始后，罗马步兵向敌人阵线的中心部位发起强攻，敌人的中心部位开始后缩，罗马军队继续向前逼进，结果阵线越拉越长，队伍越陷越深。这时，汉尼拔的两翼步兵发起了攻击，骑兵也向罗马骑兵冲杀过来，在打垮罗马骑兵后便包抄到罗马步兵后面，立即形成了对罗马步兵的包围圈。罗马军队惊慌起来，阵线开始混乱了，士兵越挤越紧，密集得使敌人枪无虚发，石无虚投。结果罗马军队大部分阵亡，万余人被俘，幸存者甚少，汉尼拔军队仅损失六千。后来，"康奈"成了包围并全歼敌人的大会战的同义语。

康奈惨败对罗马是个重大的打击，前线瓦解了，罗马又作了汉尼拔直扑罗马城的准备，十七岁以上的青年都应召入伍，此外还由国家出钱赎买奴隶，组成了两个军团。可是这次汉尼拔还是没有向罗马进军，因为他知道罗马的力量还没有从根本上被摧毁。不过他在康奈的胜利确实引起了对他非常有利的巨大反响，南意大利的大部分城市都投到他的方面，甚至中意大利有些城市也发生了转向。公元前 216 年秋，坎佩尼亚的最大城市卡普亚背离罗马，这是汉尼拔在分化意大利同盟方面的一个重大胜利。在意大利境外，在康奈战役胜利的影响下，汉尼拔运用灵活的外交手腕，争得了马其顿王腓力五世的结盟。叙拉古也背离了罗马，使罗马几乎失去西西里全岛。当时形势对罗马人来说是严峻的，他们总结了失败的教训，重又回到费边的战略上去，谨慎行动，避免和汉尼拔发生大的决战，努力保卫余留地区，支持继续忠于罗马的城市，惩罚倒向汉尼拔的城市，破坏汉尼拔的补给，消耗他的有生力量。在当时，中部意大利仍然基本上忠于罗马，随时为罗马提供充足的人力、物力补充，这是罗马得以稳住阵脚的关键因素。此外，罗马的一支军队在西班牙阻挠了汉尼拔从那里及时得到补给。西西里的叙拉古也在公元前 213 年被罗马攻陷。而迦太基政府对汉尼拔心怀疑忌，一直没有给他什么真正的支援；汉尼拔瓦解意大利同盟的愿望未能实现，他在人力、物力得不到及时的补充的情况下，孤军深入的弱点越来越明显地暴露出来，处境变得越来越困难。

公元前 212 年，罗马军队开始转守为攻，围攻卡普亚。汉尼拔率军前来救援，但两次都未能解围。他为了引开围攻卡普亚的罗马军队，只好施用调虎离山计，率军北上向罗马挺进。罗马紧闭城门，准备坚守，同时继续对卡普亚的围困。汉尼拔自知力薄，攻不下罗马，便在罗马郊外驻扎了一段时间，撤回到坎佩尼亚，尔后又撤到南意大利去了。卡普亚不得不向罗马投降。以后，罗马又攻占了一些坎佩尼亚城市。公元前 209 年罗马军队攻占意大利南部的最大城市塔林敦，给了汉尼拔又一个沉重的打击。

汉尼拔在意大利的处境虽然每况愈下，但他对战局并未绝望，寄希望于留在西班牙的两个弟弟的支援。公元前 208 年，他的大弟弟哈斯德路巴尔甩开了罗马军队的追击，率领援军离开西班牙，基本上沿着汉尼拔翻越阿尔卑斯山的路线进军意大利，但在翁布里亚境内的墨塔尔鲁斯河畔被罗马军队击溃，哈斯德路巴尔本人战死。汉尼拔断绝了从西班牙得到支援的希望，只好退到意大利南端的布鲁提伊。第二次布匿战争的战局实际上已经确定。

罗马为了在另一条战线上打击迦太基人，于公元前 210 年末派普·斯奇比奥去西班牙。斯奇比奥于公元前 209 年攻克新迦太基城；在哈斯德路巴尔离开西班牙之后，又于公元前 207 年打败汉尼拔的另一个弟弟玛戈，从而结束了迦太基在西班牙的统治。

公元前 204 年春，罗马军队在斯奇比奥的率领下，从西西里的利里拜乌姆出发，进攻非洲，第二次布匿战争进行最后阶段。罗马军队在迦太基北边的乌提卡附近登陆，得到东努米底亚首领玛西尼萨的支援，连连了取得胜利。迦太基形势危急，只好召汉尼拔回国救援，汉尼拔不得不承认他的进军意大利的计划的破产，含恨撤离转战十五年、没有遭受过一次重大损失的战场。公元前 202 年，斯奇比奥和汉尼拔在扎玛（位于迦太基南边）会战，双方步兵势均力敌，但玛西尼萨的骑兵对罗马军队的支持起了决定作用，汉尼拔有生以来第一次被打败。迦太基被迫向罗马求和，于第二年签订了和约。和约规定迦太基只能保留非洲本部的土地，不经罗马允许不得和邻国作战，除保留 10 只船舰防止海盗袭击外，必须交出全部舰只和战象，此外还得交出 100 名名门子弟做人质，五十年内向罗马赔款 1 万塔兰特。第二次布匿战争就这样以罗马再度战胜迦太基而结束了，由于这次胜利，罗马成为西地中海地区最强大的国家。

第三次布匿战争

第一、二次布匿战争摧毁了迦太基的军事力量，但它的经济力量并没有被摧毁。在失去海外殖民地的情况下，它注意发展农业，依靠非洲本土的资源，迅速从战争创伤中复苏过来，重又成为一座繁荣的城市，同时商业也兴旺起来，不仅和当地部落建立起频繁的贸易往来，而且和埃及、本都等国家和地区重又建立起了广泛的商业联系，罗马在第二次布匿战争之后，立即利用东地中海各希腊化国家之间的矛盾，走上了向东方扩张的道路，先后征服了马其顿、希腊、叙利亚等，把东地中海沿岸广大地区纳入了自己的版图，建立了对整个地中海四周广大地区的统治权。迦太基的迅速复苏引起了罗马的忌恨和不安，特别是引起了在前两次战争之后新兴起来的、与对外贸易有密切关系的罗马骑士阶层和一部分新贵的不满，他们不能允许迦太基妨碍他们在海外的利益，不希望看到迦太基又成为他们在贸易方面的竞争对手。老加图是这一派人物的代表，他是一位大农场主，和商业阶层也有广泛的联系。公元前153年他率领一个使团去非洲，调解迦太基人和玛西尼萨之间的纠纷，看到迦太基的繁荣景象，回来后每次在元老院发表演说时，最后总要加上一句："我认为迦太基是必须摧毁的！"

主战派在罗马占了上风，战争借口是不难找到的。东努米底亚首领玛西尼萨在罗马的支持下野心勃勃，企图吞并迦太基的领土，经常和迦太基发生纠纷。公元前150年，他又向迦太基寻衅，迦太基忍无可忍，被迫进行抵抗，结果虽然被打败，然而罗马却从中找到了挑起新的战争的口实。罗马宣称迦太基违背了公元前201年和约，于公元前149年对迦太基宣战，开始了第三次布匿战争。

第三次布匿战争完全是强者对弱者的欺凌，罗马派出由8万步兵、4千骑兵、600艘船舰组成的军队在两位执政官率领下攻打迦太基。迦太基人害怕了，他们向罗马求和，罗马元老院接受了迦太基的投降要求，责令他们交出300名人质，并履行罗马执政官发出的一切指令。执政官首先要求迦太基人交出一切武器和军用物品，迦太基人不折不扣地履行了这些条件，然后执政官又命令迦太基人摧毁城市，在距海不近于15公里的内地另建新的居民点。迦太基人被激怒了，他们杀死了主张向罗马投降的元老，决心保卫城市。全城居民日夜赶造武器，修筑工事，贮存粮食，妇女们甚至剪下自己的头发搓绳索。当罗马军队来到城下的时候，城市已经巩固地设防。罗马军队包围了城市，但是城里有充足的粮食贮备，城外有部分野战军策应，海岸也没有完全被封锁住，迦太基人坚持斗争。罗马军队连续围攻了两年，没有能拿下城市。公元前147年，非洲征服者老斯奇比奥的养孙斯奇比奥·埃弥利阿努斯（后来通称小斯奇比奥）当选为执政官，率领援军来到非洲。他整顿了军纪，对迦太基实行严密的海陆包围，断绝了迦太基同外界的联系，于是城里发生了饥馑和瘟疫。公元前146年春，罗马军队对城市发起了最后攻击，从一处防守薄弱的地方进入了城里。迦太基人进行殊死的抵抗，巷战进行了六天六夜，最后迦太基人退到卫城，放火烧了里面的神庙，与之同归于尽。根据罗马元老院的命令，五万被俘的迦太基人全部被卖为奴隶，城市被付之一炬，大火一直烧了十五天，然后被夷为平地，用犁耕出沟来，禁止人在那里居住。那些在战争中站在迦太基一边的其他非洲城市也得到同样的命运。这样，第三次布匿战争以迦太基的被彻底摧毁而告终，从此，迦太基领土成为罗马的阿非利加行省的一部分。

延续一个多世纪的布匿战争以迦太基的最后覆灭而告结束，连同战争期间对东方的扩张成果，罗马基本上实现了称霸地中海的愿望。战争的爆发是两国掠夺殖民地和争夺地中海霸权的必然结果，列宁说：罗马同迦太基的战争，从双方来看都是帝国主义战争。战争的起因和全过程说明了列宁论断的正确性。整个战争使双方都遭受了巨大的损失，人民蒙受了惨重的苦难，数十万人丧生于战场，上千艘船舰葬身于地中海底，许多城镇遭到浩劫，大片田野变为荒芜，无数的平民和战俘或遭屠杀，或被卖为奴隶，战争中真正获利的是罗马大奴隶主。

在这场规模巨大、历时长久的战争中，罗马是胜利者。罗马获胜的主要原因是因为共和制罗马当时正处于蓬勃发展时期，尽管它是一个贵族共和国，作为统治阶级不同阶层的平民和贵族之间存在着矛盾，但是在平民经过两个多世纪的斗争废除了债奴制度、获得了一定的政治权益之后，统治阶级内部的关系得到调整，平民在国家生活中的积极性大为提高，国家政治生活暂时比较安定，这些为罗马顺利对外扩张提供了重要的政治和社会前提。罗马对外扩张的主要目的是掠夺土地、财富和奴隶，对这种掠夺要求最迫切的当然是奴隶主阶级上层分子，然而平民也并非毫无兴趣，许多人也希望从战争虏获物中得到一点小利，特别是当意大利的土地显得越来越紧张的时候，对外扩张的结果可以使平民对土地的要求得到某种程度的满足，虽然他们往往成为战争的受难者和牺牲品，这样，在对外扩张问题上，罗马奴隶主统治阶级内部是比较一致的。罗马对外扩张的主要工具是组织严密的军团，这些军团由罗马公民组成，平民特别是农民是罗马军团的中坚力量。由于上述原因，罗马在对外扩张中具有强大的力量，它在布匿战争过程中虽然屡遭失败，但是在每次失败之后又可以迅速得到人力、物力的补充，直到最后取得胜利。

相比之下，迦太基在许多方面远不如罗马。迦太基在征服北非土地之后统治阶级内部明显分为两派：一派代表大土地所有者的利益，主张主要维护和巩固在非洲的利益；另一派为商业集团，主张继续进行海外扩张，扩大在海外的利益。两派之间一直进行着尖锐的斗争，时常此起彼伏，影响和左右了迦太基的对外政策，哈米尔卡尔、哈斯德路巴尔和汉尼拔代表的主要是后一派的利益，主要活动基地和据点是西班牙和新迦太基城，而在迦太基国内和政府内部，往往是地主派占上风。汉尼拔转战意大利期间一直没有得到过迦太基政府的支援，原因就在这里。汉尼拔虽然具有杰出的军事才能，但是统率的是一支孤立无援、与本国几乎断绝关系、主要由雇佣军组成的军队，而且是在他国领土上作战，处境是十分困难的。以上这些情况都使迦太基在战争中最后失败而被毁灭。

罗马隶农制

罗马帝国经过将近二百年相对平稳的发展之后，渐渐走上了下坡路。其实，早在经济相对繁荣时期，就已经潜藏着危机的阴影了。奴隶主阶级敲骨吸髓的压榨，早已使奴隶丧失了起码的生产积极性。公元3世纪，罗马爆发了普遍的社会危机。奴隶来源减少、价格陡增以及奴隶的反抗，使奴隶制大庄园因无利可图而急剧衰落。

为了给农业寻求出路，庄园主不得不改变以往那种役使大批奴隶的经营方式，越来越多地采取较为缓和的租佃剥削方式，即把庄园的土地分成若干小块（例如 20 尤格左右一块），租给小佃农耕种，然后向他们收取地租（常常占其收获物的 5/6 甚至 9/10）。这些小佃农叫做隶农，这种剥削方式就是隶农制。

然而，隶农早在罗马共和国末期就已出现。那时，在奴隶制大庄园中，不但有大批"戴镣铐的"奴隶劳动力，而且还存在着少量"不戴镣铐的"劳动者。他们原先是罗马破产的自由农民，因生活所迫而沦落为庄园主的雇工或佃农，庄园主往往把一些不适于使用奴隶耕种的或贫瘠的土地出租给他们，一般定租期为五年，期满后契约可延长或废除。这就是最初的隶农，人数不多，影响也不大。

隶农与奴隶相比，拥有一定的独立经济，可以租种小块土地（尽管只有使用权而无所有权），支配部分收获物（虽然数量有限），拥有少量工具，因此隶农一般比奴隶具有较高的生产积极性。就社会政治地位而言，隶农可以当兵，参与法庭诉讼等。整个说来，隶农的地位和处境要优于奴隶，而接近于封建时代的农奴，但又不完全等同于农奴，恩格斯把它称作"中世纪农奴的前辈"。

进入帝国时代，隶农制获得很大发展，遍布于意大利本土和地中海沿岸各行省，隶农人数也日益增多。一些大奴隶主通过释放奴隶，把他们变为向自己缴纳地租的隶农。许多贫苦农民因不堪帝国政府重税的盘剥和官吏的欺压，也被迫将自己的小块土地"献给"大土地占有者，以求得"保护"，充当其隶农。此外，当时还有很多迁居帝国边疆地区的外族移民，以及被征服的外族俘虏，也相继变成了罗马大土地占有者的隶农。与此同时，剥削阶级则由于剥削方式的改变，它们本身的地位也发生明显变化，随着集中使用奴隶劳动的大庄园开始转变为隶农制的大地产（拉丁语叫"萨尔图斯"），一些大奴隶主（包括当时权势上升基督教会上层）便渐渐转化为新兴的大地产主，这就是封建主阶级的前身，那些大地产主大都成为拥兵自重、割据一方的豪强，他们公然违抗国税、兵役，拒不接纳政府命官，以致后来连皇帝也奈何他们不得。结果，大地产的发展导致了罗马帝国中央权力的削弱，大大加快了奴隶制的衰亡。

如果说，早期隶农在法律上多少还享有一些自由人的权利，那么，随着帝国由盛转衰，隶农的实际地位便出现了显著的下降，罗马奴隶制政权为了保证国家税收、维护大土地占有者所需的劳动人手，接连颁布法令，将隶农牢牢地束缚在土地上。公元 332 年，罗马皇帝君士坦丁一世颁发敕令，严禁隶农离开土地，规定凡藏匿逃亡隶农者课以罚金，逃亡者一经抓获，即戴枷送回原地。法令强迫隶农世世代代固着在主人的土地上，可以连同土地一起被出售和转让。隶农自由迁移权被剥夺，实际上意味着他们失去了自由人的身份。法令还禁止隶农与自由人通婚，不准隶农向法庭控告自己的主人，规定隶农的财产必须由主人来全权支配，不经主人许可，隶农不得出外当兵或当僧侣，等等。这样，隶农就完全变成了主人的依附者。隶农（其中很多人是早先的自由农民）处境的恶化，使它与奴隶地位接近、命运相连，便于他们在反抗共同压迫者的斗争中协同一致。帝国末年风起云涌的人民起义，往往表现为更加壮阔的隶农和奴隶的联合斗争，再也不会出现斯巴达克起义时奴隶孤军奋战的局面了。

五世纪晚期，奴隶制的西罗马时代帝国一朝倾覆，西欧历史从此揭开了新的篇章，罗马时代遗留下来的大批隶农，逐渐地演变为封建时代的农奴。东罗马帝国境内保存较久的隶农制也为它后来向封建社会的过渡开辟了道路。

第一次西西里奴隶起义

西西里是罗马的谷仓，在那里使用奴隶劳动的大农庄发展得较早。在这些大庄园里往往聚集了成千上万的奴隶，而且大多来自同一民族或地区，有着共同的语言和感情，因此有利于奴隶斗争力量的组织和发动。奴隶主对奴隶残酷压迫和剥削，终于引起了奴隶大规模的起义。

据狄奥多拉斯记载，西西里岛上恩那城的庄园主达莫披洛斯和妻子加丽达残暴到无耻的地步，他们不仅不给自己的奴隶们以起码的衣食，竟驱赶奴隶去抢劫过往旅客，抢到的东西还要分去一半。公元前 137 年的一个夏天，那些抢不到东西的裸体奴隶，不得已向达莫披洛斯要求发给衣服，但达莫披洛斯却叫道："难道客商们都光着身子在西西里旅行吗？难道他们没有为所有缺衣服的人提供现成的补给吗？"然后他把这些奴隶绑在柱子上毒打了一顿。忍饥挨冻的奴隶们实在按捺不下积压已久的阶级仇恨，掀起了起义。

叙利亚籍的奴隶攸努斯带了 20 多个最勇敢最聪明的奴隶，躲过主人的监视，到一个阴森可怕的牧场秘密聚会，决定起义，首先支持他们的是牧奴，接着达莫披洛斯在乡村的 400 名奴隶都参加了，当时夏收工作正在紧张地进行着，他们各以手中的锄头、镰刀、斧头、长竿短棒武装起来，冲进恩那城，得到城里奴隶的积极响应，很快便占领了城市。起初达莫披洛斯还气焰嚣张地威胁说，罗马很快就会派大军来，要把"闹事"的奴隶全部处死。但还来不及等待大军的到来，结果先被处决的是他自己和他的妻子，落得应有的报应。

为了有组织地开展斗争，起义军进入恩那城后在剧场开会，建立国家，以奴隶们的故乡叙利亚命名为"新叙利亚王国"，攸努斯被推选为国王，取国号为"安条克"，下设有"人民议会"、"人民法庭"，由才智最杰出的奴隶组成，其中也有希腊人，如阿凯乌斯。并在三天之内建立一支拥有 6000 人的武装军队，将军都由奴隶担任。这个奴隶王国带有东方的色彩，但它是作为与罗马政权相对抗的一种独特的奴隶政权形式出现的。

西西里其他地方的奴隶闻风而动，纷纷响应，其中最大的一支是西西里岛西南部阿格立真坦地区克里昂领导的有 5000 人的起义军。克里昂是一橄榄园主的马夫，他和同伴们也作着随时起义的准备。当攸努斯发动起义后，他们立即响应，很快地与攸努斯取得联系汇合起来。起义军增至 7 万人。为了共同事业的胜利，克里昂听命于攸努斯，自愿当助手，大家选他为总司令。这一举动，使奴隶主们指望他们之间争吵的打算落了空。

起义的力量迅速发展，其他各地奴隶纷纷响应，西西里东部和中部许多城市如墨萨纳、托洛明尼亚、卡塔涅、列昂提尼等都转到起义军手中。起义人数日益增加，竟达到 20 万人之多。

奴隶们打击的对象是奴隶制大庄园，起义军所到之处，摧毁大庄园，杀死大庄园主，但对小庄园、小农经济和手工业者则加以保护。据狄奥多拉斯记述："在所有这一切当中最值得注意的是起义的奴隶非常明智地关心到未来，而没有把小农庄烧掉，没有破坏其中的财产、储藏的果品，也没有侵犯那些继续从事农耕的人们。"所以，起义军也得到农民的同情和支持。对于手工业者，特别是武器匠，让他们继续生产武器，以保证起义军的需要，为了减少敌对力量，起义军宽恕了那些早先人道

西哥特族的装身饰品

地对待奴隶的人，而且不侮辱他们。对于以前庇护过他们的达莫披洛斯的女儿，他们甚至派了可靠的护送队，将她送往卡塔涅城她的亲戚那里。

罗马统治阶级一开始就派兵镇压起义，但都被起义军屡屡挫败。起义军击溃了从罗马城派来的由鲁齐·希庇西带领的一支装备精良的 8000 人的队伍；在公元前 134 年和前 133 年又先后打败了由执政官富尔维优斯·拉库斯和执政官卡尔普尔尼乌斯·披索带领来镇压起义的军团。狄奥多拉斯不胜感叹地说："从来没有像西西里爆发的这种暴动！"它使"恩那城的'代行最高审判官'和他们的地方部队毫无办法，就是从意大利调来的两个执政官的军队也完全无能为力。"

但是，罗马奴隶主不甘心他们的失败，公元前 132 年执政官普布里乌斯·路庇里乌斯率领大批军队，向起义军猛扑起来，攻下起义军的重要据点马尔干提纳，接着，路庇里乌斯利用收买叛徒的手段，攻占了起义军的主要城堡——托洛明尼亚，被俘的起义军经拷打后被扔下悬崖。继后又围困恩那城，企图以饥饿的办法迫使起义军投降。起义军领袖们决定突围，但在突围的激战中，由于罗马军团的凶残攻击，起义军伤亡惨重，克里昂英勇战死，两万奴隶阵亡。1000 名近卫军保护着攸努斯血战到底，当他们知道自己的国王被俘时，便用剑互相砍杀而死。攸努斯被囚禁在狱中，后被折磨至死。

执政官普布里乌斯·路庇里乌斯攻陷恩那城后，又派出军队追击幸存的参加起义的奴隶，并彻底梳洗了西西里全岛。第一次西西里奴隶起义就这样结束了。

第二次西西里奴隶起义

第一次西西里奴隶起义失败后，奴隶的状况更加恶化，奴隶反抗的怒火并没有泯熄，三十多年后，在同一个西西里岛，又爆发了一次大规模的奴隶起义，即公元前 104—前 100 年的第二次西西里奴隶起义。

这一次起义的直接原因是由西西里总督涅尔瓦停止释放奴隶而引起的。

公元前 2 世纪末，罗马在非洲进行朱古达战争，后又和北方入侵的基姆伯尔人和特乌托涅斯人作战，需要大量的军队。但许多行省和同盟国的自由民却因债务关系沦为奴隶，不能提供兵源。当元老院请求各地支援时，比提尼亚国王尼科美德斯答复说，为了满足罗马包税人的勒索敲诈，其王国内的壮丁都被卖为奴隶了。其他同盟国提出同样的申述，元老院无可奈何，只好命令各行省总督对奴隶及其家族进行审查，凡出身于自由民家庭的奴隶概予释放。西西里总督涅尔瓦接到命令后释放了 800 名奴隶，但他后来接受了奴隶主的贿赂，停止审查工作，热切希望获得自由的奴隶们得消息后，压制不住心中的怒火，愤然举行起义。

公元前 104 年，西西里岛西部赫拉克里亚城附近的 80 名奴隶在萨维阿斯领导下揭竿而起，立即有许多奴隶响应。萨维阿斯像攸努斯一样，是以占卜师而享有声名的。他把起义军带到卡普里恩山上修筑防御工事，建立据地，并击溃了涅尔瓦派来的部队。不久，在利里拜乌姆城附近又有一支在雅典尼奥领导下的起义军，集结了 1 万多人，形成奴隶起义的第二个中心。为了抗击共同的敌人，这两支队伍在西西里岛西部的特里奥卡拉城会师，联合起来。同时还有大批农民投向他们，起义军的力量不断壮大，他们在特里奥卡拉城建立国家政权，共推萨维阿斯为王，号为"特里丰"，雅典尼奥当总司令，下设议事会，作为共商大计的机构。在王宫旁还开辟一处广场，作为群众集会的场所，许多重大事情都在这个广场征求意见和最后通过决议。为了提高战斗力，从起义军中挑选出最强壮的奴隶组织正规军队，有 2 万步兵和 2000 骑兵。他们把这些军队分为三部分，每一队都有司令官，令他们分头在西西里全岛进行广泛深入的进击，然后在约定的时间地点会合，布置新的战斗任务，重新行动。这一战术收到辉煌的效果，吓得奴隶主们惊慌万状、惶惶不可终日！

与第一次西西里起义一样，农村是这次起义军开展斗争的广阔天地。也像第一次西西里起义一样，他们只打击大庄园主，对农民和手工业者的利益则加以保护，使经济维持正常的状态。两次西西里起义有好多相似之处，以致有人提出怀疑，西西里第二次奴隶起义是第一次起义的重述和翻版，不一定有真实的第二次起义，但从罗马的有关史料来看，确有两次奴隶起义，狄奥多拉斯的记载是有力的佐证，只不过相似的太惊人而已。

在涅尔瓦不能扑灭起义后，公元前 103 年，罗马元老院不顾北方日耳曼人入侵的威胁，把一支新征募的 1.7 万人的部队投入西西里战场，由行政长官李锡尼乌斯·路库鲁斯率领前来镇压起义军；次年又改派行政长官盖乌斯·塞尔维里乌斯统率罗马军队，但这两个行政长官最后都因军事失败被召回罗马，送交法庭判处流放，这时，起义烽火燃遍了西西里的绝大部分地方。起义军四处活动，捣毁大庄园，袭击军政机构，毁坏驿站并切断西西里各处的交通，使城乡之间失去联系。

但不久起义军遇到了不利的情况，萨维阿斯于公元前 102 年不幸病死，起义军失却了一位坚强有力的杰出领袖。粮食缺乏也使起义军面临困境。另一方面，罗马在战胜了基姆伯尔人和特乌托涅斯人以后，能够集中力量来对付起义的奴隶们，公元前 101 年，由执政官曼尼乌斯·阿克维里乌斯带领大批罗马军队进攻起义军，在墨萨纳附近发生了激战。据说在这次战斗中，雅典尼奥在同阿克维里乌斯进行单独决斗中被杀，起义军败退特里奥卡拉，不久，起义军的根据地特里奥卡拉陷落，无数的奴隶被俘后活活钉死在十字架上，剩下 1000 名起义军在沙提鲁斯领导下继续战斗了好长时间，后来受骗归附阿克维里乌斯，竟被卖为角斗士；但当他们发现受骗后，不愿自相残杀以供奴隶主取乐，都在上竞技场之前砍杀而死，以示最后反抗。

斯巴达克起义

斯巴达克起义是古代罗马一次大规模的奴隶起义，英雄的起义军在杰出的领袖、卓越的军事统帅——斯巴达克领导下，屡败罗马军队，在意大利纵横驰骋，所向披靡，沉重地打击了不可一世的罗马奴隶主统治阶级，谱写出古代世界被压迫阶级争取解放的光辉篇章。

起义前夜

斯巴达克起义发生在公元前 1 世纪 70 年代，此时正值罗马雄踞地中海，奴隶制充分发展之时。然而，罗马疆域之广阔，奴隶制经济之繁荣，完全建筑在对内压迫剥削奴隶，对外扩张掠夺，奴役弱小国家与民族的基础之上，其结果，势必导致奴隶起而反抗，势必引起被征服的国家与民族奋起斗争。

早在斯巴达克起义前，地中海沿岸地区奴隶起义的怒涛汹涌澎湃，一浪高一浪。据李维等古典作家所记，公元前 198 年，拉丁地区的奴隶曾酝酿起义，计划占领奥斯提亚、诺尔巴和萨尔泽伊。因叛徒泄密，起义失败，被处死者达 500 余众，被俘者皆夹上 4 公斤半的足枷；公元前 196 年，伊达拉里亚地区的奴隶起义，规模之大，人数之多，竟使罗马动用整整一个军团；公元 185 年，阿普里亚地区牧奴起义，经罗马大法官调查，起义者达 7000 余人；公元前 138 年和公元前 104 年，西西里岛曾先后爆发两次奴隶大起义。在第一次西西里奴隶起义期间，奴隶们曾组成一支 20 万人的大军，并控制该岛的大部分地区，还建立起自己的国家——"新叙利亚王国"。在第二次起义期间，起义军也曾在短期内占领该岛的大部分地区。在西西里起义的同时，意大利半岛的明图伦、西努耶萨、努塞利亚、小亚细亚的帕加马都曾爆发奴隶起义。公元前 104 年，卡普亚郊区还曾爆发 3000 角斗奴的起义。上述起义成为斯巴达克起义的先导。

斯巴达克起义前，地中海沿岸地区的被罗马征服的国家与民族争取独立的斗争，如滚滚洪流猛烈地冲击征服者的堤坝。在罗马的西方，塞尔托里乌斯成功地领导了西班牙各部族的起义，宣告了西班牙的独立；在罗马的东方，小亚细亚和希腊城市为摆脱罗马的控制，全力支持本都王米特拉达特斯六

角斗场景

世同罗马交战。塞尔托里乌斯与米特拉达特斯六世的结盟，使罗马完全陷入东西夹攻的窘境。

此外，共和末期统治阶级内部民主派与贵族派的"内战"，意大利居民为争夺公民权所发动的"同盟者战争"，农业的连年歉收，海盗的猖獗活动，这一切使得意大利本土兵连祸结，罗马人坐卧不安，一筹莫展。

斯巴达克正是在罗马社会矛盾重重，危机四伏，内外交困的背景下，率领奴隶大众登上了历史舞台。

暴动成功

关于斯巴达克起义，约有 30 多位古典作家曾予记述，但保存至今只有普鲁塔克、阿庇安的概述和萨留斯特、福洛茹斯、阿罗修斯、李维等人所记的片断，有些情节众说纷纭；至于斯巴达克本人的生平事迹，古典作家更少提及。综合各家的说法，我们只能素描这一伟大战争的悲壮历程。

斯巴达克乃色雷斯人。公元前 80 年，他在色雷斯反对罗马征服的战争中不幸被俘。初在罗马辅助部队中服役，后因多次逃亡，被卖为奴。由于斯巴达克魁梧英俊、臂力过人，卡普亚一所训练角斗士的学校将其买下做角斗奴。角斗奴遭受的非人待遇，罗马人以其互相残杀作为娱乐的暴行，激起斯巴达克及其同伴们的无比愤慨，斯巴达克决计率领同伴逃出牢笼。他启迪众角斗士："与其以生命在剧场里冒险，不如为自由而去担当哪怕最大的风险"。在斯巴达克的鼓动下，200 名角斗奴决意暴动。不幸，事泄。斯巴达克当机立断，提前行动，于公元前 73 年春末率 70 余名角斗奴，手持厨房的刀叉，以迅雷不及掩耳之势，杀死卫兵，逃出城市，躲进了附近的维苏威深山。起义者推选斯巴达克为首领，高卢人克利克苏斯和日耳曼人恩诺马乌斯为副将，成立了斯巴达克起义军。

角斗士浮雕

起义军于维苏威扎寨之初，并未引起罗马元老院的注目，因为奴隶逃亡在罗马已成司空见惯之事，何况元老院正苦于内忧外患，无暇顾及镇压起义力量。起义军因利乘便，积聚力量，在短短几个月里，不仅缴获了当地驻军的大量武器，而且还从附近庄园、城市补充了大批给养。由于此时起义军纪律严明，深得奴隶与贫民的欢迎和支持，队伍迅速壮大起来，据公元 2 世纪作家福洛茹斯报导，起义军很快发展到 1 万多人。

节节胜利

起义军活动范围日益扩大，使愈来愈多的奴隶主惶恐不安。元老院决定迅速剿灭斯巴达克军，于是在公元前72年春派行政长官克劳狄乌斯前去征剿。克劳狄乌斯率领3000兵马抵维苏威山后，立即切断了起义军的退路，将起义军围困在悬崖峭壁之上，妄图迫降。然而，困难见巧，起义军随时制宜，用山上野葡萄藤编成绳梯，然后沿绳下到山脚，绕至敌后，突袭敌人，出奇制胜。维苏威一役打击了罗马官军的嚣张气焰，提高了起义军的士气，显示了斯巴达克的军事才能，起义军名声大振。斯巴达克深谋远虑，因势利导，扩建武装。起义军吸收了前来投奔的坎佩尼亚地区的奴隶和破产的农牧民，将军队整编成投枪兵、主力兵、后备兵和骑兵。

西班牙的金制品

同年秋，斯巴达克大军浩浩荡荡从坎佩尼亚向亚得里亚海挺进。元老院闻讯，惶惶然派行政长官瓦里尼乌斯率领临时凑集的两个杂牌军团约1.2万人前去阻截。斯巴达克针对瓦里尼乌斯采用的分进合围战术，运筹帷幄，制定出择敌薄弱环节，集中精兵逐个击破的方针。交战伊始，斯巴达克的精兵杀向瓦里尼乌斯副将傅利乌斯的2000人马，迅速取胜，继而回转旌旗杀向前来增援的瓦里尼乌斯的另一副将科辛纽斯军。科辛纽斯全军溃败，其本人葬身沙场。瓦里尼乌斯见此情景，旋即改变战术，收缩兵力，将起义军逼至一荒无人烟、崎岖难行的山区角落。瓦里尼乌斯还令战士在起义军前方修垒挖堑，扎营下寨，企图困死起义军。此时起义军因连续作战，人人力尽筋疲，兵器损耗甚巨，加之粮食殆尽，气候变冷，形势十分危急。尽管如此，起义军临危不惧，"宁肯死于刀剑，也不死于饥饿"，积极筹划突围。斯巴达克意识到敌强己弱，强攻必败，于是巧施计谋。在一个夜间让战士和平素一样在营地点起篝火，然后偷偷地将死尸绑在营门木柱之上，迷敌眼目。起义军神不知鬼不觉地沿着瓦里尼乌斯认为无法通行的山路，迅速突围出去。翌日，瓦里尼乌斯方知中计，气急败坏地率领兵马追击。起义军择有利地形，设下埋伏，待敌出现，呐喊冲来，敌措手不及，溃不成军，瓦里尼乌斯本人也险些被俘。罗马元老院本想让瓦里尼乌斯挽回维苏威败局，以壮军威，结果却适得其反，损将折兵。

起义军的节节胜利，大灭了元老院的威风，用普鲁塔克的话说："现在，斯巴达克是伟大而又威严可怕，罗马元老院忧虑的已不仅仅是奴隶暴动的不体面的耻辱，它惧怕斯巴达克了，并且意识到处境的危险。"阿庇安说："此后，聚集在斯巴达克周围的人数更多，达到7万人。"起义军占领了意大利南部许多城市，自由地驰骋在坎佩尼亚、卢卡尼亚、阿普里亚的大地上。

内部分裂

就在大败瓦里尼乌斯后，起义军领袖在战略上产生了分歧。斯巴达克主张队伍立即北上，尽快翻越阿尔卑斯山出境，而克利克苏斯坚持起义军留在意大利与罗马人斗争到底。领袖间"由于彼此争执行动的计划，几乎把事情弄到哗变的地步"，最终克利克苏斯与斯巴达克分道扬镳，起义军不幸分裂。

为什么斯巴达克与克利克苏斯在战略上意见不一呢？因史料欠缺，学者们看法不一。主要有两说。其一是起义军内部民族复杂说。持此说者认为，斯巴达克属色雷斯族，而副将克利克苏斯和恩诺马乌斯属高卢和日耳曼族，斯巴达克代表了包括色雷斯在内的希腊人的利益，而克利克苏斯代表了与希腊人有嫌隙的高卢—日耳曼人的利益。由于领袖们陷于本民族的狭隘利益不能自拔，必然在战略上难以一致。其二是起义军内部各阶层利益不一说。持此说者认为，起义军内部既有外籍奴隶和意大利本土奴隶，还有意大利破产的农牧民和早已定居在意大利的高卢—日耳曼人以及罗马逃兵。由于各阶层的社会地位不同，因此起义的目的也不同：外籍奴隶渴望返回祖国，获得自由；本土奴隶渴望在意大利成为自由民；破产的农牧民和早已定居在意大利的高卢—日耳曼人以及罗马逃兵希冀得到土地。斯巴达克只想满足外籍奴隶的要求，而克利克苏斯一心维护意大利人和定居于意大利人的利益，因此必然产生战略上的分歧。

起义军内部固然民族复杂，但在同罗马斗争的问题上，民族间的矛盾早已降到次要地位。我们从现存的有关斯巴达克起义的史料中，既看不到各民族间存在什么隔阂，又看不到各民族间采取过什么敌对行动，反而却能看到当克利克苏斯率领三万战士离开主力遭罗马军围困之时，斯巴达克闻讯前去救援的动人情景。就是在起义军分裂后，无论斯巴达克的部下，还是克利克苏斯的部下仍旧由多民族组成，可见，起义军内部民族的驳杂并非导致战略分歧的原因。起义军内部各阶层的不同动机和目的，才是产生战略分歧的基础和酿成分歧的重要因素。

斯巴达克塑像

起义军的分裂不仅削弱了军力，涣散了军心，而且给了敌人以可乘之机。同年冬，元老院派两执政官林图鲁斯和格里乌斯围堵起义军。在阿普里亚的加尔干诺山附近，克利克苏斯军与格里乌斯军遭遇。虽克利克苏斯及其部下顽强抵抗，终因寡不敌众一败如水，克利克苏斯及其军队 2/3 的战士英勇献身，余众突围北上，重归前来援救的斯巴达克军。恩诺马乌斯大约在此之前也已牺牲。

北战南征

斯巴达克率领全军按原计划向东南迂回，准备穿越亚平宁山脉北上，打开通向阿尔卑斯山的道路。斯巴达克命令部下烧掉所有无用的东西，杀死所有的战俘，屠宰驮兽，轻装前进。一路上，前有林图鲁斯在翁布里亚集结的几万大军的堵击，后有进入萨姆尼乌姆山区，准备切断起义军退路的格里乌斯大军的尾追，起义军处于前后夹攻的被动局面。斯巴达克不愧为天才的军事领袖，他率领队伍机智灵活地在亚平宁山脉活动，很快甩掉了尾追之敌，然后，起义军集中全力猛攻林图鲁斯的阵地，陆续挫败林图鲁斯的几员副将，粉碎了林图鲁斯的军事计划。接着起义军旌旗回转，扑向尾追的格里乌斯军，格里乌斯军招架不住，一败涂地，起义军终于摆脱了被动局面。庆功之时，斯巴达克强迫 300 罗马战俘进行角斗表演，用以祭奠战友克利克苏斯的"亡灵"。尔后，起义军进行了短期的修整、扩充。据阿庇安说，此时起义军已达 12 万人。

斯巴达克

整编后，起义军沿着亚得里亚海岸向北挺进。经二十天急行军，队伍进入了山南高卢。山南高卢总督卡西乌斯企图凭借穆提那的坚固防线和手中的 1 万精兵进行拦阻，起义军势如破竹夹攻敌军，迅速攻克穆提那城。

过了穆提那，起义军朝思暮想的阿尔卑斯山展现在他们的眼前。此刻再没有敌人的阻截，只要翻过高山，就能回到各自的国家，北上的计划即将实现了。

可是，起义军突然改变出境计划，烧毁了一切多余物质，杀掉了多余的马匹，急转回师，挥戈南下。

起义军为何改变原定计划？因史书对此无任何记载，故学者们做出种种推测。归结起来，大体有以下三种看法。其一，阿尔卑斯山高路险，雪窖冰天，12 万大军通过，存在重重困难，况且起义军在意大利北部又得不到当地农民支持，只好南下，另找出境之路。其二，随着起义军北征的节节胜利，战士们战胜罗马的信心已愈来愈强。到了阿尔卑斯山后，战士们认为自己的力量足以进攻罗马，因此强烈要求斯巴达克改变原定计划，率领他们直捣罗马。斯巴达克此时或已丧失对部下的控制，或为顾全大局，防止起义军再次分裂，因此顺从众意，回师南下。其三，起义军出自阶级的情感，不忍心丢下仍然呻吟在皮鞭下的奴隶弟兄而离去，为了解救苦难的弟兄，他们掉转矛头向意大利中部和南部的奴隶主进攻。

其实，阿尔卑斯山的自然条件对于斯巴达克来说早已了如指掌，至于起义军出自阶级情感而放弃出境计划更难以令人信服。因为奴隶还不具备把解放本阶级作为己任的觉悟，更何况从任何史料中，找不到一点根据。奴隶起义只是为了争得个人的解放。当他们感到在罗马难以达到目的之时，自然想到出境获得自由；而一旦他们感到自己有能力在意大利赢得自由之时，原来的想法动摇了，更何况他们在意大利生活了多年，焉知出境以后之祸福？北上的胜利，增强了他们在意大利求得自由的信心和勇气。

起义军南下途中，在皮凯努姆再遇林图鲁斯和格坦克乌斯联军堵截。经一场激

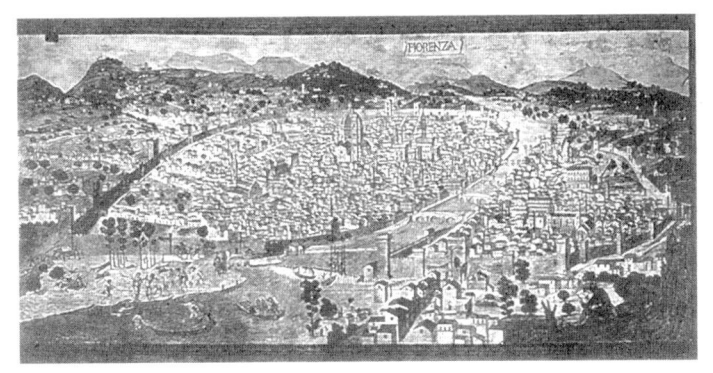

战，罗马军丢盔卸甲，辙乱旗靡。起义军以排山倒海之势向南推进。元老院担心起义军直捣罗马，立即宣布全国处于紧急状态，其惶恐之状，不亚于当年汉尼拔叩罗马城门，甚至在选举下年度行政长官之时，贵族竟无人敢充任候选人。元老院费尽周折，直至最后才选定克拉苏统帅林图鲁斯和格里乌斯两执政官的军队和新补充的六个军团。克拉苏为保住罗马，率军迅速抵达罗马以东的皮凯努姆地区，扼守通向

影片"斯巴达克斯"中，起义的奴隶袭击罗马士兵

首都的咽喉之路。但是，也许是因为斯巴达克感到进攻罗马的时机尚不成熟，准备去西西里联合那里的奴隶；也许是因为起义军中许多战士无视斯巴达克的教育，屡犯群众纪律，促使斯巴达克恢复将队伍带出意大利的计划了；也许是起义军故作进攻罗马之状，以调敌军，扫清南下障碍，总之，起义军抛开了罗马，快马加鞭直指半岛南端。

克拉苏闻讯急令副将穆米乌斯率领两个军团跟踪，拖住起义军。而穆米乌斯利令智昏，求战心切。斯巴达克抓住了穆米乌斯的弱点，在亚平宁峡谷与穆米乌斯公开交战，一举粉碎敌军，歼敌 7000 余人。之后，起义军飞速穿过萨姆尼乌姆地区、卢卡尼亚腹地，向南部海滨挺进。克拉苏为挽回败局，竟然恢复古老的"什一抽杀律"，整饬军纪，顿时 4000 兵士葬生。与此同时，元老院为尽快消灭心中之患，采取措施，将克拉苏兵力增至 10 万余人。

起义军日夜兼程，马不停蹄，终于到达了墨萨纳海峡，准备渡海去西西里岛。为了解决运输问题，起义军曾与西西里海盗达成协议，租用船只，但是由于西西里总督维里斯收买了海盗，结果起义军上当受骗，船只落空。斯巴达克曾试图以木筏强渡，但因水势凶猛，风浪太大，渡海不成。南下出境的计划彻底破产。斯巴达克不得不率军北上。可是阴险狡猾的克拉苏为了将起义军困死在半岛南端，早已下令士兵在布鲁提伊半岛的最狭窄地带挖出深与宽各 4 公尺半，长 50 公里的深沟，并在沟边筑起土墙堤坝。起义军三面临海，一面受敌，陷于进退维谷的境地。

顽强不屈

自公元前 72 年底，罗马的形势发生急剧的变化。西线庞培战胜了塞尔托里乌斯军队，东线卢库鲁斯击退了米特拉达特斯六世和北方部族的进攻，三年严重的粮荒也已结束，现在元老院可以调回主力部队镇压奴隶的暴动了。于是元老院令卢库鲁斯和庞培班师回国，配合克拉苏作战，形势对起义军更加不利了。

斯巴达克闻讯罗马主力大军将至，意识到处境的危险，乃提出与克拉苏谈判，遭克拉苏断然拒绝。起义军向克拉苏的防线发起一次又一次的冲锋，但接连失利，损失 1 万多人。此时已届隆冬，起义军给养耗尽，如不能冲破封锁，就等于坐守待毙。斯巴达克并不气馁，积极寻找进攻时机。在一个风雪交加的晚上，当起义军的骑兵队伍从半岛南端集结到主力部队的地点时，斯巴达克立即制定出新的突围方案。他率领 1/3 的步兵，巧妙地用树枝、柴草、泥土和敌人的死尸填平一段壕堑，在骑兵的掩护下，火速越过防线。不久其余的人也冲了出去。至此，克拉苏以"布鲁提伊陷阱"困死起义军的计划成了南柯一梦。克拉苏担心起义军进攻防备虚弱的罗马，旋即写信给元老院，请求速调卢库鲁斯和庞培前来支援。

起义军进入卢卡尼亚后，斯巴达克决计将队伍带到布隆迪西乌姆港，从那里东渡亚得里亚海出境。但是，部下康尼格斯和卡斯都斯反对此种决定并公然带领 12300 人脱离主力，结果在鲁干湖畔被克拉苏全歼，康尼格斯和卡斯都斯皆壮烈牺牲。斯巴达克闻听噩耗，预感到局势的严重，立即率领主力撤退至伯特利亚山中。克拉苏副将坤图斯和财务官斯科洛见此情景，误以为起义军败退，旋即率 6 万大军尾追。斯巴达克诱敌至卡鲁恩特河谷，凭借

罗马的元老院

山地的有利地形，一举击溃敌军，罗马军丧生 1 万余众，斯科洛却身负重伤，险些被俘。之后，起义军急速向布隆迪西乌姆进发。可是，他们万万没有料到，此时卢库鲁斯已从小亚返回，抢先占领了布隆迪西乌姆港，截断了起义军的去路。

起义军的处境显得愈发艰难，前有卢库鲁斯拦截，后有克拉苏追赶，侧面庞培军正步步逼近。斯巴达克深知夺取布隆迪西乌姆已不可能，于是果断决定避开罗马主力，回师迎战克拉苏。好大喜功的克拉苏仿佛预感到同奴隶的战争即将结束，害怕卢库鲁斯分享战功，也急于同斯巴达克交战。公元前 71 年春，一场决定起义军生死存亡的鏖战，终于在阿普里亚境内拉开了战幕。

斯巴达克面对排成长长战斗行列、威武雄壮的战士们，庄严地宰马宣誓，表达了全军与罗马官军决一死战的决心。誓毕，斯巴达克率领全军战士杀向敌群。战事异常残酷，从清晨直杀到黄昏，战场上死伤枕藉，血流成河。斯巴达克不愧为起义军的杰出领袖，始终临危不惧，冲杀在前，寻找仇敌克拉苏决战；起义军不愧为威武不屈的队伍，战士们置生死于度外，顽强地抗击 12 万罗马官军的围攻。由于众寡

悬殊，起义军愈来愈力不从心，被迫分散突围，以求保存力量。但是，就在这关键的时刻，斯巴达克的大腿不幸被罗马一百夫长佛里克斯的投枪刺伤，他翻身落马，被敌人团团包围。斯巴达克面对群敌，毫不惧色，他像一头愤怒的雄狮，一手举盾，一手挥剑，曲膝不停地还击，英勇地战斗到生命的最后一息。斯巴达克气吞山河的英雄气概，使奴隶主的史学家也为之感叹。福洛茹斯写道："斯巴达克本人，以惊人的勇敢，战斗在队伍的最前列，他牺牲了，只有一个伟大的统帅才具有这种精神。"

斯巴达克牺牲后，战事急剧恶化，绝大多数战士光荣献身。根据李维和阿罗修斯报导，起义军阵亡了 6 万人。突围出去的战士，虽躲进深山老林，但经克拉苏围剿，6000 人又不幸被俘。根据阿庇安报导，嗜杀成性的克拉苏，将这 6000 人残忍地钉死在从卡普亚至罗马城沿途的十字架上。

斯巴达克主力失败后，起义军余部仍旧在各地坚持斗争。在伊达拉里亚地区，一支 5000 人的队伍战斗了将近一年。公元前 70 年，当队伍向东南转移时，不幸与从西班牙返回的庞培军遭遇，全部阵亡。在意大利半岛的南部地区，另一支起义军余部以杜利城为基地与罗马进行了约十年之久的斗争，据记载，直至公元前 62 年，元老院还令奥古斯都的父亲前去镇压。

万古流芳

在奴隶社会中，任何一次奴隶起义无不因历史和阶级的局限而最终导致失败的结局，其根源盖出于奴隶阶级本身不是新的生产力和新的生产关系的代表。斯巴达克起义败因亦然。这次波澜壮阔的奴隶起义尽管人数之多，时间之长，范围之广，在古代十分罕见，但是由于起义适逢罗马奴隶制蓬勃发展，共和政体向军事独裁的帝制过渡之时，因此客观上促使奴隶制度消灭的历史条件尚不成熟，奴隶主阶级在军事、政治、经济等方面拥有强大的实力。在起义的整个过程中，起义军没有像西西里奴隶起义军那样，以推翻罗马奴隶主阶级专政，建立自己的新政权为目的，因此自始终缺乏明确的斗争纲领和远大的斗争目标，缺乏主动进击的路线。

此外，当时的罗马自由人一向鄙视奴隶，尤其是农业奴隶。甚至破产的小农把自己的失地原因错误地归咎于奴隶身上，因此奴隶和自由民对抗情绪较大。这种情况不能不反映到起义军内部来。它明显地表现为起义军成员因各自所处的社会地位不同，对起义的目的和要求也不相同。奴隶为争取自由而斗争，破产农民则为获得土地进行斗争，由于二者利益的差别，不可能结成牢固的联盟。斯巴达克代表了起义队伍中奴隶的利益，他的三次大的军事行动旨在把奴隶带出意大利争得解放；克利克苏斯代表了起义队伍中破产农民的利益，他为了夺得土地，脱离主力，向罗马统治者进攻。由于领袖间意见不一致，行动不能统一，因此队伍中始终产生不出一个能够

公元前 186 年元老院发布的有关
违反社会习俗的决议公文

反映内部各阶层利益并领导各阶层战斗的领导核心，使起义军长期处于涣散状态。这不仅导致组织上的分裂，而且也给了敌人以可乘之机，酿成无法挽回的损失。

然而斯巴达克起义的功绩绝不因它的失败而泯灭，它对罗马社会的政治、经济、国事等方面都产生了重大的影响。受到沉重打击的罗马统治阶级开始认识到，现有的共和体制已完全不适应镇压奴隶和维护统治之需要，因此，一个新的作为奴隶主阶级联合的军事独裁帝国的降生已势所必然，可见斯巴达克起义在某种程度上加速了共和向帝制过渡的步伐。此外，奴隶主阶级也认识到，旧有的剥削奴隶的方式，只能激起奴隶的不满与反抗，因此，他们不得不较多地采用隶农制剥削形式，尽量购买不同种族的奴隶，更多地使用家生奴隶，开始允许一些奴隶成家，生育子女。

多少世纪以来，斯巴达克起义的光辉壮举，赢得了后世人的高度赞扬并世世代代经久不衰地广为传颂。这次起义已成为鼓舞被压迫人民和被压迫民族反抗反动势力的强大力量。无产阶级的革命导师曾热情赞颂斯巴达克，马克思称赞他为"古代无产阶级的真正代表"。列宁也赞誉说："斯巴达克是大约二千年前最大一次奴隶起义中的一位最杰出的英雄"。伟大的斯巴达克起义的英勇事迹永存史册，万古流芳。

征服高卢

高卢包括今意大利的波河流戋（古时称为山南高卢，因为它在阿尔卑斯山南），和今法国、比利时的全部、瑞士大部、荷兰的一部分和莱茵河左岸的部分德国领土（称为山北高卢）。

高卢地区人口众多（在 1500 万至 2000 万人之间），土地肥沃，经济相当发达而富庶，有发达的农业、手工业和商业贸易。在恺撒进行高卢战争前，罗马人已经统治了山南高卢和法国南部的一块地方（称作普罗旺斯），建立了行省。

恺撒进行的高卢战争，是征服山北高卢的战争。这里的居民一般就称为高卢人，或凯尔特人，他们中有些人同日耳曼人有很亲近的关系。

战争背景

恺撒征服前的高卢人，还处在原始社会晚期，但已有阶级分化。高卢人分为很多个部族，彼此之间有的关系很好，有的则互相争战，争夺对高卢人的领导权。他们同罗马的关系也各不相同，有的是罗马的同盟者，有的则不是。这给了恺撒一个利用其矛盾的机会。

苏埃托尼乌斯说：恺撒在高卢"不放过任何战争借口，不论它是多么不公正或多么危险，既向敌对的野蛮民族，也向同盟的民族挑衅，以致有一次元老院命令派一个专门委员会去调查高卢行省的局势，有些人甚至建议把恺撒交给敌人。但是由于恺撒事业的成功，他得到了比他之前的任何人次数更多，每次时间更长的公众的感恩祈祷。"

恺撒为什么不惜一切地挑起战争？因为他在三头中实力和影响都是最弱的一个。

他想通过战争既在军事上和经济上增强实力，又在政治上增强影响，从而获得更大的发展。

说恺撒不惜一切借口，不管公正与不公正地挑起战争，可以他挑起同厄尔维几人的战争为例。

战争的起因是这样的：公元前 58 年，居住在今瑞士西部的一个人数众多的民族厄尔维几人（他们有 30 多万人，其中能拿起武器作战的就有 90000 多人），由于日耳曼人的压迫而打算迁居到法国的卢姆河口一带去居住，他们烧掉了自己的城市和村庄，毁掉了储备的全部粮食，只带了可以带走的东西后就开始迁移了。

罗马近卫军浮雕

迁移的路有两条：一条是穿过汝拉山和罗丹河之间的塞广尼人居住的地区，这是一条狭窄而难走的路；另一条是穿过罗马人统治的普罗旺斯的地区，这条路比较好走。厄尔维几人走的正是第二条路。

恺撒得知此事，便急忙赶往离厄尔维几人居住地很近的盖纳瓦城（今日内瓦）去，并下令在普罗旺斯征兵。

厄尔维几人派了一个使团去见恺撒，请求让他们通过普罗旺斯。当时恺撒兵力不足，便行缓兵之计。他让他们到 4 月 13 日再来见他。他利用这个机会赶紧征兵，并修筑了一条长达 19 里的带壕沟的壁垒（从列曼努斯湖到汝拉山）。

佛罗伦萨大教堂近景

待使节第二次来见恺撒时，恺撒便断然拒绝他们通过。感到绝望的厄尔维几人试图突破防线，但失败了。于是他们决定走第一条路，既穿过塞广尼人的路，这对罗马人并无损失，因此没有理由进行干涉。但恺撒仍以这个民族曾在公元前 107 年战胜过罗马军队，让他们受了轭下之辱（即使战败的敌人从用武器搭成的轭门下通过，以嘲弄和侮辱之）并杀死了罗马的执政官，过分好武为借口对他们开了战，当厄尔维尔几人到达爱杜依人境内时，恺撒便率领 5 个军团越过阿尔卑斯山，以保护爱杜依人为名，向正在渡过塞纳河的厄尔维几人发起了进攻。当时，厄尔维几人已有 2/3 过了河，剩下的人因恺撒出其不意的攻击而被歼灭。

随后，恺撒也渡过塞纳河，跟踪厄尔维几人。双方在爱杜依人盛产粮食的大城镇毕布拉克提附近打了起来。恺撒把军队配置在一座山上，在战斗开始前，他下令把自己的坐骑以及其他将领的坐骑都牵走，以表示自己绝不逃跑，要与阵地共存亡的决心。所以，战斗十分激烈，厄尔维几人几乎被全歼。

尼禄的黄金宫殿遗迹

对这次战斗，恺撒在自己的《高卢战记》中写道："兵士们居高临下，掷下轻矛，很容易地驱散了敌人的方阵。敌人散乱之后，士兵们拔出剑来，朝他们冲过去。高卢的人盾，大部分被轻矛一击中就穿透了，而且因为铁的矛头弯了过来，紧箍在后面，拔又拔不出来，左手累累赘赘地拖着它们作战又不方便，一时很受阻碍，于是，许多人用手臂摇摆了很久仍没法摆脱它。之后，他们因为受伤累累，支持不住，开始撤退，向离当地约1罗里的一座小山逃去。等他们占有那座小山时，我军已紧紧跟在他们背后。作为后军掩护着敌人后方的15000波依人和林都忌人，掉过头来攻击罗马军队敞开着的侧翼，包围住他们。已经退上山的厄尔维几人看到这事，重新投入战斗。罗马人回转身来，两面分开应战，第一列和第二列抵抗已被击败和逐走的敌人，第三列抵抗新来的敌人。"

厄尔维几人战斗得十分英勇。恺撒写道"谁也没有看到任何敌人转过身去逃走的。"

但厄尔维几人最后还是失败了，原来36.8万人的厄尔维几人，只剩下11万人。恺撒命令他们返回原来住地去，重建被他们自己烧毁的城市和村庄，并让附近的高卢人借给他们粮食等。

在整个高卢战争中，恺撒借口战争需要，不断地扩大军事实力，增加军团数量，由原来元老院批准的两个军团，扩充到了10个军团，其编号为第六—十五军团。其中，恺撒最为信任、战斗力也最强的是第十军团，以后内战时期也是如此。恺撒曾说过："即便真的再没有别人肯跟我走，只剩下第十军团跟着，我还是照样继续前进。"他的这番话是在厄尔维几人之后同日耳曼人进行战争过程中，当罗马士兵因恐惧日耳曼人而惶惶不安时说的。

事情是这样的：当罗马人战胜厄尔维几人后，在一次全高卢人的代表会议上，代表们跪在恺撒面前说，日耳曼人受阿浮尔尼人和塞广尼人之邀，前来帮助他们争夺在高卢的霸权，同爱杜依人作战。前来的日耳曼人15000人，他们在战后爱上了这块地方，不想离去，而且召来了更多的日耳曼人（到那时已有12万人了），并要求更多的土地。因此，高卢人希望恺撒帮助他们攻打日耳曼人，以解除威胁。恺撒答应了。

会后，恺撒便同日耳曼人领袖阿里奥维斯都斯谈判，他要求日耳曼人不要再向高卢移民，把爱杜依人的人质还给他们，不许再用战争威胁爱杜依人及其同盟者。

恺撒认为对方不会同意。所以，他就可以此为借口向日耳曼人开战。对方也确实拒绝了。

于是恺撒率军以急行军的速度向日耳曼人地方推进。在行军途中，他占领了设防坚固的塞广尼人的首府贝松战，并在这里停留了几天，以安排军队的供应。这里的高卢人和客商向罗马士兵和军官夸称日耳曼人身材魁梧，勇敢非凡，武艺精熟，引起恺撒士兵的惊恐。受这种情绪影响的先是年轻的将领，后来传播得更广，连有经验的军人们也都感到惶惶然了，以致"全营的人都在签署遗嘱了"。还有消息说，军队可能不服从统帅的命令。

于是恺撒召集了军事会议，以制止这种惊慌情绪的蔓延。他把所有的百人队长都召了来，他责怪他们"竟然把军队要开到哪里去和开去干什么，认为是应该由他们来过问和考虑的事情"。他指责他们对自己的勇气和他本人领导缺乏信心。他说："至于有人报告说：兵士们会拒绝听从命令，不再拔帜前进，他绝不因为这种事情动摇……因而，他本来想把过一些日子再做的事情提到现在来做，明天夜间四更天就要拔营前进，以便尽可能早一些知道，在他们中间究竟是自尊心和责任感占上风呢，还是恐怖占上风？即令真的没人肯跟我走，只剩第十军团跟着，我还是照样继续前进。毫无疑问，第十军团一定能够这样做，他们正可以做我的卫队。"

恺撒的一番话，消除了士兵们的恐惧和对恺撒能力的怀疑，产生了要求马上投入战斗的巨大热情和渴望。第十军团的士兵更是受宠若惊，纷纷向恺撒表示，他们已作好了一切战斗准备。

恺撒把高卢骑兵们的马都拿来交给第十军团的士兵，以保证在有什么变故的情况下有一支可靠的卫队，所以，第十军中有一个士兵开玩笑说："恺撒现在做的事情，已经远远超过他的诺言，他原来只答应过第十军团担任卫队，现在却让他们当上骑士（即最初罗马富有的人组成的骑兵百人队）了。"

当然，恺撒也知道日耳曼人英勇善战。日耳曼人领袖阿里奥维斯都斯曾说过："如果能打败恺撒，这将符合许多罗马显贵和有影响的罗马人的心意"。因此，恺撒对同日耳曼人的战争并未等闲视之。

但是，罗马人同日耳曼人的战争并未马上发生，双方先进行了一些试探、摸底。日耳曼人回避进行决战，恺撒从俘虏口得知，按日耳曼人的习俗，在新月之前不能进行战斗。于是恺撒决定首先发动进攻。

战斗极为残酷。激战中，日耳曼人的左翼，也是恺撒准备重点打击的一翼被击溃并逃跑了。但在右翼，日耳曼人在数量上占优势，对罗马人形成很大压力，甚至有可能决定整个战斗结局。骑兵队长、克拉苏之子小克拉苏把自己的预备部队投入了战斗，使日耳曼人遭到失败，小克拉苏也因而成了英雄。

罗马人将日耳曼人一直追击到莱茵河边，只有少数人渡过了河（包括阿里奥维斯都斯），绝大多数日耳曼人被罗马人追上杀死。阿里奥维斯都斯的两个妻子和一个女儿被杀，一个女儿被俘。

这样一来，在公元前 58 年夏天，恺撒就打了两次大胜仗：战胜了厄尔维几人和阿里奥维斯都斯领导的一部分日耳曼人。

从这两次战役中可以看出，恺撒不仅善于指挥战斗，而且善于宣传鼓动，抓住战机。

公元前57年，恺撒同居住在高卢北部的比尔及人的战斗中取得胜利后，又继续推进，进入了纳尔维人的地区（今坎布雷地区），同纳尔维人发生了战争。

纳尔维人以非凡的勇敢著称，"他们都是极粗野、极勇敢的人"。他们同罗马人没有联系。恺撒得知，这些纳尔维人，商人一直接近不了他们，"酒和其他近于奢侈的东西，他们绝不允许带进去，认为这些东西会消磨他们的意志，减弱他们的勇气"。他们声明，决不派人到恺撒那里去，也不接受任何讲和条件。他们和相邻的一些部族联合起来，占领了撒比斯河对岸的阵地，严阵以待。

纳尔维人自古以来就没有骑兵，他们所有的力量，全在步兵上面。为了防止邻国的骑兵侵入，他们把半切开的嫩枝弯着插向地下，让其向四面八方滋生出许多小枝，茅刺和荆棘也密密麻麻夹杂着丛生在里面，长成一道墙似的藩篱，构成一条很好的防御工事，人也不能通过，甚至连窥探也不可能。

恺撒的军队扎营在萨比斯河边的一座山上，与纳尔维人所在的山正好对峙，中间隔着一条萨比斯河。

纳尔维人探知，罗马军队在行军时，一个军团同另一个军团之间，配有大量辎重队，当前面的军团进入营寨，其余的军团还隔着一段距离时，乘机攻击那些身负行囊的士兵，然后夺取他们的辎重是很容易的。

于是，当罗马的几个军团已进入营寨，修筑防御工事时，纳尔维人发现了罗马人的第一批辎重队，这成了他们攻击的信号。他们在彼此鼓励一番后，突然以全部兵力冲出来，向罗马人发动了未曾料到的神速进攻。遭到攻击的是罗马人的骑兵，而且很快把这些骑兵击溃，使其陷入了混乱。纳尔维人又以难以想象的速度奔向河边，一时看起来似乎在林中、河边、乃至罗马人身边，到处都是纳尔维人。他们甚至冲上山去攻击那些赶筑工事的人和罗马营寨。

当时恺撒也感到措手不及。在一瞬间他要做许多事情：战旗要升起来——这是表示要马上拿起武器，信号要发出，士兵要从工事上叫回来，跑到远处去干事的人要召回来，队伍要排列布阵，战士要鼓励一番，还得把战斗号令发布出去，等等，时间紧迫，纳尔维人斗志又十分昂扬，罗马军队不仅徽号没佩好，甚至连戴上头盔、揭掉头套的时间都没有。但罗马士兵的丰富经验帮了忙，他们一看到敌兵如此迅猛，没等恺撒的命令，马上就根据自己的判断行动起来。各人从工事上奔过来时，不管遇上哪一部分或哪个连队的标志，就在那边站定下来，不因寻找自己的队伍而浪费战斗时间。

虽然第八、九、十、十一军团以逸待劳，杀死了不少跑得很乏力、喘不过气来和负伤累累的敌兵，但罗马军的营寨的正面和左侧完全暴露在敌人面前，一部分纳尔维人在自己的领袖波多奥耶多斯领导下，从暴露着的侧翼包围第七和十二军团，另一部分则攻击山上的罗马人营寨。

在纳尔维人第一次冲击时败逃下来的罗马骑兵和部分轻装步兵，正退回营寨时，恰好碰上敌人，重新又向别的地方逃去，在营寨后门和山顶上的军奴（随队到军营中来侍候主人的私人奴隶）正要下山来收集战利品时，回头一看，纳尔维人已在罗马军营寨中走动，急忙四处逃命。跟辎重队一起来的人也吓得呐喊起来，到处乱窜。这时派来支援恺撒的，在高卢以勇猛著称的一部分德来维里人的骑兵，看到罗马营中到处是纳尔维人，罗马军团受到沉重压力，而且几乎处在被包围之中，军奴们、骑兵们、射石手等纷纷逃生时，大为惊骇，认为罗马军已处绝境。他们忘了自己的任务是来支援罗马军的，却急忙赶回家去，报告他们的同胞说，罗马人已被打败和溃散了，他们的营寨和辎重已落入纳尔维人手里了。

恺撒在鼓励了一番第十军团之后，急忙向左翼赶去，他看到自己的部下受到沉重的压力，第十二军团所有连队标志都集中到一起，士兵们也都拥挤在一起，无法展开战斗。有的百人队长和掮标志的人也被杀死，连标志也失落，还有许多百人队长受伤。有的士兵由于身后失去了掩护，就退出战斗，以避锋刃。另一方面，敌人却只管在正面从下向上攻，同时还冲击着侧翼，情况十危急。此时的恺撒不顾一切，他从一个士兵手中抢过一面盾，就向阵线的第一列赶去。一面叫着百人队长的姓名，鼓励着其他士兵，吩咐他们把连队标志移到前面去，连队与连队之间拉开以便能自由地使用剑。"他的到来给士兵们带来了希望，他们的精神重新振作起来，各人都想在统帅的亲眼目睹之下，表现出自己即使身历险境时还骁勇善战到何种程度"。

第七军团也受到沉重的压力，只是在恺撒的指挥之下才站稳脚跟，更勇敢地进行战斗。

后来，由于在后方保护辎重的两个军团赶来，攻占了敌人营寨的副帅拉频弩斯让第十军团前来救援，才使形势起了变化。罗马军中"即使因伤躺倒的人，也竭力倚在他们的盾上重新站立起来，投入战斗。那些罗马军奴，尽管没有武器，照样扑上去。罗马的骑兵们此时也希望以自己的勇敢洗刷掉溃逃的耻辱，就在所有战斗的地方一马当先抢到军团士兵的前面去"。

纳尔维人战斗得十分勇敢，连恺撒也不能不佩服。他写道："敌人尽管生存的机会微乎其微，却仍显示出非常的勇敢。当他们前列的人阵亡时，旁边的人便马上站到倒下的人上面，在他们的尸体上战斗，当这些人也都倒下，他们的尸体积成一堆时，活着的人就把他们当作壁垒，站在上面向我军发射武器，或者拦截我军发出的轻矛，投掷回来。因之，我们完全有正当的理由称这些敢于渡过大河、攀登高岸、闯入形势不利的地方的人为英勇无比的人。这些行为虽是极端不容易的，但高度英勇使他们轻易做到了。"

这场战斗的结果是，纳尔维人完全失败了。"差不多把纳尔维人这个民族连带他们的名字都消灭掉了。"他们的 6000 个长老只剩下 3 个，能持武器征战的 60000 男子中，大约只剩 500 人。

赶来援助纳尔维人的阿杜亚都契人，在知道纳尔维人的结局后，半途便退了回去，放弃了全部市镇和要塞，把所有钱物都集中到一处被自然条件极好地防护着的市镇里去。但最后也没有逃脱悲惨的命运。有 53000 多人被卖为奴。

公元前 56 年，在对占整个高卢的人口和面积 1/3 的阿奎丹尼亚人的战争中，年轻的副帅小克拉苏也取得了胜利，敌人保存下来的至多不过 1/4。

在公元前 58—前 56 年的远征中，恺撒虽几乎征服了整个高卢地区，但一方面，被征服的地区并不甘心被征服，他们时时在寻找机会重新争取自由，并力图争取莱茵河东岸的日耳曼人的支持，日耳曼人也想渡过莱茵河进行掠夺；另一方面，恺撒和他的士兵，乃至罗马奴隶主，也并不满足于已经征服的地区，他们的贪婪之心是没有止境的，他们也想东渡莱茵河，到日耳曼人的地区去，西渡大西洋到不列颠去。因此，公元前 55 年，恺撒找了个借口，东渡莱茵河，挑起了同日耳曼人的战争。

恺撒的借口是，乌西彼得斯人和登克德里人这两个日耳曼部落，因受苏威皮人的侵扰，不能耕作，便大批越过莱茵河，到了高卢地区。苏威皮人是日耳曼人中最大、最骁勇善战的一族，他们不吃粮食，而以肉类和乳品为生，以兽皮为衣，他们希望自己的国土周围有一大圈荒地。据说他们有一面的边境竟长达 600 罗里土地是断绝人烟的。他们把人口众多、力量强大的另一个日耳曼部落乌皮人也变成了自己的属国。因此，乌西彼得斯人和登克德里人对苏威皮人的侵扰毫无办法，只好渡过莱茵河到高卢来寻求生存之地。他们所到的地方是门比奈人居住的地方，河流两岸都有他们的田地，房宅和村落。这些门比奈人看到涌来这么多日耳曼人，就撤出了莱茵河东岸的房舍，在河西布置了岗哨，以防止日耳曼人过河。日耳曼人用尽了各种办法却不得渡，便假装退回自己原来的老家去。但在赶了三天的路程后，又突然掉过头来，他们的骑兵在一夜之间赶了回来，一举袭击了毫无防备的门比奈人，杀了他们的人，抢了他们的船，占据了他们在两岸的房舍和田园，用门比奈人的粮食供养自己。

恺撒就借此要讨伐日耳曼人。正在此时，关于高卢人和日耳曼人进行谈判的消息也传到恺撒耳中。因此，恺撒提早结束了冬休，开始了对日耳曼人的战争。

他先把高卢各族头目召来，向他们宣布了攻打乌西彼得斯人和登克德里人的计划，并要他们派出骑兵来支持他们进行战争。

日耳曼人派使者到恺撒这里来说，日耳曼人决不先动手攻击罗马人，但在遭到攻击时也决不会拒绝一战。日耳曼人祖祖辈辈传下来的规矩是：不论是谁来侵犯，应该还击而不应该求饶。他们还说，他们来此并非本愿，而是被逐出本土的，希望罗马人允许他们居住在被他们占据的土地上，或为他们指定一块移居地，他们愿与罗马人友好。但恺撒说，只要他们留在高卢，就不会有友谊。因为这里已没有空闲的土地。恺撒让他们到乌比伊人的土地上去居住。

使者希望恺撒宽限三日，再作答复；在此三日之内恺撒的军队不要再向前推进，恺撒认为日耳曼人是在耍手腕，因此未予答应，继续向前推进，直到离日耳曼人营地只有 18 公里的地方，日耳曼人请求恺撒不要再前进，但恺撒说，他的军队要取水，还需前进一点，并保证打前锋的骑兵不会挑起战争。

但就在当天，大约 800 名日耳曼骑兵同恺撒的 5000 名高卢骑兵发生了战斗。第二天，一个庞大的日耳曼人的使团来到恺撒营地，请求宽恕。恺撒不予回答，却下令把他们全部抓起来，并率军立刻前进，以迅雷不及掩耳之势，攻击了毫无准备、没有领袖的日耳曼人。日耳曼人手足无措，连匆匆考虑一下对策或拿起武器来的机会都没有。罗马人冲入惊慌失措的日耳曼营寨时，只有少数人进行抵抗，其余的人，包括妇女和孩子则四散奔逃。

正在抵抗的日耳曼人听到后面的嘈杂声，又看到自己人被杀，便扔下了武器，丢下旗帜，一起逃出营寨。当他们逃到莫塞河与莱茵河汇合处时，许多人已被杀掉，余下的觉得逃生无望，便跳进激流。由于恐怖、疲乏和河水的冲击，他们全被淹死。罗马人一个未死，伤者也少。罗马人安然度过了这场巨大的战争恐怖。

恺撒还不以此为满足，他还要到日耳曼人的土地上去显示罗马人的、实际上也是他的军队的强大威力，于是他准备渡过莱茵河。如何过河？坐船摆渡，恺撒认为这既不安全，"也与自己和罗马人民的尊严不相称"。他决定在这宽阔而又急又深的莱茵河上架起一座桥，从桥上过去。

在《高卢战记》中，恺撒详细地记载了建桥的经过："虽然要在这样宽阔、而且又急又深的河上造一座桥是件极为困难的事，但他（恺撒）认为还是应该作这样一番努力，否则就索性不把军队带过去，他决定按照下列方式建造桥梁：把许多粗各一罗尺半的木柱每两根连在一起，中间相距两罗尺，下端从根部起稍稍削尖，量好正跟河底的深度相当，利用机械的力量把它们送到河中立住后，再用打桩锤把它们打入河底，却不像木桩那样垂直地立着，而是倾斜着俯向河水顺流的一方。面对着这一对对柱脚，又在下游方向距离它们约四十罗尺的地方，另外树立起同样成对柱脚，也同样紧紧地连在一起，只是倾斜的方向是逆着水力与激流的。每一对这种柱脚紧紧地连起时空出来的二罗尺空当中，都插入一根长梁。在他们的外档，还有两根斜撑，一里一外地从顶端把它们撑开。这样，由于它们撑开着，而且又相反地夹紧，因此这些工程异常牢固，水流和冲击的力量愈大，柱脚相夹就愈紧，这些长梁上面又都直交地铺上木材，连在一起，再加上木条和编结好的木栅。除此之外，桥梁面向下游的一方水中，还斜着插入了木桩，像一堵护墙似的紧凑地配合着整个工程，以抵抗水流的冲力。在桥梁上流不远处，也修筑了同样的工程……"。全部工程，在木材开始采集以后的十天之内完成了，军队被带了过去，但是恺撒在莱茵河东岸只呆了十八天，他在认为完成他的显示力量的目的之后，便回到了西岸，并拆毁了桥梁。

恺撒对不列颠进行了两次征讨。第一次在公元前55年秋天；第二次是在次年，即公元前54年进行的。

恺撒为什么要横渡英吉利海峡远征不列颠？他自己说是"因为他发现差不多在所有的高卢战争中间，都有从那边来给我们的敌人（即高卢人）的支援"。也就是说是为了巩固他对高卢的征服战果，并惩罚不列颠人对高卢人的支援。其实，他还有别的目的，这就是垂涎于不列颠的财富，因为不列颠富有金、银、铜、锡、铁等矿藏，以及富产粮食和牲畜。此外，还有越过莱茵河的同样目的：显示恺撒和罗马人的武力。

第一次远征时，恺撒只用了两个军团，这实质上是一次试探性的远征。因为，对罗马人来说，不列颠究竟是个什么样子，还是一个谜。所以，这一次恺撒抱定的目的是，"只要登上那个岛，观察一下那边的居民，了解一下他们的地区、口岸和登陆地点，对他（恺撒）也有莫大的用处……"。当时恺撒也知道，要真正征服不列颠，两个军团显然是不够的。

为了这次远征，恺撒先派了一名军官去进行实地考察。但这名军官根本没敢登陆不列颠，而只是在船上看了看便返回高卢了。

接着，恺撒集中了 80 艘运输船，选了一个适于航行的晴朗天气横渡英吉利海峡，开始了对不列颠的第一次远征。

不列颠人严阵以待。当恺撒的船只到达登陆点时，那里所有的山上都布满了武装的人，他们从高处往下掷矛枪，几乎可以达于海边。恺撒试图改变登陆地点，也被土著居民识破。当他们到达新的登陆地点时，土著居民的骑兵、战车兵等也跟了过来。只是经过激烈的战斗后，恺撒的军队才登上了陆地。但由于没有骑兵，所以没敢追击敌人很远。

不列颠人提出求和，答应交出人质，并执行恺撒所命令的一切，由于风暴袭击，恺撒的战船和运输船受到很大的破坏，又无骑兵，粮食储存地也被毁，因而不敢久留，便接受了求和。恺撒命令赶快修理船只，以防不测。果然，不列颠人利用有利的形势，攻击了恺撒派出去征集食品的第七军团。进攻虽被打退，但危险依然很大，因此恺撒还是匆匆地离开了这个不友好的岛屿，返回了高卢。

虽然这次远征并未取得什么积极成果，罗马元老院却决定为此举行一次为期二十天的感恩祈祷；甚至像西塞罗和卡图努斯这样一些恺撒的政敌都对此远征表示欢迎。所以，恺撒对不列颠的远征，反映了罗马奴隶主的要求。

恺撒对不列颠的第二次远征是在公元前 54 年进行的。在远征时，他把对罗马人表示忠诚的高卢领袖留在高卢，而把一些敌视罗马人的高卢领袖人物作为人质带在身边，以防他们在后方捣乱。过去同恺撒闹过矛盾的爱杜依贵族杜姆诺里克斯不想参加远征，并鼓动其他高卢贵族也不参加。当恺撒在等待了好几个月后，终于等到一个好天气而下令起锚出发时，杜姆诺里克斯和他手下的一批人擅自离开了营地。这惹恼了恺撒，他派出一队骑兵去追赶，并说如他抵抗便杀死他。杜姆诺里克斯表示他是"自由国家的自由人"，进行了反抗，因而被杀。

第二次远征不列颠时登陆比较顺利，没遇到什么抵抗。原来，庞大的罗马舰队（有 800 艘船）把当地人吓跑了。但很快，不列颠人就集合起了一支人数众多的军队，拥有强大实力和富有经验的卡西维劳努斯被拥立为统帅。

不列颠人进行了顽强的抵抗。但是，由于内部分裂，给了恺撒可乘之机，使抵抗遭到失败。罗马人一直打过了泰晤士河。卡西维劳努斯只好同罗马人谈判，交出人质，并答应交纳贡赋。

由于担心高卢会发生起义，因此恺撒只好满足于这个成果，下令自己的军队带着大批俘虏回到高卢。

这次远征虽未获得新的领土，也未带回很多的虏获物，但它有利于巩固罗马对高卢的征服成果。在以后，不列颠人未曾再干预高卢事务。

不管恺撒用什么借口挑起对高卢人的战争，都掩盖不住以下事实：征服剥夺了高卢人的自由，将其置于罗马人的统治和奴役之下；征服中充满了狡诈、杀戮和劫掠；征服后的统治（交人质、赋税和服兵役）极其残酷，令高卢人难以忍受。恺撒为了罗马奴隶主的利益，为了能赢得罗马奴隶主及平民的欢心，为了显示他个人的权威，在高卢纵横捭阖，恩威并施，有打有拉，分化瓦解，显示了罗马奴隶主的残忍、奸诈和贪婪。高卢人从罗马人征服和统治的实践中认识了罗马人和恺撒的真实面目。因此，在恺撒以为他已征服了高卢时，高卢人民却给了他一个教训。他们掀起了规模巨大的、前仆后继的起义。起义席卷了整个高卢。

在先后参加起义的人中，有的是恺撒对之有过所谓恩惠的。安皮奥列克斯就是其中之一。他对罗马人说的一席话，说明了高卢人，其中也包括他这样的人为什么要起义。他说，他承认，由于恺撒对他的一番厚爱，使他沾到很多光。全仗恺撒，他才得免除惯常交给邻国阿杜亚都契人的贡赋。也是由于恺撒，才能够把他送到阿杜亚都契人那边做人质，才能够把在那边受奴役和监禁的一个儿子和一个侄子交还给他。他宣称，他之所以进攻罗马人的营寨，既不是他自己决定的，也不是他希望的，而是出于国人的压力。他所拥有的权力，是这样的一种权力，即群众在他身上的权力和他在群众身上所有的权力是相等的。他们的国家之所以发动战争，纯然是因为他们无力抗拒高卢突然采取的联合行动。只要看他的力量多么微弱，就很容易证明他决不会糊涂到妄以为光凭他一个人就可以征服罗马了。这是全高卢的共同的决定，这一天被定作对恺撒的所冬令营同时发起进攻的日子，免得这一个军团可以赶去支援另一个军团。高卢人要拒绝高卢人是很困难的，特别当他们认为参与的计划跟大家的自由有关的时候。

爱杜依人的首领孔维克多列塔维斯，也曾受过恺撒的恩惠，他的首领职位就是恺撒给他的。他鼓励人们不要忘记自己生来就是自由的，而且是统治别人的。他自己虽然在恺撒手中得到过一些好处，但恺撒给他的，本来就是他有最正当理由得到的东西，而他对全国的自由，却负有更大的责任。他问道："为什么爱杜依人要恺撒来决定有关他们本身权利和法律的事情，罗马人的事情却不由爱杜依人来决定？"由于爱杜依人势力强大，他参加起义具有重要意义。

在恺撒征服时，遭受过灭顶之灾的民族参加起义就更是天经地义的了。例如，在公元前57年曾同恺撒军进行过殊死战斗，以致最后"这个民族连同他们的名字都被消灭了的纳尔维人"也投入到起义洪流中来，以争取自由，报复罗马人对他们的迫害。

起义爆发于公元前54年末。首先举起义旗的是德来维里人。他们的领袖英度鞠马勒斯早在恺撒第二次东征不列颠时就与恺撒发生了矛盾。在远征回来后，他便鼓动起义，掩袭了罗马人的一支伐木队，并攻击罗马人的营寨。在他的影响下，埃布罗尼斯人起而响应，使罗马军遭到惨重损失，罗马将领图里乌斯和科塔被杀，驻防的罗马士兵被歼。

公元前 53 年春，恺撒召开了全高卢大会，有几个部族的领袖未能出席，恺撒认为这是背叛和暴动的信号，因此，当即发动了对未出席会议的谢诺尼斯人的战争，迫使其交出人质。由于他还要对首举义旗的德来维里人发动更大规模的战争，才放过谢诺尼斯人。

在进攻德来维里人的途中，他还进袭了曾向他请求和平的美那皮衣人，蹂躏了他们的国土，焚烧了他们的村庄，掠夺了他们的人口和牲畜，然后才去进攻德来维里人，使其遭受到惨重的损失。

在其后对埃布罗尼斯人进行报复时，那里的居民几乎全被杀光，以致从那时起，这个民族的名称本身就永远从历史上消失了。

但起义烈火并未被扑灭，相反，却越烧越旺。公元前 52 年，起义者召开了全高卢人的首领会议，选举了全高卢人的起义领袖：阿德来巴德人康缪斯，爱杜依人维理度马勒斯，厄朴理陶列克斯、阿孚尔尼人维尔卡西味朗纳斯，起义达到了它的最高潮。

起义者根据客观形势，不断变换斗争方式。当阿尔维尔尼人参加起义后，它立即成了反罗马人的中心，它的领袖维尔琴格托里克斯也立即成了起义的新领袖。他包围并攻克了罗马人的同盟者波依人的中心城市高尔高比那城，使全高卢人都清楚地看到恺撒已软弱到连自己的同盟者都不能保护的地步。

维尔琴格托里克斯鉴于罗马人的强大，因此建议放弃正面同罗马军团进行战斗的方法，而采用游击战，用骑兵打击罗马人的粮秣采集和运输队，在罗马人分散兵力去保护其粮秣的运输队时，再歼灭其小股队伍。因此，他认为应放弃并摧毁自己的村庄。大多数人都同意了他的主张，只有全高卢最美丽的城市阿瓦里库姆（今布尔日）人请求不要毁掉它，因为它十分坚固。恺撒对该城的围攻十分凶狠，他挖掘坑道，修建塔楼、土堤。起义者也进行了殊死的战斗，但仍被罗马人攻克。罗马人对该城居民的屠杀特别野蛮，恺撒自己写道，起义者"沿着城墙四面散开去时，恐怕逃走的希望都断绝，就抛掉自己的武器，一路横冲直撞，向市镇最偏僻的地方逃走。其中，一部分在城门狭隘的出口处拥挤成一团时，被我军步兵杀死，一部分已经出了城门的，也被骑兵歼灭。这时谁都不忙于获取战利品，钦那布姆的屠杀和长期围困的辛苦，使士兵激怒得不顾一切，无论是年迈的老人、妇女还是儿童，概不饶过。最后，在数达 40000 的居民中，只勉强剩下了最初一听到喊声就跑出市镇的人"。

城市被攻下来了，但恺撒的主要打算并未实现，起义者的军事实力并未削弱，却提高了维尔琴格托里克斯的威信，因为这证实了他的看法的正确。

陷入困境

此后，恺撒在长期围困阿尔维尔尼人的盖尔哥维亚城时，罗马人的同盟者爱杜依人也在其领袖康维克托利塔维斯领导下起义了，他们杀死了恺撒用来安置人质、粮秣以及金库、行李和购买的马匹的城市诺维欧都努姆城的卫戍部队和城里的罗马商人，分配了掠夺来的战利品。由于粮食储备特别多，所以起义者将其余部分扔到了河里，并烧掉了这个城市。

形势对恺撒极为不利。罗马的将领们大多主张罗马军队翻过凯本纳山，退到普洛旺斯去，但被恺撒否定了。他把军队带到了阿格金库姆和拉频弩斯的军队合在了一处。

起义者重新肯定了进行游击战的计划。起义部队进入到罗马的行省普洛旺斯，迫使恺撒也不得不到普洛旺斯去。起义者用骑兵进攻在行进中拉长为纵队的罗马军队。高卢骑兵宣誓：如果有谁不是两次骑马穿过敌人的纵队，就不许他回家，不许他回到他的双亲和妻子儿女那里去。但高卢骑兵的袭击遭到失败。

起义的一次大决战是公元前 52 年在阿列西亚城进行的。当时，维尔琴格托里克斯把自己的 25 万步兵和 8000 骑兵带到了那里。因为那里有城墙保护，城外还有设防营地，但就在起义者到达该地的第二天，恺撒也率部到了那里，包围了起义者，并立即开始了攻城的准备。罗马人绕城修了一道长 17 公里的工事，同时还修了一道长 20 公里的对外防御工事，以防起义者从外部进攻。

围攻进行了一个多月，城内发生了饥荒。起义者决定把不能战斗的人送出城外去，但未成功。援军从四面八方赶来，振奋了被围者的士气。援军对罗马人进行了三次围攻，战斗进行得异常激烈。因为，对高卢人来说不突破罗马人的防线，城内的起义者就失去了一切希望；而对罗马人来说，只要他们坚守了防线，他们就胜利了。

由于罗马人调来了骑兵和步兵支援，从起义者的背后攻击援军，使起义者的援军再也支持不住而全线崩溃了。罗马人到处追杀逃跑者，只有少数起义者的援军逃入营中获救。从城里冲出来的起义者又被迫退回了城里。罗马人取得了全面的胜利。起义者的许多将领或死、或被俘。

第二天，起义最高领导人维尔琴格托里克斯投降，他被送回罗马，在后来的凯旋式时作为战败者被展示，并被处死。罗马为这一胜利举行了为期二十天的庆祝活动。

在此后的公元前 51 年和前 50 年，起义还零星地在高卢各地继续着，但已不再对罗马人构成重大威胁。起义者同罗马人的最后一次较大规模的战斗是公元前 50 年在乌克塞洛都努城进行的，该城地形险要，罗马人的围攻进行了很长的时间。他们用坑道切断了城市的水源后，起义者才投降。

恺撒对该城的起义者进行了残酷的惩罚。《高卢战记》第 8 卷的作者伊尔久斯写道："恺撒知道自己的仁慈是众所周知的，绝不怕给了他们严厉的处分之后，人家会疑心这是由于他的本性残暴。他还考虑到，如果再有别的地方，继续以同样的方式试行叛乱，他的计划就永无完成的一天，因而必须以一次示范性的处罚来禁止其他人效尤。他命令把所有拿起武器作过战的人的手都砍掉，然后饶了他们的性命，作为作恶必受惩罚的铁证。"这就是征服者的逻辑,只准他们烧杀抢掠和征服,不准被征服者反抗。所以,恺撒在高卢的所作所为,充分反映了罗马奴隶主及他本人的残暴本性,而不是仁慈。

据普鲁塔克统计,恺撒在高卢九年,曾经屠杀了 100 万人,俘虏了 100 万人。他本人和他的部下将士都发了大财。恺撒利用这些掠夺来的财富广施贿赂,一直贿赂到罗马要人们的宠奴身上。

马克思曾经说过,奴隶制的存在需要两个条件,一是不断增加新的土地;二是不断补充新的劳动力。恺撒对高卢的征服,对满足罗马奴隶制存在的这两个条件作出了重要贡献。因此,虽然罗马元老贵族与恺撒始终处于敌对状态,但对恺撒进行的高卢战争却感激不尽。罗马元老院多次决议给恺撒胜利举行谢神祭(这是罗马人在遇到重大灾难,如战争中的惨败,或巨大胜利后举行的一种全国性的宗教仪式)。举行仪式时,开放全城的庙宇,在公共场所陈列神像和宠物,以供人奉献牺牲。各祭司团体也要举行隆重的祈祷仪式。谢神祭的时间或长或短,由元老院决定,执政官公布,通常为三天,五天和七天已属少见,庞培在东方打败米特拉达时也不过才举行十天谢神祭。但为恺撒在高卢的远征和镇压起义的谢神祭都超过了此数:公元前 57 年的一次为十五天;公元前 55 年为二十天;公元前 53 年为二十天。说明罗马奴隶主包括元老院,对恺撒的胜利是多么欣喜若狂。

高卢战争不仅为罗马奴隶主带来重大收获;而尤其为恺撒带来重大收获:军事实力大为增强,在国内的影响大为加强,政治上的地位大为提高。恺撒成了罗马政治生活中的一个重要人物。

渡过卢比康河

恺撒同庞培、元老院之间的矛盾越来越尖锐,双方都在对方营垒内进行分化瓦解工作。庞培把恺撒在高卢战争中的副帅之一拉频努斯拉了过去;恺撒则把元老贵族派中的库里奥拉了过来。

库里奥这个人本是恺撒的敌人,在他以前担任执政官时,曾对恺撒大肆攻击。有人说此人是一个"受过教育、胆子大、荡尽了自己和别人财产的贵族";"无论用任何办法、任何努力也无法满足自己的贪欲、愿望和奇想"的人;是一个"不务正业的天才","有把共和国搞垮的语言天赋";"精力极为充沛和极为狂热的内战煽动者"。对于这样一个人,恺撒显然认为是可以利用、可以收买的。因此,他用 250 万第纳尔收买了他,帮他还清了债务。从此,他成了一个恺撒派,为恺撒效了犬马之劳,在内战爆发后帮助恺撒占领了西西里,后来在非洲同庞培派作战时阵亡。

另外,恺撒还用一笔更大的款项使得当选执政官帕乌路斯保持了沉默。此人也是一直与恺撒为敌的。另一位执政官玛尔凯路斯,恺撒企图用婚姻关系去套住他,因为他娶了恺撒的外甥孙女屋大维娅,但这未能改变他反对恺撒的立场。

恺撒甚至想把西塞罗也拉到自己一方面来,在高卢战争期间,西塞罗的弟弟小西塞罗就在恺撒军中,是其副帅之一。恺撒曾给与西塞罗有交情的人写信,企图让他们去做工作，但西塞罗同情庞培，而不同情恺撒。不过西塞罗当时还主张谈判，他希望庞培接受恺撒的条件，不过没有任何结果。

公元前 50 年 4 月，执政官玛尔恺路斯在元老院会议上坚持让恺撒提前交出对高卢行省的权力。而库里奥则提出要庞培也放弃去行省担任长官和军队的统帅权，显出在庞培与恺撒之间的一种不偏不倚的立场。他说，只有这样才有利于国家的巩固与安全，因为庞培与恺撒互不信任，只有他们两人都成为普通公民时，才能使国家平静下来。

玛尔恺路斯向元老院提出两个议案：一个议案是关于派人接替恺撒的事；另一个是有关庞培的行省和统帅权问题。在进行表决时，大多数元老投票赞成立即派人接替恺撒，并且反对剥夺庞培的权力。这时，库里奥又出来帮恺撒的忙，他要求表决庞培和恺撒应不应该同时交出权力。这一议案实际上把玛尔恺路斯的两个议案给否定了，气得玛尔恺路斯在会上叫嚷说："你们胜利就是为了要恺撒这个暴君啊！"

元老院步步紧逼：借口帕提亚方面的战争威胁，要恺撒交出两个军团。恺撒明知这是个骗局，也只好照办，而且给他们以慷慨的赏赐。这两个军团回到意大利后，不仅没用去进行帕提亚战争，反而交给了庞培用以反对恺撒。从恺撒那里把军队带来的将领们讨好庞培，他们要庞培相信，他甚至无法想象自己有多大的威力和荣誉，因为他可以借助于恺撒自己的军队来打败恺撒，在这支军队里，人们都十分憎恨恺撒，却爱戴和崇拜庞培。这些话很快传开了，庞培日益相信自己是绝对地强大，却瞧不起害怕战争的人。当人们问他，如果恺撒向罗马进攻，他从哪里去弄到军队同恺撒作战时，庞培轻松地笑了笑，回答说："无论在意大利什么地方，只要我跺脚，立刻就会从地里出现步兵和骑兵。"还可以在全意大利征兵，对恺撒进行战争。

公元前 49 年 1 月 2 日，元老院宣布了非常状态。执政官、行政长官、保民官和城市附近具有执政官权力的人们都取得了无限的权力。他们可以利用这种权力"使国家不遭受任何损失"，利用这些权力也可以对付保民官的不可侵犯性和否决权。对此，保民官安东尼发誓说，那些敢于作出这种决定从而侵犯了保民官不可侵犯性权力的人们应当受到一切惩罚和灾难。

当夜，安东尼、库里奥和卡西乌斯等人装成奴隶的模样，雇了一辆车子偷偷地离开罗马，跑到恺撒那里去了。

1 月 8 日和 9 日召开的元老院会议，批准了在全意大利征兵、授予庞培从国库和各自治市提款的权力。

内战箭在弦上。恺撒知道内战不可避免了。他在 1 月 12 日（或 13 日）召开的第十三军团士兵的会议上发表演说，向士兵们提起最近一段时间里他的敌人对他进行的恶意中伤；他抱怨庞培受到这些人的引诱和腐蚀，出于妒忌，一心想伤害他的荣誉；他责怪他们给共和国开了先例，把几年前刚用武力恢复的保民官否决权，又用武力加以污辱和破坏。他指出，这些人比苏拉更坏，有过之而无不及，因为苏拉尽管剥夺了保民官的各种权力，却没有触动自由运用否决权的规定，而庞培虽然号称恢复了他们过去失掉的东西，但实际上反把他们原来有的都攫走了。过去除非是有什么破坏性的法律提出来，或者是在有保民官肆行强暴，有人闹分裂，寺宇和高地要塞被占领了的时候，否则是不会发布命令叫官吏们注意不让共和国受到侵害的。这种号召，这种元老院的决议，就是意味着号召全体罗马人民都武装起来。他向士兵们指出，过去时代的这些先例，就是以萨图尔宁和格拉古兄弟的毁灭作为代价的。此时此刻，别说没有这类事情发生，就连想也没有人在想。他鼓励士兵们，他们是在他的统率之下，才能在八九年时间里一帆风顺地为国家干了许多事业，作了多次所向无敌的战斗，平定全部高卢和日耳曼，现在该为保卫他的声誉和尊严，起来对付敌人的时候了。

在讲过这些话后，恺撒就将第十三军团最勇敢的士兵和百人队长组成的一支不大的队伍秘密派往阿里米努姆（此城是从高卢进入意大利的第一个大城市），企图悄悄地、不流血地突然占领它。为了掩人耳目，恺撒本人则白天出席观看角斗士的表演，在众目睽睽之下度过，似乎什么事也没有发生；傍晚，他洗过澡，陪客人吃晚饭，只是在天黑之后，他才借故离开了客人，带着少数最亲密的朋友，雇了一辆车去阿里米努姆。第二天拂晓时分，在卢比康河边赶上了他派出的先头部队。

卢比康河，是一条很小的河，是恺撒的行省山南高卢同意大利本土的界河。据苏埃托尼乌斯记载恺撒在渡河前，曾对他的同行者们说："现在我们仍然可以往回走，但是，一旦我们过了小桥，一切将决定于武器。"而据阿庇安记载，当恺撒到达意大利边界的卢比康河畔时，他停了下来，注视着河里的流水，心里思考着渡河将会引起的后果。之后，他对身边的人说："朋友们，如果不渡河的话，我会遭遇多种的灾难；如果渡河的话，全体人类会遭遇多种灾难。"于是，他像着了魔一样，一冲就渡过了河，口中说出了一句俗语："骰子已经掷了，就这样吧！"约在黎明时，他占领了阿里米努姆。

内战就这样爆发了。当时恺撒只带了率十三军团的5000步兵和300骑兵，其他军队还在阿尔卑斯山以外，而恺撒已不愿再等。

攻占阿里米努姆的消息于1月16日传到了罗马。第二天，又传出恺撒军队攻占其他地方的消息。罗马城中惊恐万状。元老院召开紧急会议，人们要求庞培拿出对策，问他的军队在哪里？一位元老指责他欺骗，还有一位元老幸灾乐祸地劝他"跺脚"。人们已经清楚，这时庞培并没有足够的兵力。有人建议派使节到恺撒那里去，西塞罗也支持这个建议，但未获通过。伽图建议把最高统帅权委托给庞培，理由是"谁惹起了这场大祸，谁就应当自己出来了结此事"。

对于这个决定，庞培的反应出人意料。他宣布说，必须离开罗马。他号召高级官吏和元老们都学他的榜样，而且还说，他认为凡是不响应他的号召的人，都是祖国的敌人和恺撒派。恺撒则宣布，凡是保持中立不参加任何派别的人都是自己的朋友。

庞培在1月17日离开了罗马，执政官和许多元老在第二天也离开了，他们走得如此匆忙，以至没有来得及举行在战争时期应当举行的牺牲奉献仪式，也没有来得及把国库带走。甚至在个人的财产中，人们也只能随身带些东西。人们是怀着惊慌失措的心情，在一片混乱中逃跑的。用普鲁塔克的话来说，城市"好像是由绝望的人来掌舵的一艘船，它任凭风浪的摆布，并且已成为盲目的机会手中任意摆弄的玩物了。"

恺撒的军队向意大利南部迅速推进。沿途许多城市自动站在了恺撒一边，赶走了庞培派，庞培则一直跑到意大利东南的布伦迪西港，然后带领军队离开意大利渡海到巴尔干去了。

恺撒率领着自己的军队于3月9日来到布伦迪西，这样，恺撒在六十天里就成了整个意大利的主人，而且，正如普鲁塔克所指出的，"没有流一滴血"就成了意大利的主人。

庞培的拥护者感到特别的痛苦和失望。西塞罗说："我们的庞培没有任何理智的行动，没有任何勇敢的行动，而最后，他没有一件事情不违反我的忠告和我的有充分根据的意见。"西塞罗认为，庞培放弃意大利就是背叛了"我们的事业"。"他把恺撒培养起来，突然又开始怕他，他不同意和约的任务一项条款，却又对战争不作任何准备。他离开了罗马，又由于本身的过错而失去了皮凯努姆地区，躲进了阿普利亚，最后又开始作去希腊的打算，但是他不来找我们，不许我们参与如此重要和如此不寻常的决定。"

在布伦迪西的事情告一段落之后，恺撒就回到罗马去了。在这里，元老院的代表们怀着战栗的心情等候着他，这些人既不愿离开，又害怕留下。在去罗马的途中，恺撒先是通过书信，后来又亲自会见西塞罗，劝他回罗马参加预定在4月1日召开的元老院会议。西塞罗拒绝了这一建议。

预定的会议还是召开了。恺撒在发言中试图向元老院证明，他的一切行动都是因他的敌人引起的。他建议元老院同他合作治理国家，而如果他们拒绝合作的话，那么没有他们，他照旧可以应付得过去。在信的末尾，恺撒再次谈到，应当派使团到庞培那里去，同他举行谈判。

派遣使团的建议通过了，但是没有执行。没有人愿意以使节的身份到庞培那里去，因为元老们记起了庞培对那些没有离开罗马的人们所作的威胁性声明。此外，元老们也不相信恺撒的意图是真心实意的。

收降瓦罗

恺撒渡过卢比康河后，在意大利节节胜利，庞培及元老院根本未做好战争准备，因而集结不起军事力量，更组织不起像样的抵抗。庞培赶紧从意大利南部的布伦迪西渡过亚德里亚海到希腊，企图在那里组织起抵抗。由于他把舰队和船只统统带走，使恺撒一时无法将军队送过海去追击；再加上庞培在西西里、北非还有相当强大的势力，尤其是西班牙，庞培经营多年，有雄厚的基础。他在这里的军事分别由阿弗拉尼乌斯、佩特雷尤斯和瓦罗统率，共7个军团，以及若干本地的辅助兵。恺撒认为这股势力不可小看，特别是怕他们从后面进攻高卢或意大利。因此，他暂时放弃了对庞培本人的追击，而亲自率军攻向西班牙。

公元前 49 年 4 月，恺撒离开罗马前往西班牙。他共有 6 个军团，还有同盟者的5000 步兵和 3000 骑兵。另外，他还从高卢召来了大约相同数目的军队，及至那些"最最显贵，最最勇敢"的人物。他向军团指挥官和百夫长们借钱发饷，既鼓舞了士气，又将这些官军们"绑"在了他的战车上。此次西班牙战役主要是在伊莱尔达这个地方进行的，庞培派在西班牙的两员主将阿弗拉尼乌斯和佩特雷尤斯的军队都集中在此。因此，这一战役将决定庞培势力在西班牙的命运。

在伊莱尔达战役中，一桩突如其来的灾难差一点把恺撒及其军队给毁了。一场暴风雨来势凶猛，大水冲下所有山上的积雪，涌上高峻的河岸，把河上的桥全部冲毁，使恺撒军队不仅没了退路，而且断绝了粮草。军队多日没有吃的，牲口也没了草料，而庞培派却粮草充足。恺撒陷入了绝境。阿弗拉尼乌斯等人十分高兴，他们在给亲友的信中说，战争马上就要结束。信件到达罗马后，大批人聚集在阿弗拉尼乌斯家里，兴高采烈地祝贺。更有人离开罗马前往庞培处，或者是去告知消息，或者是去投靠，"想避免被看成是坐待成败已成定局，然后才在所有的人中最后一个赶去的人"。

但恺撒这次又挺了过来，阿弗拉尼乌斯的部下及部分本地军人、居民开始倒戈。庞培派的军队被迫转移，军中开始出现私下与恺撒军联系倒戈的事，虽被佩特雷尤斯强行制止，但军心已经不稳。尤其在恺撒的军队将阿弗拉尼乌斯的军队封锁在行军途中，断绝了他们的粮草、水源后，阿弗拉尼乌斯被迫将自己的儿子交给恺撒作为人质，要求宽恕他和他的部下。对此，恺撒发表一番慷慨激昂的讲话，指责阿弗拉尼乌斯和庞培。他说："在所有的人中，再没有谁比阿弗拉尼乌斯更不配来扮演诉苦和乞怜的角色。其余的每一个人，都已经尽到了自己的责任。我自己哪怕是在很有利的条件下——地形有利、时间有利，还是不愿出击，为的是使一切有助于和平的事情不受丝毫损害。我的士兵，尽管自己受到侵害，自己的战友也被杀害，却仍旧保全和掩护那些处在他们掌握中的人。哪怕是阿弗拉尼乌斯自己军队中的士兵，也自动出来设法谋求和平，因为他们认为这是一件关系到自己所有战友性命的事情。这样，全军上下一致倾向于宽容，就只有他们的统帅提到和平就变色，他们完全不顾谈判和休战的公认准则，惨无人道地杀害了没有经验、上了谈判当的人。因而，他们也遭到了常常落到最顽固、最傲慢的人头上的命运，被迫重新回过头来苦苦衰求不久前自己还鄙夷不屑的东西。现在，我既不想利用他们的屈辱，也不想利用自己的一时走运，来要求可以用于增加自己实力的东西，但我要求他们把对付我而蓄养了多年的这些军队解散掉。他们派到西班牙 6 个军团，又在当地征召了第七个；他们准备了这么多、这么强大的一支舰队；他们派来了极有军事经验的将领；凡此种种，也不外是为了这个目的（对付我）。它们既不是为了要镇抚西班牙，也不是为了在行省有什么用处，西班牙已经和平了这么长的时期，并不需要增派援军来。所有这些都是自始就针对着我来的。为了对付我恺撒，还创设了一个新的政治特权，一个人可以一面站在首都城门口坐镇全局，一面又自身不到却遥控两个最骁勇善战的行省这么多年；为了对付我恺撒，还篡改了官吏任职升迁次序，一反过去的常例，派到行省去的不再是已经任满的司法官和执政官，而是它们少数人所赞同和推选的人；为了对付我恺撒，一些在以往战争中有成就的人被召出来统带军队，就连年迈也不足成为推辞的理由；也只有在我一个人身上，才发生了取消统帅权利的事情，而对于一个建立了功勋的人，通常是让他带着一些荣誉回来，至少也不会让其受到耻辱并解散其军队后回来。我过去一直耐心地忍受着这一切，今后还将忍受下去。我不想把他们的军队夺过来自己保留着，虽说这样做并不困难。我只希望别人不再能保留着它，用来对付我本人。因而，正像我自己说过的那样，只要他们离开行省，解散他们的军队，做到这一点，我一个人也不愿伤害，这就是我接受议和唯一的、而且是最后的条件。"

阿弗拉尼乌斯的士兵本来都在等待着罪有应得的灾难，现在却用不着请求就开恩答应他们解散，真是使他们极感满意和高兴。他们有的立即被解散，有的到指定的地点解散。阿弗拉尼乌斯后来又到巴尔干参加了庞培反对恺撒的战争。

当伊莱尔达战役结束后，恺撒就着手解决远西班牙的问题。这里驻守的是瓦罗所领导的庞培的两个军团。

瓦罗在西班牙听到内战开始后意大利的情况，对庞培能否获胜颇为怀疑。在谈到恺撒时，他常常用极为友好的口气。但后来，他得知恺撒已在马西利亚城（即今之马赛）下被拖住，无法脱身；佩特雷尤斯的军队和阿弗拉尼乌斯的军队已经会师，而且又来了大批同盟军支援他们，还有更多的军队要来；又听到整个近西班牙都团结得很好；后来还听到恺撒的军队在伊莱尔达城下发生了粮荒；阿弗拉尼乌斯写信给他，夸张地、添油加醋地把这些事情告诉了他，他也就随着时运的转移，见机行事。他在全行省着手征兵，在征够了两个军团后，又在它们之外加上30个中队的同盟军。他收集起大批粮食；他命令伽德斯的居民建造10艘战舰，此外还安排在希斯帕利斯再建造一些。他又把赫丘利庙中的金银财宝统统搬出来，迁到伽德斯城里，还从行省中派了6个中队去守卫它们；他迫使罗马公民付给他现款19万塞斯退斯、银子两万磅和小枣12万麦斗。当他得知在近西班牙发生的情况后，便开始准备战争。他准备带着他的两个军团到伽德斯，他认为，在一个岛上，如果粮食和船只都有了准备，就很容易把战事拖延下去。

在派出两个军团由保民官卡西乌斯统领下进入远西班牙之后，恺撒自己也带着600名骑兵，急行军赶去，还事先发布一项通告，要所有各地方的官员和首领都要在指定的时间赶到科尔杜巴来会见他。就在同一天，科尔杜巴的罗马侨民组织自动把他们的城门关上抵制瓦罗。当地许多城市也都仿效他们。瓦罗见此情景，只好派人去告诉恺撒，说他愿意交出在他统率下的军团。恺撒派塞克斯图斯·恺撒到他那儿去，命令瓦罗把军队移交给他。交出了军队之后，瓦罗跑到科尔杜巴来见恺撒，在非常诚实地把公共账目交代给恺撒以后，又把自己手头的所有钱财都交给他，还交待了自己有多少粮食和船只，在什么地方。

恺撒在科尔杜巴召集了一次会议，向各方面一一表示了谢意。感谢罗马公民们，为的是他们尽力竭力使这个城市保留在他手里；感谢西班牙人，为的是他们驱走了驻军；感谢伽斯人，为的是他们挫败了他敌人的计划，维持了自己的自由；感谢到那边去担任守卫的军团指挥官和百夫长，为的是由于他们的英勇，使伽德斯人更坚决地实行自己的计划。他免除了罗马公民答应给瓦罗充作公用的摊派，还把财物还给了那些因讲话"太自由了些"而招来充分之祸的人。在把酬赏发给了一些城镇的公私双方之后，他又使其余的人对未来都充满了美好的期望。他在科尔杜巴停了两天之后，出发到伽德斯去。他命令把从赫丘利神庙中拿来、现贮放在私人家中的钱财和纪念品都送回庙里去。他还任命卡西乌斯主管这个行省，并交给他 4 个军团。他自己带着瓦罗建造的船只，还有伽德斯人奉瓦罗的命令建造的那些，在几天之后到达塔拉科。差不多近西班牙行省各地方来的所有使者都已集中在那里等候恺撒来临。在给一些公社和城市颁发奖赏后，恺撒离开那里，从陆路赶向纳波，再从该地赶向马西利亚。在那里，他得知罗马通过了一条有关设置独裁官的法案，他被提名为独裁官。

瓦罗在被恺撒收降后，于公元前 46 年退出国界和政界，成为恺撒的座上宾。恺撒委任他建立一个图书馆，他则埋头著述，且著作颇丰，达 490 卷之多。其涉及面之广，令人惊叹：诗歌、讽刺诗、文学评论、文法、语言学、科学、历史、教育、哲学、法律、神学、地理学、考古研究等等。但他的著作大多遗失，保存最完整的是《论农业》，3 卷；另《拉丁语论》，25 卷，但破损严重。其他著述只有一些片断保存在别的作家著作中，从而才为我们所知。在写作《论农业》时，瓦罗已经是一位 80 岁的老人了，他是在"打点行囊准备离开这个世界"时完成的。

恺撒雪耻法萨卢

恺撒在总结了迪拉基乌姆失败的教训，鼓舞起士兵的作战斗志之后，便拔营向帖萨利亚而来。沿途，他躲过了庞培和西庇阿的注意，逃脱了被包围的危险，用闪电般的速度攻占了歌姆菲城，并任凭士兵涌入城市大肆劫掠。而后，又转向美特洛波利斯，该城未进行任何抵抗便投降了。其他帖萨利亚的城市，除西庇阿重兵驻守的拉里撒之外，都主动归降了恺撒。军队的供应问题解决了，敌人的封锁没有了。恺撒带领他的军队来到法萨卢西北安营扎寨，静候庞培。

庞培在马其顿东南沿海的赫拉克列乌姆同西庇阿会合后，也赶往法萨卢，扎营于恺撒西面。此时双方兵力情况是，庞培有步兵 50000，骑兵 7000；恺撒只有步兵 20000，骑兵 1000。从军事力量上说，优势明显地是在庞培方面，所以他对于战争的结果非常乐观。恺撒过去的副帅、现在投靠到庞培方面去的拉频努斯也赞同庞培的乐观估计。

在迪拉基乌姆战役后，庞培阵营中的人都以为庞培是稳操胜券了。他们现在考虑的不是如何取得胜利，而是在胜利后官职和财富的分配："由于庞培的部队增加了……士兵们原有的信心增强，胜利的希望也更有把握，因而时间越是向后拖，他们返回意大利的日子好像也越受到耽搁似的。当庞培在任何一次行动上稍稍显出一些迟疑或顾虑的时候，他们就硬说这只不过是一天就干得好的事情，庞培只是为了留恋统帅大权，好把那些执政官和司法官级别的人当奴隶使唤。他们已经在公开争夺酬劳和祭司职务，分配今后几年中的执政官席位，又有一些人在索取恺撒营中人的房产田地……"。"多弥提乌斯、西庇阿和斯平特尔已经天天在为恺撒的祭司职位争吵，竟至公开使用起极为侮辱性的话来。斯平特尔夸口说，自己年高德昭，多弥提乌斯吹嘘自己在首都得人心、有威望，西庇阿则信赖自己和庞培之间的亲戚关系（他是庞培的岳父）。多弥提乌斯在一次军事会议上说，照他看来，最好在战争结束以后，每人发给三块牌子，让他们将来留在罗马的人一个个判决时投票用，其中第一块用于判决一切该免除刑罚的人，第二块用于该褫夺公权的人，第三块用于该罚款的人。总之，大家谈论的全是自己的显耀前程、金钱酬奖或报复私人嫌怨，至于用什么办法打赢这场战争，则绝不再考虑，考虑的只是怎样去享受胜利。"

而恺撒这时却在精心准备着和庞培的决战：安排好粮食供应，调整士兵的情绪，训练步兵与骑兵的配合以对付强过自己的庞培的骑兵，做到"只要一个骑兵，哪怕在极开阔的地方，也可以抵挡庞培的十个骑兵的进攻，不会因为对方人多势众，引起很大的恐慌"。他的部队在同庞培部队的一次小接触中，还取得过胜利，杀死了叛逃到庞培一边去的阿洛布罗及斯人的两兄弟。

由于恺撒多次企图挑动庞培决战都未成功，因此，恺撒便决定改变战术，不断地转移营寨，从而既便于解决粮食供应，又使不甚习惯吃苦的庞培士兵疲于奔命，还可在运动中寻找战机歼灭敌人，亦即在运动中消灭敌人。

终于，在公元前 48 年 8 月 9 日这一天，战机被寻找到了。当时恺撒军队的拔寨出发号令已经传出，正在拆卸帐篷时，庞培的军队违反惯例，离开壁垒向前推进了一些，恺撒认为此时自己可以不必在不利的地形条件下战斗了，便对士兵们说："我们现在必须停止行军，正像我们一直在争取的那样考虑战斗了。让我们全心全意准备好投入战斗吧，今后我们就不容易再找到机会了。"他立即带领军队轻装出阵，冲向敌人。

而庞培也早想进行决战了，在此之前的一次军事会议上他就曾宣称：他在两军还没交战前，就可以击溃恺撒军队。拉频努斯紧跟着他说下去。他一面贬低恺撒的军队，一面吹捧庞培的计划。他说："庞培，你别以为这支军队（即恺撒的军队）就是征服高卢和日耳曼的那支军队。当年的那支军队，还留下来的只有很小的一部分了，它的绝大部分已经丧失，这是这么多战斗的必然结果，又有许多人死在意大利的秋季瘟疫中，还有很多离开军队回家了，再有许多被留在大陆上。难道你们没有听到过，在布伦迪西是把那些因身体不好留下来的人编成军队的吗？你们看到的这些军队是近年来在南高卢征集来的人组成的，他们中许多人都是从帕杜斯河外的殖民地来的。这算这样，他们的精锐部队也都已经阵亡在迪拉基乌姆的两次战斗中了。"他宣誓说：他如不战胜，决不再回到营寨里。他还怂恿别人照样宣誓。庞培赞扬他的建议，也同样宣了誓。在场的其余人，没有一个迟疑着不肯宣誓的。

战斗开始时，双方军队的配置是：庞培军队的左翼是过去恺撒根据元老院决定拨给庞培的那两个军团。庞培本人也在这一翼。战阵的中心配置的是西庇阿和他手下的几个叙利亚军团，右翼是一个军团和西班牙的步兵百人队，这些百人队是阿弗拉尼乌斯带过来的。这些军队在庞培心目中是最可靠的。其余的被他分配到整个战线里去。另有7个步兵百人队被留下来包围营地。由于战阵的右翼靠着陡峭的河岸，所以全部骑兵、弓弩手都集中在左翼。

恺撒按老习惯把第十军团配置在右翼，而把第八和第九军团配置在左翼，第九军团在迪拉基乌姆损失惨重，所以把它和第八军团放在一起。他委派安东尼指挥左翼，苏拉指挥右翼，中间是卡尔维努斯。他本人则同庞培相对峙。恺撒担心自己的右翼会被敌军的优势骑兵所包抄，于是他就从第三线的每个军团选出一个步兵百人队组成了第四线。还预先告诉这里的士兵们：战斗的结果极可能正是由他们来决定的。因此他命令，不得到他的信号第三线不得出击。

当时两军之间留下的距离刚刚够让双方军队冲击。庞培关照他的部下要等恺撒先过来攻击，自己不要离开阵地，以免阵脚被打乱。据说，是有人劝他采取这种做法的，这样，就可以粉碎恺撒军队的第一次冲刺和猛攻，使对方的队伍陷于混乱，然后，坚守在行列中的庞培的军队就可以趁势进攻那些混乱了的敌人。他还希望，如果坚持在一起不动，敌方掷过来的轻矛落下来时，会比落在这面也在一边投掷轻矛一边跑的人身上的力量要轻些。同时，由于恺撒的部队这样一来就会有双倍的距离要跑，势必跑得气急败坏，疲惫不堪。但在恺撒看来，庞培采取这种做法是失策的。他认为所有的人天生都有一股因渴望战斗而炽热起来的精神上的锐气和冲劲。这种激情，做统帅的只能加以鼓励，切不可加以遏制。因而，从古传下来的做法，即军号要四面齐鸣，全军一气猛喊，绝不是没有道理的，为的是这样做可以使敌人惊惧，使自己的部下受到鼓舞。

恺撒鼓励他的军队去战斗，他说起他对他们始终如一的关怀爱护，特别是提醒他们说，他可以让自己的部下来证明，他是用多大的努力来争取和平的。他说，他是从来不肯白白叫士卒浪费鲜血，或让共和国失掉这一支或那一支军队的。说了这些话之后，在士兵们迫切要求战斗的一片喧嚷请战声中，他用喇叭发出号令。恺撒军队中有一个留用老兵克拉斯提努斯，前年曾在他部下担任第十军团的首席百人队长，是一个极为勇敢的人。号令一发出时，他就说："跟我来，曾经和我同一连队过的兄弟们，把你们早就决心要为统帅出的力拿出来吧！只剩下这一场战斗了，当它结束时，他就可恢复他的尊严，我们也可以恢复自己的自由了。"同时，他回过头来对恺撒说："今天，统帅，不管是死还是活，我一定要让你好好感激我！"说了这番话，他从右翼第一个冲出去，约120名百人队的人跟随着他。

恺撒军队一听到号令，便挺着轻矛，跑步上前。当他们看到庞培的军队并不迎上前时，就利用从过去战斗中得来的经验，自动停止前冲，在大约一半距离的地方站定下来，以免奔到敌人面前时已经体力耗尽。在稍微停息了片刻之后，才又重新起步向前。他们投出了轻矛，又依恺撒的指示，迅速拔出剑来。庞培的军队格开投过来的武器，顶住恺撒军队的攻击，同时仍旧保持着自己的队列，在掷出自己的轻矛后，也挥起剑来。就在这时候，庞培左翼的骑兵按照命令，合力冲向恺撒的军队，大队弓弩手也跟着涌上前来。恺撒的骑兵挡不住他们的攻击，慢慢离开自己的阵地后撤，庞培的骑兵更加凶猛地压过来，而且一伙一伙散开，从恺撒军队暴露着的一侧开始对其进行包围。恺撒看到后，马上发令给那以 6 个百人队组成的第四线，这些人迅速奔跑，全力挺进，用极大的冲劲迎击庞培的骑兵，使得他们没有一个人能站得住脚，全部转过身去，不仅逃出阵地，而且一直飞奔，躲进极高的丛山中去。当他们被驱走时，庞培所有的弓弩手和射石手都被孤零零地丢了下来，一无支援地遭受歼灭。这些百人队一路穷追猛打，扑向庞培的左翼，乘对方仍继续在队里抵抗、战斗不止时，把他们包围起来，从背后攻击他们。

此刻，恺撒命令还守在阵地上的第三线向前推进。这样，一面有精力旺盛的生力军来接替体力不支的人，背后又有别的人赶来攻击，庞培的军队支撑不住，全都转身逃走。恺撒没料错，胜利果然是由放在第四线面对敌人骑兵的那几个百人队开始取得的。庞培一看到自己的骑兵被逐回，且自己最信赖的那一部分军队陷入一片混乱，就对其余的军队失去了信心，立刻离开战场，径自策马奔回营寨。他对布置在帅帐门口值岗的百夫长们说："管好营寨，要仔细守卫，免得出什么乱子，我要再到别的几道门去巡视一下，鼓励一下守卫营寨的人。"说完这些话，他进入帅帐，对大局完全丧失了信心，任凭战斗胡乱发展下去，直到恺撒的士兵已经冲入营地，他才清醒过来。于是他便脱掉身上的甲胄，和几位朋友从营地的后门向拉里撒方向逃去。

当庞培的部队一路逃进壁垒时，恺撒认为不应该给这些惊慌失措的人以喘息的机会，就鼓励部下好好利用机会，马上进攻敌人的营寨。虽说战斗已经一直拖到中午，大家因为酷热，疲惫不堪，但仍旧坚持着战斗。庞培的士兵，个个都惊慌而疲劳，许多人连自己的武器和连队旗帜都丢了，他们想的是下一步逃到哪里去，而不是怎样防守营寨。在他们的百夫长和军团指挥官带领下，一路飞奔，逃到营寨附近的高山里去了。

冲进庞培营寨的恺撒士兵，看到搭着的凉棚里陈设着分量很重的银盘盏，士兵们的帐篷上覆盖着新鲜的草皮，斯平特尔和其他一些人的帐篷则面掩盖着常春藤，还有许多东西。这表明庞培及其周围的人异乎寻常的奢侈和对胜利的盲目自信。他们大概对这一天的战斗结果毫不担心，所以才寻求那些不必要的享受。

恺撒在占领了那座营寨后，敦促他的士兵不要一心只管掠夺战利品，错过了完成其余事情的时机。他们用工事把那山岭包围起来。由于山上没有水，庞培的部下失去了信心。开始沿着山脊向拉里撒方向退去。恺撒把兵力分开，命令一部分军团开始走一条近路，前去追赶庞培的军队。庞培的残兵在一处山上停了下来。于是恺撒的部下开始在山下修筑一道工事，这样，就使庞培的军队在夜间无法取水。当这项工程完工时，庞培的军队只得派使者来乞求投降，少数和他们在一起的元老及随员则乘夜逃走了。

在天色刚破晓时，恺撒命令山上所有的人，都从高处下到平地上，放下他们的武器。当他们顺从地照办后，便全都趴在地上。伸开着手，哭哭啼啼地求恺撒饶了他们。恺撒安慰他们，叫他们站起来，对他们说了一些自己如何宽大为怀的话，然后宣布饶恕他们，并带他们去见自己的部下，叮嘱大家不要伤害他们中的任何一个，也不要让他们丢失任何东西。就在这一天，恺撒到达拉里撒。

具有重大意义的法萨卢战役就这样结束了。在这次战役中，恺撒损失的士兵不到200人，其中包括30名非常勇敢的百夫长，而那个克拉斯提努斯就是这30人中的一员，他在战斗中被一剑砍在脸上。庞培的军队大约战死15000人，投降的则在24000人以上，因为那些驻扎在要塞里充任守卫的百人队都向恺撒投降了。此外，还有许多人逃向附近的城镇。在战斗中缴获送来给恺撒的连队旗帜有180面，军团的鹰帜有9面。

当恺撒追踪庞培也来到拉里撒时，庞培已经离开了那里。他到列斯堡岛的米提列涅同自己的妻子科尔涅利娅会合后，去了埃及。此时埃及的国王托勒密十三世的父亲是在庞培的支持下登上王位的，庞培认为一定会受到他的欢迎。

当时埃及国王托勒密十三世正同其姐克列奥帕特拉为争权夺利而打得不可开交，双方正在尼罗河三角洲东部的别努吉乌姆交战。庞培一行也来到此地。他先派人去告知国王，说他来了。这使国王及其三位顾问（宦官波廷、国王的老师提奥多托斯和军队司令拉西斯）十分为难。他们商量结果是将庞培请来后再杀掉。

庞培乘了一条小船前去见埃及国王，他的妻、子等未去。庞培离开妻子时念了下面一句诗："任何人到一暴君那里去时就变成他的奴隶了，纵或他去的时候是自由的。"庞培上岸后即被杀死，他的妻儿在船上清楚地看见了这一情景，便赶紧开船离开埃及。

埃及人割下了庞培首级，而将其尸体的其余部分就地掩埋了。有人在他墓前立了一块碑，上面写道："对于在神庙中这样富丽豪华的人，这是多么可怜的一个坟墓。"

当恺撒寻迹来到埃及时，人们将庞培的头颅送给他看，他转过脸去。然后，他赦免了在埃及的曾追随过庞培的人，以便使他们归附自己。

罗马征服犹太

公元前一世纪罗马通过扩张称霸东地中海后，逐渐把侵略的魔爪伸向弱小的犹太王国。

公元前63年，罗马侵略势力扩及巴勒斯坦。当年，庞培胜利地结束了米特拉达特斯战争，接着便在东方的一些小国中到处进行干涉活动，扩大侵略成果。他把叙利亚置为罗马行省后，就向犹太进军。这时，犹太玛卡贝王朝的两兄弟希尔卡努斯和阿里斯托布路斯正在争夺王位。庞培支持希尔卡努斯，拥护阿里斯托布路斯的群众拒绝服从。他们占领耶路撒冷神殿，坚持三个月斗争后才被庞培所攻破。

庞培征服犹太后，把犹太王国的大部分领土并入叙利亚行省，只将剩下的巴勒斯坦中部、佩列阿和加利利地区，任命希尔卡努斯为祭司长进行统治。实际上，世俗政权操于安提帕特尔之手。公元前 57 年，罗马把希尔卡努斯管辖的地区分为五个自治的公社，实际上剥夺了希尔卡努斯的世俗权力，仅仅为他保留了宗教方面的权力。犹太人民身受罗马和本国统治者双重压迫和剥削。不满情绪日益增长。后来，克拉苏出征帕提亚，肆意劫掠犹太人奉为神圣的耶路撒冷神庙及其宝库，进一步加剧了矛盾。公元前 52 年，犹太人民举行起义，但受到罗马的镇压。被卖为奴者达 3 万之众。

在恺撒与庞培的斗争中，阿里斯托布路斯和他的两个儿子曾经支持恺撒，而在公元前 48 年恺撒在埃及亚历山大里亚城被起义者包围时，希尔卡努斯的重臣安提帕特尔给了恺撒重要帮助。恺撒在脱险之后，为了报答犹太人，豁免应向罗马人交纳的全部赋税，把加法城归还犹太人，保证内部自治和宗教信仰自由，允许重建庞培挖掉的耶路撒冷的城墙。不过，恺撒责成犹太人自己负责保卫国界，并且承担与此有关的开支。在这之后，犹太王国内部不同势力在对待本国统治者以及罗马人的态度上一直存在意见分歧和斗争。公元前 40 年，帕提亚侵入叙利亚，掳走了希尔卡努斯。恺撒被刺后，安东尼支持安提帕特尔的儿子希律为犹太的统治者。公元前 37 年，安

查理大帝跪在教皇利奥三世面前接受加冕

东尼击败帕提亚人，占领了耶路撒冷，扶植希律为王。公元前 30 年，屋大维继续承认希律的地位，并将庞培在公元前 63 年从犹太王国划出的大部分城市交给他治理。

公元前 4 年希律死后，罗马三分犹太王国，分别交给希律的儿子安提帕斯、阿尔赫拉乌斯和菲利浦治理。阿尔赫拉乌斯的统治很不得人心。公元 6 年，奥古斯都废黜了他，将其所辖地区置为犹太行省，派罗马任命的总督治理。但是，在行省内部保留了犹太人的自治。公元 34 年菲利浦去世，其所治理地区归入叙利亚行省，而在公元 37 年，罗马又将这一地区交给他的侄儿阿格里帕。阿格里帕以国王的名义进行统治。公元 39 年，阿格里帕又领有被剥夺王位的安提帕斯曾经据有的地区。公元 41 年，罗马皇帝克劳狄乌斯将犹太行省并入阿格里帕的王国，但在公元 44 年阿格里帕死后，又将他的王国重新改为犹太行省。

犹太人民起义

继卡里古拉担任罗马皇帝的克劳狄乌斯，在对待犹太人和犹太教方面又恢复了提比略的政策。但是多年存在的罗马官员滥用职权欺凌犹太人的积弊，犹太人民群

众中对罗马统治者的憎恨，并没有消除。种种矛盾引起的冲突经常不断发生。著名古罗马史学家蒙森指出，犹太人民的起义通常认为从公元66年开始，实则从公元44年即已开始。自从阿格里帕于公元44年去世，在犹太境内，武装冲突从未停止。

公元66年犹太人民的起义，首先在当时犹太行省的首府，位于加利利和撒马里亚之间的沿海城市恺撒列亚爆发。事情的经过大体是：在这个犹太人和非犹太人杂居的城市中，受过希腊文化教育的非犹太人向罗马皇帝尼禄的近臣布鲁斯提出申诉，要求在这个城市中使非犹太人在享有公民权方面占据优势。这个得到布鲁斯支持的意见在犹太人与非犹太人中引起了长期的争论和冲突。一些犹太人因而离开恺撒列亚。但是罗马当局强迫他们返回。公元66年8月6日，在恺撒列亚街道上发生的犹太人与非犹太人的冲突中，曾经离城的犹太人全部被杀。这一事件激起了耶路撒冷城的起义。

领导起义的是吉拉德派。他们既力图推翻罗马人的统治，又想消除大地主、高利贷者和犹太教僧侣的压迫。这一派中的激进的一翼，被罗马人称为"西卡里"，意为"凶手"。因为他们主张用恐怖手段进行斗争。西卡里派的主要成员是奴隶、贫苦农民和城市居民的下层。犹太人中较为富裕的中间阶级也参加了起义。起义者的领袖是吉斯卡拉的约翰和吉奥拉的儿子西门。

当耶路撒冷发生反罗马的人民起义的时候，当时拥有任命耶路撒冷神庙祭司长和管理神庙宝库财产权力的阿格里帕二世正在城里。他先是企图说服，继而试图用武力制止犹太人起义，但都没有得逞。

驻在神庙附近的堡垒中的罗马警备部队，人数不多，很快就被起义者击败、杀死。在邻近的王宫中，阿格里帕的部队愿意投降，获准不受阻碍地撤走。而驻在王宫中的罗马军队，却在投降后被杀。这样一来，犹太人的圣城便完全解放了，而在耶路撒冷的罗马军队全被消灭。在耶路撒冷已经取得胜利的起义迅速席卷整个犹太。各地起义者很快取得联系。

在犹太境内的起义顺利发展的同时，在邻近的许多犹太人和非犹太人杂居地区，诸如大马士革、阿斯卡隆、斯基托波尔等地，都发生了犹太人和非犹太人之间的激烈冲突。

罗马驻叙利亚行省的军事首脑加鲁斯在得知耶路撒冷城起义的消息后，立即率领大军前往镇压。他拥有20000名罗马士兵，13000名由各附属国提供的军队和为数众多的叙利亚辅助部队。他先占领了加法城，杀死了所有城市居民。九月间，他的军队已经进入耶路撒冷。但在神庙和王宫的坚固城墙面前，他一筹莫展。不知由于什么原因，他很快撤围后退，甚至抛弃了辎重和殿后的队伍，这样一来，起义者就控制了巴勒斯坦的大部分地方。只是一些希腊人的城市还在坚守。

公元67年2月，罗马皇帝尼禄指派韦斯帕西安努斯镇压犹太人起义。韦斯帕西安努斯带领了约50000人的军队向巴勒斯坦进军。韦斯帕西安努斯采取步步为营的战略，尽力不使自己的军力过于分散。在公元67年，韦斯帕西安努斯力图控制加利利地区的堡垒。仅仅在一座名为约塔帕塔的小城附近，他就率领三个军团驻扎了四十五天。到公元 68 年夏天，耶路撒冷已被罗马军队四面包围。

当罗马军队步步进逼的时候，起义的犹太人内部却充满尖锐复杂的斗争。高级僧侣和法利赛派力求与罗马媾和。贵族把政权交给由高级僧侣组成的议事会，企图用这种方法使起义失去领导。而在吉拉德派内部也分为以约翰和以西门为首的两派，彼此之间不断有斗争。西门一度被迫离开耶路撒冷，但不久又回到该城。起义队伍中的分裂，削弱了起义者的力量。

也就在韦斯帕西安努斯快要开始进攻耶路撒冷的时候，传来了尼禄自杀的消息。按照罗马的法律，随着皇帝的死亡，他的权力也随之终止。谨慎从事的韦斯帕西安努斯停止了军事行动。只是在公元 69 年 6 月，韦斯帕西安努斯才恢复进攻，占领了赫布隆。可是不久，韦斯帕西安努斯被所率领的士兵宣布为罗马皇帝。他为了争夺帝位，带领了一部分军队去意大利，另一部分军队交给了提图斯。提图斯把这支军队带到叙利亚，转赴埃及。只是在公元 69 年年底，争夺罗马皇帝宝座的斗争结束之后，韦斯帕西安努斯才授命提图斯结束犹太战争。

在罗马人开始进攻之后，据守耶路撒冷的起义者由于物资的匮乏而遭受饥饿的威胁。但是，他们仍然英勇战斗。此时，西门和约翰也结束了内讧，重归于好，联合抗击罗马军队。在西门和约翰的领导下，起义者不断打退敌人的进攻，并且不时胜利出击。不过，军队数量的优势和军事技术的优势毕竟是在罗马人方面。公元 70 年 8 月，起义者固守的据点接连失陷。在这之后，延续达一个月之久的巷战也以起义者的失败告终。长达五个月的围攻耶路撒冷的战斗，造成了巨大的生命和财产损失。起义者的领袖西门和约翰都被罗马人俘虏。

就在耶路撒冷城破之后，起义者的余部还在马赫拉和马萨达继续战斗了几年。他们的领袖是加利利人犹大的孙子埃列阿查尔。公元 73 年，被罗马军队围困在马萨达要塞的起义者，在杀死自己的妻儿之后，集体自杀，全部壮烈牺牲。

先后延续七年的犹太人民反抗罗马暴虐统治的斗争，终于被罗马军队淹没在血泊之中。耶路撒冷成了一片废墟。公元 71 年，提图斯返回罗马，并且举行了凯旋式。西门被处死。约翰则在终身监禁中度过了一生。

但是，犹太人民的这次起义，毕竟对后来历史的发展发生了影响。一方面，它促使罗马政府改变了统治犹太的方法；另一方面，它促进了基督教与犹太教的分离。

罗马帝国的三世纪危机

罗马帝国建立后取得了二百年的表面稳定和繁荣（所谓"罗马和平"），安敦尼王朝被称为帝国的"黄金时代"，达到了鼎盛阶段。但从 2 世纪末起，帝国盛极而衰，发生严重危机，表现为农业萎缩、商业萧条、城市衰落、财政枯竭、政治混乱，以及贫民、奴隶起义此伏彼起，大批蛮族入侵，整个罗马社会动荡不安，帝国统治处于摇摇欲坠的危险地步。这种在罗马帝国社会中爆发的全面而深刻的危机，归根结蒂，是由于奴隶制的衰落和奴隶制社会矛盾的激化而造成的。

在帝国初期，罗马的奴隶制获得了高度的发展，后即日益腐朽，逐渐成为生产力发展的桎梏。奴隶被迫从事生产劳动，不仅缺乏劳动积极性，而且也妨碍使用先进的生产工具和推广先进的生产技术，加上奴隶以各种形式进行反抗斗争，奴隶价格又不断上涨，因此，劳动生产率日益降低，使用奴隶劳动已越来越无利可图。在这种情况下，大批奴隶被释放了，而更多的奴隶变为授产奴隶或隶农。隶农制最早产生于共和后期，在帝国初期有所发展，到 3 世纪便盛行起来。除了奴隶和贫苦农民转变为隶农以外，许多移居帝国境内的日耳曼人也加入了隶农的行列。隶农所受的剥削日重，依附性日强，其地位和奴隶逐渐接近。

由于奴隶制的衰落，农业最先出现了凋敝之势。在意大利，经营葡萄和橄榄业的庄园入不敷出，大多改为牧场，生产大大萎缩。后来，农业危机也波及到行省地区，大量使用奴隶劳动并与市场有着密切联系的大地产，开始转变为主要剥削隶农和具有自给自足倾向的大庄园。同样，在共和后期和帝国初期发展起来的意大利各城市手工业，也因奴隶劳动生产率低下和行省手工产品的竞争排挤而衰落下来。农业和手工业的衰退必然导致城市没落和商业的萧条。当时，社会动乱、蛮族入侵、海盗猖獗、商路阻塞，以及帝国政府强令城市负责征集赋税和发行劣质货币等财政金融政策，更是加剧了这一过程。

在社会经济发生危机的情况下，罗马社会矛盾也尖锐起来。这时，奴隶、隶农、破产农民的差别日益缩小，地位日渐接近，这就为这些下层群众反对大奴隶主大地主，联合起来进行斗争，创造了条件。城市富裕居民由中小土地所有者和奴隶主组成，他们原是帝国的重要支柱，但在危机中纷纷破产。例如，帝国政府强令城市征集赋税并由市议员完纳欠税，许多城市议员不胜负担，宁肯出售土地，释放奴隶，降为小农。他们甚至沦为隶农或流落他乡。在城市衰落的同时，大庄园迅速发展起来。

在大庄园的排挤下，现在不仅在意大利，而且还在各主要行省，自由农民和小土地所有者的人数日益减少了。他们失去了土地和生活资料，沦为隶农或成为无业游民；有些人通过参加雇佣军队而在退伍时在军事殖民地中获得一块份地。退伍士兵和部分军官，就其社会地位和财产而论，与中等土地所有者相近，成为重要的社会力量和帝国的可靠支柱。这些人和帝国社会中残存的中小土地所有者组成奴隶主阶级的一个集团。它同另一以元老院元老为代表的大地主集团的利益常常发生冲突。这两个集团之间的斗争在三世纪时加剧了。同时，帝国境外的日耳曼部落又加紧进犯帝国。这些事态的发展导致了三世纪爆发全面危机。

君士坦丁改革

著名的君士坦丁一世在经历了戴克里先以后十九年争夺帝位的内战以后，于323年再次恢复了帝国的统一。在君士坦丁战胜其对手的斗争中，宗教政策起了重要的作用。君士坦丁的父亲康士坦提乌斯在其统治区内（高卢、西班牙、不列颠）

对基督教一向采取宽容态度，君士坦丁从父亲手上承接过来的军队中又有许多基督教徒。这位识时务的统治者当时虽然还不是基督教徒，但已显示出自己是个新宗教的有力庇护人。早在 313 年，他就同据有东方各行省的李基尼乌斯联合发布了"米兰敕令"，宣布宗教信仰自由。在这以后，他又赐给基督教会许多重要特权，免除了基督教僧侣本人对国家的徭役义务。基督教很快就从原来是受迫害的宗教变为占优势地位的宗教。这个宗教已习惯于罗马国家的秩序，并乐意为皇帝政权的权威辩护。另一方面，君士坦丁也积极参与教会事务，竭力帮助教会建立统一组织。他认识到统一的帝国必须有同它相适应的统一的教会；在这个教会中不容有教义上的分歧。但当时，就各种教义问题和教会纪律问题进行激烈的争辩是经常发生的。这种争辩是社会斗争的反映，它发生在教会内部，而教会是联合了各种成分的。在基督教成为受官方庇护的宗教以后，它的各派主教们就希望借助皇帝权力来解决内部的纷争。从君士坦丁时代起，教会事务和教义问题已被认为是国务问题。

君士坦丁在 313 年就参与了关于非洲的多拉图斯教派的正统性的争端。非洲基督教的代表人物向君士坦丁提出申诉，请求裁决谁该被认为有权作正统的主教——凯基里亚努斯或多拉图斯？君士坦丁将此事交给主教会议去处理。这次会议起先在罗马开会，后来转往阿尔列。会议承认凯基里亚努斯享有正统主教的权利，并获君士坦丁批准。多拉图斯及其拥护者乃宣称只有他们是真正的基督教徒，并着手建立自己的教会。后来，在正统教会的拥护者与多拉图斯分子之间的争论具有了更激烈的社会斗争的性质：它反映了非洲城市的分离主义倾向以及大土地所有制与小土地所有制之间、奴隶与奴隶主之间的矛盾。

君士坦丁对教会事务的最大干预是在如何对待阿里乌斯教派的问题上。早在 2 世纪末和 3 世纪前半期，亚历山大里亚教会的一些神学家就对正统教义提出了异议。其中特别有影响的是奥里根（约生于 185 年，死于 254 年）。他以柏拉图的理念观为依据，力图把基督教义与希腊哲学原理结合起来。在他的神学理论体系中，逻各斯（Logos，语言、言论或理智）占有重要的地位；它与上帝之子耶稣基督被视为同一事物。奥里根对基督教神学基础所作的这种哲学解释的理论，很快就在亚历山大里亚获得广泛的传播。4 世纪初，一位以其禁欲主义著名的教会长老阿里乌斯发展了这种理论，而主张这样的学说：在圣父、圣子、圣灵三者中，只有圣父才是永恒的。圣父首先创造圣子或逻各斯，而后逻各斯创造圣灵。因此，圣子不能与圣父同等，而只是与圣父相似。这是对基督教基本教义提出理性主义的解释，在逻辑上是符合思维法则的。但作为神学体系的基督教义应是人们的理性所不能理解的（否则它就没有什么奥秘可言了），因此，这种学说受到了那些服务于上层社会利益的埃及地区主教们的谴责。但阿里乌斯的思想却在亚历山大里亚的普通居民、手工业者和水手中受到普遍欢迎。在街头上、市场上和其他公共场所，常常发生激烈的辩论，有时还变成了公开的冲突。辩论不仅在埃及教会，而且也在其他地方的教会进行。在这种情况下，君士坦丁显然是在教会人士的要求下进行干预的。

325 年，君士坦丁在尼西亚召集了全罗马帝国基督教主教会议，讨论阿里乌斯提出的教义问题。大多数与会者表示反对阿里乌斯学说，承认圣子与圣父是同一的。会议据此制定了所有基督教徒都必须遵奉的正统教义——《尼西亚信条》，确认基督与圣父、圣灵是同体的，因而也是永恒的。此时还不是基督教徒的君士丁担任了会议主席，并批准了会议的决议。阿里乌斯被放逐到伊利里库姆，他的一些拥护者被放逐到高卢。

然而，尼西亚"全基督教大会"与其说是排除了，倒不如说是正式开创了阿里乌斯教派。阿里乌斯在宫廷官员中有不少拥护者，君士坦丁皇帝本人对他也有好感，因为阿里乌斯并不要求有独立于国家权力之外的教会组织。因此，不久之后，阿里乌斯戏剧性地从流放地被召了回来，而他的主要反对者、亚历山大里亚主教阿诺那修斯却被放逐了。在阿里乌斯于 336 年死后，他的追随者继续得到宫廷的保护。争论长期进行着。在宫廷中，时而尼西亚信条的拥护者取胜，时而阿里乌斯的支持者占上风。君士坦丁本人又于 337 年病重时在阿里乌斯教派的教士手上接受洗礼。直至 381 年，阿里乌斯学说在新的一次宗教会议上再次被谴责，尼西亚教派（正统教派）才取得了完全的胜利。但阿里乌斯教派却又在日耳曼蛮族部落中得到了顺利的传播。

对罗马旧教来说，君士坦丁的宗教政策导致了基督教的最后胜利，这无疑也是一种宗教改革。可以说，君士坦丁顺应了时代的潮流，在宗教政策上采取了比戴克里先更为明智的方针。他们在利用宗教为帝国政权效劳以巩固奴隶制的社会结构的目标上并无不同，因而在社会改革和财政政策方面，君士坦丁就只是进一步发展了由戴克里先奠定了基础的改革体系。

君士坦丁保持了由戴克里先实行的新的帝国划分，并贯彻执行了使地方民政权与军权分离的政策。把军队分为边防部队和内地机动部队的军事改革在他的时代也最后完成了。骄横不逊的近卫军（它的人数在戴克里先时代已减少）被解散，而用重新组织的特殊的宫廷亲卫部队来代替。军事权力从此完全集中到皇帝手里。

但是，帝国社会关系的日趋腐朽使军队的素质败坏了。过去那种将土地授予退伍士兵的办法曾具有复兴小土地所有者阶层的社会意义，现在已变成为单纯用来强制土地领受者的儿子世袭当兵的奴役手段了。但强制征召老兵的儿子服兵役，也只能获得新兵来源的一部分，还远远不能满足兵员补充的扩大军队的需要，因而利用蛮族人当兵，把愈来愈多的蛮族人吸收到帝国的军队中来就成为时势之所趋了。军队（包括边防军团、内地机动军团和宫廷亲卫部队）蛮族化的过程大大加速了，许多蛮族出身的人还在军队中担任了高级职位。

君士坦丁财政政策的目标同样是为了获得稳定的税收。它的强制实施所造成的社会后果是各个社会阶层之被奴役。316 年和 325 年颁布的敕令禁止城市居民的高级阶层（库里亚）离开他们出生的那个城市。他们不能以任何理由被免除城市的义务，也不能免任民政或军事的职务。库里亚的义务还成了一种世代相承的负担。君士坦丁对待劳动者的态度当然不会更宽容些。332 年的皇帝敕令，禁止隶农从一个庄园逃到另一个庄园；收容别人隶农的人，应将他交还原来的主人，此外，还应支付逃亡隶农在其庄园上居留的全部时间所应交的赋税。敕令公然说："对这些逃跑的隶农，应给他们带上镣铐，就像对待奴隶一样，为的是用惩罚奴隶的方式迫使他们对有特权的自由人履行义务"。君士坦丁也将手工业者进一步固定在他们所属的公会里，强制他们共同负担国家向公会分摊征课的赋税和徭役。317 年发布的一项命令说："造币厂的工匠要一辈子处于其现有的地位"。有些被固定在那些为供应宫廷和军队所需的皇帝作坊里手工业者还被打上烙印，以防逃跑。君士坦丁就是这样以对待奴隶的态度来对待这些原来还是自由人的手工业者的。至于奴隶本身的处境就更悲惨了。按照君士坦丁的法令，奴隶的生命是毫无保障的：主人如果为了"纠正"不驯顺的奴隶的不规矩行为而将这个奴隶鞭挞致死，可不受起诉。这在实际上就是恢复了奴隶主任意杀害奴隶的权力，而在 2 世纪时，哈德良和安敦尼已颁布过不允许主人杀害奴隶的法令的。3 世纪时，对煽动和帮助奴隶逃亡的人，只给予罚款的处分，现在却要严刑拷打。以前对企图投奔蛮族的奴隶，捕获后只是将他们交还原主，现在的法令则规定要把他们放逐到矿山去，有的甚至要被砍腿。君士坦丁还正式宣布，允许贫民出卖自己的子女为奴隶。这是违背罗马传统的基本准则的。在此之前，亚历山大·塞维鲁曾准许二十岁以上的自由民卖身为奴，但到戴克里先执政时，又下令禁止这种行为。现在君士坦丁却比亚历山大·塞维鲁在背离罗马传统准则的道路上走得更远了。他的法令还确认奴隶主有权把所谓"无礼的"被释奴隶连同其子女一起重新变为奴隶。

这样，在君士坦丁的统治下，劳动群众和普通自由民的生活状况急剧恶化了，甚至中等阶层的人的自由权利也被剥夺了。罗马奴隶制危机和古典文明危机的最后结果就是如此：以对全体劳动人民实行普遍奴役的形式表明了这个社会的不可避免的灭亡。

罗马哥特战争

第一次罗马哥特战争

哥特人与罗马人之间发生的第一次大规模战争（249—254 年），是在达契亚和巴尔干半岛发生的。

罗马的北方行省达契亚，是一片肥沃的土地，在罗马皇帝图拉真时期（98—117 年在位），经过两次大规模的达契亚战争（101—102 年；105—107 年）之后，才归属帝国。但是，罗马人对这一行省的统治只具有"理论"上的意义，实际却没有部署任何军力或财力来加以防护。这里的人民也习惯了和平宁静的生活，从来没想过要进行战争。但是，238 年春季，一支哥特人渡过多瑙河，开始对达契亚省进行骚扰性进攻。当时的多瑙河驻军长官德西阿斯，因防卫不力被元老院撤职，代之赴任的是图里乌斯·迈诺菲卢斯。242 年，罗马皇帝戈尔狄安三世被迫在与波斯交战期间撤离前线，率军抵达莫西亚和色雷斯，以驱逐哥特入侵者，到罗马皇帝腓力

（244—249 年在位）时期，哥特人的进攻更为频繁，有文字记载的规模较大的入侵，发生于 246 年和 248 年。此后，罗马人在阿卢塔河（联接莫西亚与达契亚省的交通干线）沿线修筑了大批防砦，以制止哥特人的突然进攻。

248 年，哥特人在其国王阿尔盖修斯率领下对罗马发动进攻。参加哥特人队伍的还有一些北方少数民族，包括喀尔巴阡山麓的喀尔巴阡人、巴斯塔奈人和黑海地区的萨尔马特人。为了应付这支蛮族大军的入侵，罗马大将德西阿斯率大军于 248 年底以前，进入多瑙河地区，在马尔西安堡（下莫西业首府城市）取得决定性的胜利。由于该城受到哥特人长期围攻，城内居民恐怖异常，把大批金币藏在地窖里。这成为后来考古学界的一大收获。

249 年夏，罗马军队撤回意大利，哥特人随后又回到莫西亚。次年，哥特人国王克尼瓦的主力军（号称 7 万之众）突破了莫西亚防线，抵达厄斯库斯城下，控制了特兰斯瓦尼亚的重要山口。另一支军队则进入下莫西亚省，抵达色雷斯重镇菲利普城下。克尼瓦的军队东行至诺瓦伊，被驻守该地的下莫西亚将领迦鲁士击退。于是，哥特人暂避锋芒，回军折向莫西亚腹地雅特鲁斯河谷，包围了尼科堡。这时，德西阿斯已取得帝位（249—251 年在位），在平定了内乱之后亲率军队火速来到多瑙河前线。

当德西阿斯大军来到莫西亚时，哥特人立即撤围转移。两军相遇后，罗马军取得了优势，克尼瓦的军队损失了 3 万人之多。哥特军不敢战，立即南下菲利普城，欲同另一支哥特人会合。该城位于色雷斯境内，是亚历山大之父菲利普二世时建立的。德西阿斯误以为哥特人兵败溃逃，遂尾追不舍。但罗马军团多由重装步兵组成，动作极其缓慢。当哥特人已越过了海拔 4000 英尺的巴尔干高原时，德西阿斯的军队还在艰难地攀登什普加山口。在经过了一片荒无人烟的原野后，疲惫已极的罗马军在巴尔干山南麓的奥古斯塔—塔雅纳地方休息整顿。但他们没有意识到哥特人就在他们前方不远处。这时，哥特人迅速回军，袭击了罗马人的营寨。罗马人猝不及防，很快溃不成军。皇帝德西阿斯仓皇逃离战场。哥特人转而包围了菲利普城。城内守军将领朱利乌斯·普利斯库斯在此危急情况下背叛了帝国，自立为帝，企图博得哥特人的青睐，拱手让出了菲利普城。但哥特人并不信守诺言，而是在进城之后进行了惨无人道的大屠杀，死者计 10 万之众。许多居民，包括元老贵族被哥特人掳为战俘。普利斯库斯本人也未能侥幸活命。

这时，德西阿斯已率其残部退至多瑙河岸的厄斯库斯城。在此整顿了军队，并与迦鲁士率领的援军会合。他在哥特人后方筑起一道鹿砦防线，使一批忠勇的将士把守各路山口，欲阻止北方喀尔巴阡山的蛮人南下与哥特人会师。同时，他令迦鲁士防守多瑙河沿线，以阻断哥特人之退路。当时，德西阿斯身体已十分虚弱，甚至不能行军、登山，而且军马兵力也很不足，因为罗马帝国的高卢和东方各省正在发生暴乱，帝国政府已没有机动部队可以自由调动。因此，德西阿斯别无选择，只能在多瑙河沿线守株待兔，以雪当日劫营之耻。

后来，哥特人被罗马人完全包围了。他们军中的精英在菲利普一战中损失惨重；

加之当地居民饱受蹂躏，已不可能为军队提供足够的军粮。哥特人企图用他们掠得的战利品作为议和的交换条件。但是，德西阿斯求胜心切，拒绝接受任何议和条件。这样，哥特人被迫背水一战。251 年 6 月，双方军队在莫西亚省一个不知名的小镇弗卢姆·特莱布拉尼（今多布罗加，在保加利亚境内）附近相遇。哥特军构成三道防线，其第三道防线的前沿阵地是一片沼泽。克尼瓦企图利用德西阿斯求胜心切的情绪，把罗马军诱入他的圈套。战斗一开始即异常激烈，德西阿斯的儿子埃尔尼乌斯·埃特卢斯库斯在战斗开始不久即中箭身亡。德西阿斯强忍悲痛，继续指挥战斗。罗马军迅速突破了哥特人的二道防线，向第三道防线发起进攻。这时，战况发生了根本的转折。罗马军欲夺取穿越沼泽地的小路，恰恰中了哥特人的计谋，因为这里处处是淤泥，一不小心，就会遭没顶之灾。罗马人难以停留，也不能前进，在一动即陷的淤泥中，他们手中的投枪根本投射不出去。可是，日耳曼人则习惯于沼泽地作战。他们身材高大，投枪又长，可以在远距离杀伤敌人。罗马军在这场战斗中伤亡惨重，皇帝德西阿斯亦壮烈牺牲。

德西阿斯逝世后，他的部将迦鲁士继承帝位。德西阿斯之子霍斯蒂利安虽也被首都人们拥立为帝，但他很快即被迦鲁士杀害了。迦鲁士独揽大权后（251—253 年在位），同哥特人签订了和约。在和约中，迦鲁士答应使哥特人保有他们的战利品和大批有才华的战俘；同时供给哥特人一切军需给养，助其撤离帝国领土，另加上一笔贡金；哥特人则许诺他们不再侵犯罗马边境。

此后二年间，哥特人并没有停止活动。他们会同其他各族于 252 年骚扰了帝国的欧洲诸行省。253 年，哥特人从海上向小亚地区发动了第一次远征，蹂躏了以弗所和佩西努斯。同年春天，哥特人首领克尼瓦再次向帝国索要更多的贡金，下莫西亚戍军首领伊米利乌斯·伊米利亚努斯在反击哥特人的战斗中取得了胜利，并自立为皇帝。10 月前后，迦鲁士在发兵讨伐伊米利亚努斯时被其部将杀害。而伊米利亚努斯亦被弗利里安所取代。

罗马的内乱助长了哥特人侵略的气焰。254 年，哥特人又一次渡过多瑙河，劫掠了色雷斯，直抵萨洛尼卡城下。但最后被罗马军队击退，且损失惨重。于是哥特人进入希腊半岛，希腊的居民陷于极度恐慌之中，他们修复了温泉关和科林斯地峡的防御设施，重修了雅典城墙，但却没有一支有力的军队能够有效地打击哥特人。因为与此同时，西部各省也受到蛮族的侵扰，潘诺尼亚、莱茵河流域及伊利里亚都处于危机之中。为了保卫家园，希腊人进行了积极的准备，许多城乡居民组织起民兵，参加抵抗侵略者的战斗。254 年以后，哥特人开始把其注意力转移到黑海的小亚细亚沿岸地区。

第二次罗马哥特战争

罗马人与哥特人第二个回合的冲突（259—261 年），主要发生在小亚细亚和黑海沿岸。而且，哥特人以骚扰性进攻为主，双方没有进行大规模战斗。

由于罗马军民在多瑙河一带对哥特人的成功抵抗，哥特人暂时停止了对巴尔干半岛和多瑙河沿岸的骚扰。罗马皇帝弗利里安在位（253—259 年）期间，哥特人开始向黑海和小亚地区发展。在今刻赤海峡附近的博里斯蒂内河流域，驻于乌克兰地区的哥特人及萨尔马特人，时常对帝国的小亚领土进行骚扰性进攻，罗马军队在此进行了较为成功的抵抗。

当时，在刻赤海峡周围地区，有一个博斯普鲁斯王国。这里本是古希腊移民和一些半开化的蛮族人建立的城邦，在罗马帝国早期，曾被米特拉达梯吞并，奥古斯都以后，归属于罗马帝国。3 世纪中后期，博斯普鲁斯王国发生内讧，一些篡位者把哥特人引入王国腹地。不久，哥特人控制了博斯普鲁斯王国的舰队，开始进行海上冒险活动。哥特人所控制的这支黑海舰队是由结构十分简单的小船组成的。小船皆用圆木凿成，平底，上有风帆，在暴风雨来临时，则张起临时船篷，以利船上人们避风雨。哥特人虽不善长航海，但其企图劫掠黑海南岸富庶之地的愿望，压倒了一切恐惧。

哥特人约于 254 年第二次进行黑海冒险，他们沿海岸东向航行，但收获不大；次年则攻占了罗马帝国东疆的庇底厄斯城和特拉比松德（今土耳其特拉布宗）。庇底厄斯城中守军曾在其将领萨克希阿努斯指挥下进行了英勇抵抗。但因萨克希阿努斯被调离该城，哥特人立即攻进城市，随后，哥特人航行 300 英里至黑海东端的特拉比松德城下。这座城市亦建于古希腊殖民时期，罗马皇帝哈德良在此建立了人工港口。城市规模很大，有 1 万守军，两重城墙。但是，城中守军纪律松弛，长年沉溺于声色享乐之中，有苟且偷安之心，无流血护城之意。哥特人看到了守军的这一弱点，在夜里用木柴捆贴城墙垒起了高高的柴堆。然后，手执武器沿柴堆爬上城墙，攻入了毫无防备的城市。城市居民惨遭杀戮，罗马守军则仓皇地从另一城门逃遁。城里神庙和宫殿也受到惨重破坏。哥特人攫取了城内贵族积蓄的无数珍宝，抓获了大批战俘。紧接着，哥特人又毫无顾忌地掠夺了本都省。他们的船只满载珍宝停靠在特拉比松德港口，被俘虏的青壮年则被捆去为哥特人划船。于是，哥特人凯旋回到博斯普鲁斯王国，略事休整后又开始第三次黑海航行。

256 年，哥特人的大规模舰队又开始其海上冒险活动。他们这次沿着海岸西向航行，步兵随同舰队在岸上行军。这支大规模舰队穿过博里斯蒂内河口、德聂斯特河口和多瑙河口，渡过了博斯普鲁斯海峡，抵达小亚城市卡尔西顿。尽管这里有着坚固的城防。有数量上占优势的守卫部队，但由于军队腐败，厌战，他们没有进行任何抵抗，见到哥特人舰队的桅杆即弃城而逃了。城内丰富的武器和粮食、金钱储备皆落于哥特人之手。随后，哥特人劫掠了尼科米底尼斯、布尔萨等。这些小亚古城的居民已习惯了和平生活，对于突如其来的侵扰毫无思想准备，因此，哥特人的进攻和劫掠都十分顺利。

夺取布尔萨后，哥特人向马尔马拉海上的小岛基齐库斯出发。这时，已进入雨季，暴雨连日，河水猛涨，阻断了哥特人在陆上的进军。于是，哥特人只好在赫拉克利亚休整，到秋分时节即启程返航。因为哥特人认为，秋冬季节在黑海航行，是不明智之举。于是，哥特人在黑海和小亚的入侵，暂告休止。

第三次罗马哥特战争

哥特人第三次实行大规模的入侵（267—269 年），是以巴尔干半岛和希腊腹地为主战场的。

罗马皇帝加列努斯（259—268 年在位）统治后期，哥特人的入侵又开始了。267 年，他们仍从黑海出发，渡博斯普鲁斯海峡，毁灭了卡尔西顿，掠夺了尼科米底，然后进入伊奥尼亚，在以弗所烧毁了月神庙，并在回军时毁了特洛伊古城遗址；接着，小亚西部的利底亚、弗里吉亚和比西尼亚等地均遭涂炭；最后，哥特人取道卡帕多细亚和卡拉提亚回到赫拉克利亚港口。当罗马大将奥登纳修斯率军匆匆赶到赫拉克利亚港时，哥特人已满载掠获物和战俘扬帆远去。

268 年，在前几次冒险中均获大胜的哥特人又开始准备新的进攻。他们在德聂斯特河口集结了一支庞大的队伍，据最保守的估计，仅船舶即有 500 艘。另一些史料中则说有 2000 到 5000 艘。如果按每艘船载 25—30 人计算，哥特人海军可达 1.5 万左右；另有 32 万步兵在黑海岸随舰队西行。无论如何，这是 3 世纪以来侵入罗马领土的最庞大的日耳曼人军队。舰队主要由黑海岸的航海民族赫鲁利人组成，陆军成员多是哥特人，另外还有黑海及南俄罗斯地区的其他民族。这支大军的目标已不是在黑海地区掠夺，而是直出博斯普鲁斯海峡西行，欲进入色雷斯和希腊腹地。博斯普鲁斯海峡欧洲一岸的拜占庭，和与它隔海相望的赫里索城，受到了这支舰队的侵扰和掠夺。但在穿越海峡时，由于水急浪大，通道狭窄，一些经验不足的水手无以应付，许多船只撞到岸边，有的则互相碰撞而损坏；加之罗马海军的进攻，这支海军出海峡后，已元气大伤。侥幸留存的舰队，沿途蹂躏了马尔马拉海和爱琴海上的岛屿和沿海城市。其中有基齐库斯，莱姆诺斯，斯基罗斯，科林斯，斯巴达和阿尔戈斯等。当时，已有 300 年之久未受战争侵害的希腊人，正在罗马官员克莱奥德姆斯领导下修复城防设施。但有一支哥特人进入了彼雷埃夫斯港，随后抵达雅典城，并大肆掠夺。驻守雅典的罗马官员德克西普斯迅速集结了雅典的部队，吸收了一批略有军事知识的雅典市民计 2000 人左右，占领了橄榄园的有利地形，构成严密的封锁线，以限制哥特人活动、迫使其撤出雅典。这时，克莱奥德姆斯在海上对哥特人的舰队发动了进攻，并大获全胜。在雅典守军的海陆军联合打击下，哥特人退出雅典，取道维奥蒂亚、伊庇鲁斯、马其顿北上。在经过菲利普城时，曾经攻城而未克。另一支驶出博斯普鲁斯海峡的舰队，在阿索斯山下休整后，包围了卡桑德拉和萨洛尼卡城。

这时，罗马皇帝加列努斯的大军已赶到伊利里亚，与另一支罗马军队会合于纳苏斯城（今尼什）；海军舰队也进入爱琴海待命。在纳伊苏斯城外，罗马军与哥特军交锋。罗马军先败后胜，歼灭哥特人大军逾 5 万人，许多哥特人在流动战车阵内拥挤而死。这时，罗马后方发生奥勒俄卢斯的叛乱，迫使加列努斯回军西顾。在米兰城外，加列努斯被自己的部将谋杀。克劳迪乌斯继承帝位（268—270 年在位），继续组织对哥特的战争。当哥特人因缺乏给养而从设于格萨克斯的大车阵中撤至马其顿地区时，又两次受到罗马骑兵的打击而退却。269 年初，另一支哥特军渡过多瑙河，但由于饥饿和瘟疫的打击损失甚大，幸存者被罗马人俘获，用于从军或耕耘。

270 年春，克劳迪乌斯染上瘟疫去世。哥特人和汪达尔人残部又组成联合部队渡过多瑙河进入帝国领土。罗马皇帝奥勒利安（270—275 年在位）率军抵抗，经过了 1 天的激战后，罗马人和哥特人都不想继续对抗下去，双方签订了和约。和约允许哥特人自由地回到他们家乡多瑙河北岸，但他们需向罗马人提供 2000 名士兵，包括骑兵。和约同意，罗马人将在多瑙河沿线设立定期集市，与哥特人进行物资交易。这 2000 名士兵将由罗马皇帝亲自统辖，使之受到罗马文化的正规教育，并使他们与罗马上层贵族通婚，实现罗马人与哥特人的民族融合。更重要的是，罗马宣布放弃达契亚省，从这里撤出所有的军队，从而使哥特人和汪达尔人在此定居，从事农业生产。原来驻于该省的罗马军队和居民则撤往多瑙河南岸。这样，罗马人似乎是退却了，但在实质上，却使哥特人成为罗马北疆的主要防卫军队。另一方面，不肯随大军南迁的罗马居民，留在了当地，与哥特人共同生活和劳动，帮助他们掌握了罗马的先进文化和生产技术，开始过定居的农业生活。多瑙河两岸的商业和文化交流也因此得到繁荣发展。从此，哥特人和罗马人间保持了较为友好的关系。

第四次罗马哥特战争

第四次罗马哥特战争（376—378 年），是居于帝国境内的哥特人为反抗帝国统治者的暴政而进行的斗争。

376 年，由于匈奴人的入侵，结束了哥特人与罗马帝国间的和平关系。匈奴原是中国北方的游牧民族，秦汉时期成为中国边境要患。汉武帝时期匈奴人被汉将打败，从此衰落。公元 1 世纪以后，匈奴人由于内部争夺单于位的冲突，分为南、北二部。南匈奴入居塞内，逐渐与汉人杂居、融合；北匈奴仍坚持与东汉王朝对立，处境日艰，遂于公元 1 世纪后期西迁乌孙，康居，约于 4 世纪出现在欧亚之交的草原上。不久，匈奴人击败了黑海以东的阿兰人，越乌拉尔河，伏尔加河，又打败了顿河草原上的阿兰人，于 374 年出现在黑海北岸，与东哥特人发生冲突。不久，匈奴人又打败了东哥特人，以黑海与多瑙河北岸地区为基地，向西哥特人发难。西哥特人无力抵抗，遂欲越过多瑙河边境，进入罗马帝国。

376 年春，哥特人抵达多瑙河岸，苦苦哀求罗马当局允许他们过河。他们表示，若帝国允许他们定居于色雷斯和莫西亚地区，他们愿为帝国提供兵源，并遵守帝国法令，做帝国的顺民。地方官立即把这一信息火速报送朝廷。皇帝瓦伦斯（364—378 年在位）召集文武官员讨论此事。大多数官员乐于接受这一事实。因为，自 3 世纪以来，多瑙河沿岸长期受到战争的侵害，土地荒芜、城市凋敝、人烟稀少，哥特人的到来将有助于这些地区农业的振兴和罗马军队兵源的补充。于是，帝国政府允许哥特人渡过多瑙河，定居于莫西亚省。据史料记载，当时进入帝国领土的人数达 30—40 万，其中有半数以上的青壮年可以从军。皇帝瓦伦斯令边界将领采取措施安排哥特人定居，并供应粮食。开始，这些蛮族颇为遵纪守法。但是，腐败不堪的地方官吏和将军们利用这个机会，挪用贪污了帝国拨下来用于哥特人安家的费用，迫使哥特人出卖子女换粮；他们还任意捉拿无人保护的哥特人，强迫他们为自己种地，或把他们卖为奴隶。统治者肆无忌惮地虐待哥特男子，奸污他们的妻子，侮辱他们的孩子。许多哥特人不堪虐待，乘船渡海到小亚定居。留下来的哥特人，对政府的愤怒之情也日益高涨。最后，他们终于忍无可忍，于376年夏天发动了起义。参加这次起义的，不仅有西哥特人，而且有来自多瑙河北岸的东哥特人，阿兰人和匈奴人。多瑙河地区的罗马人（农民、奴隶、隶农和士兵）也参加了起义，声势十分浩大。起义军在哥特人首领弗里迪盖伦领导下，杀死贵族，或把他们驱赶到多瑙河北岸，夺取了他们的土地。对起义不加抵抗的城市则保持其自由，免纳租税，也不受侵害。罗马将领吕皮西那斯企图镇压这股声势浩大的起义巨潮，但在马尔西安堡惨败。当罗马政府匆忙在各省调集的援军集结起来时，起义军已控制了整个莫西亚。377年秋，两军在萨利西斯相遇，罗马军战败。罗马军中的日耳曼将领在这次讨伐他们自己同胞的战斗中表现甚为出色，但未能挽救罗马军的败局。不久，哥特人完全控制了色雷斯，对首都君士坦丁堡造成极大威胁。一场生死决战不可避免。

当时，东罗马皇帝瓦伦斯正在波斯前线，闻讯立即于378年4—5月紧急回师，稍事休整后于6月底开赴色雷斯前线。这时，哥特人已控制了什普加山口，并北据尼科堡，南守维罗亚，扼住了巴尔干半岛的中段。西罗马皇帝格拉提安（359—383年在位）也派大将塞巴斯提亚努斯率领援军来到，占领了色雷斯重镇亚得里亚堡，固守城池。弗里迪盖伦遂令哥特人退守卡比勒休整待命。此时，西罗马皇帝格拉提安率领的另一支援军也正向亚得里亚堡赶来。最初，瓦伦斯不顾军士疲惫，欲立即与西帝的援军会师，率军匆匆越过马里查山口。恰在此时，罗马人发现弗里迪盖伦的军队在向南移动，瓦伦斯担心哥特人会切断自己的后路，遂立即回师亚得里亚堡。然后，弗里迪盖伦又向布鲁克—德尔奔特山口迂回，造成欲切断瓦伦斯与首都之联系的假象。这就使瓦伦斯必须在等候援军和立即交战这两者之间做出选择。瓦伦斯选择了后者。他过低地估计了敌人的力量，满以为自己会轻易取胜，这一错误的判断导致他的失败。

378年8月9日黎明时分，双方军队开始出发，到中午时，双方阵线已清晰可见。罗马军仍由传统的步兵构成，以步骑兵混合军团居中，骑兵保护两翼。哥特人则排成传统的战车阵，弗里迪盖伦为了赢得时间，一开战即放出和谈的烟幕，但当他的骑兵从远处的牧场飞驰赶来时，弗里迪盖伦立即不失时机地向罗马军发动攻势。罗马军团正在全力攻击哥特人战车阵时，一支骑兵仿佛从天而降，冲垮了罗马军的左翼。罗马人猝不及防，被哥特骑兵践踏于马蹄之下，拥挤于战阵之中。罗马军的步兵左翼亦被突破，中军和后卫在骑兵冲击下大乱。罗马步骑军团和步兵大队的军士们，在惊慌失措中被挤压成堆，无以立足。战场上的皇帝卫队、轻装军队、投标兵、辅助兵及步兵等，在哥特骑兵冲击下，阵脚已乱。右翼骑兵和轻装步兵见大势已去，遂撤离战场。这时，被暴露于敌军面前的主力步兵陷于十分可怖的境地：他们侧翼被围，后有骑兵压阵，前有哥特人战车掩护下的大批哥特军士，无处可逃；

但他们的队形又太过密集，在敌军的挤压之下无法还击；他们的长矛互相碰撞，七倒八歪，既站不起来，也无法挺枪战斗，很快被哥特骑兵击溃。到夜幕降临时分，瓦伦斯所带6万精兵已死伤4万多，只有少数人逃离战场，与先行逃命的右翼部队会合逃遁。瓦伦斯本人战死沙场。

哥特人在亚得里亚堡赢得的胜利，不仅是一次被压迫者反抗罗马暴政的胜利，而且是骑兵对步兵的胜利。它宣告了罗马的重装步兵将退出战争的舞台，起而代之的是灵活机动的骑兵。于是，哥特人当之无愧地成为中世纪骑士的祖先。

第五次罗马哥特战争

第五次，即最后一次哥特战争（379—382年）的主战场是巴尔干半岛北部。

亚得里亚堡之战完全毁灭了东罗马帝国的军队，因为瓦伦斯调去镇压哥特人起义的军队，是波斯前线和亚洲部队的主力。瓦伦斯死后，在小亚细亚及其他有哥特人居住的地区发生了罗马人对哥特人移民和雇佣军的报复性大屠杀，这使取胜的哥特人更加怒不可遏。于是，他们进行了十分残酷的破坏性战争。战争持续了三年之久，直到狄奥多西大帝（379—388年在位）登基以后这种混乱局面才告一段落。

狄奥多西本是西罗马的将军，他父亲也是远征不列颠时期的名将。当亚得里亚堡之战进行时，他已卸甲归田，在西班牙闲居，瓦伦英逝世后，西帝格拉提安为了挽救东罗马帝国的危难，重新起用狄奥多西，并使他成为东方皇帝。狄奥多西到任后，由于瘟疫和饥饿，哥特人已撤离萨洛尼卡，狄奥多西不失时机地进驻该城。萨洛尼卡是北希腊重镇，位于爱琴海北岸，城内有公路直通多瑙河和君士坦丁堡；该城的优良港口停泊着来自亚洲和埃及的商船，可以源源不断地从海上得到给养和援兵。因此，萨洛尼卡是一座进可攻，退可守的要塞城市。狄奥多西以萨洛尼卡为基地，兵分两路对哥特人进行了讨伐战争。他的部将莫达雷斯率军东向色雷斯，扫除哥特人残部，他本人则北上抗敌，沿途进展顺利。但当年冬季（379年）狄奥多西突染重病，几临死亡边缘，对哥特战争无法进行，已取得的成功亦付之东流。哥特人在弗里迪盖伦率领下蹂躏了塞萨利、伊庇鲁斯和阿黑亚；另一支哥特军直取潘诺尼亚，威胁西部帝国。西帝格拉提安在此关键时刻又一次派出援军，制止了哥特人北上之势。381年夏天，格拉提安的军队抵达萨瓦河上重镇西尔米乌姆（今密特罗维查，在南斯拉夫境内），在此与哥特人议和。格拉提安在和约中允诺，帝国将为哥特人提供给养，而哥特人将为帝国提供士兵。9月，格拉提安与狄奥多西的军队会师。不久，哥特人的领袖弗里迪盖伦去世，由于群龙无首，他们遂离开帝国边境而北上，从此不再构成对帝国的威胁。

382年，狄奥多西与哥特人正式议和。和约中，狄奥多西允许哥特人继续在莫西亚定居，并把哥特人中的精英编入自己的卫队。这些哥特人没有被编入罗马军团中，而是直接向皇帝宣誓效忠，成为皇帝的亲兵；皇帝则给他们一笔年俸。此后，帝国的安危主要系于这些蛮人"同盟者"身上，因为他们实质上成了帝国军队的骨干。这样，哥特人与罗马人在战场上的公开对抗，转移到罗马政府机构内，成为哥特人军事贵族与帝国元老贵族间的对抗。帝国陷于新的危机之中。

罗马帝国衰亡

公元前 30 年，屋大维上台成为罗马的军事独裁者，由此开始了历史上的罗马帝国时期。此后的一二百年间，罗马帝国迅速扩大了领土，地跨欧亚非大陆，奴隶制经济呈现出非常繁荣的景象。

不过从 2 世纪末开始，罗马帝国开始出现社会经济的混乱，大规模的奴隶制已经成为生产力发展的桎梏。农业萎缩，商业衰落，政局动荡，国内经常爆发奴隶起义，因此罗马帝国的这段历名被称为"三世纪危机"。

导致罗马帝国开始走向衰落的主要原因，在于奴隶所有制生产关系日益腐朽，已经成为生产力发展的桎梏，导致社会经济停滞和萎缩，政局陷于混乱状态。从 2 世纪中叶开始，罗马帝国通过大规模的对外战争而掠夺战俘，使之成为奴隶。但是奴隶主对奴隶进行残酷的压榨，而他们自己却过着穷奢极欲、荒淫无度的生活。因此，奴隶经常发动起义事件，他们破坏奴隶主的劳动庄园、矿场和手工作坊，导致奴隶主的生产遭到致命打击，奴隶经济迅速走向衰落。

奴隶制度的衰落，给帝国的整体经济带来了打击，此时，政府的税收减少，出现财政危机。为了克服财政困难，政府大量铸造不足值的劣币，到 3 世纪末时，银币的含银量只有法定的 2％。劣币的发行，导致国内物价上涨，人民对政府失去信任，很多人开始放弃使用货币而宁愿实行物物交换。

与此同时，帝国内部中央政权的控制力量越来越弱，地方势力开始蚕食中央的权力，并且互相争权夺利。公元 192 年，当时的帝国皇帝康茂德被暗杀，导致军队和各行省的将军们纷纷拥兵自立，相互间展开内战。

从公元 235 年之后，罗马帝国更是陷入了长期的混战之中。例如，在公元 238 年这一年中，罗马就出现了 4 个皇帝，但是他们都在几个月后的战斗中被杀。在公元 238 年以后的十五年中，罗马竟然换了 10 个皇帝。

塞维鲁王朝覆灭后，政局陷入混乱，出现了所谓"三十僭主"的局面。在西方，形成了包括高卢、西班牙和不列颠在内的高卢帝国，在东方则产生了地处叙利亚和美索不达米亚之间的帕尔米拉帝国。这些"帝国"分别拥有自己的军队和行政机构，并且还可能拥有独立的经济体系，例如独自发行货币等。

非洲的罗马遗迹

自由民和城市的中下等

阶层也在不稳定的政局中日益贫困，甚至沦为隶农，处境和地位和奴隶几乎一样。不满的人民群众不断爆发起义，在北非、西西里和高卢等地都发生了人民起义。

在3世纪中叶爆发的"巴高达"运动是当时最大的起义。起义者包括奴隶、隶农和城市贫民，他们占领了高卢的大部分农村地区，并且贡献了很多城市，建立了一支强大的军队。罗马政府于273年暂时平息了这次起义，但是在此后的一百五十多年间，巴高达运动始终在进行。

罗马国内政局的混乱导致边疆防守的放松，因此边疆的驻军根本无力抵抗外族的入侵。来自多瑙河和莱茵河地区的日耳曼民族的部落如潮水般涌入高卢地区和意大利北部，到3世纪70年代时，他们已经进入到意大利的中部，直接威胁到罗马。在东部，东哥特人不断侵入小亚细亚和希腊半岛，波斯萨珊王朝也不断向西侵犯，并在罗马皇帝瓦勒里安出征时俘虏了他。

公元284年，戴克里先（公元284—305年在位）杀死了一个月内杀害了两个罗马皇帝的军官阿培尔，登上了罗马的帝位。此后，戴克里先采取各种措施加强王权。首先，他把元首的称号正式改为"君主"，规定君主的权力不受任何限制。这种君主制成了后期罗马帝国相袭的一种统治形式。

其次，戴克里先还意识到他一个人不可能对付国内的奴隶起义及外族入侵，于是把罗马分成两个部分，由东部各省组成东罗马帝国，西部各省组成西罗马帝国。东、西罗马帝国分别设立一个皇帝，并享有同样的统治权。戴克里先自己统治东罗马帝国，而将西罗马帝国委托给好友马克西米治理。后来，他们又各自把统治区域分成两个区，为自己使用了副职恺撒。从此，戴克里先和他的3个助手共4个人分别治理帝国的一部分，历史上称为"四帝共治制"。

最后，戴克里先还将雇用兵制改成征兵制。在戴克里先之前的帝国，由于罗马没有可用的士兵用来抵抗外族的入侵，因此雇佣了其他外族的士兵来抵抗另外民族的入侵。采用了征兵制后，罗马暂时有了大量的士兵和军队，并将军队分成边防军团和内地机动军团，分别负责抵御外族入侵和国内的人民起义。

当然，戴克里先还在货币、税收等方面也进行了改革。

戴克里先退位后，君士坦丁（公元306—337年在位）于公元306年登上罗马帝位。但是此时罗马帝国东部的李西尼却一反戴克里先原先的愿望，和君士坦丁争夺罗马帝国的统治权长达数年之久。

公元324年，君士坦丁废除了"四帝共治"制度，独揽军政大权，重新统一了罗马帝国。由于帝国经济、文化重心东移，君士坦丁认为罗马不足以作为帝国统治的中心，因为一旦北方的外族再向内陆挺进，罗马城就岌岌可危，因此他在330年把罗马迁往东部的拜占庭，并将之改名为君士坦丁堡。

此外，君士坦丁在许多方面继续执行戴克里先的政策，改组国家机构，扩充官僚体系；颁布一系列法律，竭力维护奴隶制度，使得奴隶和隶农的境遇更加恶化；加强对奴隶的奴役和镇压，明确指出奴隶主有权处死奴隶，宣布贫民出卖子女为合法。

帝国通过一系列法令，剥夺隶农的自由。332 年 10 月 30 日，皇帝君士坦丁发布敕令："任何人，不但应把隶农送回原地方的原主，而且应该负担隶农在那个时期（即归他所有的期间）的人头税。"从此隶农被固定在奴隶主的土地上。

为了利用基督教巩固反动统治，君士坦丁又颁布米兰敕令，承认基督教的合法地位并加以特殊保护，使基督教逐渐成为帝国的重要支柱。

戴克里先和君士坦丁的改革，并不能挽救趋于瓦解的罗马帝国。公元 337 年，君士坦丁病逝，罗马内部争夺帝位的斗争重新开始。君士坦丁的 3 个儿子将罗马帝国一分为三。不久，三兄弟之间又开始了争夺领土和权力的战争。

公元 379 年，狄奥多西一世（公元 379—395 年在位）当政，并一度恢复了罗马的统一。但在他死后，罗马帝国就分裂为两部分：西罗马帝国以罗马城为首都，东罗马帝国以君士坦丁堡为首都。罗马帝国从此彻底分裂为东西两个帝国。

西罗马帝国的统治者依然推行各种反动的措施，企图加强奴隶制在帝国的统治。不仅如此，统治者们还通过法令的形式剥夺隶农的权利，使他们降到和奴隶相似的地位。公元 396 年，西罗马帝国皇帝阿卡第乌颁布敕令，禁止隶农控告自己的主人，隶农全部财产归主人所有。422 年又明令宣布剥夺隶农签订任何契约与合同的权利。在瓦伦廷尼安三世统治时期（425—455 年）规定，隶农的身份是世袭的。当时的法律规定，主人可以像拷打奴隶一样拷打隶农，隶农的婚姻和奴隶的婚姻一样，仅被视作简单的同居。

这些事实说明，阻碍社会发展的并不仅仅是哪个皇帝，而是整个奴隶制度和奴隶主政权，除非废除这些制度，封建制度才能在古罗马顺利发展，而日耳曼人的入侵，则加速了这一过程。

公元 374 年，亚洲北部的匈奴人进入欧洲，征服了那里的阿兰人和东哥特人，并向黑海北岸的西哥特人进攻。西哥特人在匈奴的进攻下，不得不渡过多瑙河，向巴尔干半岛迁移。他们向罗马帝国提出了进入罗马帝国的要求，在经过和罗马皇帝的谈判后，罗马帝国同意这些罗马的"世敌"进入罗马，但是这些西哥特人有为罗马帝国御边的责任。

但是皇帝原先允诺的粮食并没有运到西哥特人守卫的地区，这些地区的罗马官吏则任意欺侮这些西哥特人，甚至任意抓人充当罗马奴隶主的奴隶。378 年，不堪忍受的西哥特人举行武装起义，当地的奴隶和隶农纷纷加入起义队伍。起义军占领了墨埃西亚和色雷斯，罗马军队毫无招架之力。西罗马皇帝瓦伦斯急忙调集守卫在东罗马边界上的军队。不久，两军在阿得里亚堡展开决战，起义军歼灭了 2/3 的罗马军队，瓦伦斯也被哥特人围在一所房屋里烧死。

公元 401 年，西哥特人在首领阿拉里克领导下，从巴尔干半岛侵入意大利，西罗马皇帝一度要求向阿拉里克献纳大量财物而让阿拉里克暂时放弃对罗马的围攻。但是阿拉里克拒绝了西罗马帝国的请求，继续向罗马城挺进，沿路的奴隶和隶农纷纷加入这支西哥特人的队伍。在 4 万奴隶和数万"蛮族"出身的罗马士兵的配合下，终于在 410 年攻占了被称为"永恒之城"的罗马城。

西哥特人冲进了罗马城，经过三天三夜的洗劫后，罗马城到处是燃烧的大火，巍峨的殿宇和壮丽的宫殿化为一片焦木。

公元 419 年，西哥特人在高卢南部和西班牙地区建立了第一个得到罗马帝国承认的"蛮族"王国——西哥特王国。到 5 世纪中叶，西罗马帝国的境内已经出现好几个日耳曼人建立的王朝。

继西哥特王国之后，汪达尔人也经过高卢进入西班牙，后来由于西哥特人的威胁，他们横渡直布罗陀海峡而占领了北非首府迦太基城，建立了汪达尔王国。在奴隶和隶农的支持下，汪达尔人迅速占领整个北非，罗马帝国的贵族大部分被屠杀和逃亡到东方各行省。公元 455 年，汪达尔人渡过海峡而攻占了罗马城，劫掠了大批奴隶和金银财物。

罗马城遭到汪达尔人洗劫后，西罗马帝国从此一蹶不振。罗马城经过几次蹂躏，从原先的几十万人口一下子变成了 7000 余人。瓦伦斯之后的西罗马帝国的皇帝们为了避免帝国灭亡的命运，都做了极大的努力，但是仍然不能摆脱亡国的命运。帝国的皇帝们已经不住在罗马城，而是龟缩在沼泽围绕的拉温纳。他们得不到帝国军队的保护，反而成为雇佣军的傀儡。

此后，西哥特人再次侵入意大利，法兰克人和阿勒曼尼人侵占了莱茵河地区，西哥特人一部和汪达尔人一部共同占领了西班牙。

公元 476 年，西罗马帝国最后一个皇帝罗穆勒·奥古斯都被日耳曼雇佣兵首领奥多亚克废黜，西罗马帝国至此正式宣告灭亡。就这样，这个曾称霸地中海、历时 12 世纪的奴隶制大帝国，终于在国内奴隶起义和外族入侵的情况下覆没了。

民族迁移与西罗马灭亡

公元 1 至 2 世纪，是罗马帝国的强盛时期，它雄踞于地中海一带，俨然是一个不可一世的大帝国。然而，到公元 3 世纪，罗马的奴隶制便出现了严重的危机，农业衰落，政局动荡，帝国的没落已成无可挽回之势。这时候，东方的游牧民族大规模向西迁徙，也开始冲击罗马帝国的城墙。

公元前 6—前 1 世纪，在欧洲中部日耳曼尼亚的广阔土地上，居住着许多语言和物质生活相近的部落。他们来自斯堪的那维亚南部和日德兰半岛，被古希腊、罗马人称为日耳曼人。日耳曼人居住在北至北海和波罗的海南岸，西到莱茵河，南抵多瑙河的广大区域内。

公元前 2 世纪，日耳曼人与罗马人发生了冲突。到公元 9 年，双方在战略上取得某种均势，暂罢干戈。这时候日耳曼人进入原始社会末期，力量日益强大，而罗马帝国则日渐衰落。此时位于亚欧大陆另一端的匈奴，在汉帝国精锐骑兵的攻击之下，于公元前 1 世纪左右，开始了缓慢的向西迁移，在匈奴的推动之下，其他民族也一波一波向西运动，在这种背景下，出现了震动世界的民族大迁徙。公元 2 世纪，原住维斯拉河河口地区的哥特人由于人口增多，原住地狭小而开始南迁，到 4 世纪形成东西两个大部落，称为东哥特人和西哥特人。公元 375 年，顿河草原上的匈奴人进攻东哥特人，逼迫日耳曼部落向西大迁徙，成为日耳曼人征服欧洲奴隶制罗马帝国的起点。

与此同时，公元 395 年，罗马帝国终于分裂为东西两部，即以君士坦丁为首都的东罗马帝国和以罗马城为首都的西罗马帝国。千疮百孔的罗马帝国民怨沸腾，奴隶起义风起云涌。所以，日耳曼人所到之处都受到奴隶、隶农的欢迎。西哥特人仅用几年时间就踏遍了意大利全境。最后，他们矛头直指帝国首都——罗马。

公元 408 年，西哥特人在他们最有名的勇士阿拉里克的率领下向罗马挺进。阿拉里克出征前曾对妻子许愿说："我要打进罗马，把城里的贵妇给你做奴婢，把他们的财宝给你作礼物。"阿拉里克首先占领了罗马的港口，断绝了罗马的粮食来源。这令罗马的统治者惊恐万状。罗马元老院决定派军使到阿拉里克那里求和。最后终于达成了协议：罗马人出黄金 5000 磅，白银 3000 磅，绸料 4000 块，皮革 3000 张，胡椒 3000 磅。罗马人为了凑足 5000 磅的黄金，甚至将金质的神像都熔化了。哥特人收到这些贡品，才允许罗马人出城买粮食。

公元 410 年，阿拉里克决定打进罗马城，他向士兵们宣布：攻进罗马，可以任意抢劫三天。于是在一个雷电交加的夏夜，穿着兽皮的西哥特人吹着牛角号，冲进了罗马城，三天三夜的洗劫，四面八方的大火，使巍峨的殿宇、壮丽的宫殿化为一片焦土。金质神像和黄金器皿装满一车又一车，都被拉走了。

抢光、烧光之后，哥特人在入城的第六天放弃了罗马，向意大利南部推进。不久，阿拉里克突然死去，据说哥特人强迫罗马俘虏排干了一条河，把阿拉里克的遗体和无数宝物一起埋在河底，然后再把水放进河里。工程完成后，全部俘虏都被杀死。所以阿拉里克的葬地及殉葬品始终未被发现。

其他地区的民族迁移与欧洲版图的雏形

公元 419 年，阿拉里克之孙提奥多里克出任领袖，他以土鲁斯为首都，建立西哥特王国。从此，西哥特人历经半个世纪的大迁移活动结束了，他们在南高卢和西班牙定居下来。

在哥特人西迁的同时，居住在潘诺尼亚的日耳曼人——汪达尔人、苏维汇人和阿兰人，因受到匈奴人的威胁，也被迫西移，到达了诺立克和里西亚两省，从此，开始踏上大迁移征途。公元 410 年，汪达尔人、阿兰人越过莱茵河，进入高卢。在高卢劫掠两年后，他们又越过比利牛斯山到达西班牙，占领了整个伊比利亚半岛。苏维汇人获得了西北部的加里西亚，阿兰人占领西部地区，其余部分归汪达尔人占领。公元 416 年，西罗马皇帝唆使同盟者西哥特人进攻西班牙。经过十年战争，汪达尔人、苏维汇人、阿兰人被驱逐到了边远地区。新上任的汪达尔人领袖盖塞利克，为了摆脱困境，决计去攻打罗马的北非行省。

公元 429 年 5 月，盖塞利克率兵 8 万渡过直布罗陀海峡，在北非登陆，受到奴隶和隶农的欢迎。盖塞利克先后征战十年，于 439 年占领北非首府迦太基城。这标志着罗马帝国在北非的六百年统治的结束。盖塞利克以迦太基为首都，建立了汪达尔人王国。

居住在莱茵河和马斯河之间的日耳曼人，被称为法兰克人，他们分滨海法兰克人和滨河法兰克人两部分。公元 5 世纪初，他们趁高卢地区的巴高达运动（奴隶、隶农反对奴隶制，梦想恢复农村公社的斗争）的发展，于 420 年向南推进。但法兰克人的迁移是以原有土地为根据地向外蚕食的办法进行的。

在法兰克人向北高卢进发的同时，原居住在奥得河口一带的勃艮第人也南下进入高卢，在罗纳河流域定居下来。

公元 451 年春，匈奴国王阿提拉率军攻打高卢。西罗马军事统帅阿提乌斯联合西哥特人、勃艮第人、法兰克人，于 6 月 20 日在卡塔龙尼安平原的特洛伊城附近与匈奴人会战。两军伤亡惨重，不分胜负。阿提拉退出高卢，阿提乌斯也回到意大利。滨海法兰克人乘机南侵罗马土地。不久，勃艮第领袖贡德里斯以里昂为首都建立勃艮第王国，于是西罗马政府同北高卢的联系中断了。

由于法兰克人、勃艮第人的相继入侵，罗马在高卢的领土很快被分割完了。当时西哥特王国占领南部、西南部，东南部归勃艮第王国所有，西部为不列颠人占领，只有高卢中部地区仍属于西罗马帝国，但已同西罗马隔绝，由高卢贵族西阿格留斯治理。公元 476 年，西罗马帝国灭亡，西阿格留斯处于四面楚歌之中，滨海法兰克人克洛维继承墨洛温为首领，联合其他法兰克人向西阿格留斯王国进攻。公元 486 年，双方会战于苏瓦松，西阿格留斯兵败被杀。克洛维就以苏瓦松为首都，建立法兰克王国。不久，又将首都迁到巴黎。496 年，克洛维皈依基督教，并把西哥特人赶出高卢。到公元 6 世纪中叶，法兰克王国便据有与现在法国大致相同的疆域，成为当时西欧最强大的国家。

大不列颠岛上的最早居民是凯尔特人，公元 1 世纪中叶大不列颠被罗马征服，罗马派总督治理。但罗马的统治主要在东南部平原区，西北部山区仍为原始的凯尔特人控制着。从公元 4 世纪起，罗马帝国在奴隶、隶农起义和日耳曼入侵的联合打击下，日渐衰落，帝国政府就不断从边远行省不列颠撤军，从 407 年开始，至 442 年全部退走。从此，罗马对不列颠的长达四百年的统治结束了。于是这就给了另两个日耳曼部落以可乘之机。他们就是居住在日德兰半岛南部的盎格鲁人和居住在易北河、威悉河下游的撒克逊人，由于二者语言风格很难区分，因此被称为盎格鲁·撒克逊人。

他们同法兰克人毗邻，但势力比法兰克人小，无法越过法兰克人向高卢发展，因此从公元 3 世纪起，他们就划着小船横渡北海，从事海盗劫掠活动。为了防止这些海盗袭击，占领不列颠的罗马人，沿东南海岸建立起一系列要塞和瞭望台，配备军队专门防守，从而限制了盎格鲁·撒克逊人的活动。但是，随着罗马帝国的衰落，尤其是罗马军团撤退后，凯尔特人内部发生争斗，使盎格鲁·撒克逊人得以大举进入不列颠。

公元 5 世纪中期，当匈奴人进犯北欧时撒克逊人从北海的东南岸启程，乘船到达沃什湾进入英格兰，然后溯乌斯河向南进发，在剑桥附近上岸，再沿罗马人修筑的伊克尼尔克大道进入泰晤士河流域。盎格鲁人则横渡北海,取道恒比尔河口进入英格兰的中部。凯尔特人同入侵者进行了激烈而持久的战斗。公元 500 年左右,凯尔特人中出现了一位能干的武士阿鲁狄尔,他采取坚壁清野等策略,打了一连串胜仗,遏止盎格鲁·撒克逊人前进达几十年之久。直到公元 550 年以后,入侵者才又重新向前推进。南部撒克逊人把疆土扩展到布里斯托尔湾。公元 613 年,盎格鲁人在今日诺丁汉郡的切斯特获胜,把占领区推进到爱尔兰海岸。这时,不列颠的大部才被盎格鲁·撒克逊人占领。从此,他们便在这个岛上定居下来。

而日耳曼人中的东哥特人,曾一度归顺匈奴人并进兵欧洲,长期活动于达基亚和潘诺尼亚一带。匈奴帝国解体后,经东罗马皇帝马尔契安同意,他们定居于潘诺尼亚。公元 476 年,西罗马帝国的军队统帅日耳曼人奥多亚克举兵叛乱,推翻皇帝罗穆洛·奥古斯都,西罗马帝国灭亡了。西罗马帝国的灭亡引起了东罗马帝国的震动。奥多亚克政变后建立的军事贵族掌权的王国,被东罗马人视为眼中钉。于是东罗马皇帝唆使东哥特人向奥多亚克王国进攻。东哥特国王狄奥多里克巧妙地利用罗马贵族敌视奥多亚克政权的情绪,仅用 3 年就征服了意大利,建立了意大利东哥特王国,领土包括现代的意大利和瑞士、南斯拉夫一部分。

东哥特王国的巩固与扩大,又引起东罗马的嫉恨。从公元 534 年开始到公元 554 年结束,东罗马用了二十年时间消灭了东哥特王国,而它的财力、物力也消耗殆尽。公元 568 年,日耳曼人的一支伦巴德人,越过阿尔卑斯山,到达波河流域,其目的是侵占领土,长期定居。他们在军事首领阿尔波音的率领下大举入侵意大利,迅速打垮东罗马军队,占领北部意大利,建立伦巴德王国。

从公元 4 世纪末到 6 世纪末,经历二百多年,先后有十几个日耳曼部落冲进罗马帝国,建立各自的国家。这些国家很大程度上影响了后来欧洲的政治力量布局。这次大迁移不是和平迁移,而是日耳曼人对罗马帝国的征服。在这个征服的基础上使罗马因素与日耳曼因素结合起来,逐渐形成了西欧特殊形式的封建社会。在这种总体上介于封建性质的国家中,还存在着原始农村公社的残余,被称为"马尔克"。现在西南欧的格局,也是由日耳曼人大迁徙确定下来的。欧洲历史从此揭开了新的一页。

后期罗马帝国

1.3 世纪危机

从公元 2 世纪末到 3 世纪末,罗马奴隶制社会在经济、政治等方面爆发了全面危机,史称三世纪危机。

罗马奴隶制的危机早在 2 世纪已在意大利露出端倪,到了 3 世纪由于奴隶制社会基本矛盾的发展、激化,终于导致农业萎缩、商业衰落、城市萧条、财政枯竭、政治混乱、奴隶起义此伏彼起,整个罗马社会陷于动荡之中。

与经济危机相伴而行的是政治动乱。安敦尼王朝最后一个皇帝康茂德(180—192 年)被杀以后,帝国内部各军事将领之间就爆发了争夺帝位的内战。战争结果,潘诺尼亚省军团的将领塞维鲁被军队拥立为皇帝（193—212年），建立塞维鲁王朝（193—235年）。塞维鲁是非洲人，出身于富有家庭。他做皇帝以后，首先对军队进行了改革。193年，他解散专横跋扈和已经堕落的旧近卫军，从各省军团中选拔新的近卫军。他提高军人待遇，并允许士兵的家属可以居住军营附近，士兵可以在家里住，只是有军事任务时才住在军营里。士兵在驻防区又得到分配的土地。

塞维鲁用军团的军官充任行政长官和各行省的统治者。他加强中央集权，以元首顾问会为国家的最高机关。它的决议可以代替元老院的法令。因此元老院管理国家事务的职权实际上已被解除。塞维鲁统治时期，又对安息进行侵略，使罗马在幼发拉底河以外扩大了疆域。211年，他率领军队出征不列颠的时候，死在不列颠。据说他对儿子的最后遗训是"愿你们兄弟和睦，让士兵们都发财致富，其余的人不在话下"。

塞维鲁的儿子卡拉卡拉即位后，除了增加军饷，贿买军队外，还于212年颁布了一项把罗马公民权授予帝国全体自由民的敕令，史称卡拉卡拉敕令。这一敕令是帝国时期扩大统治阶级的社会基础这一趋势的必然结果。其目的，既在于缓和阶级矛盾以利统治，也在于扩大税源，使一切自由民都和罗马公民一样担负遗产税及其他捐税。然而，增加税收仍无济于事。217年，卡拉卡拉为近卫军所杀。到塞维鲁王朝末帝亚历山大·塞维鲁统治时期（222—235年），母后当政，元老贵族取得优势。元老组成特别委员会，施行了另一套挽救危机的措施：紧缩开支、降低赋税、确定主人对隶农农具的所有权，准许二十岁以上的自由民卖身为奴，把土地、牲畜和奴隶分给边疆移民以扩大兵源。这些措施当时已经行不通，又遭到军队的强烈反对，起不到什么作用。罗马又陷于混乱，亚历山大·塞维鲁被哗变的士兵所杀（235年）。

塞维鲁王朝覆灭后，士兵拥立马克西米（235—238）为帝，不久也为部下所杀。238年一年内，元老贵族推出四个皇帝，不久全为兵士所杀。随后，十三岁的戈尔迪安三世即位，以充当近卫军的傀儡。此后十五年，发生了多次政变，换了十个皇帝。从253年到268年，进入所谓"三十僭主"时期，军团和行省都拥立皇帝，互相残杀，政局一片混乱。在这期间，高卢曾出现独立的"高卢帝国"，叙利亚、埃及曾经分立，中央政权实际上处于瘫痪状态。

与此同时，帝国边境"蛮族"部落的侵袭日益加紧，帝国边境的防线到处被"蛮族"突破。日耳曼部落从莱茵河右岸进入高卢地区和北意大利，哥特人从多瑙河下游劫掠黑海地区，并进入爱琴海一带和小亚细亚。在东方，新兴的波斯也不断向幼发拉底河一带进攻。从前强盛一时的罗马帝国，至此已是一片风雨飘摇、山河破碎的局面。

2. 戴克里先和君士坦丁的改革

"三十僭主"之后，从268年至283年，帝国的皇帝中有4个是来自伊利里亚的军人，因此，被称为伊利里亚诸帝。在奥列尼统治时期（270—295年），一方面与各行省和意大利的大土地所有者结成联盟，一方面残酷镇压人民的反抗斗争，使政局暂时稳定。公元 275 年，奥列尼被暗杀。在此后的十年间，帝国又相继出现了 3 个皇帝。284 年，近卫军长官戴克里先（284—305 年）取得了帝国政权，罗马进入了后期帝国时代。从这时起，罗马皇帝不再称为元首，改称"君主"。由于共和国国家机构的一切残余均已消失，因此，政权形态被称作"君主制"。戴克里先仿效波斯皇帝，身穿皇袍，头戴皇冠，要求所有视见皇帝的人须行跪拜之礼，并宣扬自己是罗马大神朱庇特的后裔，被奉为神明。

为了加强统治，戴克里先进行了一系列改革。为了防止人民起义和外族入侵，他下令把帝国分成四部分，由其 3 个副手和他共同统治，即所谓"四帝共治制"。四帝中有两个正职，由戴克里先和马克西米安担任，称奥古斯都；两个副手称"恺撒"。并规定"奥古斯都"任职二十年，二十年后，将权力交给"恺撒"，并将他们收为奥古斯都的继子或女婿，其目的是用亲缘关系巩固统治，防止发生军事政变或宫廷政变。但实际上，在戴克里先统治时期，最高权力仍属戴克里先。为了防止行省的分裂倾向，他重新将帝国划为 100 个行省，分属几个行政区。行省中实行军政分立，行省总督不再掌握军队。此外，戴克里先还对军队进行了改编，将军队的编制增至 72 个军团，军种分为边防军和巡防军，并招隶农和蛮族加入军队，使军队进一步蛮族化。为了扩大税收，戴克里先改革了税制，对农村人口一律收土地税和人头税，对城市人口收人头税。此外，还进行了币制和物价方面的改革。

公元 305 年，戴克里先宣布退位。随着戴克里先的退位，四帝共治制也随即破灭，在他的继承者之间发生了相互敌对的斗争。312 年，君士坦丁一世在罗马的米尔维桥打败了罗克森提乌斯（马克西米安的儿子），从而成了西部的唯一皇帝。次年，李锡尼乌斯获得了对东部的毫无异议的控制。这样在罗马历史上又出现了两个皇帝共治的局面。323 年，君士坦丁击败李锡尼乌斯，从而成了罗马世界的唯一统治者。

君士坦丁在其统治期间，首先废除了"四帝共治制"，加强皇帝的个人独裁统治，他任命三个儿子为恺撒，授权治理帝国各地。君士坦丁三世掌管西班牙、高卢和不列颠；君士坦丁西乌斯三世管辖叙利亚、埃及等省；君士坦图斯则治理意大利，伊利里亚和北非。君士坦丁的三个侄儿分别统辖北部边区和黑海一带。君士坦丁自己则直接控制帝国的核心地区：巴尔干、色雷斯和小亚。这种实际的分权管理由于有四个近卫军长官的存在而得到了保证，这四个近卫军长官领导着四个行政区：东方、伊利里亚、意大利和高卢。不过，这时的近卫军长官已经失去了其军事性质。

君士坦丁完成了戴克里先的官僚改革，增加了官僚职位，扩大官僚人数。同时实行官阶制，以严格的等级划分全国官员，按阶品授以尊贵的头衔，并享有一系列特权。这些特权包括：免纳租税，免除在市政机构中服役，免受拷打；也包括：可以进入宫廷，职管元首的审判等。高级军政官员完全由皇帝指派，效忠皇帝是他们的职责。皇帝的意旨已经成了唯一的法律。皇帝本身也已神化，凡是涉及皇帝本人的一切措施均冠以"神圣的"形容词。在军队方面，君士坦丁取消了近卫军，而用皇帝直接控制的宫廷亲卫队来代替它。这样，近卫军长官也就失去了其军事势力。

军事领导权则交给"军事长官"和他的副手"骑兵长官"手中。同时,他又降低了边疆驻军的重要性和实力,使之变成地方民兵性质,由地方将领指挥。此外,他还大大的增加了军队中的日耳曼人的比例,大量接受日耳曼人在内地和边防内服役,有的甚至进入了宫廷亲卫队。四万名哥特人构成了"联盟者"的一支特殊的队伍,他们从帝国政府那里领取饷银,并为帝国服务。

为了表示专制政体的彻底建立,君士坦丁永远离开了罗马,并于 330 年正式宣布拜占庭为帝国的首都。罗马的元老院被迁到新的首都,新首都建立起了华丽的政府建筑物和神庙,并取名君士坦丁堡,意则君士坦丁的城市。从此,君士坦丁堡比罗马城占有了更重要的地位。君士坦丁的迁都表明,罗马城在帝国统治区内的位置日趋下降。

为了巩固帝国的统治,君士坦丁顽固地执行维护奴隶制的政策。他重申主人有权处死奴隶,准许父母出卖子女为奴,加强对逃亡奴隶及其煽动者的刑罚。被释放的奴隶如有"无礼"行为,奴隶主有权将他重新收为奴隶。332 年,他又颁布敕令,禁止隶农从一个庄园逃到另一个庄园。任何人,若在他的地方内发现别人的隶农,不但应把发现的隶农送回原地,而且应该负担隶农在这期间(即在他的地方上生活期间)的人头税。至于隶农自己,凡是有意逃亡的就应该被束缚于不自由的地位,他们在这种奴役地位的惩罚下,就会被迫去完成与自由人相当的任务。君士坦丁还将手工业者进一步固定在他们所属的公会里,强制他们共同负担国家向他们分摊的赋税和徭役。317 年颁布的一项敕令说:"造币厂的工匠要一辈子处于其现有的地位。"有些在皇帝作坊里工作的手工业者,还被打上烙印,以防止逃跑。君士坦丁把隶农和手工业者固定在土地上,限制他们的自由,实际上就是把他们重新降到奴隶的地位。

313 年,君士坦丁颁布"米兰敕令",承认基督教的合法地位,同时还决定偿还他们先前被没收的财产,免除教会神职人员的徭役,使基督教成了罗马皇帝对内实行统治的精神工具。

3. 帝国的分裂

戴克里先、君士坦丁的统治,虽然缓和了三世纪危机的一些方面,但不能从根本上挽救正在没落的奴隶制度。相反,奴隶和其他劳动者的处境更加恶化,奴隶及接近奴隶的隶农与奴隶主之间的阶级对立和斗争,在这一时期发展到了空前广泛、激烈的程度。

帝国后期的社会经济,各地情形不一。帝国西部奴隶制发达的地区,农业、手工业、商业继续衰落,农村荒芜,城市萧条,社会经济表现出更严重的自然经济特色。帝国东部也经历衰落的过程,但有些行省表现较缓,有的地区经济还稍有发展。

帝国后期的社会阶级关系,以隶农地位下降为其突出表现。隶农一般耕种土地 20 犹格。他们的收获,一般约缴 1/3 给地主,还要给地主尽一些其他义务,交给国家的赋税,又约占 1/3,加上地方的摊派、官吏的敲诈,所剩无几,生活非常困苦。因此,隶农逃亡,参加起义,成为普遍现象。从君士坦丁到以后历代皇帝,都针对隶农制定了一系列法令，规定窝藏逃亡隶农者处以罚金；主人在出卖土地时，须连同隶农一起出卖；隶农不得与自由民结婚；隶农无权控告主人；隶农当兵，须经主人允许；隶农没有财产权，无权出卖农具和收获物。国家对土地、隶农和农业奴隶每五年调查一次，依据调查结果征收赋税。与此同时，手工业者、商人则被固定在同业公会组织中，公会成员应缴的税款、实物及应承担的徭役，由该公会负责。市议员也被固定在公职上，负责监督市民向国家缴税。对逃避的市议员，规定严厉的惩罚，或鞭打，或下狱，直至处死。4世纪末的法令规定，在城市应缴税款不足或不能按期上缴的情况下，应处死三个市议员。因此，市议员逃避义务或逃亡的情况更加严重，有的弃家逃走，有的去当兵，等等。所以城市中的这一阶层，到帝国末期只剩下原有人数的十分之一。

在337年君士坦丁死后，帝国统治集团又发生了十六年争夺皇位的混战，随后也无法建立稳固的政权。提奥多西（379—395年）虽曾一度恢复统一，但他死后把帝国分给两个儿子，于是帝国于395年正式分裂为二：西罗马帝国（首都罗马）和东罗马帝国（首都君士坦丁堡）。至此，统一的罗马帝国不复存在，昔日罗马的繁荣景象亦一去不复返了。人民贫困，人口锐减，经济衰败，城乡萧条，政局混乱，国家分裂，这一切便是罗马帝国的末日迹象。

4. 西罗马帝国的灭亡

继三世纪大规模的奴隶和人民起义之后，4世纪30年代，在北非又爆发了阿哥尼斯特（意为争取正义信仰的战士）运动，参加起义的有奴隶、隶农、贫农和柏柏尔人。他们到处打击大土地所有者和奴隶主，烧毁奴隶名单和债券。起义虽被罗马帝国重兵镇压，但沉重地打击了罗马帝国的统治。4世纪末期，在多瑙河下游居住的西哥特人，由于受到匈奴人的压迫，经罗马皇帝的允许，越过多瑙河进入色雷斯地区居住。不久，由于不堪忍受罗马统治者的压迫，举行大规模起义。公元378年，罗马皇帝瓦伦斯亲率大军前往镇压，结果全军覆灭，瓦伦斯也被打死。此后，提奥多西也前往镇压，但同样没能取得胜利，遂把色雷斯和马其顿让给起义者居住。395年，西哥特人在阿拉里克的率领下又掀起起义，并进攻意大利。与此同时，日耳曼部落的汪达尔人和勃艮第人也从北方进攻意大利。410年，阿拉里克围攻罗马，得到城内奴隶的响应。内应的奴隶打开了城门，被称为"永恒之城"的罗马陷入奴隶和蛮族人的手中。西哥特人洗劫了罗马之后，又进入高卢和西班牙，于419年在高卢南部和西班牙北部建立了西哥特王国。汪达尔人此时则进入西班牙南部定居，后来又渡海进入非洲的西北部，在迦太基故地建立了汪达尔王国。455年，汪达尔人渡海进攻意大利，再次洗劫了罗马。

4世纪末，匈奴西迁进入欧洲中部。五世纪中期，匈奴王阿提拉率大军攻入东罗马境内，东罗马战败求和。此后阿提拉又两次进军意大利。尽管罗马人联合西哥特人和法兰克人最后战胜了匈奴人，但是匈奴人给予西罗马帝国的打击是异常沉重的。此后，帝国在奴隶、隶农起义和蛮族入侵的双重打击下，已经奄奄一息。

到5世纪70年代，西罗马帝国已经土崩瓦解。西哥特人统治西班牙，汪达尔人统治非洲北部，高卢则成为法兰克和勃艮第人的天下，意大利则被东哥特人统治。西罗马皇帝已成为日耳曼人雇佣军手中的傀儡。476 年，日耳曼雇佣兵的首领奥多雅克废除了罗马最后一个皇帝慕洛，西罗马帝国从此不复存在。

西罗马帝国的灭亡是西欧奴隶社会结束的一个标志。在此之后，封建制生产关系在西欧成长起来。东罗马帝国尽管由于历史和社会经济方面的原因，没有同西罗马帝国一起灭亡，但也同样经过奴隶起义和外族入侵的过程进入封建社会。

西罗马帝国末期尽管封建的生产关系萌芽已经成长，但是旧的奴隶制生产关系还有相当的基础，腐朽、保守的上层建筑还在顽强地维护旧的生产关系，从而使罗马奴隶社会走入绝境。而长达两个世纪的大规模的人民起义和外族入侵推翻了奴隶制生产关系的最后依托——罗马帝国政权，终于导致罗马帝国的灭亡，从此，西欧历史进入了封建时代。

希腊的思想和文化

希腊哲学的本质

在哲学领域中，希腊人试图寻求有关宇宙的性质、真理的问题以及人生的意义和目的等一切问题的答案。以往哲学大多是有关他们结论有效性的争论，这个事实证实了他们成就之重要性。

米利都学派学说

希腊哲学起源于公元前 6 世纪所谓米利都学派的著作中，这个学派的成员是米利都城的本地人。他们的哲学基本上是科学的和唯物主义的。他们所关注的主要问题，是发现物理世界的性质。他们相信，万物皆可还原为原初的实体，这种实体是世界、星球、动物、植物和人类的本原，一切最终均返归这种实体。该学派的创始人泰勒斯发现万物均含有湿气，就认为原初的实体是水。阿那克西曼德坚持认为，这种实体不可能是任何诸如水、火之类的特殊物体，而是某种"不生不灭"的东西。他称这种实体为"无限"。第三位米利都学派成员是阿那克西美尼，他宣称宇宙的原始物质是空气。空气稀薄时便形成火；空气凝聚时就依次形成风、蒸气、水、土和石头。尽管米利都学派哲学表面上质朴，但它有着重大的意义，因为它打破了希腊人关于世界起源的神话信仰而代之以纯粹的理性解释。

毕达哥拉斯学派

公元前 6 世纪末以前，希腊哲学发生一场向形而上学的转变；它不再仅仅为物质世界的问题所占据，而将注意力转向存在的性质、真理的意义、神在万物体系中的位置等玄奥问题。首先表现出这种新倾向的是毕达哥拉斯学派，他们在很大程度上以宗教思维方式解释哲学。他们的领袖毕达哥拉斯从希腊迁徙到南意大利，于公元前 530 年在那里的克罗顿建立了一个宗教团体，除此之外，关于他们人们知之甚少。毕达哥拉斯和他的追随者主张思辨生活是最高的善，为达到此境界，个人就必须清除邪恶的肉欲。他们力主万物的本质不是物质的实体而是抽象的原则——数。他们的重要意义在于他们提出精神与物质、协调与不协调、善与恶之间的明显区别，这使他们成为希腊思想中二元论的创始人。

有关宇宙本质的争论再起

毕达哥拉斯学派的活动的结果，就是激化了有关宇宙本质的争论。他们的一个同时代人巴曼尼德斯力主稳定和恒久是万物的真正本质；变化和歧异只不过是感官上的错觉。与此针锋相对的是赫拉克利特的主张，他认为恒久是错觉，而变化才是唯一真实的。他坚持认为，宇宙处在不断流动的状况下；因此，"人不能两次踏进同一条河流之中"。创造与毁灭，生命与死亡，不过是同一影像的正反两面。换言之，赫拉克利特相信我们所见、所闻和所感的万物都是真实存在的。演进和永恒变化是宇宙的法则。今天在这里的树和石头明天就不在了；不存在恒常不变的基本实体。

原子论者

原子论者提供了宇宙基本特征问题的一种答案。对原子理论发展做出重要贡献的哲学家当属德谟克里特，他于公元前 5 世纪后半叶生活于色雷斯沿岸的阿夫季拉。顾名思义，原子论者主张宇宙的基本要素是数量无限、不能毁灭和不可再分的原子。尽管这些原子在大小和形状上各不相同，但它们在构造上完全相同。由于所固有的运动，它们永远在按不同的排列方式结合、分离和再结合。宇宙中每个单独的物体或有机物因而都是原子偶然集合的产物。人和树的唯一区别就是构成他们的原子的数量和排列方式的不同。这种哲学反映了早期希腊思想中唯物主义倾向的最后结果。德谟克里特否定了灵魂不灭和精神世界的存在。或许令某些人感到奇怪，他是一位道德上的唯心主义者，断言"善不仅意味着不去作恶，也意味着不愿去作恶"。

诡辩家发起的知识革命

大约在公元前 5 世纪中期，希腊开始了一场知识革命。它与雅典民主的高峰期相伴。公民权势的上升、个人主义的成长和解决实际问题的要求，导致了对旧的思维方式的反动。结果一些希腊哲学家放弃了对物质世界的研究，转而思考与个人关系更密切的题目。新知识倾向的倡导者首推诡辩家。这个词原义为"智者"，但后来逐渐被用在贬损那些使用似是而非推理的人的意义上。既然我们有关诡辩家的知识绝大部分来自其最严厉的批评者柏拉图，他们通常被视为全部希腊文化精华的敌人。现代研究已经否定了这种十分极端的结论，然而也承认这个学派的一些学者的确缺乏社会责任感，而且肆无忌惮地"做了错事硬装好人"。

普罗泰戈拉的学说

普罗泰戈拉是一个重要的诡辩家，他是阿夫季拉本地人，主要在雅典讲学。他的著名格言"人是万物的尺度",概括了诡辩学派哲学的要义。因此,他认为善、真、义、美均是相对人的需要和兴趣而言的,不存在绝对真理或正确和公平的永恒标准。既然感觉是知识的唯一源泉,既定的时间和空间就只能有特定有效的真理。道德也同样因人而异,因为天国并没有颁布绝对不变的是非标准去适应所有情况。

后期诡辩家的极端教义

后期的一些诡辩家远远超越了普罗泰戈拉的教义。暗含在普罗泰戈拉教义中的个人主义被色雷希马库斯曲解为,一切法律和习惯不过是精明强干者出于他们利益对他们意志的表达,因而这个聪明人是"极不公正者",他凌驾于法律之上,只顾满足自己的愿望。(世应提出,人只是在男性意义,才是这个学派和其他所有涉及个人的希腊哲学的根本中心。)

诡辩家有价值的贡献

然而,诡辩家,甚至那些最极端分子,他们的学说中也有许多令人称道之处。有些诡辩家谴责奴隶制和希腊人的排外性。有些则是自由、民权与实用、进步观点的斗士。或许最重要的是,诡辩家拓宽了哲学的领域,使其不仅包括物理学和形而上学,还包括伦理学和政治学。正如罗马时代的西塞罗所言,他们"把哲学从天国带到人间"。

对诡辩家的反动

诡辩家的相对主义、怀疑主义和个人主义不可避免地激起强烈的反对。在较保守的希腊人看来,这些教义似乎会直接导致无神论和无政府主义。如果没有终极真理,如果善和正义只是相对个人的一时兴致,那么不仅宗教、道德、国家,而且连社会自身也无法再维持下去。这种看法的结果是一种新哲学运动的发展,这种哲学是建立在真理是实在的和绝对标准确实存在这个理论基础上。这个运动的领袖或许是思想史最著名的三个人物——苏格拉底、柏拉图和亚里士多德。

苏格拉底

苏格拉底于公元前469年生于雅典,家系卑微;其父为雕刻师,其母为助产士。他如何受到教育,无人知晓;但他肯定通晓早期希腊思想家的主张。人们对他在市场上啰啰嗦嗦的印象,纯系无稽之谈。他之所以成为一名哲学家,就他自己而言,主要是由于他与诡辩家主张的论战。公元前399年,他受控"腐化青年,传入新神",被判处死刑。这一不公正判决的真正原因是雅典在伯罗奔尼撒战争中的悲

苏格拉底。按柏拉图的说法,苏格拉底相貌像山羊,但谈吐像神。

剧性结局。雅典公民为愤懑所压，转而攻击苏格拉底与贵族派沆瀣一气，攻击他批判大众信仰。也有证据表明，他毁谤民主制，力主除有知识的贵族制外，无一名副其实的政府。

苏格拉底的哲学

由于苏格拉底本人没写任何东西，历史学家难以决定其学说的确切范围。通常在人们看来，他基本上可以说是一位伦理学教师，而对抽象哲学毫无兴趣。然而，柏拉图的某些篇章却提出，柏拉图的抽象的理念学说可能基本上源于苏格拉底。无论如何，有理由确信，苏格拉底相信有一种确定的普遍有效的知识，人类如果寻求正确的方法就能掌握它。这种方法存在于见解的交流与分析、暂时定义的提出与检验之中，直至最终从中提取出人人认同的真理实质为止。苏格拉底论证道，以相同的模式，人们能够发现独立于人类欲望之外的正确和公平的恒久原则。而且他还相信，这种理性的行为原则的发现，将要使不至错误地引导到德行生活得以证明，因为他不承认任何懂得善的人会选择恶。

柏拉图

苏格拉底最著名的学生当属柏拉图，他于约公元前429年生于雅典，是贵族之子。他在20岁时加入苏格拉底的圈子，直至他的老师悲剧性的死亡，他一直都是其中一员。不同于他的导师，他是一位多产作家。他的最著名的作品是一些对话，诸如：《申辩篇》、《斐多篇》、《斐德罗篇》、《会饮篇》和《理想国》。当他忙于完成《法律篇》时，他突然去世，享年八十一岁。

柏拉图

柏拉图的理念哲学

柏拉图的目的与苏格拉底相似，虽则相对更宽泛些：（1）反对将实在看作无规则的不断变化的理论，而代之以将宇宙看作基本上是精神的和有目的的解释；（2）驳斥诡辩家的相对主义和怀疑主义的学说；（3）为伦理学提供牢固的基础。为了实现这些目标，他发展了他的理念学说。他承认相对性和变化是物质事物世界，也就是我们用感官所察觉的世界的特征。存在着一个更高的精神王国，它由永恒的形式或理念构成，只有精神才能想象到。然而，这些东西并非是精神创造的纯粹抽象物，而是精神方面的事物。每一事物都是某些特殊种类的对象和地球上各种对象之间关系的范型。这样就有了人、树、形象、颜色、比例、美和公正的理念。其中最高级的是善的理念，它是宇宙的主动原因和导向性的意图。我们通过感官所察觉的万物只是最高的实在，即理念的不完美的摹本。

柏拉图的伦理和宗教哲学

柏拉图的伦理和宗教哲学与他的理念学说密切相关。像苏格拉底一样，他相信真正的美德的基础在知识之中。但是，来源自感官的知识是有限的和可变的；因此，真正的美德必定在于对永恒的善和公正理念的理性领悟。由于将物质降格至较低的地位，他赋予他的伦理学一种禁欲主义的味道。他将身体视为精神的障碍，认为只有人性的理性部分才是高贵的和美好的。然而，与其较后的追随者相比，他并未要求全然否定欲望和情感，但他极力主张它们应该严格地服从理智。柏拉图从未将神的概念完全搞清楚，但他肯定将宇宙设想为本质上是精神的，为理性的意图所支配。他既否定唯物主义也否定机械论。关于灵魂，他认为不仅是不朽的，而且还自始至终是先存的。

作为一位政治哲学家的柏拉图

作为一位政治哲学家，柏拉图为建立一个国家的理想所激发，这个国家将不受个人和阶级的干扰和利己主义的影响。他所希望达到的目标既不是民主，也不是自由，而是和谐与效率。于是，他在《理想国》提出一个社会计划，将全体居民分为三个主要的阶级，以对应灵魂的功能。最低的阶级代表欲望功能，包括农民、工匠和商人。第二阶级代表活跃的成分或意志，由军人组成。最高的阶级代表理性的功能，由有理智的贵族构成。每个阶级都履行他们最能胜任的那些任务。最低的阶级的职能是生产和分配商品，为全共同体谋福利；军人阶级的职能是防卫；贵族因其具有特殊的哲学才能，则垄断了政治权力。把人民划分为这几个等级，并非根据出生和财富，而是通过筛选过程，考虑每个人从教育中获益的能力。因此，农民、工匠和商人是那些理智能力最少者；而哲学工则是那些理智能力最多者。

亚里士多德

苏格拉底传统最伟大的倡导者是亚里士多德，他是斯塔吉拉本地人，生于公元前384年。他17岁进入柏拉图学园，在那里一直做了20年的学生和教师。公元前343年，他受马其顿的腓力之邀，做他年轻的儿子亚历山大大帝的私人教师。七年后亚里士多德返回雅典．在那里他经营自己的学校，名为莱森学园，直至公元前322年去世。亚里士多德的著作比柏拉图更为卷帙浩繁，主题也更为多种多样。他的主要著作包括逻辑学、形而上学、修辞学、伦理学、自然科学和政治方面的论述。

亚里士多德与柏拉图和苏格拉底的比较

尽管亚里士多德像柏拉图和苏格拉底一样对绝对知识和永恒准则颇有兴趣，但他的哲学在几个突出的方面与他们有所不同。首先，他更加重视具体和实践。审美家柏拉图和苏格拉底宣称，从树和石头中学不到任何东西；与他们相比，亚里士多德是一位对生态学、物理学和天文学有着浓厚的兴趣的经验主义哲学家。而且，他比他的两位前辈更少倾向于心灵观点。最后，他并没有他们那么强烈的对贵族制的认同感。

亚里士多德的宇宙观

亚里士多德赞同柏拉图所说，一般、理念（或他所称的形式）是实在的，来源于感官的知识是有限的、不准确的。但他没有追随他的老师，将一般描述为独立的存在，将物质事物降格为精神范式的苍白反映。相反，他断言形式和物质同等重要；二者都是永恒的，缺一不可存在。形式是万物的原因；它们是有目的的动力，使物质世界形成我们周围无限变化的物体和有机物。所有宇宙的和有机的演进，都起因于形式和物质的相互作用。因此，人的形式在人类胚胎中的出现，使后者成型并引导其发展，直至最终演化为人类。亚里士多德的哲学，可以看作一方面是柏拉图的惟灵论和先验论，另一方面是原子论的机械唯物主义，二者之间的折中。他的宇宙观是目的论的——即由目的所支配；但他并不认为精神使其物质化身黯然失色。

亚里士多德的宗教学说

亚里士多德的科学态度，使他首先将神想象为第一推动力。亚里士多德的神不过是原始推动力，是包容在形式之内的有目的运动的最初来源。他绝不是人格神，因为他的本质是理智的，没有一切感情、意志或愿望。亚里士多德似乎不曾给个人不朽留下一席之地：灵魂的所有功能，除了绝非个人的创造理性外，全都依赖躯体，并随之一起消亡。

亚里士多德的中庸伦理哲学

亚里士多德的伦理哲学并不像柏拉图那么禁欲化。他并不将躯体视为灵魂的因牢，也不相信物质欲望本身就是邪恶。他教导说，最高的善在于自我实现，即运用最真实地使其成为人的那部分人性。因此，自我实现便与理性生活相一致。但理性生活依赖于物质条件和精神条件之适当结合。躯体一定要保持健康，情绪要适当地加以控制。解决的办法可以从中庸之道中找到，在于使极度放纵的一面与禁欲克制的另一面保持一种平衡。这不过是重申了典型的希腊理想 Sophrosyne，即"不要过分"。

应用于政治的中庸之道

尽管亚里士多德在其《政治学》中包含了许多有关政府结构和职能的描述性和分析性的材料，但他主要论及的是政治理论中更广泛的各方面。他认为国家是促进完美生活的最高机构，因而他极其关注国家的起源和发展及其所能采取的最好形式。他宣称人天生是政治动物，不承认国家是少数人的野心和多数人的愿望的人为产物。相反，他主张国家植根于人自身的天性，而超出国家界限的开化生活是不可能的。他认为最好的国家既不是君主制、贵族制，也不是民主制，而是一种 Polity。〔政体〕——他界定为一种介于寡头制和民主制之间的一种中间国家形态。实际上，它是一种中等阶级控制下的国家，但亚里士多德有意确保这个阶级成员保持相当的多数，因为他倡导防止财富集中的方案。他维护财产私有制，但他反对积累超过理智生活所必需的财富。他建议，政府要为穷人供应钱财，让他们购置小块田地或"开创商业和农业"，从而促进他们兴旺和自尊。

希腊思想本质上并非科学

与一般人所接受的信念相反，公元前四世纪末以前的希腊文明时期，并非伟大的科学时代。通常被认为是希腊的科学成就，绝大部分是在希腊化时代创造的，当时的文化已不再是希腊占优势的了，而是希腊和西亚的混合物。在伯里克利时代及其之后的那个世纪，希腊人的兴趣主要是思辨和艺术；他们并不深切关注物质舒适和对物质宇宙的控制。结果，除了在数学、生物学和医学方面的重要发展外，科学的进步比较微弱。

毕达哥拉斯学派的数学

希腊数学中最值得注意的成果是毕达哥拉斯学派所创造的。毕达哥拉斯的追随者们发展出一种复杂的数论，将数字归为几个范畴，诸如奇数、偶数、质数、合成数和完成数。他们或许也发现了比例理论，并首次证明任何三角形的三个角之和等于两个直角。但他们的成就中最著名的当属毕达哥拉斯本人所发现的定理：任何直角三角形的斜边的平方，等于另外两边的平方之和。

生物学

希腊人对生物学表现出兴趣的第一人当属哲学家阿那克西曼德，他基于渐进适应环境的生存原理发展出有机体进化的不成熟理论。他断言，最早的原始动物生活在海中，海最初是覆盖了整个地表的。当海水下降，一些生物体能够使自己适应新环境，便成为陆地动物。这种进化过程的最终成果就是人自身。然而生物科学的真正奠基者却是亚里士多德。他一生中多年不辞劳苦献身于动物的结构、习性和成长的钻研，进行过多次值得注意的观察。各种昆虫的变形、鳗鱼的生殖习惯、弓鳍鱼的胚胎发展——这些仅是他广泛的知识范围中的几个例子。然而，遗憾的是，亚里士多德的生物学也是充满严重的错误的：例如，他否认植物的性别，相信某些种类的蛆和昆虫是自然生发的。

医学

希腊医学也起源于哲学家中。先驱者是恩培多克勒，他是四元素（土、气、火和水）学说的主张者。他发现血液自心脏流出并流入心脏，皮肤的毛孔补充了呼吸器官的通路在呼吸时的工作。公元前五至四世纪科斯的希波克拉特的工作更为重要。他被公认为医学之父。他不厌其烦地告诫他的学生这个信条："每种疾病都有其自然原因，没有自然原因，什么也不会发生"。此外，依据他对病症的审慎研究和比较的方法，他奠定了临床医学的基础。他发现了疾病的临界现象，并改进了外科手术业务。尽管他有广泛的药物知识，但他的治疗主要依靠食物和休养。他令人怀疑的主要事实是他发展了四体液学说——即疾病产生于人体中黄胆汁、黑胆汁、血液和痰过量的概念。给病人放血是这种理论令人遗憾的后果。

希腊瓶画：战士合唱队，雅典，约公元前490年。画中描绘了六位面容相似、发型一样、据认为头戴面具的舞者。这种场面构成了戏剧表演的一部分。祭坛的人物代表一位演员

荷马史诗

一般说来，一个民族形成时期最常见文学表述方式是有关英雄业绩的史诗。希腊史诗中最著名的《伊利亚特》和《奥德赛》，在公元前八世纪末才被赋予成文的形式，据说是荷马所为。前者涉及特洛伊战争，以阿基里斯的愤怒为其主题；后者描述了奥德塞的流浪与回归。二者无论就其精心编排的情节、人物刻画的现实主义，还是就其对紧张情感的全部过程的掌握而言，均具有极高的文学价值。它们对后来的作家产生了几乎无法估量的影响。它们的风格和语言激发了公元前六世纪的充满热烈情感的诗篇，它们也是公元前五世纪黄金时代伟大悲剧家的情节和主题的不朽源泉。

哀歌的发展

如我们所见，黑暗时代之后的三个世纪以其巨大的社会变革而闻名于世。乡村型的生活让位于日渐复杂的城市社会。殖民地的建立和商业的发展，给生活提供了新的趣味和新的习惯。不可避免地，这些变化；在新的文学形式，特别是那些更具个人风格的文学形式中有所反映。首先得到发展的是哀歌，它大概是打算用来朗读而不是配乐吟唱的。哀歌的主题多种多样，从个人对爱情的反映到爱国者和改革家的理想主义各不相同。但一般来说，它们专注于生活幻灭的忧郁反映和特权丧失的痛苦哀鸣。哀歌作者中最出色的是立法者梭伦。

抒情诗

公元前6世纪和5世纪初期，哀歌在抒情诗中找到其对手，抒情诗得名于它是随七弦琴（Lyre）的音乐而吟唱这个事实。这种新型的诗歌特别适合表达激越的情感和阶级斗争所引发的强烈爱憎。它也用于其他目的。阿尔卡乌斯和萨福——后者来自勒斯波斯岛的女诗人——都以抒情诗来描写爱情的伤感之美、春天之柔美和夏夜的群星闪耀。同时，其他诗人发展了合唱队抒情诗，用以表达共同体的情感，而

不是一个人的情绪。这个群体所有作者中最伟大的当属底比斯的品达,他在公元前五世纪前半期从事创作。品达的抒情诗采用了颂歌的形式,歌颂运动员的胜利和希腊文明的光荣。

悲剧的起源

希腊人的最高文学成就是悲剧。与他们的其他伟大作品十分相像,悲剧也根源于宗教。在奉祀春与酒之神狄奥尼索斯的节日上,由男人组成的合唱队身着森林之神或半人半羊的服装,围绕祭坛载歌载舞,演出叙述神的生涯的酒神赞歌或合唱队抒情诗的各个篇章。有时,合唱队队长从合唱队中走出来,单独背诵故事的重要部分。真正的戏剧诞生于公元前五世纪初,当时埃斯库罗斯引入第二名"演员"并使合唱队退到背景地位。用于这种戏剧的"悲剧"一名,可能就溯源于希腊文 tragos,意为"山羊"。

希腊悲剧与现代悲剧之比较

希腊悲剧与莎士比亚或现代剧作家的悲剧显著地不同。首先,舞台上的动作很少;演员们的主要事情是背诵观众们耳熟能详的情节中的事件,因为故事来源于流行的传说。其次,希腊悲剧很少注重研究复杂的个人性格。没有漫长的经历之变迁所形成的性格发展。卷入情节中那些人物简直不是一个个的人,而是典型。在舞台上,他们带着面具,把使他们与其他人显著不同的特征掩饰起来。此外,希腊悲剧与现代悲剧的不同,在于它将个人与宇宙的矛盾,而不是将性格之间的冲突或一个人的内心矛盾,作为主题。在这些戏剧中,降临于主要人物身上的悲剧命运,是外在于个人的。造成这种命运的是这个事实,即有人对社会或对神祇犯了罪,由此破坏了宇宙的计划。随之而来的就是惩罚,以使正义的天平得以均衡。最后,希腊悲剧的目的不仅是描写苦难和解释人类行为,而且还要通过描述正义的胜利,来纯洁观众的情感。

埃斯库罗斯和索福克勒斯

如已指出的,悲剧家中第一人是埃斯库罗斯(公元前 525—456 年)。尽管人们知道他写了大约 80 部戏剧,但完整保留下来的仅有七部,其中有《被缚的普罗米修斯》和名为《奥勒斯特亚》的一部三部曲。罪与罚几乎是这些剧本每一部中反复出现的主题。第二个重要的悲剧家索福克勒斯(公元前 496—406 年),常常被认为是最伟大者。与其先驱者相比,他的风格更精致,他的哲学也更深奥。他是一百多部戏剧的作者。他比任何其他希腊作家更多地表达了"不要过分"的理想。由于他热爱和谐与和平,明智地尊重民主,深切地同情人类的弱点,因而他的态度卓尔不群。他的戏剧中最著名的是《俄狄浦斯王》和《安提戈涅》。

欧里庇得斯

最后一位伟大的悲剧家欧里庇得斯（公元前 480—406 年）的作品，反映出不同的精神。他是一个乐于嘲笑古代神话和他所在时代的"神牛"的怀疑论者和个人主义者。他是一个经历过苦难的乐观主义者，遭受过保守的刺耳批判，所以他喜欢贬低骄傲者而抬高位卑者。他是在戏剧中为普通人，甚至乞丐和农民，留下一席之地的第一人。他还因其对奴隶的同情、对战争的谴责以

埃皮扎夫罗斯的希腊剧场

及对将妇女排除在社会和文化生活之外的抗议，而享有盛名。由于他的人道主义，由于他倾向于按人的真实面目（甚至更坏些）描绘人，由于他将爱的主题引入戏剧，他常常被看作是现代主义者。然而，必须记住，在其他方面，他的戏剧与希腊模式完全一致。较之索福克勒斯或埃斯库罗斯，他的戏剧并没有更大程度地展示个人性格的演变或自我的冲突。不过，由于他处理的事态与实际生活相类似，他仍被称为最富悲剧性的希腊哲学家。欧里庇得斯最著名的悲剧中包括《呵尔克斯提斯》、《美狄亚》和《特洛伊妇女》。

希腊喜剧

希腊喜剧，与悲剧相同，似乎也起源于酒神节日，但直到公元前五世纪后期才得到充分的发展。其杰出代表是阿里斯托芬（公元前 448? —380? 年），他是一位生活于雅典的有些粗鲁好战的贵族。他的剧作大部分是讽刺他生活的时代的激进民主派的政治和文化理想。在《骑十》中，他公然嘲笑那些无能而贪婪的政治家不顾一切的帝国主义冒险。在《蛙》中，他挖苦了欧里庇得斯的戏剧革新。在《云》中他奚落诡辩派，或出于无知，或出于有意，他把苏格拉底也归入诡辩者中。虽然他无疑是一位富有想象力和幽默的作者，但他的思想倾向于漫画化。然而，由于他尖锐地批评了雅典的主战派在与斯巴达交战期间的政策，他还是值得称道的，尽管他将《吕西斯特拉式》写成一部闹剧，却聪明地指出一条——然而却是行不通的——结束任何战争的道路：在这部剧中，妻子们拒不与丈夫们发生性关系，直至他们同意与外敌缔结和约。

希腊历史学家：希罗多德

不提到黄金时代的两位伟大的历史学家，便不能完全说明希腊文学。"历史学之父"希罗多德（约公元前 484 —约 420 年），小亚哈利卡纳苏斯人。他广游波斯帝国、埃及、希腊和意大利，搜集了有关各民族的大量有趣材料。他对希波大战的著名记述，差不多是一部世界史。他认为这场战争是东西方之间壮丽的战争。宙斯使希腊人战胜他们强人的蛮族敌人。

修昔底德

如果希罗多德堪称历史学之父，他的同时代晚辈修昔底德（约公元前 460 一约 400 年）则更堪称科学历史学的奠基人。受怀疑主义和诡辩派的实践性的影响，他愿意在审慎地筛选证据的基础著书，拒绝采纳传说和谣言。他的《历史》的主题是斯巴达和雅典之间的战争，他科学地和不偏不倚地描写了这场战争，强调了导致了这场冲突的复杂原因。他的目的是提供一部精确的记载，使各个时代的政治家和将军们能研读有益。

希腊化时代的哲学与宗教

哲学与宗教的种种趋势

在其文明的整个发展时期，希腊化时代的哲学几乎一直并存着两种倾向。主要的倾向以斯多噶派和伊壁鸠鲁派为代表，其本质性特点是把理性视为解决人类问题的关键所在。这一倾向是希腊影响的具体体现，尽管在亚里士多德体系中合二为一的哲学和科学而今已分道扬镳。次要的倾向由犬儒学派、怀疑论者和亚洲各种各样的崇拜为代表，倾向于排斥理性，否认人们有可能获得真理，有时滑向神秘主义和对宗教信仰的依赖。虽然各派教义不尽相同，但希腊化时代的哲学家和热心宗教的人普遍对下面一点有共识：需要找到一种把人类从艰辛的生活中解脱出来的办法，因为随着作为人类理想之表现方式的自由公民生活的衰落，就有必要找到一种替代的办法，以使现实生活变得更有意义，至少是可以为人忍受。

犬儒学派

新的希腊化时代哲学学说中最早的一家是犬儒学派，该派大约起源于公元前 350 年，该派最著名的代表人物是第欧根尼，这个人以不停地寻找"诚实之人"而著称。犬儒学派主张过一种"自然的"生活，批判一切相沿成习和矫饰的东西。（Cynic〈犬儒学派〉一词在希腊语中意为"犬"，寓意是应该像牲畜一样自然而然地生活。）他们追求的主要目标是自足：每个人都应养成满足自身需要的能力。显而易见，犬儒学派与人类各个时代出现的其他运动有某些相似之处——比

第欧根尼头像

如 20 世纪 60 年代的嬉皮士运动。然而，这些运动之间也有重大区别。犬儒学派把艺术和音乐视为种种矫揉造作的表现形式而加以摒弃，同时他们不是年轻一代的代表。不过所有运动看来都反映出一种因受到社会束缚、人生目的难以实现而产生的挫折感。根据一则传说，亚历山大大帝曾垂询第奥根尼的门生克拉特斯①，新近毁于战火的底比斯城是否需要重建。这位犬儒派大师答道："即便重建了它，它肯定会

再次毁于另一位亚历山大之手的。"

伊壁鸠鲁派和斯多噶派

伊壁鸠鲁派与斯多噶派均发端于公元前 300 年左右，其创始人分别是伊壁鸠鲁
（约公元前 342—270 年）和芝诺（活跃于公元前 300 年之后），二人都居住在雅典。
这两个派别之间有不少共同性：都推崇个人，所关心的均非社会的利益，而是个人
的好处。二者均为唯物论者，都绝对否认有任何精神实体的存在；他们甚至认为就
连神与灵魂也是由物质构成的。进而言之，伊壁鸠鲁派和斯多噶派学说中都包含着
普济主义的成分，因为他们都认为世界各地的人都是一样的，希腊人与非希腊人之
间并没有什么区别。

斯多噶派通过宿命论寻求心灵平静

但是这两个哲学体系之间也有很多不同之处。斯多噶派认为，宇宙是一个井然
有序的整体，其中，一切矛盾均为达到至善而最终消解。因而，恶是相对的；人类
遭受的种种特别的不幸，是为了达到宇宙最终的完备所必然发生的枝节变故。世上
发生的任何一件事都是根据理性目的而严格确定的。任何个人均非其命运的主宰；
人类的命运是一不间断的链条中的一环。只是在人可以接受命运或反抗命运的意义
上才能说他们是自由的。但不论他们是接受命运还是反抗命运，他们均无法战胜命
运。人类的最高使命就是在认识到宇宙秩序是完美的情况下去顺从此秩序；换句话
讲，就是要以最为愉悦的心情听从命运的安排。通过这样一种顺从态度，人就达到
最高的幸福之境，这种幸福存在于心灵的平静之中。人的幸福源于灵魂中理性部分
对感情的控制。因此，真正幸福之人就是能够运用理性使其生活与宇宙目的相应、
并能净除心灵中的一切苦痛与反抗厄运的人。

斯多噶派的伦理与社会学说

斯多噶派形成了一种与总的哲学理论相协调的社会伦理学说。他们认为至善在
于心灵的明澈，自然而然地也就视义务与自律为主要的美德。他们认识到普遍存在
着某一特殊的恶，因而教导人们相互容忍、相互谅解。与犬儒学派不同，他们不仅
不赞成游离于社会之外，而且认为参与社会事务是那些具有理性心灵的人的义务，
他们谴责奴隶制和战争，但其立场离采取任何切实的行动消除奴隶制和战争相距甚
远。在他们看来，以暴力手段变革社会所产生的后果，比人们原意医治的疾病还要
严重。此外，如果心灵是自由的，即便躯体受到束缚，那又有什么关系呢？虽然斯
多噶哲学在部分方面具有消极特点，但它是希腊化时代最为珍贵的产物之一，教导
人们平均、和平与人道学说。

伊壁鸠鲁与非机械性原子论

伊壁鸠鲁和伊壁鸠鲁派以早期希腊哲学家德谟克利特的"原子论"为其哲学基

础。根据这一学说，宇宙的基本成分是微小的、不可分割的原子，发展和变化是这些原子组合、分离的结果。不过，伊壁鸠鲁在接受原子论这一唯物主义学说的同时，却摒弃了其绝对的机械论。他不认为一种自动的、机械的原子的运动是宇宙间万事万物的根源。虽然他认为原子垂直向下运动，但他坚持赋予原子同时具有偏离垂直线的能力，从而彼此结合在一起，他对原子论的这一修正就使得对人类自由的信仰成为可能。如果原子只能作机械运动，那么同样由原子构成的人类就会退化到一种自动的地位，同时宿命论就会成为宇宙的法则。通过摒弃对生活的这种机械解释，

伊壁鸠鲁（大理石头像）

伊壁鸠鲁派可能比德谟克利特或斯多噶派更接近希腊化精神。

伊壁鸠鲁派通过克服对超自然力量的恐惧实现心灵的宁静

伊壁鸠鲁派的伦理哲学建立在至善是快乐之基础上。但他们并不把各种各样的放纵包括在真正的快乐之中。肉体的快感应该避免，因为每一种过度的淫荡相应带来的都是命定的痛苦。另一方面，肉欲的适度满足是可以的，其本身就可视为善。高于这种快感的是心灵的愉悦，是对于选择一些事物而避免另一些事物的理由进行冷静的沉思，同时对于先前获得的满足进行周密的反思。然而，各种快乐中居至高地位的，是心灵明澈宁静，是完全没有精神的和肉体的痛苦。要达到这一目的，最好的途径是消除恐惧，尤其是对于超自然力量的恐惧，因为这是导致精神痛苦的最大根源。各个人必须通过研究哲学认识到，灵魂是物质的，因而不能脱离肉体而存在；宇宙乃是自行运转的；神祇并不干预人间事务。神祇住在远离尘世的地方，满门心思地关注着自己的事务，根本无暇为地球上发生的事操心。既然神在今世或来世都不会惩罚或奖赏凡人，凡人没有理由对他们心存惧怕。就这样，伊壁鸠鲁派经由不同的途径得出了与斯多噶派相同的总结论——心灵的宁静至高无比。

伊壁鸠鲁派的伦理学说以及政治学说

伊壁鸠鲁派注重实行的伦理学说和政治学说都建立在功利主义基础之上。与斯多噶派不同，该派并不坚持把美德视为目的本身，而是教导说，人应行善的唯一理由是为了增加自身的幸福。与此类似，他们否认存在着绝对公正之类的事：法律与规定只有在为个人谋福利时才是公正的。在每一个复杂的社会里，都需要有一些规定来维持秩序。人们之所以应当遵守这些规定，只是因为这样做对他们有利。伊壁鸠鲁对政治或社会生活不予重视。他把国家仅仅视为一种便利手段，并教导说智者不应该积极参与政治。与犬儒学派不同，他不认为应该放弃文明；不过他的至乐人生观在本质上仍具有消极和失败主义特征。他认为，有头脑的人将认识到，世间的恶是不可能经由人间的种种努力而消除的；因而，个人应退隐去研究哲学，与一些

志趣相合的朋友去畅谈友情，以此为享受。

怀疑论派的怀疑主义学说

怀疑论派提出了一种更为激烈的失败主义学说。公元前 200 年左右在卡涅阿德斯的影响下，这一学派盛行一时，达到了极盛。怀疑论派灵感的主要源泉是诡辩论者的下述说法：所有知识都来自感官的体验，因而必定是有限的与相对的。由此而推导出的结论是：我们不能证明任何东西。由于我们感官的印象欺骗我们，因而没有任何肯定无疑的真理。我们所能说的仅仅是，事物看上去是这样那样的；我们并不知道它们到底如何。我们对超自然力量、人生的意义乃至是与非，都没有确定的认识。结果，明智的做法就是不要作出判断：只有这样才能达到幸福之境。如果我们放弃对绝对真理徒劳无益的寻求，不再为善或恶问题操心，我们就会获得心灵的平静，而心灵的平静乃是人生所能达到的最大满足。怀疑论者甚至比伊壁鸠鲁派还要不关心政治和社会问题。他们的理想是使个人从他既不能理解也无力改变的世界中逃脱出来，这具有典型的希腊化思想特征。

感性化宗教的吸收力

希腊化时代的宗教同样有帮助人们逃避集体的政治义务而提供渠道的倾向。城邦时期希腊人的公民宗教到这时已失去了影响。对整个希腊化时期的多数社会领袖人物而言，城邦公民宗教已被斯多噶派、伊壁鸠鲁派和怀疑论学说取而代之。不过，那些不那么受到哲学影响的人和大多数一般人倾向于信奉感性化的个人宗教，这种宗教在现世提供一套繁琐的仪式，在来世提供得救。在讲希腊语的社会共同体中，强调通过极端禁欲来赎罪、与神进行结合并宣传来世得救的俄尔甫斯崇拜和依洛西斯崇拜吸引了越来越多的信徒。与此相连，在讲波斯语的地区，琐罗亚斯德教变本加厉地推崇二元论，该教僧侣（麻葛僧）坚持认为一切有形的和物质的东西都是邪恶的，要求其信徒通过苦行生活使自己的灵魂在来世获得永恒的欢乐。最后，在希腊人和非希腊人中间，琐罗亚斯德教的一个分支密特拉教获得了越来越多的信徒。

密特拉教的传播与影响

到底密特拉教在何时成为一种独立的宗教，目前尚不为人所知，但肯定不晚于公元前 4 世纪。这一崇拜得名于密特拉，他是琐罗亚斯德教中无所不能之神阿胡拉——马兹达在与邪恶力量作斗争时的一个副手。密特拉起初只是琐罗亚斯德教中的一个小神，他逐渐被许多波斯人视为最值得祀奉的神祇，可能是他一生中的感激色彩。据认为他曾生活在人世间，罹受过大灾大难；他显现了奇迹，赐人类以面包和酒，为人类解除了旱灾和大洪水。密特拉宣布，星期日（太阳之日）是一周中最为神圣的日子，因为太阳是光明的赋予者。他宣布 12 月 25 日是一年中最为神圣的一天，因为该日大致相当于冬至，标志着太阳经过赤道之南漫长的旅行后再度返回。这一天在某种意义上是太阳的"生日"，因为该日意味着它为人类带来的予万物以力量的力量复苏了。信奉密特拉教的主要是希腊化社会的下层人民，密特拉教给他们制定了一套复杂的礼拜仪式，为他们提供了轻视现世生活的理由，并且制定了一套明确的通过个人救世主密特拉获救的信条。毫不令人奇怪，该教存在的时间比希腊化时期本身要长，在公元100年之后成为罗马帝国中盛行一时的宗教，并对基督教产生了些许影响。

希腊化时代的文学和艺术

希腊化时代的文学和艺术都以这样一种倾向为特征，即把此前希腊的各个成就发展到了极致。出现这种情况的原因尚难以确定，但作家和艺术家们纷纷展现其娴熟的拘泥形式的技巧，试图以此取悦资助他们的专制君主。进而言之，希腊化时代生活的反复无常可能导致收买艺术品的人到更激动人心且不那么深奥难测的艺术表现形式中去寻求快意。不论情况如何，这一时期的艺术确实不是公民活动的一个内在表现方式，而是一种商品，这就意味着其中大部分是非耐用的甚或粗制滥造的。我们知其名姓的希腊化时期的作家至少有1,100人，但其中真正具有文学殊荣的仅有个别人。不过，在大量平庸的文学和艺术作品之外也有少数毋庸置疑的意义深远之作。

希腊化时代的文学

1. 米南德的喜剧

希腊化时代两个最主要的文学体裁是戏剧和田园诗，前者早已出现，后者是新近产生的形式。希腊化时代最伟大的剧作家当推雅典喜剧诗人米南德（约公元前343至约291年），他用在此之前由阿里斯托芬发展完善的体裁进行创作。米南德从阿里斯托芬那里承继了许多东西，但与阿里斯托芬不同，他不是一位讽刺作家，对政治持漠不关心的态度（对在此之前的任何一位希腊专家而言，这是无法想象的）。米南德喜剧作品的唯一题材是浪漫的爱情，描写爱情的痛苦与欢乐、与爱相关的密谋及引诱，作品最后以大团圆即幸福的婚姻告终。这种喜剧的情节来自日常生活，令观众如醉如痴。不过，米南德擅长创造幽默的氛围，精于刻画人物性格的怪癖，远非肥皂剧（soapopera）作家所能比。

2. 提奥克里图斯的田园诗

恋爱故事也是田园诗的主题。田园诗并非植根于现实生活背景，而是植根于牧羊人、仙女和排箫之中。这一文学体裁的创造人是希腊人提奥克里图斯，他出生于西西里岛，后移居亚历山大，在该大城市进行创作。（他活跃的时间大致在公元前270至250年。）提奥克里图斯是位典型的遁世主义的代表作家。他生活在喧骚不已的城市中，面对的是要求人们顶礼膜拜的专断统治者，亲眼目睹穷人近乎贫民窟的拥挤不堪的居住条件。虽然如此，他热情讴歌烟雨朦胧或者沐浴在阳光之中乡间幽谷迷人的风韵，并把民歌中"质朴的乐趣"理想化。"唱吧，噪音甜美的缪斯女神，唱起我的乡村歌谣，/我是来自埃特纳的西利西斯，请听我那美妙的歌喉"，这可能是他早期创造的一首田园诗。不可否认，这类诗歌有些矫揉造作，但我们同样也不能否认，它们往往产生悦耳感人的效果。此外，提奥克里图斯由于创造了田园诗体裁，因而也就成为一种影响深远的文学传统的缔造人；后世不少诗词巨擘，诸如维吉尔和弥尔顿，都创作了不少田园诗；同时画家和雕塑家从中汲取了丰富的题材。就连近代一些协奏曲作家，诸如克洛德·德彪西在创作《牧神的午后》时，也从亚历山大的这位遁世主义诗人那里受过益。

3. 历史

在散文领域，这一时代居主导地位的作家是历史学家、传记作家和乌托邦作者。迄至此时最出类拔萃的历史学家是生活在公元前 2 世纪的希腊本土人波利比乌斯（波利比阿）。在波利比乌斯看来，历史以循环方式发展，各国必然要经历兴盛衰落阶段，因而，了解了一个国家的历史，就可准确地预测到它的未来。就其科学态度而论，波利比乌斯在古代所有史学家中仅比修昔底德稍逊一筹，同时在把握社会力量和经济力量的重要性方面，就连修昔底德也要自叹弗如。

4. 传记以及乌托邦作品

虽然传记大都具有轻松和闲谈的特征，但这类作品的广为流传则很有说服力地显示出当时人的文学趣味。更具有重要意义的是乌托邦作品或描写理想国家的作品的盛行。这些作品所描绘的实际上都是：在一个杜撰的岛屿上，或者遥远的不为人知晓的地方，社会平等，经济平等，没有压迫，没有争斗，也没有贪婪。总的说来，在这些乐土中，人们不知钱为何物，不事商业，一切财产均为公共所有，所有的人都要参加劳动，自己动手生产生活必需品。或许有理由这么说，这种乌托邦文学的流行，是希腊化社会蕴含的经济和社会紧张状况的反映；这些作品向人提供的，要么是与田园诗类似的遁世主义，要么（或许）是一种潜在的要求改革的思潮。

乌托邦作品含蓄地批判的那种华而不实风格在希腊化时代的建筑中有着充分反映。公元前 5 世纪到 4 世纪早期希腊建筑的独特之处在于对称和节制。与此不同，而今大行其道的却是强调富丽堂皇和奢华。这在部分上源自此时居主导地位的由埃及法老和波斯皇帝所确定的规范。埃及亚历山大的大灯塔和亚历山大城献给古埃及神祇塞拉皮斯的城堡，就是两个典型例证，惜两者都未能幸存至今。亚历山大灯塔高约 400 英尺，共分由下向上逐渐缩小的三层，另有八根圆柱，支撑着顶部的塔灯。城堡则用石头砌成，外表涂以蓝色石膏，那一时代一位人士称它"直冲云霄"。希腊人在小亚细亚有个据点叫帕加马，那里有一座规模庞大的宙斯祭坛（祭坛在近代被迁移到了柏林）和一座大型露天剧场，由此可以看到远处的高山。而在离帕加马不远的以弗所，街道悉由大理石铺砌。固然，希腊化世界的建筑并不是个个宏伟壮观，不过不论规模大小，希腊化建筑都具有一个"特征"，即科林斯式圆柱，这种圆柱比早些时候希腊建筑中盛行的纯朴、威严的多里亚式或爱奥尼亚式圆柱更为华美。

希腊化时代的雕刻

归根结底，希腊化时代文化的种种成就中，最有影响的，几乎肯定最合乎现代人口味的，当推雕刻作品。如果说此前希腊雕刻追求是把人性理想化并以朴素的克制风格来表现希腊人的节制观念，那么希腊化时代的雕刻则强调极端的自然主义与不加拘束的奢华。在具体雕塑活动中，这意味着雕刻家尽其所能再现人物面部的皱纹、肌肉的发达以及复杂的衣纹褶皱。难以处理的人物姿态被认为是石雕艺术家面临的最大挑战，以致他们宁愿刻画那种在日常生活中殊难见到的以单腿作平衡或把整个身体伸展开来的姿态。由于希腊化时代的雕刻作品是专门为富有的资助人制作的，因而雕刻家的目的显然在于创作出在构思和技巧方面都独具特色的作品——以便收藏者可以向世人夸示，此类作品是独一无二

拉奥孔群像（公元前 2 世纪晚期）

的。因此，毋庸置疑，复杂性本身受人羡慕，极度的自然主义风格有时晃到了被扭曲的程式化的边缘。不过，现代人看到这类作品中往往会产生一种似曾相识的惊愕感，因为希腊化时代雕刻品之怪异的和夸张的姿态，后来对米开朗琪罗及其追随者产生了巨大影响，再后又给 19 世纪和 20 世纪某些最"现代"的雕塑家以启示。我们在此不妨列举一下希腊化时代三个最著名的雕刻作品，它们揭示了该时期人们审美观念的不同方面：《垂死的高卢人》，公元前 220 年左右完成于帕加马，它显示出娴熟的刻画发达的人体的技巧；《萨摩色雷斯带翼的胜利女神》，完成于公元前 200 年左右，刻绘飘逸的衣纹细致入微，逼真动人，让人看上去就像是用真正的布料而不是石头做成的；以及《拉奥孔群像》，完成于公元前 1 世纪左右，是人类雕刻艺术史上现知最真挚地表现了人类情感、构图最复杂的作品之一。

第一个伟大的科学时代

在公元 17 世纪之前，科学史上最光辉的时代就是希腊化文明时期。没有亚历山大、帕加马和其他希腊化城市的科学家的种种发现，现代的一些科学成就实际上就不可能产生。在亚历山大征服波斯帝国之后几百年间，科学异乎寻常地发展的原因主要有二个。其一，美索不达米亚和埃及的科学与希腊人的求知欲和好奇心结合在一起，大大刺激了希腊化时代人们对于知识的探求。其二，就像资助雕刻家那样，希腊化时代的许多统治者热心资助追随他们的科学家进行科学研究。过去人们曾认为这种资助纯粹出于实用目的——统治者认为科学进步可以促进他们所辖领土上工业的发展，并可改善自己物质享受的条件。不过今日研究这段时期文明的学者们相信，认为所有统治者都因为技术可以节省人力而希望出现"工业革命"，是一种时代误植。其原因在于当时劳动力是非常低廉的，同时专制君主们对劳动大众的痛苦和

磨难根本不闻不问。至于所谓科学与增进物质享受的程度相关，希腊化世界的君王们实际上殊难想到这一点；他们有足够的奴隶为他们煽风，无意引进机械设备，因为那样一来他们因恭顺的臣属为自己煽风而产生的社会荣誉感就会受到影响。在某些领域，实用目的确实也促进了对科学事业，尤其是对医学和与军事技术相关的领域的资助。不过很显然，专制君主资助科学的主要目的是沽名钓誉：有时候一位科学家可以为一位统治者制造出一件精妙的小玩意儿，这样统治者就可以像炫示雕刻作品那样向来客炫耀这一发明；即使情况不是这样，那么由于讲希腊语的有闲阶层对纯理论性的成就极为推崇，因而资助某一理论突破的那位希腊王公就会分享到殊荣。以当今的事例作比较，这好比美国一个

萨摩色雷斯带翼的胜利女神

城市的市长，该城的棒球队如果赢得世界职业棒球锦标赛桂冠，他也脸上有光。

天文学

希腊化时代主要的学科有天文学、数学、地理学、医学和物理学。该时代早期最有名的天文学家是萨摩斯的阿里斯塔库斯（公元前310—230年），他有时被称为"希腊化时代的哥白尼"。阿里斯塔库斯的主要成就是推论地球及其他行星都是绕太阳运行的。不幸的是，由于这一观点与亚里士多德的学说相悖，也与希腊人之人类因而也就是地球是宇宙的中心的思想不相合，因而他的后继者没有接受他的观点。希腊化时代另一重要的天文学家是希帕库斯，他在公元前2世纪后半期在亚历山大很活跃。希帕库斯的主要贡献是发明了星盘，并大致正确地计算出月球的直径及月球至地球的距离。然而他的声名后来被亚历山大的托勒密《公元前2世纪》的名声遮掩住了。托勒密自己未作出多少独创性的发现，但他把其他人的著作进行了整理分类。他的主要著作《天文学大成》（Almagest）所依据的是地心说，即天体围绕地球运行的学说为基础；该书一直流传到中世纪欧洲，成为古代天文学的经典性总结。

数学和地理学

与天文学密切相关的两门学科是数学和地理学。希腊化时代最著名的数学家当推欧几里德，他是几何学专家。欧几里德所著《几柯学原理》（写于公元前300年左右）在19世纪中叶之前一直是研究几何学的公认的基础。书中资料有不少并非他的独创，而是综合汇编他人成果而成。希腊化时代最有创见的数学家或许当推希帕库斯和阿基米德；前者奠定了平面三角学和球面三角学的基础；后者主要是位物理学家，但也发现了积分。希腊化时代地理学的发展，埃拉托斯特涅斯（约公元前

276—约196年）居功至伟。他是位天文学家和图书馆馆长。他把日规分放在相距几百英里的地方，据此计算出地球的周长，误差在200英里以下。他提出了世界各大洋互相连接、实际为一的学说，同时是最早提出向西航行就有可能抵达亚洲东部的人。他的一位继承人把地球划分为五大气候带，至今仍为人沿用；他还把潮汐的涨落归因于月球的影响。

医学：解剖学的发展

在希腊化时期科学的种种进步中，最为重要的当数医学的进步。其中尤以卡尔希登的赫罗菲鲁斯的成就更有重要意义。赫罗菲鲁斯大约在公元前3世纪初期在亚历山大从事研究。他无疑是古典古代最伟大的解剖学家，或许还是第一位对人体进行解剖的人。他的最重要成就，包括对大脑作了详细描述，强调大脑是人类智力的中枢（与亚里士多德的观点相左）；发现了脉搏的重要性及其在诊断疾病方面的作用；发现动脉中只含有血液，而非如亚里士多德所说的那样是血和空气的混合体，动脉的功能就是把血液由心脏输往人体各处。

生理学

赫罗菲鲁斯最有才干的同事当推厄拉西斯特拉图斯，他在公元前3世纪中叶主要活跃于亚历山大城。他被认为是作为一门独立学科的生理学的创始人。他不仅进行过人体解剖，而且据说从活体解剖中获得了大量关于人体机能的知识。他发现了心脏的瓣膜，区分出运动神经和感觉神经，同时指出动脉与静脉的最后部分是连在一起的。他是第一位反对希波克拉底之体液致病说的人，并且谴责把过度放血作为一种治病方法。令人遗憾的是，厄拉西斯特拉图斯所指斥的上述两种谬见后来又被伽伦视为珍宝；伽伦生活在公元2世纪的罗马帝国，是一位伟大的医学百科全书编纂者。

物理学

在公元前3世纪之前，物理学一直是哲学的一个分支。把它变成为一门独立的实验科学的是叙拉古的阿基米德。阿基米德（约公元前287—212年）发现了浮体定律（或比重），并以科学的精确性确定了杠杆、滑轮和螺旋原理。他的令人难以忘怀的发展有复合滑轮、船用螺旋推进器，虽然他被认为是古典古代最伟大的技术天才，但阿基米德实际上并不看重机械发明，更愿把全部时间用在科学研究上。传统说法认为，他的"阿基米德原理"（比重）是他在洗澡时发现的：当时他一面洗澡，一面思考一些有潜在可能的问题；突然他有所悟，激动地跳出澡盆，赤裸着身子就冲上大街，高声大叫"尤里卡"（Eureka，"我发现了"）。

元首制时期的文化和生活

元首制时期文化的进步

从知识和艺术兴趣多样性的观点看，元首制时期比罗马历史的任何其他时期都要光彩夺目。自公元前 27 年到约公元 200 年，罗马哲学形成了自己最独特的形式。另外，这同一时期还产生了卓越的文学作品，独具一格的建筑和艺术有所发展，罗马土木工程获得了最大成功。

罗马的斯多噶哲学

对罗马人最有影响的哲学形式是斯多噶哲学。斯多噶主义广为流行的原因不难找到。斯多噶哲学强调义务、自律和遵从事物的自然规则，与罗马人的古老美德和保守习惯非常合拍。此外，该哲学力主公民义务及其世界主义信条，切合罗马人的世界帝国政治欲望和自豪感。不过应当指出，元首制时代流行的斯多噶哲学与芝诺及其学派的斯多噶哲学有些不同，从赫拉克利特那里借来的旧的物质学说现在被放弃了，取而代之的是对政治学和伦理道德更广泛的兴趣。与最初的斯多噶哲学的特征相比，罗马的斯多噶哲学还倾向于具有更独特的宗教气息。

塞内加、埃皮克泰图斯和马库斯·奥雷利乌斯

在奥古斯都统治结束之后的两个世纪里，三位杰出的斯多噶哲学倡导者住在罗马并在那里进行传道活动。他们是一度任尼禄顾问的富有的塞内加（公元前 4 —公元 65 年）、奴隶埃皮克泰图斯（公元 60? —120 年）以及皇帝马库斯·奥雷利乌斯（公元 121—180 年）。他们都认为，人类追求的终极目标是内心的宁静，真正的幸福仅见于对宇宙仁慈的秩序的服从之中。他们倡导道德之上的理想，哀叹人类天性的罪孽，强调要服从尽职尽责这一良知的呼声。塞内加和埃皮克泰图斯把其哲学与这种深切的神秘渴望掺杂起来，几乎把其哲学变成了宗教。他们把宇宙尊奉为神，它处在全能的上帝的治理下，上帝为了至善安排了所发生的一切。罗马最后一位斯多噶派倡导者是马库斯·奥雷利乌斯，他更相信宿命说，同时更少寄予希望。虽然他不反对宇宙是有秩序有理性的观念，但他既无更早的斯多噶派的信仰，也无他们的教条主义。他坚信没有什么永垂不朽之物可抵消人们在尘世遭受的苦难，倾向于认为人是受厄运蹂躏的动物，遥远的未来整个宇宙的尽善尽美也无法完全消除这种厄运。不过他敦促人们去过高尚的生活；他们既不应该放纵自己，沉溺于低级趣味之中，也不应该在愤怒的抗议中垮掉，而应从对苦难的尊贵的忍耐及对死亡宁静的顺从中获得所能得到的满足。

罗马文学：贺拉斯

罗马人的文学成就与其哲学有明确的关联。这在奥古斯都时代最杰出作家的作

品中表现得尤其明显。举例来说，贺拉斯（公元前 65—公元前 8 年），在其著名的《颂歌》中大量引用了伊壁鸠鲁派和斯多噶派的说教。不过他所注意的只是有关生活方式的信条，因为他像多数罗马人那样对宇宙的运行不怎么感兴趣。他创造了一种哲学，把伊壁鸠鲁派为享乐所作的辩护与斯多噶派面对逆境应当勇敢的观点结合起来了。虽然他从不把享乐简单地理解为没有痛苦，但他已足够老练，知道最高程度的享受只有通过加以理性的约束才有可能实现。

维吉尔，奥维德和李维

维吉尔（公元前 70—公元前 19 年）同样具有他所处时代的哲学气息。虽然他的《牧歌》表达了伊壁鸠鲁派安宁享乐的某种理想，但维吉尔更多的是位斯多噶主义者。他的和平、丰足的乌托邦幻想，他对人类命运悲剧的焦虑之情，以及他那实现一种与自然和谐一致的生活的理想，都显示出一种与塞内加和埃皮克泰图斯类似的知识遗产。维吉尔最著名的作品是《埃涅阿斯纪》，它与贺拉斯的《颂歌》中的一些诗篇一样歌颂罗马的扩张。其实《埃涅阿斯纪》是一部帝国史诗，它历数了国家建立过程中的苦痛和胜利、它的光荣传统和崇高的命运。奥古斯都时代的其他重要作家有奥维德（公元前 43？—公元 17 年）和李维（公元前 59—公元 17 年）。奥维德是他所处时代玩世不恭和个人主义倾向的主要代表。他的出色而诙谐的作品反映出该时代放荡不羁的风格。李维的声望主要来自他作为散文文体家的文笔。作为一位历史学家，他缺陷极大。他的主要作品是一部罗马历史；书中充满了戏剧性的绘声绘色的描述，旨在激起人们的爱国热情，而不是准确地记述历史。

佩特罗尼乌斯、阿普列乌斯、马提亚尔、尤维纳尔和塔西佗

奥古斯都去世之后这段时期的文学也具体体现了互相冲突的社会和知识倾向。佩特罗尼乌斯和阿普列乌斯的小说及马提亚尔的讽刺诗描述了罗马生活中更为怪异有时是龌龊的各个方面。这些作者的目的不是指导或者鼓舞人民，而主要是讲述有趣的故事或玩弄诙谐的词藻。这一时期其他一些最重要的作家的作品中呈现出一种截然相反的观点：讽刺作家尤维纳尔（公元 60？—140 年），以及历史学家塔西佗（公元 55？—117 年？）。尤维纳尔是在斯多噶派的影响下进行写作的，但目光狭窄。他确信国家的纷扰是道德败坏造成的，因而怀着福音传教士的愤怒心情痛斥了国人的堕落。比他年轻一些的同代人塔西佗的作品也显示出某种类似的态度。塔西佗是罗马历史学家最著名的，他描述他所处时代的历史，不是为了进行不偏不倚的分析，而在很大程度上是为了进行道德控诉。在《日耳曼尼亚》中，他对古代日耳曼人习俗的描述，旨在强化一个尚未腐败的种族的果敢的美德与颓废的罗马人的柔弱的丑行之间的对比。不管作为一位历史学家有什么样的缺陷，他都不愧为富有讽刺才智、善于运用警句的大师。在谈到自我夸耀的"罗马和平"时，他借一位蛮族酋长之口说道："他们制造了一片焦土，却称之为和平。"

艺术方面的成就

在元首制时期，罗马艺术首次呈现出独特特点。在此之前，罗马艺术实际上是来自希腊化东方的舶来品。获胜的军队从希腊和小亚细亚将一车车雕塑、浮雕和大理石柱作为战利品的一部分运回意大利。这些艺术品成了富有商人的财产，被用来装饰他们的豪华住宅。随着这种要求的增大，数以千计的复制品被制造出来，结果到了共和国末期，罗马逐渐拥有了大量艺术品，其文化意义不亚于现代一些证券经纪人家中收藏的毕加索绘画。元首制早期洋溢的民族自豪感刺激了更加本土化的艺术的发展。奥古斯都自诩他最初看到的罗马是一座砖城，而留下的是一座大理石城。不过，旧有的希腊化影响有许多一直保持到罗马人自身才华殆尽之时。

建筑和雕塑

最能真实体现罗马特征的艺术是建筑和雕塑。建筑是纪念性的，旨在象征权力和荣耀。其主要组成部分有圆拱、拱顶和圆穹，虽然科林斯式圆柱也时常被采用，尤其是在建筑神殿时。最常用的建筑材料是砖、方形石块和混凝土，后者是罗马人的发明。为了对公共建筑物进一步美饰，时常增加一些雕刻的柱顶盘和由一排排柱廊或连拱廊组成的建筑物正面。罗马建筑主要用于功利目的。最主要的例子有政府大厦、圆形剧场、浴池、竞技场和私人住宅。几乎所有建筑物都规模宏伟，结构牢固。最大、最有名的建筑有圆穹直径达 142 英尺的万神殿以及能容纳 65，000 名观众观看角斗比赛的大圆形竞技场。罗马雕塑的主要形式有凯旋门、凯旋柱、叙事浮雕、祭坛、半身肖像和雕像。它的独特之处在于个性化和自然主义。罗马雕像和脚像有时只是用于表现贵族的空虚，但罗马最好的雕像都成功地传递了与那些信奉斯多噶哲学的人类似的朴素的人类尊严的特质。

与罗马人在建筑学领域的成就密切相关，他们在土木工程和公共事业方面取得的卓越成就。帝国时期的罗马人建造了非凡的大道和桥梁，其中许多至今仍存。在图拉真统治时期、11 条引水渠从附近的山上每天向罗马城供水 3 亿加仑，供城内居民饮用、洗浴，同时用于冲洗设计精致的污水排放系统。罗马人十分聪明地把水引入到富人家中、以供其私人花园、喷水池和游泳池之需。罗马人还建立了西方世界最早的医院和最早的国家医疗体系。

尽管罗马人在土木工程方面成就斐然，但他们在科学方面没有多大建树。正如一种戏谑但并非不确切的说法所提到的那样，他们擅长的是排水（drain），而不是脑力（brain）。具有重要意义的独创性发明，出自拉丁民族之手的几乎一个也没有。考虑到罗马人具有以希腊科学为自己科学的基础的有利条件，这种情况就非常奇怪了。不过他们几乎完全轻忽了这种机会，因为他们对自己生存于其中的自然界没有强烈的好奇心，罗马作家在科学主题方面极其缺乏批判才智。他们中最著名、最典型的是老普林尼（公元 23—79 年）。他在公元 77 年左右完成了一部他称之为《自然史》的卷帙浩繁的"科学"百科全书。该书探讨了自宇宙学到经济学的各式各类主题。普林尼的这部著作虽然资料丰富，但由于他对事实和谬误完全缺乏鉴别能力，因而价值有限。

伽伦

元首制时期所取得的唯一科学进步是由住在意大利或者行省的希腊科学家作出的。其中的一人是天文学家托勒密，他在公元 2 世纪中叶前后活跃于亚历山大（见前文第 221 页）。另一位就是内科医生伽伦，他在 2 世纪下半期曾多次到罗马活动。伽伦的声誉主要建立在把别人的研究成果系统化而编成的一部医学百科全书上，不过他自己的接近于发现血液循环的实验使他有理由获得更大声誉。他不仅教导人们，而且向人们证实动脉输送血液，哪怕是切断一个小小的动脉，周身的血液都会在半个多小时的时间内流光。

罗马妇女

元首制下的罗马社会呈现出与共和国末年一样的总的趋势。其中一个最不引人的特征是妇女所处的低下地位。历史学家 M. I. 芬利注意到，罗马历史上最著名的两位女性，一位是克里奥帕特拉，她连罗马人都不是，一个是鲁克丽丝，她是位虚构中的人物，因受到强奸和自杀出名。像罗马妇女这样局限于家务小圈子、地位如此低微的在历史上很不多见。罗马妇女实际上没有自己的名字，其名字是在其父姓后加上阴性词尾构成

罗马大竞技场，公元 70—80 年。

——举例说来，"朱莉娅"（Julia）来自"尤利乌斯"（Julius），"克劳迪娅"（Claudia）来自"克劳迪乌斯"（Claudius）。一家中如有两位女儿，仅仅这样加以区分："大朱莉娅"，"小朱莉娅"；如果有多位女儿，就这样区分："大朱莉娅"，"二朱莉娅"，"三朱莉娅"，依此类推。妇女按要求应从属于父亲和丈夫，其地位的高低取决于生育能力的大小，而且应呆在家中。一位典型的墓志铭会这样写："她爱自己的丈夫……她生了两个儿子……她爱唠叨……她治理家务，从事毛织。到此结束。"毫不令人奇怪的是，亲王之家的罗马妇女试图通过起幕后作用摆脱这些限制，同时在政坛上往往起着实际上很有害的作用。地位不那么高的妇女则从观看角斗表演——此处角斗士的地位等同于现代的摇滚歌星——或者参加宗教祭祀典礼的骚动中得到了消遣。

角斗表演

与妇女受到限制一起，可以用来指斥这一时代的最严重的诉状是人们对残忍行径的嗜好进一步加强。希腊人自娱的方式是去剧场观看演出，罗马人则越来越爱去圆形竞技场，实际上是去看人类相残的表演。在元首制时期，大型竞技和表演比过

去更加残酷。罗马人从纯粹的体育技巧表演中已不再能得到足够的刺激：拳击手要求要用带有铁块或铅块的皮带缠在手上。各项娱乐中最受欢迎的当属在大圆形竞技场或其他能够容纳成千上万名观众的圆形剧场里观看角斗竞赛。角斗士间的角斗不是什么新鲜事，但现在角斗在比过去精密得多的规模上进行。观看角斗的不仅有普通人，而且有富裕的贵族，另外政府首脑也往往莅临观看。角斗士的拼杀伴随观众的狂呼乱叫和咒骂进行。一旦场中有人受伤倒地而无法再战，那么观众

列队行进的帝室。该浮雕出自尊崇奥古斯都的和平祭坛。

有权决定是饶他一命还是让对手用武器刺入他的心脏。在一次表演过程中，一场角斗接一场角斗进行，而且往往以人成为野兽的牺牲品为特征。假如竞技场被血浸透了，就在上面撒上一层新沙，令人作呕的表演随后继续进行。角斗士大都是被定刑的罪犯或者奴隶，但有些是来自名门望族的志愿者。马库斯·奥雷利乌斯的不肖之子康茂德为取悦观众曾数度到竞技场表演：这是他心目中的一个罗马假日。

密特拉教和基督教的传播

　　尽管元首制时期道德低下，这一时期的特点却是人们对救世军式的宗教比对共和国时期盛行的宗教有着更为强烈的兴趣。密特拉教在这时赢得了成千上万的信徒，它吸引

法国尼姆的伽尔桥，公元前 19 年。混凝土的发现和使用使罗马人得以兴建大型公共工程。在罗马帝国所取得的成就中，具有重要意义的一项是供水系统即引水渠；有些引水渠为人使用上千年。上图工程现被用作高架桥。

了众多信奉众神之母和塞拉庇斯祭的人。公元 40 年左右，罗马出现了首批基督徒。这一新的教派稳步发展，最终取代密特拉教成了最受欢迎的救世军式信仰。

　　奥古斯都稳固政府的建立标志着意大利进入了一个持续 200 余年的繁荣阶段。此时贸易扩展到已知世界的各个角落，甚至到了阿拉伯、印度以及中国。制造业也有所发展，尤其是在陶器、纺织品、金属制品和玻璃制品方面。尽管如此，罗马的经济秩序远非达到健康的程度。繁荣并非人人同等受益，受益者主要是上层阶级。由于体力劳动卑贱的观念一如既往地根深蒂固，因而随着奴隶来源的枯竭，生产必然随之衰落。更糟糕的也许是，意大利出现了严重的贸易逆差。微弱的工业发展绝不可能提供足够的出口商品以满足从行省和罗马以外的世界进口奢侈品的需求。结果，意大利的贵金属来源逐渐枯竭。到了 3 世纪，西罗马帝国的经济开始崩溃。

罗马法

罗马法的早期发展

罗马人留给后世文化的一个最宝贵的遗产是其法律制度，这是人们公认的看法。这一法律制度经历了一个逐渐发展的过程，大致说来肇始于公元前 450 年前后颁布的《十二表法》。在共和国的最后几百年间，《十二表法》因新判例和新原则的出现而有所改变。这些新判例和新原则来源不一：有的来源于习俗的变化，有的来源于斯多噶哲学的教义，有的来自判官的裁决，尤其是来自大法官（prae－tor）的文告。大法官是掌有在特殊讼案中界定与解释法律及向法官发布指示大权的高级行政官员。

元首制时期的罗马法；大法学家

在元首制时期，罗马法发展到了顶峰。这部分地是因为法律扩展到更宽广的司法领域，扩展到既包括意大利公民，也包括生活在异地他乡的外域人的生活和财产方面。但主的原因在于，奥古斯都及其后继者授予一些杰出的法学家以在法庭审判时对案件中的法律疑问问题陈述意见的权利。这些法学家中，因此被陆陆续续指定的最杰出人物有盖约斯、乌尔比安、帕皮尼安和保卢斯。尽管他们大都任过高级判官，但他们主要是以律师和法律问题的著作者的身份享有盛名的。这些法学家所陈述的意见即答复（responsa）逐渐使法学和法律原理具体化，同时被人们认可为罗马法系的基础。

罗马法的三个组成部分

在法学家影响下发展起来的罗马法包括三个大的分支或组成部分，即民法、万民法和自然法。民法是罗马及其公民的法律。它以成文和不成文两种形式存在着。民法包括元老院的法令、元首首敕令、大法官的公告，此外还包括某些具有法律效力的古代习惯。万民法则是不论种族如何对所有人一视同仁的法律。该法律承认奴隶制和财产私有是合法的，明确了买卖、合作和契约的原则。万民法并非凌驾于民法之上，而是作为民法的补充，主要适用于罗马帝国的外来居民。

自然法

罗马法中最有意思而且在许多方面最为重要的分支是自然法。自然法不是司法实践的产物，而是哲学的结晶。斯多噶派发展了具体体现为正义和公正的理性自然的思想。他们断言，所有的人在本性上都是平等的，都有权享受一些基本权利，对这些权利政府无权侵犯。然而就一项法律原则而言，自然法的创始人并不是希腊化斯多噶派的某一人士，而是西塞罗。西塞罗宣称："真正的法律是与自然协调一致的健全的理性，它扩及所有人之中，始终如一，永恒不变。颁布有违这一法律的条例，是宗教所禁止的，即便部分地废止它也不可以，同时我们也无法通过元老院或人民摆脱它的约束。"这一法律优先于国家本身，任何擅自亵渎它的统治者必然成为暴君。多数大法学家认同的自然法概念与哲学家的自然法概念非常相似。虽然法学家并不认为该法是对民法自然而然的限制，但他们也认为它是人们的法令和法条应当遵守的伟大典范。作为一种法律原则的抽象的正义概念的发展是罗马文明的一个最卓越的成就。

罗马的遗产

罗马与现代世界的对比

以为我们现今与罗马人有许多共同之处，这实为一个诱人的观点：首先，罗马与古代任何其他文明相比在时间上更靠近现今；其次，罗马与现代倾向看来十分切近。人们常常注意到罗马历史与19、20世纪的英国和美国历史的种种相似之处。罗马经济的运行经历了由一个由简单的农业经济到包括失业、贫富悬殊和财政危机在内的复杂的城市体系的整个过程。与大英帝国一样，罗马帝国是建立在征服基础上的。然而我们不应忘记，罗马的遗产是一份古代遗产，因此罗马文明和现代文明之间的类似之处并不像表面看起来那么重要。如前所述，罗马人不屑从事工业活动，对科学也不感兴趣。他们也丝毫没有现代民族国家的思想；行省实际上是殖民地，并不是一个政治实体的有机的组成部分。此外，罗马人从未发展出一种完备的代议制政府体系。最后，罗马人的宗教观念与我们自己的宗教观念大相径庭。他们的崇拜制度与希腊人的崇拜制度一样，是外在的和机械的，而不是内在的或精神上的。基督教把虔诚——热爱神灵的一种动感情的态度——视为最高的理想，罗马人把它视为十足的迷信。

罗马文明的影响

尽管如此，罗马文明对后世文化产生了很大影响。罗马建筑的式样（如果说不是其实质）保留在中世纪的教会建筑物之中，直到今日仍见于许多政府建筑的设计之中。另外，奥古斯都时代的雕刻在装点我们的街道和公园的骑士雕像、纪念性的拱门和石柱以及政治家和将军们的石头肖像中，仍有生动的体现。虽然大法学家的法律有了新的解释，但它已成为《查士丁尼法典》的重要组成部分，从而流传到中世纪乃至现代。美国法官至今仍经常引用盖约斯和乌尔庇安首创的行为准则。进而言之，今日欧洲大陆的几乎所有国家的法律体系都大量吸收了罗马法的成分。这一法律是罗马人最伟大的成就之一，反映出他们治理一个广袤、多样化的大帝国的天才。同样应该记住的是，罗马人的文学成就为后来的知识复兴提供了许多灵感，这一复兴在12世纪时在欧洲蔓延开来，在文艺复兴时期达到了顶点。不那么为人熟知的一个事实是，天主教会的组织（且不说其仪式）是从罗马国家的组织结构和罗马宗教体系改造而来的。举例说来，教皇仍拥有大祭司长（pontifex maximus）的头衔，该头衔过去一般表示作为公民宗教首领的皇帝的权威。

罗马在传播希腊文明中的作用

罗马对后世发展的最重要的贡献是把希腊文明传送到了欧洲西部。公元前 2 世纪以来在意大利发展起来的具有浓厚的希腊思想气息的文化，其本身就足以与东方居主导地位的希腊取向的文化相抗衡。此后，沿着尤利乌斯·恺撒的步履，这种文化进一步向西发展。在罗马人到来之前，欧洲西北部（现今的法国、比利时、荷兰、卢森堡、德国西部和南部以及英格兰）的文化以部落为基础。正是罗马带来了城市和希腊思想，尤其是随着高度分工的城市生活而来的人类自由和个人人身自由的概念。确实，自由的理想在实际生活中往往为人忽略——它们并未减缓罗马对奴隶制的依赖程度，以及妇女的从属地位，也未能阻止罗马在征服地区进行剥削统治，时常是压迫性的统治。但不管怎样，就我们目前所知，罗马历史是西方历史的真正开端。由亚历山大带到东方的希腊文明未能持续太长时间，由恺撒、西塞罗和奥古斯都带到西方的同样的文明，却成了西欧其后许多成就的起点。我们在后面将看到，这一发展虽然并非连绵不绝，后来欧洲的成功中也有许多其他成分的功劳，但罗马的影响是极其深远的。

日本的早期文明

日本文明的迟缓发展

东亚的伟大文明中，日本文明发展最晚。它的起源在大陆上，而且很大程度上是对大陆文明，尤其是中国文明的消化吸收。然而，日本落后于中国和印度数百年并且在借鉴中国文明的基础上才得到迅速进步的事实并不证明这些岛国居民缺乏才能和创造力。他们不仅在消化吸收外国因素并改造利用方面表现出令人瞩目的天赋，而且在历史的某些时期中，他们似乎比远东其他民族更具有首创精神。早期日本的落后至少在某种程度上可以解释为它与亚洲大陆隔绝的地理环境。在跨洋商业没有十分发达时，日本列岛不可能随时受到大陆上正在发生的政治和文化变革的影响。这些岛屿与亚洲大陆的关系就像不列颠群岛和欧洲的关系一样。正如欧洲文明逐步从近东的中心向西经意大利传入北方各国，最后传播到不列颠一样，远东的文明也是由黄河流域向西、南、东北辐射式传播，必然最晚到达日本。实际上，日本比不列颠离邻近的大陆要远得多。多佛尔海峡最窄处只有 20 英里宽，而日本列岛与朝鲜半岛距离最近处也超过 100 英里。

地理上的利弊

日本的地理位置在某种意义上说是得天独厚的。在构成日本列岛的 3,000 个左右的岛屿中，只有 600 个有人居住，而大部分人口集中在四个主要岛屿上。整个群岛位于温带，最大的岛屿本州，拥有日本人口的半数，处在与加利福尼亚几乎完全相同的纬度上。从热带海洋向北流来的黑潮缓解了冬季的寒冷；而有时是破坏性极强的气旋风暴使气温上下波动，二者都锻炼了人们的身体和意志。他们濒临大洋促使他们发展了航海并成为坚忍不拔的渔民。这一地区以它的海岸、山脉、火山和积雪的山峰而成为世界上风景最优美的地区之一，这无疑是形成日本民族敏锐的美学眼光的一个因素。同时，日本从大自然得到的并不全是恩惠；它也受一些不利条件的困扰。除了煤的储量相对丰富外，矿产资源贫乏；更为严重的情况是，大部分地区是山区或岩石地区，农田缺乏。虽然在历史上日本人是一个农业民族，但他们的土地只有百分之十六适宜耕种。这在人口较少和普遍安居乐业的条件下算勉强够用；但到了近代，它成了一个严重的问题。

日本的种族构成

虽然日本的领土面积这样小（比加利福尼亚州略小一点）而且它相对与世隔绝，但从很早时就连续不断地有大陆上的各民族移民迁入此地居住。已知最早的居民是一个拥有新石器文化的原始民族。他们在许多方面还很原始但却以令人惊叹的设计精美的陶器和制作技艺精湛的武器而著称。他们今天以阿伊努人——一个皮肤白皙，脸孔较平，毛发浓重的民族——为代表，除了北海道和北方的千岛群岛外他们已从这个国家的大部分地区消失了。大部分日本人是自新石器时代及其以后跨海而来的蒙古入侵者的后裔，他们大部分经朝鲜进入日本。从秦朝起，日本人就掌握了关于中国文化的一些知识，它们当时已渗透进了朝鲜。从公元前 2 至 1 世纪的墓葬中出土过铜镜、有雕刻的宝石和中国或蒙古式样的剑。到公元前 1 世纪末，日本人已经开始使用铁器和青铜器。

日本社会的开端

文化演进的主要中心在日本的南部和西部——靠近朝鲜的地区，移民主要从那里进入日本——而且这一地区的文化发展逐步扩散到北部和东部，这一点十分清楚。日本国家的真正核心是位于最大的本州岛东南部的大和半岛，也许早在公元1世纪就有一个家族群从九州（正对朝鲜）迁入此地。当时日本社会十分原始。人们还穿着用大麻和树皮制成的衣服，尽管丝绸在当时并不完全不为人所知。他们只以易物方式进行贸易，也没有文字系统。社会的主体单位是氏族，一个家庭组成的群体靠血缘关系维持。每个氏族都供奉一些特有的神灵，他们被认为是氏族的祖先；但祖先崇拜尚未形成定规。氏族首领由一个特定的家庭世袭，这个首领既是军事指挥者也是祭司。在原始的日本社会中，妇女似乎占有较高地位，甚至是统治地位。氏族首领有时是妇女，而且有证据指出早期家庭是母系的，即按母亲家族来安排世系——鉴于后来妇女的严酷的从属地位，这是一个令人瞩目的情况。但是，向父权制的过渡实现得很早。根据公元 3 世纪中国的记载，一夫多妻很普遍，尤其是那些地位较高的男人。各种工艺和技术被以成员资格世代相传的行会形式组织起来。每个行会依附于一个氏族并最终趋向于融入这个氏族，虽然有一些行会因为成员从事特殊职业，例如管理宗教仪式等而能独立存在并保持高贵的地位。另一方面，农业和手工业行会的成员实际上是农奴。社会是确定的贵族统治，身份都是世袭的，奴隶制仍然存在，尽管奴隶的人数相对较少。

神道教的创立

与其他原始民族的宗教相比，日本的宗教在某些方面是独一无二的。它基本上是万物有灵论的，是一种幼稚的，没有明确神性概念的普遍自然崇拜。一般来讲它是多神教，除了这个术语可能对神的种类、数量和意义有严格限制以外。日本人后来把他们的宗教命名为"神道（神的道路）"，这是因为他们需要把它与教义清晰而成熟的佛教信仰区别开来。虽然日本人承认一些伟大的神灵，把他们附着于日、月、土、谷和风，但他们并未被赋予明确的性格，也没有用神像来表现。崇拜的对象叫做"神"，这个术语意为"无上的"，但它被应用于几乎一切神秘或有趣的事物，范围从天象到泥沙以至于害虫。在自然与超自然、魔术与崇拜之间没有明确的界限。死后生命的想法极端模糊，宗教十分缺乏道德内容。它包含许多禁忌，而且对礼仪的洁净十分注重，用净化仪式来排除污秽，但这种要求并不是基于道德上的考虑甚至不是总与健康有关。例如，不洁总是与生育、死亡和不管是否光荣的受伤联系在一起。为了取悦神，人们用恭敬的行动、祈祷和祭品来供奉他们。但献祭的酒食逐步被象征性的物品代替了，先是陶、木器，最后是纸制品。

日本土著宗教的诱人之处

日本土著宗教尽管松散、原始，但并不缺乏诱人之处。它反映了一种乐观态度和罕见的对自然的同情和欣赏。神不被认为是残忍和令人生畏的；甚至风神也被普遍认为是谦和的。总的来说，日本的宗教是一种"爱和感恩而不是恐惧，宗教礼仪的目的是颂扬、感谢，同时也是安抚和宽慰他们的神灵们"。如画的传奇和诗一般的用语，引起人们对自然世界的自发的愉悦心情，这也给了这种宗教强大的生命力。

统治大和平原的并逐渐取得对周围地区支配地位的氏族，可能来自九州并自称是天照大神的后裔。这种宣称不算引人注目，因为所有重要的家族都把自己的祖先说成是神。然而，当大和氏族扩展它的政治势力并试图使其他各氏族都承认它的至高无上的地位时，与天照大神有关的神话就显得更加重要，因为由它派生出大和氏族的酋长是由神决定统治全日本的传说（尽管大部分地区还在土著居民手中未被征服）。据这个传说，天照大神派她的孙子琼琼杵尊来到地上，"皇孙……则引开天磐户，排分天八重云以奉降之。"他降落在西部的九州岛上，随身带着象征日本皇权的三种神器——一块玉，一柄剑和一面铜镜。琼琼杵尊的孙子沿着海岸来到大和地区，在那里他作为"第一个天皇"神武天皇开始了统治。日本国家的传统把帝国的开始定为公元前660年2月11日。实际上，大和国家迟至六、七百年后才建立；而且它当时绝不可能是帝制的。天照大神及她的后裔的传说直到 7 世纪才成为日本国家崇拜的独特组成部分，而且直到近代才被别有用心地抬高成全民族的神灵，目的是为了向人民灌输一种狂热的不问是非的爱国主义。

日本在好几个世纪里保持着与朝鲜的联系并连续从那里获得文化动力，这意味着它间接地受到中国汉代和以后各朝代的更古老、更丰富的文明的影响。公元 369 年，日本人侵入朝鲜南部并作为一个平衡的力量介入朝鲜政治，在当时朝鲜三国鼎立的时代里一会儿帮这个，一会儿帮那个。对日本以后的历史起最重要作用的是通过朝鲜引进的中国的文字系统（公元 405 年）和佛教（公元 552 年）。

日本的文字

由于文字对文明进步是有决定作用的，所以，对日本人来说他们从中国引进文字是个不幸。如果他们能发展或引进一种表音或字母系统，书写他们的语言就会变得相对简单了。汉字——基本是象形的或表意的，与发音关系极不明确——已发展成一个复杂的体系并被用来创造了中国文学的杰作；但它们表达日语却很别扭。与中文不同，日语是表音的，想用汉字写出日语就像试图用汉字写出英语一样困难。然而，日本人为此努力奋斗，终于发展出一套自己的文字——准确地讲，是一套文字的两种形式。虽然原来的汉字被大量删减，而且在 9 到 10 世纪又统一了日语音节的音值，结果仍是十分麻烦。从那时起，学写日文——这个有 48 个音节符号和 1850 个不能取消的汉字的文字系统就成为一件非常吃力的事情。这种文字系统与其口语的结构、屈折变化和其他特性的大相径庭严重阻碍了表达的清晰。为了弥补这些缺点，大量的汉字被采用进日文中，使它在词汇和概念上都极大地丰富了。由于中文的环境，一个希望受教育的日本人几乎必须学习中文，因为它是几乎一切文学名著的载体。在好几个世纪里，日本学者、官员和文人都用中文文言写作，这与中世纪及其以后受过教育的欧洲人写拉丁文有点相似，但那些欧洲人也说拉丁语，而日本人说汉语的却很少。

佛教在日本的立足

6 世纪中期，佛教开始在日本立足。据说第一个佛教传教者来自朝鲜；后来这种新信仰的传播者不仅来自朝鲜，也来自中国甚至印度。和在中国一样，大乘佛教由于它高深的理论和强调拯救灵魂而显得最为著名。正如在中国一样，许多新的教派时时刻在日本兴起。佛教在日本的出现引起了比它几个世纪前传入中国时可能大得多的震动。中国人至少通过道教比较熟悉了那些神秘的概念，但日本人以前从未有过无论是这种宣扬"来生"的宗教还是其他类似哲学的经验。佛教对日本人的号召力部分在于它的新奇。佛经提出了显然日本人以前闻所未闻的问题——例如灵魂，非物质世界的本质，死后的果报等——然后又以令人折服的雄辩来回答它们。在一段时间内，为是否应该接受这种外来的信仰发生了尖锐的辩论（第一尊来自朝鲜的佛像在一种传染病流行时，被扔进了河沟）。然而，一个显赫的贵族家庭苏我氏接受并支持佛教，并说服皇族也支持它，因此，到 6 世纪末，佛教在日本已经成功地扎了根。从某种意义上讲，它的成功归因于政治策略和权宜之计。苏我氏家族帮衬佛教是为了提高它自己的威望而且通过这种宗教超自然的力量来确立自己在与敌对家族的斗争中的优势。佛教在平民和贵族中迅速获得大批信仰者，而且发展得如此稳定；以至无论那些相互斗争的氏族势力如何变化，它的地位都是坚不可摧的。它的普遍流传也许是因为它被解释为一个神奇的保护者，使人在今生来世都避免灾难而不是因为它的哲学遗产。尽管如此，对佛教教义的不断熟悉激发了人们的知识活力，并有助于培养同情和仁慈的态度。

佛教——传播中国文化的媒介

佛教在日本的传播的最有意义的方面是它所表明的那样，是一种传播中国文化的最有效的媒介，尤其是艺术、建筑和文学。寺庙和神龛建立起来了，佛教的绘画和造像出现了，佛教的经典也积累起来了。贵族阶层中的信佛者经常去中国学习，开了眼界之后带着高雅的姿态回来。日本土著的信仰这时开始被称为"神道"，虽然没有被消灭，但它在与佛教的接触中显然受到很大影响。两种宗教之间很少有对抗。日本的佛教染上了民族传统色彩，而且对同一个神龛，两种信仰都认为是神圣的。日本的僧侣，无论是佛教的还是神道的，都和中国僧侣一样，没有建立一种对人民实行严酷统治的僧侣政治，尽管佛教寺院由于获得大量土地而在经济上显得十分重要。

日本向中国求教

在盛唐时代，中国文明对日本的影响达到了高潮，它标志着日本社会演进的一个转折点。这段时间日本人贪婪地向中国寻求教导，这一点也不奇怪。在唐朝头几个皇帝统治下的中国是世界上文明最发达，实力最强大的国家之一，在远东没有实力相近的对手。在整个 7、8 世纪，大和政府向大唐朝廷派出一系列的使节，很重要的目的之一是为了搜罗科学、艺术和文学上的人才。结果深刻地影响了日本社会的每一个方面。中国的医药、军事、筑路方法都被引进了；建筑风格、家具陈设甚至服饰都被照搬过来。中国的度量衡制度被采用了，铜钱也开始有限地流通，尽管几个世纪以后货币经济还没有完全取代易货贸易。许多艺术品很早就被引进和复制了，但这时日本的画家和雕刻家才开始展示他们的精湛技艺和创造力。中国的典籍，尤其是儒家典籍被日本人认真学习，因为每一个教养好的人都要求熟悉它们。随着这些具体而明显的革新，一种按中国方式改变社会结构的尝试也开始了。新的强调家庭和睦和孝顺父母的理论出现了，它也要求祭祀祖先的责任。日本的统治者和知识阶层似乎已下决心照中国的样子再造他们的国家了。

最全面的改革计划是按照唐朝的模式来改组政府。它是由一个被称为"大化改新诏书"的敕令宣布的。这个诏书是由大和的统治者在一个学者改革集团的督促下发布的。这个诏书，而不是公元前 660 年那个神话事件，标志着日本帝制的建立。

从文化改新诏书的颁布起，统治者起的作用不再仅仅是一个氏族首领，而是一个拥有无上权力的皇帝，尽管他还宣称遵守儒家准则。整个日本被划分成国、郡、里几级行政区，每一级由中央从民众中选拔任命的官吏来管理。改革者们忠实地仿效中国的样子，设立科举制度，通过考试来选拔官吏，选拔的标准不是对日本的问题是否熟悉而是对中国哲学和古典文献是否精通。为了给新的统治制度一个经济基础，也为了让它直接统治人民，改新诏书宣布，土地全归天皇所有，每六年在农民中平均分配一次。反过来，每个土地所有者都被要求直接向国家纳税（实物、货币或劳役）。

日本政治制度的巩固

总而言之，7 世纪的改革是所有统治者进行过的改革中最有魄力和抱负的一次。它的目的是把一个文化发达、传统深厚的民族经过几乎一千年的发展而产生的统治制度嫁接给一个仍然相当原始的社会。与此相似，它还努力把日本一部分地区的政体推广到整个地区，而它的大部分还几乎没有走出新石器时代。在采用这种中央集权的家长式统治时，中国原型的一个侧面被想方设法地避开了；就是说，皇权是以公众幸福的增进为条件的，它可能被人通过造反这种最高形式来终止，如果它不能实现这一目标的话。大和统治集团试图使学者型官吏组成的官僚机构依附于一个由万世一系的家族统治的政府，它的最高统治者有不可冒犯的神格。为了加强天皇的威信，他是天照大神后裔这一神话被空前地强调。他被看成是"万世一系"的化身而且他本人即是神——与中国皇帝"受命于天"的有条件和暂时的神性迥然不同。除了中国和日本的这方面官方理论的根本对立外，对于政治权威的根基和限度，在实践中也有显著差异。中国有许多不同的朝代，大多数是通过造反或篡权建立的；但当一个有作为的皇帝即位后，他通常能够有效地有时是独断专行地治理国家，正如每一个主要朝代的开头几个皇帝的实践所证明的。而在日本，无论是社会内部暴力的或革命性的变化还是对外的关系，都没有改变和废黜过皇室；在皇家神性的偶像被精心维护着的同时，大部分实权都是被其他家族、机构和集团打着皇室的神圣旗号掌握着。自从日本企图照搬中国的统治机器以来，"间接治理"就成为一种制度而不是例外，只偶尔被几个名义上的天皇统治阶段取代过。

改革计划的部分失败

由于那些固有的困难，7 世纪的改革计划没有完全成功是不足为奇的。新的统治制度只是纸上谈兵，并没有真正实行。以前只有有限的并且很大程度上是礼节性权威的皇族不能够强迫边远地区绝对服从它，而贵族传统过于强大，难于立即打破。天皇实行的是任命氏族首领为他们自己领地上的官员而不是派忠实的奴仆去取代他们。这样，那些当地的巨头们获得了新的头衔并保留了他们以前的大部分权力。那些渴望在政府中获得一席之地的人们有了科举考试这一阶梯，而重要的职位几乎总是给贵族成员保留的，较低阶层的有才能者发现他们自己只能做下属和杂务。为了给统一的税收体系打好基础，宣布了"班田制"，它却是最令人颓丧的失败。它是在中国的社会利益在于土地这一思想的激发下产生的，这种思想谴责任何个人为了私利而霸占土地，指出土地应该在耕作者中平均分配。这只是一种中国的理论，在日本它是完全不现实的。后来大的土地所有者设法逃税，增加了贫苦农民的负担。有些人完全失望，弃家逃走。这样，可收税的土地越来越少，天皇又把土地赐给大臣或佛寺，更使这种状况加剧。再以后，这种定期重新分配土地的制度只在已开垦为稻田的地区实行，这是个相当小的范围。边远地区的氏族从土著居民手中征服的和开荒得来的土地被认为是私人所有，不计入向天皇纳税的比例。结果，经济的发展不是增加了而是减少了中央政府有效控制的土地。朝廷越来越依赖于皇室直接所有的土地上的收入而不是确保从税收中获得大量收入。

皇室鼓励下的文化进步

虽然中央政府没有完全达到它的目的，它却把文化水平成功地提高到一个令人钦佩的程度。世纪以前，即使在大和地区也没有一个全日本的固定首都，实际上也根本没有城市。日本人为唐朝的首都——伟大的长安城所倾倒，他们决定仿照它建造一座城市作为皇家的大本营。从710年起他们在现在的奈良附近，忠实地仿效中国的样子建设都城。它也有宽阔的街道和整齐排列的方形里坊，不过它没有城墙，也比长安小得多。尽管如此，它比起城中的人口来还是太大了。794年，在京都建造了一座更加壮观的都城，从那时起它一直是一个重要城市。这两座在皇家主持下建成的城市有宫殿、庙宇和其他公共建筑物，他们也使各种艺术发展起来。以历史著作、论文和文学为内容的学术事业在宫廷里也日益繁荣。不管官僚集团有没有真正的社会责任心，它的成员们都能从精心学习汉语文言、翻译佛经、绘画或按中国的相当严格和矫揉造作的格律去做诗中寻找乐趣和通过它们提高社会威望。对礼仪方面的修养也受到相当的重视。宫廷内的生活越来越颓废和浮华，但也给了一些艺术和知识方面的天才以优雅的环境。这一时期日本最好的文学作品都出自贵族和皇室妇女之手。她们的那些在10到11世纪显得卓越不凡的贡献主要是散文，特别是日记形式的，也包括一部相当著名的爱情小说（《源氏物语》）。这一事例表明，妇女，甚至是宫廷中的妇女，没有按男子的标准受教育是多么幸运。"当这个时代的男子自鸣得意地写着莫名其妙的中文时，他们的夫人们却以写优美的日文来安慰自己的缺乏教育；而且是不经意地创造了日本最伟大的散文作品。"